suhrkamp taschenbuch
wissenschaft 2143

AF132025

Afrikanische Intellektuelle arbeiten seit langem an einem neuen kulturellen Selbstbewusstsein ihres Kontinents und stellen dabei globalgesellschaftliche Großkonzepte wie Demokratie, Freiheit, Gender, Menschenrechte und Kosmopolitismus rigoros auf den Prüfstand. Sie analysieren das Nachwirken kolonialer Strukturen und formulieren – auch mittels kritischer Aneignung lokaler Praktiken – dezidiert postkoloniale Handlungsmaximen. Der Band versammelt die wichtigsten Beiträge afrikanischer Denkerinnen und Denker wie Achille Mbembe, Thaddeus Metz, Oyèrónké Oyěwùmí, Mogobe B. Ramose, Tsenay Serequeberhan und Kwasi Wiredu zu diesen Themen und führt vor, was *Afrikanische* politische Philosophie in Zeiten internationaler Migrationsbewegungen heißen kann.

Franziska Dübgen ist Nachwuchsgruppenleiterin im Fachbereich Politikwissenschaft an der Universität Kassel.

Stefan Skupien war Referent der Stabsstelle Internationalisierung an der Humboldt-Universität zu Berlin und ist derzeit als freier Autor tätig.

Afrikanische politische Philosophie

Postkoloniale Positionen

Herausgegeben von
Franziska Dübgen und
Stefan Skupien

Suhrkamp

Bibliografische Information der Deutschen Nationalbibliothek
Die Deutsche Nationalbibliothek verzeichnet diese Publikation
in der Deutschen Nationalbibliografie; detaillierte bibliografische Daten
sind im Internet über http://dnb.d-nb.de abrufbar.

2. Auflage 2016

Erste Auflage 2015
suhrkamp taschenbuch wissenschaft 2143
© Suhrkamp Verlag Berlin 2015
Umschlag nach Entwürfen
von Willy Fleckhaus und Rolf Staudt
Druck: Druckhaus Nomos, Sinzheim
Printed in Germany
ISBN 978-3-518-29743-8

Inhalt

Danksagung

Die Herausgeber danken der Heinrich Böll-Stiftung für die Finanzierung von sechs Übersetzungen sowie der engagierten Arbeit der Übersetzerinnen und Übersetzer Lucia Artner, Absara Gebreab, Anke Graneß, Gerald Hödl, Kai Kresse, Grete Osterwald, Nadia El Ouerghemmi, Andreas Rauhut, Birte Spreckelsen und Achim Stanislawski. Sie schulden Anke Graneß und Katja Meyer besonderen Dank für die kritische Lektüre der Einleitung. Franziska Dübgen möchte sich beim Lichtenberg-Kolleg, wo sie während der Arbeit an diesem Band Junior Fellow war, und namentlich bei Martin van Gelderen bedanken. Zudem dankt sie Mogobe Ramose für hilfreiche inhaltliche Erläuterungen. Einen persönlichen Dank schuldet sie Veronika, Peter und Hannah Dübgen für ihre große emotionale und intellektuelle Unterstützung. Stefan Skupien möchte sich für kontinuierliche Diskussionen zu verschiedenen Facetten Afrikanischer Philosophie sowohl bei Stefan Hoffmann als auch bei AfricAvenir International e. V. bedanken. Ein besonderer Dank gebührt darüber hinaus Marina Pizzo, Priska, Wilfried und Sören Skupien für ihre wertvollen Nachfragen und Ermunterungen. Nicht zuletzt danken die Herausgeber Philipp Hölzing und Jan-Erik Strasser vom Suhrkamp Verlag für die sehr hilfreiche und konstruktive Zusammenarbeit.

Franziska Dübgen/Stefan Skupien
Das Politische in der Afrikanischen Philosophie

Systematische Argumente zu zeitgenössischen politischen Problemen Afrikas fristen im deutschsprachigen Raum bis heute ein Schattendasein, auch wenn sich hiesige akademische und zivilgesellschaftliche Akteure bereits um eine Annäherung verdient gemacht haben.[1] Als erste Frage dieses Sammelbands kommt deshalb diejenige nach ihrem Gegenstand auf, das heißt nach einer Afrikanischen politischen Philosophie. Damit einhergehend sollte zum einen die Verbindung zu Afrika als einem spezifischen geografischen Ort oder Konzept und zum anderen die Verbindung zum Politischen als einem Bereich gesellschaftlicher Reflexion und Entscheidungsfindung geklärt werden. Während die politische Philosophie sich als Teilgebiet der praktischen Philosophie bestimmen lässt, die normative Fragen der Ethik oder Moral aufgreift und sich in ihrem Gegenstandsbereich auf die Gesellschaft, das Recht und den Staat bezieht, ist das »Afrikanische« einer politischen Philosophie ungleich schwerer zu erfassen.

Diese Schwierigkeit hängt mit einem Narrativ zusammen, das Afrika aus der okzidentalen Philosophie auszuklammern versuchte und für das exemplarisch G. W. F. Hegels geschichtsphilosophischer Ansatz steht. Diesem zufolge gab es auf dem afrikanischen Kontinent keine Geschichte und auch keine reflektierenden Menschen, die dem Geist einer Geschichte zu seiner Durchführung verhalfen.[2] Die Menschen in Afrika lebten wie »Kinder« in einer zeitlosen Welt, die keine Geschichte hervorbrachten, ganz im Ge-

---

1 Vgl. vor allem im Hinblick auf die Afrikanische Philosophie ohne spezifischen Blick auf das Politische Heinz Kimmerle, *Philosophie in Afrika – afrikanische Philosophie. Annäherungen an einen interkulturellen Philosophiebegriff*, Frankfurt/M. 1991; Jacob E. Mabe, *Mündliche und schriftliche Formen philosophischen Denkens in Afrika. Grundzüge einer Konvergenzphilosophie*, Frankfurt/M. 2005; Herta Nagl-Docekal/Franz M. Wimmer, *Postkoloniales Philosophieren: Afrika*, Wien, München 1992.

2 G. W. F. Hegel, *Vorlesungen über die Philosophie der Geschichte,* Bd. 11, Stuttgart 1939, S. 137. Vgl. zu einer ideengeschichtlichen Aufarbeitung dieser Grenzziehung Peter K. Park, *Africa, Asia, and the History of Philosophy. Racism in the Formation of the Philosophical Canon, 1780-1830*, Albany/NY 2013.

gensatz zu Europa. Parallel zum gewaltsam an den Küsten Afrikas und in den neuen Plantagenstaaten etablierten und praktizierten Sklavenhandel entstand eine Ideologie hierarchisierter Zivilisationsformen, an deren Spitze sich die europäischen Gesellschaften befanden. Afrikanische Gesellschaften standen allenfalls auf den untersten Stufen dieser anthropologischen Stufenleiter oder gar außerhalb der Menschheitsgeschichte. Ihnen wurden innerhalb eines anthropologisch bemühten Rassismus alle Kapazitäten zu eigenem konzeptionellen und systematischen Denken abgesprochen.

Eine Schwierigkeit bei einer Definition des Attributs »afrikanisch« und damit einer Afrikanischen Philosophie besteht deshalb in der Frage, wer in der jüngsten Vergangenheit von »Afrika« sprach und wozu diese Sprechweise verwendet wurde. Zehn Jahre nach dem Erscheinen von Edward Saids einflussreichem Buch *Orientalism* (1978) stellte Valentin-Yves Mudimbe die These auf, dass es sich bei Afrika vor allem um eine westliche epistemische Prägung handle. Die »koloniale Bibliothek« versammle missionarische, anthropologische, literarische, aber auch administrative Texte, durch deren Beschreibungen und Verweise sich die Referenz »Afrika« herauskristallisiert und dadurch dessen Beherrschung als politisches Projekt unterstützt habe.[3] Mit solchen Zuschreibungen ging ein Machtanspruch einher, der alle nichteuropäischen Gesellschaften nach rassistischen Vorgaben intellektuell herabstufte und zugleich deren Kolonisierung zunächst als Zivilisations- und nach zunehmenden Krisen und Widerständen in den Kolonien im 19. Jahrhundert als Ordnungsprojekt legitimierte.[4]

Wenn in diesem Band deshalb im Untertitel von »Postkolonialen Positionen« die Rede ist, dann bedeutet dies nicht, dass der Kolonialismus mit den formalen Unabhängigkeiten im Afrika der Subsahara-Zone überwunden wäre. Vielmehr spricht viel dafür, dass auch in der Gegenwart zentrale Fragen und Konzepte politischer Gemeinschaften von den Erfahrungen kolonialer Praktiken durchdrungen sind. »Postkolonial« verweist zunächst auf die pragmatische Ent-

---

3 Edward Said, *Orientalism*, New York/NY 1978; Valentin-Yves Mudimbe, *The Invention of Africa. Gnosis, Philosophy and the Order of Knowledge*, Bloomington/IN, Indianapolis/IN 1988; ders., *The Idea of Africa,* Bloomington/IN u. a. 1994. Der Begriff »koloniale Bibliothek« findet sich ebd., S. xii.

4 Mahmood Mamdani, *Define and Rule. Native as Political Identity*, Cambridge/MA 2012.

scheidung, jüngere Beiträge zu lokalen und globalen Debatten aus afrikanischen Diskussionen nach den formalen Unabhängigkeiten einer deutschen Leserschaft zugänglich zu machen. Aus historischer Perspektive überschneidet sich diese Auswahl an Quellen, Strategien und Methoden mit der Entwicklung einer akademischen Philosophie in Afrika, die sich an den neugegründeten Universitäten konstituierte. Von hier aus – und aus der Diaspora – wurden nach dem Zweiten Weltkrieg mit dem Anspruch genuin philosophischer Methodik sowohl der Eurozentrismus sowie neokoloniale und imperiale Muster dekonstruiert als auch überlieferte und von kolonialen Wissensordnungen diskreditierte Quellen als epistemische Korrektive erschlossen. Dadurch sollte den eurozentrischen Verzerrungen und blinden Flecken hegemonialer Philosophiediskurse etwas entgegengesetzt werden, das historisch wie auch hermeneutisch durch spezifisch »afrikanische« Erfahrungen geprägt ist.

Mit der Kolonisierung ging eine Verdrängung lokaler Wissensbestände und Praktiken im gesellschaftlichen Raum einher. Dazu zählen nicht nur die Herabstufung politischer Institutionen und deren Verfahren, sondern die Oktroyierung von vorwiegend an christlichen Konzepten angelehnten Bildungsinhalten. Diese wurden von den Metropolen bildungspolitisch vorgegeben und marginalisierten dadurch lokales Wissen, Normen und Kosmologien. Ebenso wurde der Bestand an islamischen Schriften zu Theologie, Recht und Philosophie aus präkolonialen Zeiten verdrängt. Dieses reichhaltige Archiv schriftlicher Quellen der Philosophie widersprach der kolonialen Darstellung eines geschichtslosen Kontinents.[5] Ebenso sind beispielsweise die Schriften des im 18. Jahrhun-

---

5 Vgl. Souleymane Bachir Diagne, »Precolonial African Philosophy in Arabic«, in: Kwasi Wiredu (Hg.), *A Companion to African Philosophy*, Oxford, Malden/MA u. a. 2004, S. 66-77; ders., »Toward an intellectual history of West Africa: the meaning of Timbuktu«, in: Ders./Shamil Jeppie (Hg.), *The Meanings of Timbuktu*, Pretoria 2008, S. 19-27. Besonders Timbuktu (Mali) am südlichen Rand der Sahara, das im 15. und 16. Jahrhundert ein Zentrum islamischer Wissensproduktion mit einer Universität und etwa 180 Koranschulen gewesen ist, ist ein solches Wissensreservoir. Die sich in Afrika herausbildende islamische Philosophie blieb innerhalb der sich etablierenden Afrikanischen Philosophie zunächst marginal und bildet einen eigenständigen komplexen Diskursstrang, der sich unter anderem mit Fragen der Rechtsphilosophie, der politischen Legitimität von Herrschaft, der Logik und insbesondere mit der Kommentierung der Schriften der antiken griechischen Philosophie befasste. Eine Analyse der Verbindungen beider Diskursstränge

dert einflussreichen Philosophen der Aufklärung Anton Wilhelm Amo heute in Vergessenheit geraten. Derzeit wird sein philosophisches Erbe in der Afrikanischen Philosophie in vereinzelten Studien wiederentdeckt.[6]

Trends in der Afrikanischen Philosophie

Aufgrund der Verdrängung lokaler Wissensbestände durch den Kolonialismus bedarf es einer epistemologischen Dekolonisierung von Inhalten und Methoden. Mit dieser Dekolonisierung geht zudem die metaphilosophische Frage einher, welche Methoden die Philosophie verfolgen muss und kann, um überlieferte Inhalte zu erschließen und neue Fragestellungen zu zeitgenössischen gesellschaftlichen Problemen zu generieren, und welche Erkenntnistheorien diesen zugrunde liegen sollten. Zu beiden Fragen hat sich im Rahmen der Unabhängigkeitsbewegungen und der identitätspolitischen Neuorientierung vieler junger Staaten in Afrika ein reger Diskurs entwickelt. Hilfreich für eine Übersicht sind die Trends, die Henry Odera Oruka zunächst in den 1970er Jahren identifi-

verspricht ein Forschungsprojekt zu einer umfassenden Philosophiegeschichte des afrikanischen Kontinents zu leisten, das derzeit von Anke Graneß verfolgt wird.

6 Der 1703 in Axim, einer in Westafrika (dem heutigen Ghana) situierten und von den Niederländern kolonisierten Handelsstadt am Meer, die auch eine Hochburg des Sklavenhandels darstellte, geborene Junge Amo gelangte mit gerade einmal drei Jahren in die Niederlande. Dort wurde er dem Herzog von Wolfenbüttel geschenkt, der ihm eine universitäre Ausbildung ermöglichte. Der nach seinen Ziehvätern benannte Anton Wilhelm Amo promovierte in Halle mit einer Dissertation über die Rechte der Schwarzafrikaner in Europa und später mit einer philosophischen Arbeit über »Die Apatheia der menschlichen Seele« in Wittenberg. Er lehrte Philosophie in Halle und Jena und war ab 1740 auch für den preußischen König Friedrich II. in Berlin als Berater tätig. Vgl. die Dissertationsschrift von Anton Wilhelm Amo in deutscher Übersetzung, »Die Apatheia der menschlichen Seele« in: Burchard Brentjes, *Anton Wilhelm Amo. Der schwarze Philosoph in Halle*, Leipzig 1976, S. 87-108. Vgl. auch William E. Abraham, »Anton Wilhelm Amo«, in: Kwasi Wiredu (Hg.), *A Companion to African Philosophy*, Oxford, Malden/MA u. a. 2004, S. 191-199; ders., »Amo's Critique of Descartes's Philosophy of Mind«, in: Ders., *A Companion to African Philosophy*, S. 200-206; Paulin Hountondji: »Ein Afrikanischer Philosoph im Deutschland des 18. Jahrhunderts«, in: Ders., *Afrikanische Philosophie. Mythos und Realität*, Berlin 1993, S. 123-148.

zierte und 1990 noch einmal ergänzte.[7] Innerhalb der Philosophie in Afrika ließ sich seines Erachtens nach zunächst zwischen ethnographischen Studien über traditionelle Glaubenssysteme (der sogenannten Ethnophilosophie) und Arbeiten akademisch ausgebildeter Philosophinnen und Philosophen (der sogenannten professionellen Philosophie) unterscheiden. Daneben trat drittens die von ihm entwickelte Methode der Weisheitsphilosophie, die Material aus mündlich überlieferten und individuell reflektierten Inhalten gewann. Als vierten Trend philosophischer Arbeiten bezeichnete Odera Oruka die nationalistisch-ideologischen Texte der Unabhängigkeitskämpfer und Staatengründer, wie Amílcar Cabral (Kap Verde), Kwame Nkrumah (Ghana) oder Sékou Touré (Guinea). Diese vier Trends erweiterte Odera Oruka später um hermeneutische Studien sowie um künstlerische bzw. literarische Zugänge zur Afrikanischen Philosophie. Auf alle sechs Strömungen und deren komplexen Beziehungen untereinander gehen wir im Folgenden in dieser Einleitung ein. Die Typologisierung erlaubt damit sowohl einen historischen als auch einen systematisierenden Zugriff auf die komplexe Entwicklungsgeschichte Afrikanischer Philosophie.

Der erste Trend der Entwicklung einer Afrikanischen Philosophie kann mit Abiola Irele als ein Moment der Gegenwehr (*refutation*) und Zurückweisung rassistischer Stereotype beschrieben werden, die bis in die Anthropologie des 19. Jahrhundert zurückreichen.[8] Diese Abwehr ging einher mit einem Moment der Selbstverortung afrikanischer Identität, die als literarische Bewegung und Selbstaufklärung sowohl in den USA als auch in den westlich gebildeten intellektuellen Schichten der afrikanischen Kolonien bis in das 19. Jahrhundert und davor zurückführt.[9] Zwei Bewegungen standen am Anfang der Auseinandersetzung innerhalb der Afrika-

---

7 Henry Odera Oruka, »Four Trends in Current African Philosophy«, in: Alwin Diemer (Hg.), *Symposium on Philosophy in the Present Situation of Africa*, Wiesbaden 1981, S.1-7; ders. (Hg.), *Sage Philosophy. Indigenous Thinkers and Modern Debate on African Philosophy*, Leiden 1990, S. xxi.

8 Abiola Irele, »Introduction«, in: Paulin Hountondji, *African Philosophy. Myth and Reality,* Bloomington/IN 1983, S.17 f.

9 Robert July, *The Origins of Modern African Thought*, Westport/CT 1967; Pieter Hensbroek, *Political Discourses in African Thought, 1860 to the present*, Westport/CT 1999.

nischen Philosophie: die *Négritude* und die anthropologisch motivierte »Ethnophilosophie«. Beide Strömungen postulierten ein kommunales und homogenes Verständnis von philosophischen Ansichten ganzer Kollektive.

Die *Négritude*-Bewegung entstand als kulturpolitische Antwort auf den Rassismus in der Metropole Paris und den Kolonien der Zwischenkriegszeit um die Schriftsteller und Politiker Aimé Césaire und Léopold Sédar Senghor. Die Bewegung war sowohl von den kulturmorphologischen Konzeptionen eines Leo Frobenius und den Ansätzen des Surrealismus als auch von der *Harlem Renaissance* in den USA beeinflusst. Besonders in der Lesart von Senghor ergab sich später ein Identitätskonzept, demzufolge sich Afrikanerinnen und Afrikaner besonders durch ihre integrativen spirituellen Eigenschaften auszeichnen. Auf diese Weise seien sie den rationalen und zerstörerischen Wesenszügen westlicher Bevölkerungen mindestens ebenbürtig, wenn nicht sogar überlegen.[10]

In diesem Kontext identitätspolitischer Neuorientierung bildete die Infragestellung der griechischen Philosophie als alleinigen Ursprung aller Philosophie einen weiteren Rückbezug auf afrikanische Wissensarchive. Der senegalesische Historiker Cheikh Anta Diop inaugurierte in den 1950er und 1960er Jahren eine genuin afrikanische Geschichtsschreibung, in der er sich insbesondere der Zivilisation Ägyptens als Hochkultur zuwandte.[11] Ihm zufolge nahm die antike Philosophie entgegen okzidentaler Narrative nicht in Europa, sondern im alten Ägypten ihren Ausgang. Damit wird der Ursprung der Philosophie nicht nur chronologisch nach hinten verschoben, sondern zudem auf dem afrikanischen Kontinent angesiedelt.[12]

Die intellektuelle Bewegung, die später von Marcien Towa und Paulin Hountondji in kritischer Absicht als »Ethnophilosophie« bezeichnet wurde, geht auf Priester und Missionar Placide Tem

10 Leopold Senghor, *Negritude und Humanismus*, Düsseldorf 1967.
11 Cheikh Anta Diop, *Nations nègres et culture*, Paris 1955; ders.: *L'Afrique noire précoloniale*, Paris 1960; ders., *Antériorité des civilisations nègres: mythe ou vérité historique?*, Paris 1967.
12 Der Ursprung der Philosophie im alten Ägypten und Phönizien, der bis ins 18. Jahrhundert in philosophischen Standardwerken anerkannt war, wurde jedoch im Laufe ihrer Kanonisierung wieder aus der Philosophiegeschichte ausgeklammert. Vgl. auch Martin Bernal, *Black Athena. The Afroasiatic Roots of Classical Civilization*, New York/NY 1987.

pels zurück, der 1949 aus anthropologisch-linguistischen Studien eine holistische Philosophie der Bantu ableitete.[13] Zentral ist für Tempels die ontologische Gleichsetzung des Seins mit einer *force vitale* als bestimmendes Lebensprinzip all derjenigen, deren Denken durch Bantu-Sprachen beeinflusst ist. Dieser Ansatz hatte zum Ziel, die Identität und Würde afrikanischer Bevölkerungen zu rehabilitieren, auch wenn es darum ging, die Bantu-Philosophie der christlichen Kosmologie zugänglich zu machen und als mit ihr vereinbar auszuweisen. Tempels und die Studien seines Schülers Alexis Kagame[14] zu kollektiven Philosophien und Weltbildern, die über Sagen, Mythen und Sprichwörter erschlossen wurden, überschnitt sich mit dem Trend der europäischen Anthropologie, Bevölkerungsgruppen und deren Ontologien als originäre authentische Philosophien zu rehabilitieren. Diesem wissenschaftlichen Trend, der in den Kolonialmetropolen von modernisierungskritischen Absichten getragen war, folgten in der ersten Hälfte des 20. Jahrhunderts auch zukünftige Staatsmänner wie Jomo Kenyatta aus Kenia, die die politischen Strukturen ihrer Herkunftsgesellschaften beschrieben und dadurch Anspruch auf Authentizität erhoben.[15]

Die Annahme einer aus diesen ethnographischen Studien gewonnenen homogenen »afrikanischen Persönlichkeit«[16] zog aus einer philosophischen Perspektive vehemente Kritik auf sich. Der

---

13 Placide Tempels, *Bantu-Philosophie. Ontologie und Ethik. Mit Nachwörtern von Ernst Damman, Hermann Friedmann, Alexander Rüstow und Janheinz Jahn*, Heidelberg 1956; Paulin Hountondji, »Comments on Contemporary African Philosophy«, in: *Diogenes* 71 (1970), S. 120-140; Marcien Towa, *Essai sur la problematique philosophique dans l'Afrique actuelle*, Yaoundé 1971.

14 Alexis Kagame, *Sprache und Sein. Die Ontologie der Bantu Zentralafrikas*, Heidelberg, Brazzaville 1985.

15 Irele, *Introduction,* S. 14; vgl. auch Bruce Berman, John Landsdale, »Custom, modernity, and the search for Kihoote: Kenyatta, Malinowski and the making of ›Facing Mount Kenya‹«, in: Helen Tiley, Robert J. Gordon (Hg.), *Ordering Africa. Anthropology, European Imperialism and the Politics of Knowledge*, Manchester 2007, S. 173-198.

16 Der Begriff einer afrikanischen Persönlichkeit geht auf den Politiker, Autor und Diplomaten Edward Wilmot Blyden (1832-1912) zurück, der sowohl für eine antirassistische Rehabilitierung schwarzer Menschen in den Kolonien sowie den USA und deren Rückkehr nach Afrika als auch für eine politische afrikanische Einheit eintrat. Vgl. Guy Martin, *African Political Thought*, New York/NY 2012, S. 47 f.

zentrale Vorwurf gegenüber der *Négritude*, der »Ethnophilosophie« und ihnen folgenden philosophisch-politischen Konzepten lautete, dass ihre Vertreter genau wie die Missionare, Kolonialadministratoren und Akademiker eine – wenn auch positive – Zuschreibung auf rassistischer und tribaler Basis vornahmen. Damit unterstellten sie einen unveränderbaren kulturellen Charakter einzelner Kollektive, der der Pluralität afrikanischer Gesellschaften nicht gerecht werde. Am Werk sei dabei nicht Philosophie, sondern Hountondji zufolge »ein Mythos, nämlich der Mythos von der primitiven Einmütigkeit«.[17] Wie die Kolonialherren verfielen kulturnationalistische Autoren auf Differenzmodelle, die empirisch unhaltbar waren, deren politische Effekte aber bis in die Gegenwart nachwirken. Diese Wissensproduktion, so argumentiert Mudimbe, sei noch fest innerhalb der *gnosis*, der Wissensordnung aus der Kolonialzeit, verankert.[18]

Mit der Kritik an *Négritude* und »Ethnophilosophie« gewann die Philosophiedebatte unter afrikanischen Intellektuellen eine wegweisende Dynamik und führte zum zweiten von Odera Oruka identifizierten Trend: der akademischen »Professionalisierung«. Von nun an standen sich zwei grundlegende methodische Herangehensweisen gegenüber: Die eine betrachtet Afrikanische Philosophie als traditionelle Philosophie, die die Gegenwart über mündliche Traditionen (beziehungsweise Überlieferungsformen) stets aufs Neue beerbt. Dem Philosophen käme dann als einzige Aufgabe zu, Afrikanische Philosophie im Sinne von Sprichwörtern, Mythen und Erzählungen entweder aus dem kollektiven Gedächtnis oder von spezifischen »Weisen« – beispielsweise den *Griots* – überliefert, zu sammeln und zu interpretieren.

Die zweite methodische Herangehensweise wendete sich gegen die ethnographischen Beschreibungen einzelner Kulturen und ihrer Denksysteme. Statt sich auf einen einheitlichen kommunalen Korpus und dessen Überlieferungsformen zu beschränken, betonten Vertreter der professionellen Philosophie den Pluralismus und

---

17 Paulin Hountondji, *Afrikanische Philosophie – Mythos und Realität*, Berlin 1993, S. 54.

18 Mudimbe, *The Invention of Africa*. S. ix. *Gnosis* entstammt dem griechischen Verb »gnosko« (»wissen«). Mudimbe beschreibt mit diesem Begriff die Bedingungen, Ziele und Methoden einer spezifischen Wissensordnung, die ein Produkt von Machtbeziehungen darstellt.

dessen innewohnende Dynamik und Konflikthaftigkeit, der durch strikte rationale und methodengenaue Kritik problematisiert und erschlossen werden müsse. Sie beziehen sich dafür auf Erkenntnistheorie, Sprachphilosophie und Logik als Methoden zum Aufdecken von Widersprüchen, und insbesondere auf die spezifische analytische Fähigkeit von Philosophen und deren Haltung zur Kritik gegenüber unhinterfragtem Alltagswissen – die jeder ernst zu nehmenden Philosophie inhärent sein müsse.

Paulin Hountondji, Peter Bodunrin, Kwasi Wiredu und Henry Odera Oruka zählen zu den Vertretern eines solchen universal ausgelegten Philosophieverständnisses, dem zufolge kollektiv ausgelegte Philosophien keine legitime Methode wissenschaftlicher Philosophie seien und keinen Platz in der Dekolonisierung afrikanischer Wissenssysteme hätten. Den generalisierenden Weltbild-Studien oder der Suche nach spezifischen Denksystemen setzen diese Philosophen die individuellen Leistungen systematischer Selbstreflexion entgegen. Auch aus afrikanischen Gemeinschaften überlieferte Konzepte könnten auf diese Weise überprüft und als Beitrag in die globale Philosophiediskussion eingespeist werden.

Hountondji ging so weit, »Afrikanische Philosophie« als die Produktion von philosophischen Texten durch afrikanische Autorinnen und Autoren zu definieren und damit »Afrikanisch« rein auf die geografische Herkunft, aber eben nicht auf Gegenstand oder Methode zurückzuführen.[19] Zudem betonte Hountondji, dass eine philosophische selbstreflexive Haltung auf einen schriftlichen Diskurs angewiesen sei. Nur in bearbeitbaren Texten, und im Gegensatz zu mündlich überlieferten Wissensbeständen, sei ein reflexiver Selbstbezug über die Zeit hinweg möglich. Ein solches formal ausgeprägtes Verständnis war jedoch schnell dem Vorwurf ausgesetzt, einen Rückfall in die Denkmuster elitistischer, eurozentrischer westlich ausgebildeter Akademiker darzustellen. Die Forderungen nach einer professionalisierten Philosophie führten zu einer Reihe von Kritikpunkten, die sich sowohl von der Textualität und den eng begrenzten Quellen als möglichem Gegenstand Afrikanischer Philosophie als auch von der exklusiven geografischen Qualifizierung von Autorinnen distanzierte.

Mithilfe des Ansatzes der *Weisheitsphilosophie* erschloss Odera

---

19 Hountondji, *Afrikanische Philosophie*, S. 55.

Oruka neues philosophisches Material durch Befragung und Dokumentation. Unter *Weisheitsphilosophie* versteht er die Konzepte und Ideen von Personen, die von ihrem Umfeld als Weise angesehen werden und nicht nur wie Volksweise (*folk-sages*) das Wissen von vorangegangenen Generationen unverändert überliefern und erklären, sondern diese Überlieferungen auch reflektieren. In der Annahme, dass es sich bei sogenannten philosophischen Weisen (*philosophical sages*) ebenfalls um kritisch reflektierende Personen im Sinne der professionellen Philosophie handelt, führte er mit diesen philosophische Interviews, die er transkribierte und veröffentlichte.[20] Odera Oruka und seine Mitstreiter fanden mithilfe seiner Methode zwei Antworten auf drängende Probleme: Zum einen erschloss er für einen zukünftigen (textualisierten) Diskurs neue Quellen »traditioneller« Überlieferungen. Afrikanische Philosophinnen und Philosophen konnten sich auf diese Weise auch mündlich überlieferten Quellen zuwenden und diese für ihr eigenes Interessengebiet bearbeiten. Zum anderen umging Odera Oruka damit den kollektivistischen und generalisierenden Fehlschluss der Ethnophilosophen, indem er Individuen identifizierte, die systematisch über zeitgenössische Probleme nachdachten und mit ihrer Reflexion in ihre Gemeinschaften hineinwirkten. Gleichzeitig wurde der enge Begriff einer an Universitäten gebundenen Philosophie radikal erweitert und bis dahin ausgeschlossene Reflexionsinstanzen und Wissensbestände in die akademische Wissensproduktion integriert. Zwischen der Ethnophilosophie und der professionell betriebenen Philosophie eröffnete sich damit ein dritter Trend für die Praxis Afrikanischer Philosophie.[21] Deutlich wurde damit auch, dass in afrikanischen Gesellschaften immer schon Philosophie als reflexiver, selbstkritischer Prozess von einzelnen Individuen betrieben wurde – und damit eine originäre Afrikanische Philosophie-

---

20 Henry Odera Oruka (Hg.), *Sage Philosophy*, S. 83-162. Vgl. dazu Anke Graneß, *Das menschliche Minimum. Globale Gerechtigkeit aus afrikanischer Sicht. Henry Odera Oruka*, Frankfurt/M., New York/NY 2011, S. 75-95. Zur gleichen Zeit wie Odera Orukas erste Veröffentlichungen zu dem Thema erschien eine methodisch ähnlich gelagerte Studie zu Konzepten der Yoruba: John O. Sodipo, Barry Hallen, *An African Epistemology. The Knowledge-Belief Distinction and Yoruba Thought*, Ife 1981.

21 Graneß, *Das menschliche Minimum*, S. 89.

geschichte möglich ist.[22] Professionell ausgebildete Philosophen explizieren demnach aufgrund ihrer methodischen Ausbildung die »philosophischen Grundlagen – in den Texten und im Gesagten – nichtprofessioneller Philosophen«.[23]

Schließlich bilden die mit den politischen Befreiungsbewegungen aufgekommenen nationalistisch-ideologischen Theorien Odera Oruka zufolge einen vierten Trend. Diese Theorien wurden in der Früh- und Hochphase der antikolonialistischen Befreiungsbewegungen von den späteren Staatsführern und Widerstandskämpfern verfasst, die sich Problemen der politischen Integration und sozioökonomischen Gestaltung der jungen Nationalstaaten zuwandten. Das wurde spätestens seit dem fünften Panafrikanischen Kongress von 1945 in Manchester deutlich. Dort wurde – auf der Basis der kulturellen Selbstbehauptungen sowie der Erfahrungen des Imperialismus und anhaltenden Rassismus in den Kolonien und den USA – das sofortige Ende aller Kolonialherrschaft gefordert. Die Unabhängigkeiten von Indien, Ägypten und Ghana als erstem subsaharischen Staat, aber auch die Bandung-Konferenz von 1955 waren die am meisten beachteten Meilensteine der Antikolonisierungsbewegung.[24] Die neue Qualität politischer Gestaltung nach 1945 bestand in dem Anspruch, innerhalb der kolonialen Grenzziehungen (von 1885) neue politische Gemeinschaften zu konstituieren und eigenständig zu erneuern beziehungsweise zu »modernisieren«. Es war die durch die Kolonialmächte bewusst angelegte gesellschaftliche Zersplitterung, auf die die neue Staatselite sowohl nach außen als auch nach innen reagierte. Wie Olúfémi Táíwò konstatiert, war auch dieser Personenkreis häufig damit beschäftigt, seine Theorien auf das Fundament einer spezifisch afrikanischen, an Kollektiven orientierten Persönlichkeit zu stellen.[25] Wie Senghor und Nkrumah leiteten auch Kenneth Kaunda aus Sambia und Julius Nyerere aus Tansania politische Prinzipien aus ihren Analysen

22 Kwame Gyekye, *Tradition and Modernity. Philosophical Reflections on the African Experience*, New York/ NY 1997, S. 9.

23 Henry Odera Oruka (Hg.), *Sage Philosophy*, S. xxi.

24 Vgl. die Einführung von Colin Legum mit vielen Primärquellen: *Pan-Africanism. A Short Political Guide,* Westport/CT 1963. Eine Innenperspektive auf den politischen Panafrikanismus gibt George Padmore, *Between Pan-Africanism and Communism? The Coming Struggle for Africa*, London 1956.

25 Vgl. Olúfémi Táíwò in diesem Band, S. 85-111.

präkolonialer Gesellschaften und den negativen Effekten kolonialer Herrschaft ab. Diese Konzeptionen dienten zugleich dem Vorhaben, die Wahl bestimmter politischer Systeme, etwa eine genuin afrikanische Form des Sozialismus als ökonomisches Entwicklungsmodell, oder das Einparteiensystem als einzige politisch legitime Regierungspraxis zu rechtfertigen. Mit Verweis auf präkoloniale politische Praktiken und Wirtschaftsformen wurde der Sozialismus dabei nicht immer mit einer Produktionsweise, sondern etwa bei Nyerere vielmehr mit einer Geisteshaltung gleichgesetzt.

Unter diesen seit der Unabhängigkeit aktuellen Themen findet sich die Neudefinition von Demokratie und die rechtliche Position afrikanischer Individuen als Staatsbürger. Sowohl das Demokratiekonzept als auch der Staatsbürgerstatus mussten aufgrund ihres Missbrauchs durch die in rassistischen und tribalistischen Kategorien denkenden Kolonialherren und in den folgenden restriktiven Regimen neu bestimmt werden.

Zugleich gilt der Bezug auf genuine afrikanische Erfahrungswerte, Wissensarchive und auf die geteilte Geschichte der Versklavung und des Kolonialismus als wichtiger Referenzrahmen Afrikanischer Philosophie. Ohne diesen verklären zu wollen, müsse der spezifische afrikanische Erfahrungshorizont den Ausgangspunkt afrikanischer Philosophie bilden, fordert daher Tsenay Serequeberhan in seinem hier vorliegenden Aufsatz. Als eigenständigen kritischen Zugriff Afrikanischer Philosophie, der den Dualismus von Indigenisierung seitens der Ethnopilosophie einerseits und Universalisierung seitens der professionellen Philosophie andererseits durchbrechen sollte, schlägt er als Methodik eine »kritische Hermeneutik« vor. Die Hermeneutik kann als fünfter Trend Afrikanischer Philosophie bezeichnet werden.[26] Philosophie operiere stets aus einer spezifischen Lebenswelt heraus. In Bezug auf Afrika sei dies die »existentiale Krise« als die Differenz zwischen den Idealen der Befreiungsbewegungen und den Kontinuitäten von Ausbeutungsstrukturen, von denen aus eine explorative Selbstreflexion ausgehen müsse. Diese Selbstreflexion sei die Basis eines situierten emanzipatorischen Denkens; emanzipatorisch, und an dieser Stelle

---

26 Serequeberhans methodischer Ansatz stimmt jedoch nur dem Namen nach mit dem überein, was Odera Oruka grob als weiteren Trend in der Afrikanischen Philosophie skizzierte. Der hermeneutische Trend zielte vor allem auf die sprachlichen Analysen etwa eines Kwasi Wiredu. Odera Oruka, *Sage Philosophy*, S. xxi.

schließt Serequeberhan an Martin Heidegger an, aufgrund des Mutes, die Vorannahmen und Ziele der jeweils eigenen Wirklichkeit infrage zu stellen und das Sein von dem In-der-Welt-sein heraus zu begreifen.[27]

Neben den bisher erwähnten fünf Ansätzen stellen literarische und künstlerische Aufarbeitungen weitere anerkannte Quellen philosophischer Reflexion im Sinne »narrativer« Erzählmethoden von Problemen dar.[28] So sind in jüngerer Vergangenheit auch die Texte von Schriftstellern wie Chinua Achebe, Ngũgĩ wa Thiong'o oder Wole Soyinka auf ihren Beitrag für die politische Philosophie hin untersucht worden.[29] Auch feministische Theoretikerinnen stützen sich auf Literatur und Musik, um ihre Thesen zu untermauern.[30]

»Appropriating the Master's Weapons?« Methodologische Strategien postkolonialer politischer Philosophie

Mit der Etablierung einer postkolonial verorteten politischen Philosophie entsteht auch eine Bandbreite an möglichen Methoden und Strategien. Politikwissenschaftlich informierte und sozialphilosophische Zugänge helfen zunächst bei der Problemdiagnose und der Konzeptualisierung wiederkehrender Phänomene und dienen zur Versprachlichung kollektiver Erfahrungen, während sie nicht notwendigerweise explizit normative Positionen beziehen müssen. Um zu präskriptiven Aussagen zu gelangen, ohne sich einem eurozentrisch imprägnierten Universalismus zu unterwerfen, haben afrikanische Philosophen unterschiedliche Strategien entworfen: Kwasi Wiredu entwickelt in diesem Zusammenhang die Methode der konzeptuellen Dekolonisierung. Bestimmte Konzepte mo-

---

27 Martin Heidegger, *Sein und Zeit*, Tübingen 1967, § 12, S. 52-59.
28 Odera Oruka, *Sage Philosophy*, S. xxi.
29 Vgl. u. a. M. S. C. Okolo, *African Literature as Political Philosophy*, London 2007; Polycarp Ikuenobe, »The Idea of Personhood in Chinua Achebe's *Things Fall Apart*«, in: *Philosophia Africana* 9 (2006), S. 117-131; Gideon C. M. Mutiso, *Socio-Political Thought in African Literature: Weusi?*, London 1974.
30 Vgl. Chikwenye Ogunyemi, »Womanism. The Dynamics of the Contemporary Black Female Novel in English«, in: Layli Phillips (Hg.), *The Womanist Reader*, New York: 2006, S. 21-36; Susan Arndt, *Feminismus im Widerstreit. Afrikanischer Feminismus in Gesellschaft und Literatur*, Münster 2000.

ralphilosophischen Denkens lassen sich demnach als »kulturelle Universalien« bezeichnen, die für alle Menschen auf der Basis ihres biologischen Menschseins und aufgrund der in jeder natürlichen Sprache bereits vorausgesetzten logischen Prinzipien Geltung besitzen. Dem entgegengesetzt seien »kulturelle Partikularismen«, die nur innerhalb eines (lokalsprachlichen) Kontextes Geltung beanspruchen können, da sie »sprachabhängig« (*tongue-dependent*) seien.[31] Die Aufgabe der konzeptuellen Dekolonisierung bestehe nun darin, koloniale Denkweisen kritisch zu überprüfen und damit die Folgen der mentalen Fremdherrschaft des Kolonialismus reflexiv zu überwinden. Als Technik schlägt Wiredu folgende Herangehensweise vor: Wenn sich ein Gedanke mithilfe einer Lokalsprache plausibel rekonstruieren lässt, so sei dies ein Indiz dafür, dass er sich auch in der jeweiligen Sprachgemeinschaft als sinnvoll erweise. Gelinge diese Form der lokalsprachlichen Übersetzungen nicht, so könne dies auch daran liegen, dass hierfür schlichtweg das nötige Vokabular fehle. In diesem Fall ließe sich auch auf »unabhängigem Boden«,[32] das heißt innerhalb der Parameter der lokalen und der metropolitanen Sprache, für ein Konzept argumentieren. Gelingt eine solche Argumentation, so sei eventuell das jeweilige Wort für das Konzept zwar noch nicht entstanden, widerspreche jedoch nicht dem lokalen linguistisch-epistemischen Horizont einer jeweiligen Sprachgemeinschaft. Eine solche widerspruchsfreie und kohärente Argumentation transzendiere den Horizont einer jeweiligen Sprachgemeinschaft, da sie auf den Gesetzmäßigkeiten jeder natürlichen Sprache fuße.

Postkoloniale Übersetzungen stellen zudem keinen Prozess der nachgeordneten Imitation dar, sondern können das Verhältnis von Original und Übersetzung durch subversive Mechanismen der Sinnverschiebung und der Neucodierung unterminieren.[33] Aus dieser Perspektive heraus kann die südafrikanische Idee von Ubuntu als eine postkoloniale Übersetzung der kontinentaleuropäischen

---

31 Kwasi Wiredu, *Cultural Universals and Particulars. An African Perspective*. Bloomington/IN, Indianapolis/IN 1996, S. 5.

32 Ebd., S. 138.

33 Spivak beschreibt die postkoloniale Übersetzung als Modus, in der das Privileg des Originals radikal infrage gestellt wird; vgl. Gayatri Chakravorty Spivak, »Translator's Preface«, in: Jacques Derrida, *Of Grammatology*. Baltimore/MD, London 1998, S. ix-lxxxvii, hier S. lxxxvi.

und angloamerikanischen Debatte über Gerechtigkeit gedeutet werden, welche die moralphilosophische Debatte in einigen ihrer fundamentalen Grundannahmen verschiebt und kritisch infrage stellt.[34]

Eine weitere Strategie postkolonialer politischer Philosophie besteht im Rückgriff auf präkoloniale Ideen, die in sozialen Praktiken, lokalsprachlichen Begriffen oder Sprichwörtern fortleben. Der Bezug auf afrikanische Wissensarchive, wie beispielsweise die konsensorientierten Praktiken politischer Entscheidungsfindung, welche Wiredu in seinem Aufsatz untersucht, wurde während der Kolonialzeit verdrängt, delegitimiert oder den Interessen der Kolonisatoren entsprechend modifiziert. Dieser Strategie wohnt daher ein entscheidendes Potential zur Selbstvergewisserung und Historisierung politischen Denkens in Afrika inne. Zugleich birgt diese Form der immanenten Kritik jedoch die Gefahr, tradierte Hierarchien, Ausschlüsse und Formen der Unterdrückung auszublenden und deren Fortwirken in aktuellen afrikanischen Gesellschaften als *African way of life* zu legitimieren. Eine solche Variante der Selbstaffirmation basiert nicht selten auf einer Dichotomisierung zwischen Afrika und Europa.

Um diese allzu simple Dichotomisierung zu überwinden, entwickelt Paulin Hountondji in seinem Spätwerk eine hilfreiche konzeptuelle Unterscheidung, indem er zwischen »endogenem« und »indigenem« Wissen differenziert. Indigenes Wissen sei zunächst ungeprüftes, tradiertes Wissen, das häufig im Widerspruch zu den Erkenntnissen moderner Wissenschaften stehe. Endogenes Wissen bezeichnet diejenigen Praktiken, Konzepte und Erfahrungswerte, die für die Lösung zeitgenössischer Probleme nutzbar gemacht werden könnten.[35] Es sei wissenschaftlich geprüftes und kritisch reflektiertes »situiertes« Wissen und basiere auf einem von innen heraus geleiteten dynamischen Reflexionsprozess.

Um sich ebenfalls vor einem unhinterfragten Kulturalismus als Antwort auf die koloniale Fremdbestimmung zu bewahren, legte der marokkanische Literaturwissenschaftler und Soziologe Abdelkébir Khatibi die Methode der doppelten Kritik (*double critique*)

---

34 Vgl. den Aufsatz von Thaddeus Metz in diesem Band, S. 295-329.
35 Paulin Hountondji (Hg.), *Les savoirs endogènes: pistes pour une recherche*, Dakar 1994.

vor.[36] Diese Kritik wendet sich einerseits gegen die Entfremdung durch koloniale okzidentale Denkweisen, die es zu dekolonisieren gelte. Andererseits verlangt diese Methode auch die Selbstkritik an den repressiven Elementen der eigenen Kultur, beispielsweise dem Traditionalismus und dem religiösen Fanatismus. Gegen ein Denken, das in Gegensätzen befangen bleibt, setzt er ein *penser-autre*, ein plurales Denken der Transformation jenseits der kolonialen Dichotomien zwischen dem Westen und Afrika.[37] Eine solche doppelte dekonstruktive Strategie lässt sich beispielsweise in Hountondjis Essay in diesem Band identifizieren, der einerseits den ideologischen Missbrauch der Menschenrechte für imperiale Gewalt kritisiert, während er andererseits auch die Immunisierungsstrategie von autoritären Machthabern in Afrika anprangert, welche die Menschenrechte als »westlich« zurückweisen, um sich der Verdächtigung, ebenjene Rechte zu verletzen, zu entziehen.

Eine weitere Möglichkeit der intellektuellen Dekolonisierung besteht darin, sich kritisch mit einem philosophischen Konzept, sei dieses nun westlichen oder anderen Ursprungs, auseinanderzusetzen und dieses Erbe, in den Worten Jacques Derridas, schlichtweg zu »bewohnen«.[38] Diese Strategie hat den Vorteil, dass der emanzipatorische Gehalt von umkämpften, ideologisch in ihrer Auslegung verengten und in der politischen Praxis zum Teil im Rahmen des Kolonialismus missbrauchten Begriffen extrahiert, neu besetzt und angeeignet werden kann – ohne notwendigerweise zeigen zu müssen, dass dieser Wert bereits kulturell verankert ist.[39] In diesem Sinne lassen sich auch die Auseinandersetzungen mit den Begriffen der Demokratie, der Menschenrechte, des Feminismus und des Kosmopolitismus in diesem Band interpretieren: als postkoloniale afrikanische Interventionen in bereits bestehende hegemoniale globalgesellschaftliche Diskurse, um sie durch die spezifischen Erfah-

---

36 Abdelkébir Khatibi, *Maghreb pluriel*, Paris 1983, S. 12.

37 Ebd., S. 11.

38 Jacques Derrida, *Die Einsprachigkeit des Anderen. Oder die ursprüngliche Hypothese*, München 2003, S. 115.

39 Dieser Akt kann mit Spivak als einer der *Katachrese* bezeichnet werden: der Enteignung, der Neuerfindung und der Kontamination von sogenannten »Konzept-Metaphern«, die in Komplizenschaft mit dem Kolonialismus standen, zugleich aber ein emanzipatorisches Potential aufweisen. Gayatri Spivak, »Poststructuralism, Marginality, Postcoloniality and Value«, in: Peter Collier, Helga Geyer-Ryan (Hg.), *Literary Theory Today*, London 1990, S. 219-244, hier S. 228.

rungen des Kontinents anzureichern, sie zu kontextualisieren, zu modifizieren und neu zu besetzen.

Globalpolitische Themen aus afrikanischer Sicht

In diesem Band sind unter vier Überschriften zentrale Themenbereiche versammelt, die als Antworten auf die postkolonialen Bedingungen des politischen Lebens in Afrika verstanden werden können. Sie erleichtern zum einen den konzeptionellen Zugriff auf verschiedene Bereiche der politischen Philosophie; zum anderen bieten sie einen Einblick in den aktuellen Diskussionsstand Afrikanischer Philosophie, der im deutschsprachigen Raum bislang nur marginal rezipiert wurde. Thematisch befassen sich die Texte mit Fragen der Demokratie, des Liberalismus, der Menschenrechte, des Feminismus, der Gerechtigkeit und des Kosmopolitismus. Vorangestellt sind diesen Texten zwei Beiträge, die den Gegenstandsbereich Afrikanischer Philosophie und die spezifischen Bedingungen politischer Philosophie auf dem afrikanischen Kontinent zum Gegenstand haben.

Afrikanische Philosophinnen und Philosophen bearbeiteten soziale und politische Probleme auf zwei Ebenen: zum einen auf der Ebene der epistemischen Kritik an akademischer Wissensproduktion und zum anderen auf der Ebene der politischen Praxis und ihrer Institutionen. Sowohl die Staatengründer als auch kritische Intellektuelle arbeiteten auf der Ebene der Wissensproduktion daran, genuin lokale soziale Praktiken und politische Institutionen als demokratisch und inklusiv zu rehabilitieren und sich dadurch ihrer kulturellen Identität zu vergewissern.[40] Dieses Bestreben gewann sowohl nach der Etablierung der jungen Staaten in Subsahara-Afrika als auch erneut mit zunehmendem international-westlichen Druck nach dem Ende der Sowjetunion an Aktualität.

Auf der Ebene der politischen Praxis ging mit der Rehabilitierung sowohl die Verteidigung als auch die Gestaltung der neuen unabhängigen Gesellschaften nach außen wie auch nach innen einher. Beide Richtungen sind in den Anfangsjahren der politi-

---

40 Kwasi Wiredu, »Social Philosophy in Postcolonial Africa. Some Preliminaries Concerning Communalism and Communitarianism«, in: *South African Journal of Philosophy* 27 (2008), S. 332-339, hier S. 332.

schen Reorganisation der ehemaligen Kolonien eng miteinander verschränkt. So bestand die Notwendigkeit, wie Olúfẹ́mi Táíwò den Begründungen der Staatengründer wie etwa Kwame Nkrumah und Kenneth Kaunda entnimmt, die antikolonialen Bewegungen in nachhaltige politische Bewegungen mit neuen Zielen und Praktiken zu transformieren.[41] Dabei stützten sie sich auf spezifische Vorstellungen überlieferter afrikanischer Praktiken und ethischer Vorstellungen. Ein knapper Exkurs zum Konzept der *Person* soll im Folgenden die unter Intellektuellen geführte Diskussion zum Verhältnis von Rechten und Pflichten einzelner Individuen in afrikanischen Gesellschaften nachzeichnen. Dieses Konzept ist aufschlussreich für ein tieferes Verständnis afrikanischer Herangehensweisen in der Diskussion um Menschenrechte, Demokratie, Entwicklung und Selbstbestimmung.

Rechte und Pflichten einer Person

Die Debatte um den Status einer *Person* bewegt sich entlang der These, dass das Handeln moralischer Akteure nur vor dem Hintergrund ihrer sozialen Kontexte verständlich wird. Entgegen den Annahmen einer kontextunabhängigen gemeinsamen Rationalität, geteilten menschlichen Natur oder universellen moralischen Kernprinzipien erwägen kontextbetonende Ansätze die ethnische Zugehörigkeit, Kultur, Sprache oder Geschlecht als primäre Faktoren für moralische Erwartungshaltungen.[42] Oft wird innerhalb der Personalitätsdebatte zwischen einer metaphysischen und einer ethischen Dimension unterschieden: Während in der Metaphysik gefragt wird, welche Eigenschaften, etwa die Zuschreibung einer Seele, einen Menschen zur Person werden lassen, fragen ethische Ansätze nach normativen Bedingungen für die gesellschaftliche Anerkennung als moralisch integre Person.[43]

41 Táíwò in diesem Band, S. 85-111.
42 Pieter Coetzee, »Particularity in Morality and its Relation to Community: Introduction«, in: Ders., A. P. J. Roux (Hg.): *The African Philosophy Reader*, London, New York/NY 1998, S. 275-291, hier S. 275 f.
43 Kwasi Wiredu, »Introduction: African Philosophy in Our Time«, in: Ders. (Hg.), *A Companion to African Philosophy*, Oxford, Malden/MA u. a. 2004, S. 1-27, hier S. 16 f.

Laut dem in der afrikanischen Debatte viel diskutierten Ansatz des Kommunalismus kann »Person« nur als »Mitglied einer Gemeinschaft« definiert werden, Individuen sind in weitläufige Verwandtschaftskontexte eingebettet: »Es gehört zu dem In-sich-selbst-vollständig-sein der Person, daß sie ohne ihre gesellschaftlichen Bedingungen nicht gedacht werden kann.«[44] John Mbiti gilt als der Referenzautor einer solchen kommunalistischen These, seit er 1970 deklarierte: »Ich bin, deshalb sind wir; und wir sind, deshalb bin ich. Dies ist der zentrale Punkt im Verständnis der afrikanischen Wahrnehmung des Menschen.«[45] Aus dieser präferierten ontologisch-relationalen Perspektive stellen die – kommunal vermittelten – sozialen Bedingungen sowohl das Wissen als auch die sozialen Praktiken bereit, in denen Personen als solche anerkannt werden. Erst mithilfe sozialer Bezüge wird Sinn gestiftet und tradiert und an diesen Werten entlang verteilen Gemeinschaften ihre materiellen und symbolischen Güter.[46]

Es blieb der nachfolgenden Debatte überlassen, die Entwicklung individueller Persönlichkeit innerhalb von Kollektiven herauszuarbeiten.[47] Eine frühe und radikale Position vertrat Ifeanyi Menkiti. Er betonte die prozessuale Dynamik, durch die ein Mitglied einer Gemeinschaft schrittweise zu einer Person wird, indem es verschiedene Stadien der Integration durchläuft, etwa Übergangsrituale von einer Altersgruppe in die nächste. In Abgrenzung zu »minimalistischen Definitionen des Westens«, denen zufolge eine Person sei, »wer auch immer eine Seele, Rationalität, Willen oder ein Gedächtnis hat«, nähme die afrikanische Perspektive eine umfassende-

---

44 Kimmerle, *Philosophie in Afrika*, S. 129. Der Begriff »Kommunalismus« wird zum Teil als auswechselbar mit dem des Kommunitarismus verwendet. Vgl. z. B. Dismas A. Masolo, *Self and Community in a Changing World*, Bloomington/IN, Indianapolis/IN 2010, S. 240; vgl. auch Kwasi Wiredu, der den »afrikanischen Kommunitarismus« in Form einer groben Skizze auf die strukturell engen Beziehungen in Verwandtschaftsgruppen, auf die Erziehung zur Bindung an diese Beziehungen sowie auf ein entsprechendes Verhältnis von Pflichten und Rechten zurückführt. Wiredu zufolge lässt sich vor allem dann von Kommunalismus sprechen, wenn im »traditionellen Kontext« von Verwandtschaftslinien gesprochen wird; vgl. Wiredu, *Social Philosophy in Postcolonial Africa*, S. 333-335.

45 John S. Mbiti, *African Religions and Philosophies*, New York/NY 1970, S. 141.

46 Coetzee, »Particularity in Morality«, S. 278 f.

47 Richard H. Bell, *Understanding African Philosophy. A Cross-cultural Approach to Classical and Contemporary Issues*, New York/NY 2002, S. 60 f.

re, »maximale« Perspektive auf die Bestimmung von Personen ein.[48] Moralische Qualitäten werden von Mitgliedern erworben, die den sozialen Erwartungen am meisten entsprechen. Dieses prozessuale Verständnis führt allerdings auch dazu, dass der Status erst ab einem bestimmten Alter zuerkannt oder bei Nichterfüllung gesellschaftlich geteilter Verpflichtungen wieder aberkannt werden kann. Auch Wiredu ist der Ansicht, dass man aus normativer Perspektive erst dann zur Person wird, wenn man die Bereitschaft und Fähigkeit zeigt, seine Verpflichtungen in der Gesellschaft zu erfüllen.[49]

Moderatere Positionen verteidigen dagegen einen größeren Freiraum für Individuen. Menkitis enge Lesart kommunalistisch geprägter Konzepte und fehlende Analysen sozialer Praktiken sind zentrale Kritikpunkte an seiner These. Kwame Gyekye distanzierte sich von Menkitis Ansatz und vertrat einen »moderaten Kommunitarismus«, mit dem er vor allem zweierlei hervorhob: Zum einen zweifelte er die graduelle Anerkennung von Mitgliedern an, die Menkitis Zugang zum Personenverständnis suggerierte. Werturteile unter Mitgliedern einer Gemeinschaft scheinen seines Erachtens eher einem tugendhaften Menschen den Status einer Person zuzusprechen, als diesen Status vollständig an das Erfüllen sozialer Verpflichtungen zu binden. Damit komme der Gemeinschaft aber nicht mehr die gesamte Deutungshoheit über den Personenstatus zu. Zweitens wendet Gyekye ein, dass das Individuum als rationaler Akteur stets auch Urteile über seine Umwelt fälle und dadurch normativen Erwartungen widersprechen und diese ändern könne.[50] Schon aufgrund dieser Autonomie lasse sich der radikale kommunalistische Ansatz Menkitis nicht halten. Gyekye argumentiert tugendethisch, erlaubt es aber zugleich, dieser Tugendethik Konzepte komplementärer individueller Rechte hinzuzufügen.

Sofern kommunitaristische Perspektiven und mit ihnen verbundene moralische und ethische Vorstellungen von der Person tatsächlich in Afrika weitgehend anerkannt sind,[51] können wir zwi-

---

48 Ifeanyi Menkiti, »Person and Community in African Traditional Thought«, in: Richard A. Wright (Hg.), *African Philosophy. An Introduction,* New York/NY 1984, S. 171-181.

49 Wiredu, »Introduction«, S. 17; vgl. auch Coetzee, »Particularity in Morality«, S. 280 f.

50 Gyekye, *Tradition and Modernity,* S. 50-59.

51 Vgl. u. a. Bernard Matolino, »Excorcising the Communitarian Ghost: D. A.

schen zwei Strategien unterscheiden: Zum einen ließe sich aus den sozialen, politischen, kulturellen und sprachlichen Praktiken afrikanischer Gesellschaften ablesen, was ein Gemeinschaftsmitglied normativ auszeichnet. Die Rekonstruktionen von Mbiti, Menkiti und Gyekye sind Beispiele für einen solchen philosophisch-anthropologischen Zugang. Zum anderen zeigen die Beiträge von Táíwò oder Wiredu in diesem Band, wie afrikanische Kulturen auch daraufhin befragt werden können, was ihre Vorstellungen von Personen für einen Einfluss auf politische Interaktionen und die Gestaltung entsprechender Institutionen haben.

Das Recht auf Entwicklung und kollektive Selbstbestimmung

Parallel zur philosophischen Debatte um das Personenkonzept wurde von der Organisation der Afrikanischen Einheit 1981 eine Menschenrechtscharta verabschiedet, die in ihrer Präambel einen expliziten Bezug zu genuin als afrikanisch postulierten Wertevorstellungen herstellte.[52] Das Menschenrechtsdokument gleicht zwar in weiten Teilen anderen regionalen Chartas wie der europäischen oder amerikanischen Menschenrechtskonvention, beansprucht allerdings für sich, das Verhältnis von Individuum und Gemeinschaft erstmals genauer zu bestimmen. Neben die klassischen Schutzpflichten von Staaten trat in der Charta ein Pflichtenkatalog des Individuums, der die gegenseitige Abhängigkeit von Gemeinschaft und Individuum zum Ausdruck brachte, ohne allerdings rechtlich bindende Wirkung zu erhalten.

Darüber hinaus enthielt die »Afrikanische Charta der Menschenrechte und der Rechte der Völker« in der Nachfolge der von der UNO verabschiedeten Dokumente individuelle zivile und politische Rechte sowie kollektive ökonomische und soziale Rechte, von denen viele allerdings bereits in der Charta durch den Verweis auf Landesgesetze wieder eingeschränkt wurden. Zwei Strategien

Masolo's Contribution«, in: *Quest. An African Journal of Philosophie/Revue Africaine de Philosophie* 25 (2014), S. 163-184. Matolino besteht jedoch auf einem nichtessentialistischen Verständnis von Kommunitarismus.

52 Die Arbeit an der afrikanischen Menschenrechtscharta begann bereits in den 1960er Jahren; ratifiziert wurde die Charta 2005.

der Abgrenzung sind allerdings bemerkenswert: Zum einen wurde das Recht auf Entwicklung eingefügt,[53] das von vielen als Antwort auf die anhaltenden Asymmetrien innerhalb der afrikanischen Länder, aber auch in internationalen Handelsbeziehungen galt. Das Recht auf Entwicklung spiegelte die sozioökonomische Problemlage wider, der die jungen Staaten nach den Unabhängigkeiten ausgesetzt waren, und fand nach 1989 auch Eingang in nationale Verfassungen, die im Zuge der erneuten Demokratisierungen reformiert wurden.

Fabien Eboussi Boulaga mahnt in seinem in diesem Band aufgenommenen Aufsatz jedoch zur Vorsicht vor dem Begriff »Entwicklung«. Sein Einwand, dass Entwicklung als konsumorientierte Modernisierungshaltung nicht zu mehr Freiheit und Demokratie führe, fand breite Zustimmung. Eboussi Boulaga fordert eine Dekolonisierung ökonomischer Praxis in afrikanischen wie auch westlichen Staaten, die selbstbewusst auf transethnische und von Eliten unabhängige Unternehmen fokussieren soll. Dadurch würde nicht nur Unabhängigkeit von vorgeschriebenen Begriffen wie Demokratie oder Entwicklung möglich; auch könnte auf diese Weise die Gegenüberstellung von Tradition und Moderne aufgehoben werden.

Neben dem Recht auf Entwicklung wurde in der »Afrikanischen Menschen- und Völkerrechtscharta« zum anderen das Selbstbestimmungsrecht der Völker verankert. Damit verbunden war das Recht auf Beistand im Befreiungskampf durch die Vertragsstaaten festgehalten, das bis zur Unabhängigkeit Namibias und bis zum endgültigen Ende der Apartheidsgesetze in Südafrika 1994 hochaktuell blieb.[54] Chisanga N. Siame exemplifiziert im hier vorliegenden Aufsatz dieses Recht auf kollektive Selbstbestimmung anhand des Befreiungskampfes Sambias. In seiner linguistisch fundierten Analyse von Isaiah Berlins Konzept negativer und positiver Freiheit kritisiert er vor allem dessen Bestimmung von negativer Freiheit als einzig wahrer Freiheit. Er hebt hervor, dass Berlins Ablehnung positiver Freiheit irreführend sei, denn ein wesentlicher Effekt des an-

---

53 Konzipiert wurde das Recht auf Entwicklung bereits in den 1970er Jahren: Kéba M'Baye, »Droit au développement comme un droit de l'Homme. Leçon inaugurale de la Troisième Session de l'Institut International des Droits de L'Homme«, in: *Revue Des Droits De L'Homme* 503 (1972), S. 503-534.

54 Art. 20 der »Afrikanischen Charta für Menschen- und Völkerrechte«.

tikolonialen Kampfes liege darin, dass Sambier nicht mehr als kolonisierte, das heißt als versklavte Subjekte, sondern als freie Bürger handeln könnten. Erst mit der Anerkennung des Staates Sambia erhielten dessen Bewohner die Möglichkeit negativer Freiheiten, etwa durch die Aufhebung restriktiver Passgesetze. Die westeuropäisch geprägte Trennung von Staat, Gesellschaften und Individuen, die Berlins Theorie zugrunde liege, ließe sich nur durchhalten, wenn Freiheit erst mit der Aneignung des Staates durch die Bevölkerung einhergehe. Erst dann werde verständlich, warum die sambische Bevölkerung einen lokalen Tyrannen einer wohlwollenden Kolonialverwaltung vorgezogen habe, denn das »Verlangen, nicht ›beherrscht‹ zu werden, ist ganz einfach das Verlangen, von den eigenen Leuten regiert zu werden«.[55]

Obwohl die Afrikanische Menschenrechtscharta noch 1981 als progressives Dokument präsentiert wurde, war sie in den meisten afrikanischen Staaten allerdings stark beschränkt; viele Regime begrüßten die hohen Hürden, die der Anwendung der internationalen Menschenrechtsnormen im Weg standen und zogen damit vehemente Kritik aus afrikanischen Gesellschaften auf sich. Unter dem Titel *Die Stimme des Herrn* kritisierte Paulin Hountondji deshalb nicht nur den europäischen Anspruch, die Menschenrechte erfunden zu haben. Vielmehr sei die Forderung nach Rechten und Würde ein universales Phänomen, das westliche Intellektuelle allenfalls systematisiert hätten. Menschenrechte als kulturelle Werte seien weder im Westen noch in Afrika im Sinne einer Massenkultur anerkannt. Afrikanische Eliten dürften sich dem universalen Anspruch von Menschenrechten nicht entziehen, nur weil sie sowohl weltweite Verstöße seitens des Westens wie auch dessen Propagierung dieser Rechte dagegen anführen könnten.[56] Auch begingen die Staatengründer damit erneut den kollektivistischen Fehlschluss, afrikanische Bevölkerungen als eine Einheit zu porträtieren und ethnisch einer so auch nicht existenten Einheit Europas gegenüberzustellen.

55 Vgl. Chisanga N. Siame in diesem Band, S. 127-148.
56 Vgl. Paulin Hountondji in diesem Band, S. 149-167.

Modelle endogener Demokratie

Bis auf wenige Ausnahmen entschieden sich die Staatengründer im subsaharischen Afrika für Einparteiensysteme, um eine nationale Einheit zu bilden und sozioökonomischen Fortschritt zu ermöglichen. Táíwò legt in seinem hier abgedruckten Essay dar, dass dies vor dem Hintergrund der Annahme geschah, man müsse aus der antikolonialen Bewegung heraus keine künstlichen politischen Oppositionen bilden. Mit dem Scheitern autoritärer politischer und ökonomischer Modelle kamen seit den 1980er Jahren wiederum Fragen nach der Umsetzbarkeit westlicher Vorstellungen von parlamentarischer Demokratie und freier Marktwirtschaft in afrikanischen Gesellschaften auf.[57] Das Misstrauen gegenüber einer gewählten Opposition und den negativen Effekten politischer Machtkämpfe teilten viele Intellektuelle.[58] Auf der Suche nach endogenen Positionen knüpften einige Philosophen deshalb erneut an die Analyse überlieferter politischer Strukturen an, ohne sich jedoch dem Modell des Einparteiensystems der Staatengründer zu verschreiben.

Einen Mittelweg zwischen Ein- und Mehrparteiensystem vertritt Kwasi Wiredu mit Verweis auf politische Prinzipien der Akan-Gesellschaften in Ghana.[59] Diese Prinzipien, die er sowohl aus den sozialen Bindungskräften weitreichender Verwandtschaftsverhältnisse als auch aus einer Theorie kommunikativ erzeugter Wahrheiten ableitete, begründen einen Fokus auf konsensuelle Ausrichtungen in Entscheidungsprozessen. Wiredu geht es dabei nicht um einen Konsens hinsichtlich grundlegender Wahrheiten. Vielmehr zielt er auf einen pragmatischen Konsens, der eine Lösung bestimmter Probleme herbeiführt. Mehrparteiensysteme, die eine Opposition

---

57 Claude Ake, *The Feasibility of Democracy in Africa*, Dakar 2000.

58 Vgl. u. a. Claude Ake, »Rethinking African Democracy«, in: *Journal for Democracy* 2 (1991), S. 32-44. Mit Blick auf die Integration in ehemaligen Bürgerkriegsstaaten wie etwa Südsudan, vgl. auch Francis Deng u. a., *Identity, Diversity, and Constitutionalism in Africa*, Washington/D.C. 2008.

59 Kwasi Wiredu, *Cultural Universals and Particulars,* S. 157-190; ders., »Society and Democracy in Africa«, in: *New Political Science* 21 (1999), S. 33-44; ders., »Tradition, Democracy and Political Legitimacy in Contemporary Africa«, in: Kurimoto Eisei (Hg.), *Rewriting Africa: Toward Renaissance or Collapse?*, Osaka 2001, S. 161-172. Vgl. auch Kwasi Wiredus *Demokratie und Konsens* in diesem Band, S. 168-181.

herausbilden, wären dagegen für die konsensuelle Bearbeitung sozioökonomischer Herausforderungen wenig geeignet, da sich die Parteien eher um den Erhalt ihrer Macht im Staat sorgten. Ohne Parteien auszukommen und einen Repräsentationsmodus etwa im Sinne der politischen Ideale der Akan zu etablieren, nach dem alle Betroffenen an Entscheidungen teilhaben könnten, seien dagegen eine angemessene Lösung, um den Zusammenhalt afrikanischer Gesellschaften nachhaltig zu fördern. Auch aufgrund der oftmals unzureichend verankerten staatlichen Strukturen auf der lokalen Ebene wird in diesem Diskursstrang gefordert, überlieferte und noch bestehende Strukturen wie *Chieftaincies*[60] und mit diesen verbundene politische Praktiken kritisch zu prüfen und zu integrieren.[61]

Emmanuel Ezes in diesem Band abgedruckte Replik enthält zwei Kritikpunkte an Wiredus Rehabilitation des Konsensprinzips.[62] So kritisiert Eze besonders die Annahme, dass sich Konflikte durch einen pragmatischen Konsens lösen ließen. Diesem Willen zur rationalen Aufklärung hält er zum einen entgegen, dass die sakrale Funktion der traditionellen Autoritäten die Entscheidungsprozesse oft überlagert habe. Diese sakrale Überzeugungskraft als Legitimationsquelle politischer Führung würde jedoch nicht mehr geteilt, womit das Modell an Anziehungskraft für die Gegenwart einbüße. Zum anderen sei der kommunale Zusammenhalt auch aus grundlegender Perspektive nicht anzunehmen: Konflikte gehörten zur sozialen Entwicklung und ließen sich nicht auf die von

---

60 *Chieftaincies* bzw. *Chiefs/Queens* sind kolonial geprägte englische Begriffe für lokale Autoritäten, die durch verschiedene Wahlmodi jenseits staatlicher Strukturen ermittelt werden. Besonders in zentralisierten gemeinschaftlichen Gesellschaften kommt ihnen eine hohe Autorität zu, etwa in der Verteilung von Gemeindeland oder bei Streitschlichtungen. In vielen Staaten sind Anerkennung, Ressourcen und Schlichtungen bei Konflikten zwischen *Chiefs* staatlich geregelt.

61 Vgl. u. a. Helen Lauer, »Depreciating African Political Culture«, in: *Journal of Black Studies* 38 (2007), S. 288-307. Auch die »United Nations Economic Commission for Africa« ließ 2007 eine Studie erstellen, um zu ermitteln. welchen Stellenwert endogene Institutionen für die Entwicklungspolitik haben: Okey Onyejekwe u. a., *Relevance of African Traditional Institutions of Governance*, Addis Ababa 2007.

62 Helen Lauer, »Wiredu and Eze on Good Governance«, in: *Philosophia Africana* 14 (2012), S. 51-59; Bernard Matolino, »Democracy, Consensus, and Africa. An Investigation into Consensual Democracy's Contribution to African Political Philosophy«, in: *Philosophia Africana* 14 (2012), S. 105-124.

Wiredu vorgeschlagene Weise aufheben. Dies sei nicht möglich, da es keinen »tiefsten Grund der Identität von Interessen« gebe, den es durch rationale Diskussionen aufzudecken gelte.[63] Daher könne der Konsens auch nicht als regulatives Ideal herangezogen werden.[64] Damit ist die Debatte über das Konsensprinzip jedoch noch nicht abgeschlossen. So suchen neuere Ansätze in lokalen Praktiken und Archiven nach funktionalen Äquivalenten etwa für zivilgesellschaftliche Akteure, die für Demokratien als eminent wichtig erachtet werden.[65]

Im Folgenden wenden wir uns nun Debatten um Geschlechtergerechtigkeit, Ethik und Kosmopolitismus in der Afrikanischen Philosophie zu.

Afrikanische Interventionen zur Geschlechtergerechtigkeit

Debatten über Geschlechtergerechtigkeit bilden seit mehreren Jahrzehnten in Afrika und der afrikanischen Diaspora ein breites Feld der Auseinandersetzung. Sie setzen sich vor allem kritisch mit feministischen Konzepten auseinander, die dekontextualisiert und von oben herab auf afrikanische Lebensformen übertragen würden. Es wird von manchen Autorinnen bereits als problematisch empfunden, den Kampf für Geschlechtergerechtigkeit in Afrika als »Afrikanischen Feminismus« oder »Afrikana-Feminismus« zu bezeichnen, weil dies implizieren würde, sich dem »Feminismus« zu verschreiben, so wie er im Westen verstanden wird.[66]

Die Selbstverständigung über Fragen der Geschlechtergerechtigkeit innerhalb der afrikanischen Theorieproduktion ging und geht mit einer Unzufriedenheit über den weitverbreiteten »Nord-

---

63 Vgl. Eze in diesem Band, S. 182-197, hier S. 189.

64 Michael Eze, »What is African Communitarianism? Against Consensus as regulative Ideal«, in: *South African Journal of Philosophy* 27 (2008), S. 386-399.

65 Ajume H. Wingo, »Fellowship Associations as Foundations for Liberal Democracy in Africa«, in: Kwasi Wiredu (Hg.), *A Companion to African Philosophy*, S. 450-459.

66 Vgl. Clenora Hudson-Weems, »Africana Womanism«, in: Obioma Nnaemeka (Hg.), *Sisterhood, Feminisms and Power. From Africa To The Diaspora*, Trenton/NJ, Asmara 1998, S. 149-162, hier S. 150.

Süd-Fluss« von Ideen und Konzepten einher.[67] Dabei verbleiben Afrikanerinnen häufig Empfängerinnen dieser Theorieproduktion und übernehmen die Rolle von Informantinnen für eine Akkumulation von Wissen im globalen Norden. Mamo Holo, eine ehemalige Aktivistin aus einem südafrikanischen Township, berichtet über eine Wissenschaftlerin, die sie fortwährend um ein Interview bittet: »Sie befragt mich immer wieder von Neuem, schreibt mehr und mehr Bücher und kauft sich immer mehr Kissen. Ich wohne währenddessen immer noch im gleichen Loch. Nichts hat sich seither für mich verändert.«[68] Gertrude Fester, die sich während der Zeit der Apartheid für den ANC (*African National Congress*) engagierte, warnt daher vor einem »akademischen Kolonialismus«, der die globale Arbeitsteilung auf der Ebene der Wissensproduktion fortführe.[69] Diese Arbeitsteilung sei von der Ungleichverteilung materieller Ressourcen geprägt. Angesichts dieser Machtungleichheiten appellieren einige Autorinnen für eine stärkere Verbindung von akademischer Forschung und politischer Praxis: »Es erscheint mir, dass für afrikanische Frauen *feministisch zu sein oder feministisch zu denken bedeutet, feministisch zu handeln.*«[70]

Die von Molo beanstandete Aufteilung zwischen lokalem Aktivismus und akademischer Reflexion führt auf einer epistemischen Ebene auch zu inhaltlichen Missverständnissen, insbesondere wenn die Theorie allein von Forschern produziert wird, die mit den lokalen Parametern und der besonderen geschichtlichen Situation eines Kontextes nicht ausreichend vertraut sind.[71] So kritisiert Nkiru Nzegwu ihre Kollegin Martha Nussbaum (auch im vorliegenden Band) dafür, die westliche Geschlechterproblematik

---

67 Stephan F. Miescher, Takyiwaa Manuh, Catherine M. Cole, »Introduction. When Was Gender?«, in: Dies. (Hg.), *Africa After Gender?*, Bloomington/IN, Indianapolis/IN 2007, S. 8. Vgl. auch Olúfémi Táíwò: »Feminism and Africa. Reflections on the Poverty of Theory«, in: Oyèrónké Oyěwùmí (Hg.), *African Women and Feminism. Reflecting on the Politics of Sisterhood*, Trenton/NY 1997, S. 45-66.

68 Gertrude Fester, »Closing the Gap«, in: Nnaemeka (Hg.), *Sisterhood, Feminisms and Power*, S. 215-237, hier S. 226.

69 Ebd., S. 226 f.

70 Obioma Nnaemeka, »Introduction. Reading the Rainbow«, in: Dies. (Hg.), *Sisterhood, Feminisms and Power. From Africa To The Diaspora*, Trenton/NY, Asmara 1998, S. 1-35, hier S. 5.

71 Vgl. die Beiträge von Nkiru Nzegwu und Oyèrónké Oyěwùmí in diesem Band.

auf den afrikanischen Kontext zu übertragen, ohne diesbezüglich ausreichend informiert zu sein. Deren Version von Geschlechtergerechtigkeit, die von der Überwindung eines weltumspannenden Patriarchats ausgehe, verfehle die spezifische Situation von Frauen in Afrika. Schließlich seien diese in einem genderflexiblen System beheimatet, das seine Wurzeln in präkolonialen Zeiten habe; demzufolge stimme das biologische nicht notwendigerweise mit dem sozialen Geschlecht überein. Dies mache die These des universellen Patriarchats obsolet.

Einer ähnlichen Stoßrichtung der Kritik folgt Obioma Nnaemeka in ihrer Auseinandersetzung mit Susan Moller Okin. Letztere befasst sich in ihrem Essay »Is Multiculturalism Bad for Women?«[72] mit der Lage von Migrantinnen in Frankreich. Darin macht sie den Schleier und vor allem die Polygamie für viele Probleme von Frauen mit Migrationshintergrund verantwortlich. Nnaemeka zufolge blende Okin durch diese kulturalistische Fremdprojektion die eigentlichen Schieflagen der Migrantenfamilien in den Vororten aus, die vor allem durch den Rassismus der französischen Gesellschaft und ihre ökonomische Misere zu erklären seien, und nicht allein durch den Sexismus des migrantischen Mannes.[73]

Beide Moralphilosophinnen aus dem globalen Norden verkennen Nzegwu und Nnaemeka zufolge in ihrer vermeintlichen Solidarität mit Frauen aus dem globalen Süden die eigentliche Lage der Geschlechterverhältnisse vor Ort. Dementsprechend könnten aus einer falschen Analyse des Unrechts auch keine angemessenen Strategien entwickelt werden, dieses zu überwinden.

In vielen afrikanischen Gemeinschaften ergebe sich die Identität mehr durch das jeweilige Alter und die Position innerhalb einer Familienlinie als durch das biologische Geschlecht. Diese These wurde vor allem durch die ethnographischen Studien von Ifi Amadiume und Oyèrónké Oyèwùmí in Bezug auf die Igbo und die Yoruba im heutigen Nigeria formuliert, welche die Diskussion über

---

72 Susan Moller Okin, »Is Multiculturalism Bad for Women?«, in: Joshua Cohen, Matthew Howard, Martha C. Nussbaum, *Is Multiculturalism Bad for Women?*, Princeton/NJ 1999, S. 9-24.

73 Obioma Nnaemeka, »Nego-Feminism, Theorizing, Practicing, and Pruning Africa's Way«, in: *Signs* 29 (2004), S. 357-385. Vgl. zu ihrer Diskussion von Okin S. 371 f.

Geschlechtergerechtigkeit in Afrika bis heute beeinflussen.[74] So könnten Frauen etwa in spezifischen Fällen Frauen ehelichen und so die soziale Rolle des Ehemannes übernehmen. Ebenso könnten wohlhabende Frauen einen Titel und damit soziales Prestige erwerben, was sonst den Männern vorbehalten sei.[75]

Zugleich sind die Thesen beider Autorinnen nicht unumstritten und werden daher auch von anderen Forscherinnen als romantisierende Projektionen in ein vermeintlich goldenes Zeitalter gedeutet, was aber die Situation von Frauen damals wie heute verharmlose.[76] Zwar seien viele afrikanische Gesellschaften matrilinear strukturiert gewesen, weswegen sich Verwandtschaftsverhältnisse aufgrund der Mutterschaft bestimmen ließen. Dies sei jedoch nicht mit matriarchalen Zuständen zu verwechseln, in denen Frauen auch über die entscheidende soziale und ökonomische Macht innerhalb einer Gesellschaft verfügten. Oyěwùmí stützt ihre Untersuchungen unter anderem auf Briefe, Verwaltungskorrespondenz, Stundenpläne und Berichte von Missionaren sowie auf eine linguistische Analyse der Lokalsprache der Yoruba, um ihre These der Flexibilität von Geschlechtsidentitäten zu beweisen, die sie als für ganz Afrika gültig postuliert. Inwiefern eine lebende Sprache wie die der Yoruba, die in Anbetracht der Kolonisierung nicht statisch geblieben ist, als angemessenes Analysematerial für die historische Verifikation von Geschlechtsidentitäten vor dem Kolonialismus dienen kann, bleibt unter ihren Rezipientinnen methodologisch umstritten.

Als Alternative zur Fremdbeschreibung der Geschlechterverhältnisse vollziehen die Autorinnen und Autoren eine eigenständige Analyse spezifischer Problemlagen, die als Basis für alternative Theorieentwürfe für mehr Geschlechtergerechtigkeit dienen sollen. So spricht Molara Ogundipe-Leslie in diesem Band von den folgenden sechs Bergen auf dem Rücken der afrikanischen Frau (in

---

74 Vgl. Ifi Amadiume, *Männliche Töchter und weibliche Ehemänner. Soziale Rollen und Geschlecht in einer afrikanischen Gesellschaft*, Zürich 1996, und Oyèrónké Oyěwùmí, *Invention of Women. Making an African Sense of Western Gender Discourses*, London, Minneapolis/MN 1997. Siehe von Oyěwùmí auch *African Gender Studies. A Reader*, New York/NY 2005, sowie *Gender Epistemologies in Africa. Gendering Traditions, Spaces, Social Institutions, and Identities*, New York/NY 2011.

75 Vgl. Amadiume, *Männliche Töchter und weibliche Ehemänner*, S. 45.

76 Vgl. den Beitrag von Molara Ogundipe-Leslie in diesem Band, die Oyěwùmís Thesen als konservativ einschätzt.

Anspielung auf Mao Zedongs Diktum der »vier Berge« auf dem Rücken der chinesischen Frau), gegen die sie anzukämpfen habe: Kolonialismus beziehungsweise Neokolonialismus, die repressiven Elemente ihrer eigenen Tradition, ihre gesellschaftlich bedingte eigene Rückständigkeit, den afrikanischen Mann, den Rassismus sowie ein von den Frauen selbst internalisiertes Minderwertigkeitsgefühl. Es bedürfe demnach einer intersektionalen und situativen Analyse der Lage der Frau, welche diese unterschiedlichen Ebenen der Unterdrückung mitreflektiere.

Ein zentrales Anliegen von Autorinnen, die sich für Geschlechtergerechtigkeit in Afrika engagieren, ist die rechtliche Gleichstellung von Mann und Frau. Dazu gehören das Erbschaftsrecht, die Regelung des Landbesitzes und die Praxis des Levirats, das heißt der Neuverheiratung nach dem Tod eines Ehepartners innerhalb der Familie.[77] Die reproduktive und sexuelle Gesundheitsvorsorge, die Beschneidung und die umstrittene Überbetonung der Mutterschaft für den sozialen Status von Frauen, wie sie beispielsweise im *Motherism,* einer eigenständigen Strömung im afrikanischen Feminismus, vertreten wird, bereiten den Aktivistinnen weitere Sorgen. Darüber hinaus begründen die Polygynie (als System der unterschiedlichen Stellung von Erst- und Zweitfrauen) und die gesellschaftliche Rollenverteilung zwischen Frauen auf der Basis des Alters (was als Gerontokratie bezeichnet wird und insbesondere das Verhältnis von Schwiegertochter zu Schwiegermutter betrifft) Hierarchien zwischen Frauen. Möglicherweise problematisch ist auch das Verhältnis von Töchtern innerhalb einer Linie gegenüber angeheirateten Ehefrauen sowie die Lage von Witwen in einem afrikanischen Haushalt: »Das Problem von Frauen als Agentinnen patriarchaler Gewalt gegenüber Frauen in Afrika bedarf dringend stärkerer Aufmerksamkeit.«[78] Und die Liste der multiplen Formen der Unterdrückung ist hiermit noch längst nicht erschöpft.

Die lebendige Debatte über Geschlechtergerechtigkeit mündet in einer Vielzahl von Konzepten und *f*eminismen (im Plural und mit kleinem »f« gegenüber dem *einen* universellen *F*eminismus als sogenanntem »Radikalfeminismus« des »Westens«), die eine angemessene Sprache entwickeln sollen, um dieses Unrecht zu artikulie-

77 Vgl. Susan Arndt, *Feminismus im Widerstreit. Afrikanischer Feminismus in Gesellschaft und Literatur*, Münster 2000, S. 59.

78 Obioma Nnaemeka, »Introduction. Reading the Rainbow«, S. 20.

ren: Afrikanischer Womanismus, Afrikana-Womanismus, Motherismus, Nego-Feminismus und Stiwanismus – um nur einige zu nennen.[79] Diese Strömungen drücken sich nicht alle in Form theoretischer Texte, sondern auch als Literatur aus.[80] Mit dem Attribut »Afrikana« bezeichnen die in der Diaspora lebenden Autorinnen ihre spezifische Verortung.

Im Gegensatz zu angloatlantischen und europäischen Feminismen und Gendertheorien basieren diese Theorien häufig auf einer relationalen Ontologie, der zufolge der Kampf einzelner Frauen stets auf ihre Gemeinschaft bezogen werden müsse.[81] Dementsprechend sollte ein holistischer Kampf auch Männer als Akteure für Geschlechtergerechtigkeit miteinbeziehen. Diese Vorstellung basiert zum Teil auf der im Animismus gründenden Idee der Komplementarität der Geschlechter im Sinne eines kosmologischen Gleichgewichts, das immer wieder hergestellt werden muss.[82] Bezüglich möglicher Allianzen unterscheiden sich Ansätze aus Afrika von denen aus der Diaspora, wobei letztere häufig identitätspolitisch für die genuine Solidarität unter schwarzen Frauen und somit auch für einen Schutzraum derselben argumentieren.

Der *Womanismus* beispielsweise stellt eine eigenständige Strömung in der afrikanischen Gender-Debatte dar, die zeitgleich in den USA von Alice Walker und in Afrika von Chikwenye Okonjo Ogunyemi entwickelt wurde und den die Autorinnen als eigenständige Konzeption von Geschlechtergerechtigkeit in Abgrenzung zum westlichen weißen Mittelschichtsfeminismus verstehen.[83] Der

---

79 Zu einem Überblick über diese unterschiedlichen Konzeptualisierungen von Geschlechtergerechtigkeit vgl. Arndt, *Feminismus im Widerstreit*, und Franziska Dübgen, »Translating Emancipations. Afrikanische Schwestern und das Privileg der Kritik«, in: Tobias Goll u. a. (Hg.): *Critical Matter. Diskussionen eines neuen Materialismus*, Münster 2013, S. 228-242.

80 Vgl. Gloria Chukukere, *Gender Voices & Choices. Redefining Women in Contemporary Fiction*, Enugo 1995; Arndt, *Feminismus im Widerstreit*.

81 Nnaemeka, »Reading the Rainbow«, S. 11.

82 Vgl. Nkiru Nzegwu, »Gender Equality in a Dual-Sex System. The Case of Onitsha«, in: *Canadian Journal of Law & Jurisprudence* 7 (1994), S. 73-96; Kamene Okonjo, »The Dual-Sex Political System in Operation. Igbo-Women and the Community Politics in Midwestern Nigeria«, in: Nancy J. Hafkin, Edna G. Bay (Hg.), *Women in Africa. Studies in Social and Economic Change*, Stanford/CA 1976, S. 45-85.

83 Zum Womanismus in der Diaspora vgl. u. a. Alice Walker, *In Search of Our Mothers' Gardens. Womanist Prose*, San Diego/CA 1983. Zum afrikanischen Wo-

afrikanische Womanismus speist sich aus der afrikanischen Literatur, dem Jazz und dem Blues und stellt einen Weg dar, um mit den Verletzungen der kolonialen Vergangenheit und Gegenwart umzugehen. Er weist sowohl Verbindungen wie Unterschiede zum US-amerikanischen Afrikana-Womanismus auf, die sich aus dem unterschiedlichen hermeneutischen Erfahrungskontext ergeben. Der Womanismus, wie er von Ogunyemi ins Leben gerufen wurde, steht der gleichgeschlechtlichen Liebe eher skeptisch gegenüber und betont zudem stark die Mutterrolle von Frauen. Er kritisiert sowohl gerontokratische Dominanzverhältnisse auf der Basis von Alter als auch Benachteiligungen von Zweit- gegenüber Erstfrauen. Zum anderen analysiert Ogunyemis Womanismus die Verbindung von Rassismus, ökonomischer Marginalisierung und Sexismus, die das Leben vieler afrikanischer Frauen prägt.[84] Dennoch kann dieser Kampf Ogunyemi zufolge nur gemeinsam mit Männern erfolgreich geführt werden: »Während es letztlich das Ziel der Radikalfeministinnen ist, in einer idyllischen Existenz weit weg vom Getöse der männlich geprägten Welt zu leben, liegt das Endziel des Womanismus in der Einheit der Schwarzen allerorts, unter der aufgeklärten Führung von Männern und Frauen gleichermaßen.«[85]

Als weitere Strömung, und zugleich als Kritik am Womanismus, entwickelte sich der *Stiwanismus*, der als Akronym für *Social Transformation Including Women in Africa* steht. Er soll als neue Begrifflichkeit die vor allem unter afrikanischen Männern verbreitete antifeministische Skepsis gegen den vermeintlich neoimperialen westlichen Diskurs durch eine eigenständige Wortschöpfung entwaffnen. Die Theoretikerin Molara Ogundipe-Leslie argumentiert in diesem Band, es bedürfe einer internen Kritik an Ungerechtigkeiten zwischen den Geschlechtern, die es in Afrika stets gegeben habe und an deren Reproduktion auch die Frauen nicht unbeteiligt blieben: So forderten afrikanische Frauen häufig exorbitante Brautgeschenke, welche die Männer finanziell in den Ruin trieben und dazu beitrügen, den weiblichen Körper zu kommodifizieren. Andere Frauen weigerten sich, innerhalb der Ehe finanziell Verantwortung zu übernehmen und stützten zudem die Institution

manismus vgl. Chikwenye O. Ogunyemi, »Womanism. The Dynamics of the Contemporary Black Female Novel in English«, in: *Signs* 11 (1985), S. 63-80.

84 Vgl. Ogunyemi, »Womanism«.

85 Ebd., S. 28.

der männlichen Polygamie, indem sie selbst Zweitfrauen würden. Ogundipe-Leslie kritisiert auch die abfällige Haltung vieler afrikanischer *f*eminismen (etwa des Womanismus oder des Motherismus) in Bezug auf die Homosexualität. Schließlich wendet sie sich gegen die globale Spaltung der feministischen Bewegung und ist darum bemüht, den Kolorismus beziehungsweise »Chromatismus«[86] (einen Begriff, den sie der postkolonialen Theoretikerin Gayatri Spivak entlehnt) der westlichen Welt hinter sich zu lassen: »Über mich selbst denke ich allerdings weder, dass ich ›schwarz‹ bin, noch bezeichne ich mich selbst als ›eine schwarze Frau‹. Das mache ich nicht etwa, weil ich meine Hautfarbe oder die Idee, schwarz zu sein, nicht liebe, sondern weil ich nicht dazu erzogen wurde, mich selbst physisch und anhand von Hautfarben zu beschreiben.«[87] Erst im Westen würde sie zu einer »Farbigen«, was für sie dennoch ein leerer Begriff bliebe. Auch dies unterscheidet den Stiwanismus von vielen identitätspolitisch engagierten, innerhalb einer Mehrheitsgesellschaft marginalisierten *f*eminismen der Diaspora.

In jüngerer Zeit ist auch eine kritische Auseinandersetzung mit der Kategorie der Maskulinität und der Anerkennung der Vielfalt sexueller Praktiken in Afrika hinzugetreten.[88] Selbst wenn, wie Oyěwùmí in diesem Band betont, Eheschließungen zwischen Frauen auch bei den Yoruba in vorkolonialen Zeiten aus strategischen familienpolitischen Gründen möglich gewesen sind, so sollte diese soziale Institution nicht mit der offiziellen Anerkennung gleichgeschlechtlicher Liebe verwechselt werden. Die explizite Betonung von Sexualität in westlichen Genderdiskursen befremdete viele afrikanische *f*eministinnen für lange Zeit und erschien ihnen als se-

86 Gayatri Spivak, *The Post-Colonial Critique: Interviews, Strategies and Dialogues*, New York, London 1990, S. 62, zit. in Molara Ogundipe-Leslie in diesem Band, S. 271. Sie beschreibt damit einen Determinismus, der sich vermeintlich durch die jeweilige Hautfarbe oder das Geschlecht ergibt und Menschen zum Schweigen bringt, etwa durch Rechtfertigungen wie: »Ich bin lediglich ein bürgerlicher, weißer Mann. Ich kann nicht sprechen« (ebd.). Spivak kritisiert diesen »Chromatismus«, weil er Menschen davon abhalte, Stellung zu beziehen, Kritik zu üben und Verantwortung zu übernehmen.

87 Vgl. Ogundipe-Leslies Beitrag in diesem Band, S. 271.

88 Vgl. Cole, Manuh, Miescher (Hg.), *Africa after Gender?*; Sylvia Tamale (Hg.), *African Sexualities. A Reader*, Kapstadt, Dakar u. a. 2011, und Marc Epprecht, S. N. Nyeck (Hg.), *Sexual Diversity in Africa. Politics, Theory, Citizenship*, Montreal, Kingston u. a. 2013.

kundäres Problem. So wird die Homosexualität einerseits als Modeerscheinung und Zeichen der Dekadenz des Westens gedeutet, andererseits gilt die Homophobie ebenfalls als ein Import des Kolonialismus und der vorrangig von den USA vorangetriebenen homosexualitätsfeindlichen Missionierung.[89] Dass jegliche Praktiken, die von der heterosexuellen Matrix abweichen, weiterhin vielerorts als »unafrikanisch« stigmatisiert werden, verdeutlicht die medienwirksame Initiative in Uganda, Homosexualität unter schwere Strafen zu stellen.[90] In der 2011 in Nairobi verfassten afrikanischen LGBTI-Deklaration (*Lesbian, Gay, Bisexual, Transgender / Transsexual, Intersex*) afrikanischer Aktivisten fordern diese daher »erotische Gerechtigkeit«, »totale Befreiung« von juridischer und gesellschaftlicher Diskriminierung, und »die Anerkennung der Sexualität, der Lust und des Erotischen als Teil unserer gemeinsamen Menschlichkeit«.[91]

Ubuntu als Fundament von Gesellschaft und Politik

Das postkoloniale Philosophieren über Ubuntu, häufig übersetzt mit »Menschlichkeit« (*humanness*), kann als Antwort auf die entmenschlichenden Erfahrungen während der Kolonialzeit gedeutet werden. »Ubuntu« lässt sich auf unterschiedliche sprachliche Quellen zurückführen: auf das Hona-Wort *Hunhuism* aus dem heutigen Sambia oder das Sprichwort der Nguni *»umuntu ngumuntu ngabantu«,* das mit »Ein Mensch ist ein Mensch durch andere Menschen« übersetzt wird.[92] Ubuntu zufolge ist Menschlichkeit eine Qualität, die sich in Tugenden wie Gastfreundschaft, Fürsorge, Respekt und Gemeinschaftsorientierung manifestiert.[93] Das

89 Vgl. Sylvia Tamale, »The Politics of African Sexuality. An Afterword«, in: Nyeck, Epprecht (Hg.), *Sexual Diversity in Africa*, S. 225-228 und S. N. Nyeck, Marc Epprecht, »Introduction«, in: Dies. (Hg.), *Sexual Diversity in Africa*, S. 3-15, hier S. 11.

90 So wurde ein Anti-Homosexuellen-Gesetz mit drastischen Strafen im Februar 2014 im Parlament verabschiedet und vom Präsidenten unterschrieben. Das Gesetz wurde jedoch im August 2014 von Ugandas oberstem Gericht für verfassungswidrig erklärt.

91 »African LGTBI declaration«, in: Tamale (Hg.), *African Sexualities*, S. 182.

92 Christian B. N. Gade: »The Historical Development of the Written Discourses on *Ubuntu*«, in: *Journal of South African Philosophy* 3 (2012), S. 303-329, hier S. 303.

93 Vgl. Johann Broodryk, *Life Lessons from Africa*, Pretoria 2002; Desmond Tutu,

gewalttätige Verhalten der Kolonisatoren offenbare, dass es ihnen an »Ubuntu« gemangelt habe. Denn erst menschliches Verhalten mache Menschen zu Menschen.[94] Dagegen behaupteten einige Wissenschaftler der kolonialen Metropolen, Ubuntu und der ihr zugrunde liegende Kommunalismus seien die Ursachen für Unterentwicklung und einer verspäteten Modernisierung auf dem afrikanischen Kontinent.[95]

Ubuntu basiert auf einer relationalen Ontologie, wie sie bereits im Rahmen der Debatte über die Person ausgeführt wurde. Darüber hinaus sind nach Ubuntu die Menschen nicht nur miteinander, sondern auch mit nichtmenschlichen Wesen verbunden. Mogobe Bernard Ramose argumentiert, dass ebendiese Ontologie bereits semantisch in Ubuntu enthalten sei und damit auch eine Grundlage für deren ethischen Gehalt bilde: Das Präfix *Ubu-* deute auf ein Gerundium, also auf eine aktive Tätigkeit, hin und könne mit »Da-sein« (*be-ing*) übersetzt werden. *Ubu-* strebe danach, eine »Ein-heit« (*whole-ness*) zu bilden. Dagegen verweise der Wortstamm *-ntu* auf das Verlangen, konkrete Formen anzunehmen.[96] Beide Elemente dieses Begriffs sind Ramose zufolge untrennbar miteinander verbunden. Das Da-sein sei ständig in Bewegung und im Chaos und die Aufgabe des Menschen (des *umuntu*) bestehe darin, in diesem Chaos Ordnung herzustellen. Um diese »kosmische Ordnung« zu ermöglichen, bedürfe es der Hilfe der Ahnen, die spirituell stets in der Gegenwart zugegen seien. Gerechtigkeit ist dieser Vorstellung zufolge eine Harmonie und Ordnung, die in der Welt des Da-seins ein verlorengegangenes Gleichgewicht immer wieder herstellen muss. Die Vorstellung, dass die Ahnen hierfür hilfreich sein könnten, basiert auf der kosmologischen Vorstellung einer ontotriadischen Struktur des Da-seins, in der die Vorfahren (*living-dead*), die Lebenden und die zukünftigen Menschen (die *yet-to-be-born*) gleichermaßen existieren.[97]

Für gewöhnlich wird Ubuntu mit bestimmten menschlichen

Keine Zukunft ohne Versöhnung, Düsseldorf 2001. Erzbischof Tutu bemühte sich insbesondere im Rahmen der Übergangsgerechtigkeit des Postapartheid-Südafrikas, traditionelle afrikanische und christliche Ethik miteinander zu vereinen.

94 Munyaradzi Felix Murove, »Ubuntu«, in: *Diogenes* 3-4 (2014), S. 36-47, hier S. 38.
95 Ebd., S. 38 f.
96 Mogobe B. Ramose, *African Philosophy Through Ubuntu*, Harare 2005, S. 35-38.
97 Ebd., S. 45 f.

Qualitäten oder Tugenden in Verbindung gebracht, die stets einen Bezug zur Gemeinschaft aufweisen.[98] Diese Tugenden betonen stärker die Pflichten des Einzelnen in der Gemeinschaft als dessen Rechte gegen die Gemeinschaft. Insofern kann Ubuntu als kommunitaristische Ethik gelten. In diesem Band entwirft der aus den USA kommende und in Südafrika tätige Thaddeus Metz eine Afrikanische Ethik auf der Basis von Ubuntu. Zunächst generiert er durch eine Analyse unterschiedlicher Moraltheorien afrikanischer Provenienz, die sich auf Ubuntu beziehen, fünf unterschiedliche Prinzipien. Aus einem sechsten Metaprinzip heraus identifiziert er dann den eigentlichen Kern von Ubuntu: die auf Harmonie ausgerichtete soziale Praxis.[99]

Ubuntu wird häufig als Idealbild einer präkolonialen Dorfgemeinschaft versinnbildlicht, in der alle in Frieden und Harmonie miteinander leben. Leonhard Praeg bezeichnet Ubuntu daher auch als Imaginationsfläche (*imaginaire*) lokaler und globaler, sprich »glokaler« Erwartungshaltungen und Wünsche. Diese Imaginationsfläche werde unterschiedlich bespielt: als afrikanischer Sozialismus, als Humanismus oder als christlich-theologische Doktrin der Vergebung und Versöhnung.[100] Auf der Basis von Ubuntu lassen sich dementsprechend auch verschiedene Implikationen für unterschiedlichste Teilbereiche des sozialen Lebens ableiten:

Auf einer juridischen Ebene erfuhr Ubuntu vor allem im Südafrika der Postapartheid Aufmerksamkeit, wo es als normative Grundlage des Versöhnungsprozesses in der Übergangsverfassung festgeschrieben wurde.[101] In konzeptueller Nähe zu restaurativen, auf Versöhnung und Vergebung zielenden Ansätzen der Gerechtigkeit unterscheidet sich Ubuntu von retributiven, auf Vergeltung

---

98 Johann Broodryk, *Life Lessons from Africa*, S. 32.

99 Vgl. Metz in diesem Band S. 295-329.

100 Leonhard Praeg, *A Report on Ubuntu*, Pietermaritzburg 2014, S. 11. Zu Parallelen von Ubuntu und dem Afrikanischem Sozialismus vgl. Ama Biney, »The Historical Discourse on African Humanism. Interrogating the Paradoxes«, in: Leonhard Praeg, Siphokazi Magadla (Hg.), *Ubuntu. Curating the Archive*, Pietermaritzburg 2014, S. 27-53, hier S. 30-37. Zu einem Überblick über den Afrikanischen Sozialismus vgl. Olúfẹ́mi Táíwòs Beitrag in diesem Band. Zur christlichen Theologie der Vergebung und Versöhnung, vgl. Tutu, *Keine Zukunft ohne Versöhnung*.

101 »Constitution of the Republic of South Africa Act. 200 1993«, S. 147, in der Rubrik »National Unity and Reconciliation«.

ausgerichteten rechtsphilosophischen Traditionen, indem es gesellschaftliche Harmonie und die Rehabilitierung der Opfer ins Zentrum der Überlegungen rückt. Als juridisches Ideal findet Ubuntu denn auch in die Rechtsprechung Südafrikas sukzessive Eingang.[102]

Auf einer politischen Ebene verweist Ubuntu auf Partizipation und Konsens und strebt nach sozialer Harmonie und Frieden.[103] Im Bereich der Ökonomie lässt sich auf der Basis von Ubuntu argumentieren, dass die sozialen Unterschiede zwischen einzelnen Gesellschaftsmitgliedern nicht so sehr anwachsen dürfen, dass sie das Gemeinwohl und den Zusammenhalt der Gemeinschaft gefährden. Übertriebener Ehrgeiz sowie Reichtum, der im Wettstreit mit anderen generiert wird beziehungsweise auf deren Ausbeutung basiert, gilt es demzufolge zu kritisieren. Vielmehr gelte es, Suffizienz und Zufriedenheit als Maßstäbe wirtschaftlichen Zusammenlebens anzulegen. In diesem Sinne bedürfe es eines Wirtschaftssystems, das um den Menschen und dessen Wohlergehen zentriert sei.[104] Armut wird demnach vorrangig als Verlust verstanden, das heißt, dass man daran gehindert wird, am sozialen Leben teilhaben, mit den Mitmenschen innige Beziehung eingehen und sich um andere aktiv sorgen zu können.[105]

Da mit Verweis auf Ubuntu gesellschaftspolitische Entscheidungen legitimiert werden, ist der Begriff umkämpft. Im politischen Diskurs Südafrikas diffamieren Politiker zuweilen ihre Gegner mit der Behauptung, es würde ihnen an der Tugendhaftigkeit von Ubuntu mangeln. Und Ubuntu wird inzwischen auch kommerzialisiert, etwa als Branding für die Tourismusindustrie, oder als Label für Software oder Managementkurse. Bernard Matolino und Wenceslaus Kwindingwi argumentieren daher in ihrem programmatisch betitelten Aufsatz »The end of ubuntu« (2013), dass

102 Drucilla Cornell, Nyoko Muvangua, *Ubuntu and the Law. African Ideals and Postapartheid Jurisprudence*, New York/NY 2012.

103 Vgl. Ramose, *African Philosophy through Ubuntu*, S. 48, und Thaddeus Metz, »Harmonizing global ethics in the future: a proposal to add south and east to west«, in: *Journal of Global Ethics* 2 (2014), S. 146-155. Zu einer Konzeptualisierung des Konsensprinzips als Basis für eine afrikanische Demokratietheorie vgl. den Aufsatz von Wiredu in diesem Band.

104 Murove, »Ubuntu«, S. 40.

105 Vgl. Thaddeus Metz, »An African Theory of Dignity and a Relational Conception of Poverty«, in: John de Gruchy (Hg.), *The Humanist Imperative in South Africa*, Stellenbosch 2011, S. 233-242.

Ubuntu zu einem Projekt der neuen schwarzen Elite geworden sei, die so ihre Privilegien schützen wolle.[106] Es fungiere als *narrative of return*:[107] Dieses rückwärtsgewandte Ideal verdränge kritisches Denkvermögen, indem es bestimmte Werte als genuin afrikanisch darstelle, die jedoch vielmehr das Produkt einer spezifischen Gesellschaftsformation seien. So würden dadurch patriarchale Strukturen verdeckt und Unterdrückungsverhältnisse innerhalb tradierter afrikanischer Dorfstrukturen beschönigt.[108] Leonhard Praeg appelliert deshalb mit Blick auf die identitätspolitische Verengung von Ubuntu als Immunisierungsstrategie gegen Kritik im politischen Diskurs dafür, Ubuntu müsse sich von seiner potentiell gewaltbehafteten »nationalen Matrix« befreien.[109] Zugleich trägt Ubuntu das Potential in sich, einen postkolonialen afrikanischen Humanismus zu begründen, der als kritisches Fundament für die Gegenwart fungieren kann.[110]

Kritischer Humanismus und Kosmopolitismus – neue Horizonte des Universellen

Die Vision eines neuen Humanismus als ethisches Fundament des Politischen findet sich auch in den jüngeren Arbeiten von Autoren, die sich mit postkolonialen Perspektiven auf den Kosmopolitismus befassen. Kwame Anthony Appiah, Valentin-Yves Mudimbe, Achille Mbembe und Mogobe Bernard Ramose kritisieren den Kosmopolitismus als ein elitäres Projekt, das häufig allein auf der Basis

---

106 Bernard Matolino, Wenceslaus Kwindingwi, »The end of ubuntu«, in: *South African Journal of Philosophy* 3/2 (2013), S. 197-205.

107 Ebd., S. 198.

108 Vgl. Fainos Mangena, »The Search for an African Feminist Ethic: A Zimbabwean Perspective«, in: *Journal of International Women's Studies* 2 (2009), S. 18-30; Sphikazi Magadla, Ezra Chitando, »The Self Become God. Ubuntu and the, Scandal of Manhood««, in Praeg, Magadla (Hg.), *Ubuntu. Curating the Archive*, S. 176-192. Zugleich plädieren letztere Autorinnen auch dafür, sich Ubuntu für einen feministischen Diskurs anzueignen. Vgl. hierzu auch Mechthild E. Nagel, »An Ubuntu Ethic of Punishment«, in: Mechthild E. Nagel, Anthony J. Nocella (Hg.), *The End of Prisons. Reflections from the Decarceration Movement*, Amsterdam 2013, S. 177-186, hier S. 180-182.

109 Praeg, *A Report on Ubuntu*, S. xi.

110 Ebd., S. 19.

46

konventioneller Grenzziehungen und neoliberaler Doktrinen sowie innerhalb des Nationalstaates konzipiert werde.[111] Dagegen fordern sie, die kosmopolitische Vision zu radikalisieren, und zwar als ein Projekt, das von den Rändern her wächst – oder gar sich selbst transzendiert. Einige dieser postkolonialen Interventionen aus der Afrikanischen Philosophie seien hier kurz skizziert. Ihre Schriften eint, dass sie sich auf der Basis eines kritischen (oder »postkolonialen«) Humanismus um einen neuen Horizont des Universellen bemühen.

Vor der Gefahr, den Kosmopolitismus als Privileg einer gebildeten und weitgereisten Elite zu verstehen, warnt Kwame Anthony Appiah: Ein kosmopolitischer Geist, der sich in der Gesprächsbereitschaft gegenüber Fremden manifestiert, sei in akademischen Kreisen ebenso zu finden wie bei den am schlechtesten gestellten Migranten der Pariser Banlieue. Appiah spricht sich dafür aus, das in dem Begriff inhärente Spannungsverhältnis – zwischen der Erde als *kosmos* und der *polis* als politischer Gemeinschaft – produktiv zu wenden, indem er für einen »partiellen Kosmopolitismus« plädiert:[112] Dieser basiere auf einigen wesentlichen geteilten universellen Werten, die jedoch ihre lokalen Ausprägungen fänden. Alle Meinungsverschiedenheiten zu überwinden sei gar nicht das Ziel des Kosmopolitismus. Vielmehr müsse man sich einen Kosmopolitismus dialogischer, prozesshafter Natur vorstellen. So dürfe es in der Debatte um die Afrikanische Philosophie nicht allein um die Wahl zwischen dem afrikanischen Kontinent und einem monolithischen »Westen« gehen – als Manichäismus zwischen Güte und Dekadenz –, sondern um einen allumfassenden Humanismus. Afrikanische Kultur und Identität seien ohnehin Produkte einer unwiderruflichen postkolonialen Kontamination. Um dies zu veranschaulichen, zitiert er die Worte eines schwarzen katholischen Priesters in der Novelle von Valentin-Yves Mudimbe, *Entre les eaux*:

Vater Hower ist ein Priester wie ich. Dies verbindet uns. Ist das jedoch das Einzige? Nein. Da gibt es noch unseren gemeinsamen Geschmack.

Klassische Musik. Vivaldi, Mozart. Bach.

111 Kwame Anthony Appiah, *Der Kosmopolit, Philosophie des Weltbürgertums*, München 2007; vgl. den Aufsatz von Ramose in diesem Band.
112 Appiah, *Der Kosmopolit*, S. 15.

Und dann die Bücher, die wir uns gegenseitig geliehen haben. Unsere gemeinsamen Erinnerungen an die Zeit in Rom. Unsere leidenschaftlichen Diskussionen darüber, was es heißt, ein Priester zu sein …[113]

In Appiahs Lesart repräsentiert der Protagonist Landu keinen von der authentischen afrikanischen Religion und Kultur entfremdeten Intellektuellen. Vielmehr stehe er für eine Form der vielfältigen Modernisierungsbestrebungen und kulturellen Hybridisierung, die er als Plädoyer für einen postkolonialen Humanismus interpretiert, der sämtliche Dichotomien zwischen Afrika und seinem als solchen projizierten »Anderen« dekonstruiert und dadurch Freiheit und Selbstbestimmung ermöglicht. Zugleich müsse dieser neue Humanismus sensibel für das Leiden sein, welches durch den postkolonialen Staat oder den Neoimperialismus verursacht werde. Ein solcher Humanismus stellt die Meistererzählung der europäischen Moderne infrage, ohne in einen Neo-Nativismus zu verfallen.

In eine ähnliche Richtung gehen die Überlegungen von Achille Mbembe, der sich mit seinem Plädoyer für eine kosmopolitische Kultur und Politik auf die biopolitischen Analysen von Michel Foucault und die ethischen und politischen Schriften von Jacques Derrida bezieht.[114] In seiner Fürsprache für einen neu verstandenen »kritischen Humanismus« verweist er auf diejenigen antikolonialen Autoren der *Négritude*, die einen doppelten Weg einschlugen: Einerseits warfen sie dem eurozentrischen Humanismus vor, als Deckmantel der Gewalt und der Unterwerfung zu fungieren, andererseits rechtfertigten sie den Humanismus zugleich als Fundament ihrer Kritik und als Ziel ihres antikolonialen Widerstandes.[115] Mbembe wendet sich ganz in diesem Sinne gegen die essentialistisch aufgeladenen Vorstellungen von Differenz und einem daraus

---

113 Valentin-Yves Mudimbe, *Entre les eaux*, Paris 1997, S. 20, zit. nach: Kwame A. Appiah, *In my Father's House. Africa in the Philosophy of Culture*, New York/NY, Oxford 1992, S. 154.

114 Vgl. u. a. Michel Foucault, *Die Regierung der Lebenden*, Berlin 2014; Jacques Derrida, *Das andere Kap. Die vertagte Demokratie. Zwei Essays zu Europa*, Frankfurt/M. 1992; ders., *Von der Gastfreundschaft*, Wien 2007.

115 Vgl. u. a. Aimé Césaire, *Diskurs über den Kolonialismus*, Berlin 1968; Frantz Fanon, *Schwarze Haut, weiße Masken*, Wien 2013; Léopold Sédar Senghor, *Poèmes. Treize lectures mythocritiques*, Paris 1964. Mbembe entwickelt seinen kritischen Humanismus unter anderem in: Achille Mbembe, Deborah Posel, »A Critical Humanism«, in: *Intervention: International Journal of Postcolonial Studies* 3 (2005), S. 284-386.

resultierenden Relativismus. Er plädiert für einen Universalismus, der auf der Diversität menschlichen Lebens basiert.

In seinem hier vorliegenden Aufsatz identifiziert Mbembe eine Kluft zwischen den Ansprüchen des antikolonialen Nationalismus, des »Afrikanischen Sozialismus« und der panafrikanischen Bewegung einerseits, die sich alle auf eine ethnisch fundierte Form der Identität beriefen, und der sozialen Wirklichkeit andererseits. Diese wirkmächtigen Strömungen der Afrikanischen politischen Philosophie und Praxis seien nämlich nicht in der Lage, die Transformationen des gegenwärtigen Afrikas sozialdiagnostisch angemessen zu erfassen, geschweige denn, neue Formen demokratischer Kulturen zu erschließen. Sie scheiterten vor allem daran, sowohl die vielfältigen Migrationsbewegungen von Afrikanern weg vom Kontinent als auch Afrikas Heterogenität aufgrund der Zuwanderung gesellschaftstheoretisch zu reflektieren. Daher führe ein Begriff der Solidarität, der vornehmlich auf einer vermeintlich gleichen Hautfarbe und der Vorstellung einer autochthonen Identität basiere – die als solche, unkontaminiert und authentisch, nirgends aufzufinden und vielmehr eine Erfindung der Kolonisatoren sei –, zu gewalttätigen Ausschlüssen von Minderheiten und Schwachen, wie wir sie heute beispielweise in Südafrika erleben. Stattdessen plädiert Mbembe für eine ästhetische und ethische Haltung, die über diese Formen identitätspolitischer Erstarrung hinausgehe: Er nennt sie »Afropolitanismus« – eine kosmopolitische Kultur *par excellence*, innerhalb deren sich der oder die Betrachterin im Antlitz des Fremden wiederfindet und sich durch die Amalgamation des Verschiedenartigen beständig neu erschafft. Der Afropolitanismus, der eine neuartige afrikanische Moderne einleite, fuße auf einer Politik der Offenheit, die sich bereits in vielen Städten Afrikas aufspüren lasse, insbesondere in der Metropole Johannesburg.[116] Dort formiere sich vor dem Hintergrund einer brutalen Geschichte eine neue Kultur der Toleranz, die Raum für kreative Aneignungsformen biete.

Ramose fordert in seinem Aufsatz schließlich die Radikalisierung beziehungsweise Übersteigerung bestehender kosmopolitischer Theorien. Ramose, der sich mit seiner Ubuntu-Konzeption

116 Vgl. Achille Mbembe, Sarah Nuttall, »Writing the World from an African Metropolis«, in: *Public Culture* 3 (2004), S. 347-372, und Mbembes Aufsatz in diesem Band.

auf überliefertes afrikanisches Wissen bezieht, gebraucht diese Erkenntnisse und Einsichten, um Ideen zu entwickeln, die über den afrikanischen Kontext hinausreichen und einen neuen Universalismus begründen sollen. Die endogene Aneignung lokalsprachlicher Konzepte wird in seiner Philosophie zur Basis, um über die Welt als ganze nachzudenken und um mit Menschen anderer geografischer und linguistischer Provenienz über die universellen Fragen des Menschseins und der Ethik in einen dezentralisierten Polylog, ein vielstimmiges Gespräch, zu treten. Er stützt seine These auf ein epistemologisches Argument, nämlich dasjenige der Ganzheitsvergessenheit, die er sowohl in den Schriften der antiken wie auch der neuzeitlichen Philosophie von Thomas Hobbes bis zu G. W. F. Hegel identifiziert. Im Rückgriff auf die Ontologie der afrikanischen Igbo-Gesellschaft veranschaulicht er eine Denkform, die das Sein als ursprünglich miteinander verbunden vorstellt und die Spaltung von erkennendem Subjekt und Objekt überwinde. In dieser ontologischen Sicht mutiere diese spaltende »Grenze« zu einem Verbindungspunkt. Die normative Vision, auf der Ramoses Kritik basiert, ist diejenige eines »Pluriversums«, einer Welt ohne fixes Zentrum. Die Bewegung innerhalb einer solchen Welt stellt er sich als »holozyklisch« vor,[117] das heißt als wiederkehrend und prozesshaft, als Sein ohne Ziel. Innerhalb eines solchen Pluriversums bedürfe es eines beständigen vielstimmigen Gesprächs auf der Basis »interaktiver Gerechtigkeit«, einer diskursiven Form der Gleichberechtigung und des interkulturellen Respekts. Statt Kosmopolitismus einseitig auf der *polis* aufzubauen, die stets ein- und ausschließe, Grenzen errichte und zu einem »-*ismus*«, einer neuen einheitlichen Doktrin, führe, plädiert Ramose für Gerechtigkeit, für eine Aufhebung des Kosmopolitismus, eine Transzendierung der konzeptuellen Voraussetzungen, auf denen dieser Diskurs seit der Antike aufgebaut habe.

Eine Handreichung anstatt einer Konklusion

Auch dieser Band möchte zu diesem Polylog beitragen und dadurch die eurozentrische Hegemonie in der politischen Philosophie von den Rändern aus hinterfragen, dezentrieren und zu neuen

---

117 Ramose in diesem Band.

Horizonten gelangen – angereichert durch afrikanische Wissensbestände und hellsichtige postkoloniale Interventionen. Der Band widersteht der Versuchung, vor allem das Andere innerhalb der Afrikanischen Philosophie zu suchen. Vielmehr haben die Herausgeber bewusst Texte ausgesucht, die für politische und normative Fragen im deutschsprachigen Raum von Relevanz sind. Sie versammeln frankophone und anglophone Autorinnen und Autoren aus West-, Ost-, Süd- und Zentralafrika sowie der Diaspora. Aus Platzgründen musste sowohl auf Beiträge aus der afrikanischen islamischen Philosophie als auch auf portugiesischsprachige (*lusophone*) Literatur aus dem heutigen Kap Verde, Mozambique, Angola, Äquatorial-Guinea sowie São Tomé und Principe verzichtet werden: Die Jahrhunderte zurückreichende Tradition der islamischen Philosophie ist in der sich akademisch etablierenden Afrikanischen Philosophie nur randständig rezipiert worden, da man sie als äußeren Import der Suche nach einer »authentischen« Afrikanischen Philosophie entgegengesetzte, was bis heute fortwirkt.[118] Aufgrund der Übersetzungshürden findet auch nur eine schleppende innerafrikanische Rezeption der frankophonen, anglophonen – und, noch schwerwiegender, der lusophonen – Literatur statt. Dies ist auch der Tatsache geschuldet, dass sich die Zentren der Wissensproduktion, der Publikation und der Vernetzung noch häufig in den ehemaligen Kolonialmetropolen befinden.

Bei den Übersetzungen haben sich die Herausgeber gemeinsam mit den Übersetzerinnen und Übersetzern darum bemüht, koloniale Begrifflichkeiten, die noch heute rassistische Stereotype reproduzieren und erneut festschreiben, zu vermeiden.[119] In einigen Fällen wurden Begriffe durch Anführungszeichen markiert oder

118 Vgl. Diagne, *Precolonial African Philosophy in Arabic*, S. 66 f. Eine Ausnahme bildet zum Beispiel der frühe Versuch Edward Blydens, sich den Islam als Zugang zu weiteren Teilen Afrikas anzueignen: Mudimbe, *The Invention of Africa*, S. 124-129. Ein jüngeres Beispiel ist der Versuch Senghors, christliches und muslimisches Denken in seine Theorie einer Afrikanischen Philosophie zu integrieren: Léopold Sédar Senghor, Mohammed Talbi, *Dialog mit Afrika und dem Islam. Zwei Vorträge,* Tübingen 1987.

119 Susan Arndt, Antje Hornscheidt, *Afrika und die deutsche Sprache*, Münster 2004. Das Wort »Volk«, das seit dem Nationalsozialismus ebenfalls diskreditiert erscheint, wurde in einigen Übersetzungen dennoch verwendet, weil in diesen Fällen keine angemessene alternative Übersetzung für »a people« gefunden wurde, die den Sinn der Originaltexte nicht zu stark verzerrt hätte.

der originalsprachliche Begriff verwendet und kursiviert (zum Beispiel *Race*), um die epistemische Gewalt, welche diesen Begriffen inhärent ist, zumindest abzumildern.[120] Auch wenn diese Auswahl nicht repräsentativ ist, da sich in einem einzigen Band die vielschichtige Debatte innerhalb der politischen Philosophie eines ganzen Kontinents auch nicht ansatzweise abbilden lässt, wurden hier doch Texte versammelt, die in ihrem jeweiligen Diskussionskontext Aufsehen erregt haben und als innovative und provokante Beiträge gelten können.

Der Sammelband möchte der deutschsprachigen Leserschaft eine Auswahl bieten, die zur weiteren Rezeption einer Vielzahl an bisher im deutschsprachigen Philosophiediskurs vernachlässigten Autoren und Texten anregen soll. Die ausgewählten Themenbereiche sind dabei keineswegs erschöpfend und begreifen sich als Einladung zum Weiterlesen und als Grundlage für die noch ausstehende Forschungsarbeit.

---

120 Die Verwendung von »Gender« soll konstruktivistisch die Kontingenz von Geschlechterzuschreibungen unterstreichen. Da der Begriff im Deutschen bereits sehr gängig ist, wurde er nicht kursiviert.

I. Postkolonialismus und die Afrikanische Philosophie

Tsenay Serequeberhan
Die Philosophie und das postkoloniale Afrika: Historizität und Denken

Denn ohne Freunde und zuverlässige Mitarbeiter schien mir dies [ein Staatswesen richtig zu führen] unmöglich zu sein – und solche zu finden unter der Zahl der alten Bekannten wäre nicht leicht gewesen, denn unsere Stadt lebte nicht mehr in Sitten und Lebensgewohnheiten unserer Väter.[1]

Für uns heutige Afrikanerinnen und Afrikaner bilden der sich aus der kolonialen Vernichtung der »Sitten und Lebensgewohnheiten unserer Väter« ergebende Zustand, um es mit Platons Worten auszudrücken, sowie die daraus folgende neokoloniale Kraftlosigkeit unserer aktuellen Lage den notwendigen Ausgangspunkt jeder lohnenden oder bedeutungsvollen philosophischen Unternehmung. Dementsprechend sollten die letzten Jahre des 20. Jahrhunderts eine Zeit anhaltender und tiefer Reflexion und Selbstprüfung für Afrika und die Afrikaner werden. Nachdem wir unsere politische »Unabhängigkeit« größtenteils erlangt haben, müssen wir nun aus den Siegen, Niederlagen und Kompromissen, die unsere enigmatische Gegenwart bestimmen und weiterhin prägen, Bilanz ziehen.

Die Sorge um diese gefühlte und gelebte Situation scheint im Mittelpunkt der gesamten postkolonialen afrikanischen Literatur und dessen intellektueller Produktion zu stehen. In der Tat sind die zeitgenössischen Tendenzen in der Afrikanischen Philosophie dieser intellektuellen Produktion inhärent und nehmen eine zentrale Stellung in ihr ein.[2] Unabhängig vom bisher Gesagten hat Marcien Towa allerdings richtig angemerkt: »Afrika wird seine kulturelle [historische, politische und wirtschaftliche, Anm. T. S.] Reife so lange nicht wirklich erreichen, bis es sich nicht resolut zu einem tiefgreifenden Nachdenken über seine wesentlichen Probleme entschließt, das heißt, zur philosophischen Reflexion aufschwingt.«[3]

1 Platon, *Der siebente Brief*, Stuttgart 2004, S. 6.
2 Theophilus Okere, *African Philosophy. A Historico-Hermeneutical Investigation of the Conditions of Its Possibility*, Lanham/MD 1983, S. vii. Vgl. ebenfalls Elungu Pene Elungu, »La philosophie, condition du développement en Afrique aujourd'hui«, in: *Présence Africaine* 103 (1977), S. 3-18, hier S. 3.
3 Marcien Towa, »Conditions for the Affirmation of a Modern African Philosophi-

Wenn wir Towas Ausführungen folgen, sind wir dazu verpflichtet, angemessen darzulegen, was diese »wesentlichen Probleme« eigentlich sind und worin die Rolle der »philosophischen Reflexion« in der Situation der Gegenwart bestehen könnte. Unter dem Vorwand, die »Reife« der Moderne in Afrika einzuführen, zwang der europäische Kolonialismus Afrika seinen gegenwärtigen untergeordneten Status auf. Um in der Lage zu sein, diese beklagenswerte Situation zu überwinden, müssen wir heutigen Afrikaner uns somit der Frage unserer »Reife« auf ihrer grundlegendsten Ebene stellen: auf dem Feld der philosophischen Reflexion.

Zunächst werde ich die situierte Historizität zeitgenössischer Afrikanischer Philosophie ausbuchstabieren, und zwar als die kritische Selbstreflexion einer konkreten Totalität: dem postkolonialen Afrika. Indem ich dies tue, führe ich die Parameter ein, mithilfe deren sich Afrika meiner Ansicht nach »resolut zu einem tiefgreifenden Nachdenken über seine wesentlichen Probleme« entschließt. Nur so kann sich Afrika der vom Kolonialismus auferlegten und bis zum heutigen Tag in allen Sphären des Lebens andauernden Unterordnung oder seiner angeblich mangelnden »Reife« in historischen, kulturellen, politischen und ökonomischen Belangen stellen.

I

Bereits 1958 merkte Frantz Fanon aus der konkreten gelebten Wirklichkeit des afrikanischen Befreiungskampfs heraus, und ohne zu wissen, was kommen würde, richtig an: »Das Zwanzigste Jahrhundert wird im Weltmaßstab nicht nur die Ära der atomaren Entdeckungen und der Erforschung der Planeten gewesen sein. Das zweite entscheidende Ereignis dieser Epoche ist ohne Zweifel die Rückeroberung der Länder, die den Völkern gehören.«[4] Aber die Zukunft wird auch bezeugen – wie wir es heute im letzten Jahrzehnt des Zwanzigsten Jahrhunderts tun –, dass die »Eroberung von Ländern durch Völker, denen sie gehören«, ein viel komplizierterer und langwierigerer Kampf war, als es zuerst schien.[5] Wenn

cal Thought«, in: Tsenay Serequeberhan (Hg.), *African Philosophy. The Essential Readings*, New York/NY 1991, S. 187.

4 Frantz Fanon, *Für eine afrikanische Revolution*, Frankfurt/M. 1972, S. 134.

5 Im Gegensatz zu den meisten anderen wies Fanon bereits 1961 in seiner bahn-

»die Zukunft darauf zurückblickt« – das heißt auf Fanons Gegenwart und unsere unmittelbare postkoloniale Vergangenheit (der 1990er Jahre) –, wird sich eine ziemlich große Desillusionierung und Enttäuschung einerseits bezüglich des Versprechens und andererseits bezüglich der Realität des gegenwärtigen postkolonialen Afrikas einstellen.[6] Enrique Dussel formuliert es so:

> Die Helden der neokolonialen Emanzipation befanden sich in einer zwiespältigen politischen Lage. Mahatma Gandhi in Indien, Abdel Nasser in Ägypten, Patrice Lumumba in Afrika: Sie dachten an die Freiheit, aber es war ihnen nicht bewußt, daß sie aus den Händen Englands, Frankreichs oder Belgiens in die Hände der Vereinigten Staaten fielen.[7]

brechenden Arbeit *Die Verdammten dieser Erde* (Frankfurt/M. 1981) auf die klassenspezifischen und historisch-politischen Schwierigkeiten hin, die dem afrikanischen antikolonialen Kampf bevorstanden. Siehe hierzu insbesondere den Abschnitt »Mißgeschicke des nationalen Bewußtseins«. Zu diesem Punkt zollt Kofi Buenor Hadjor, ein ehemaliger Pressereferent im Sekretariat für Öffentlichkeitsarbeit der Regierung Nkrumah, der Scharfsinnigkeit Fanons zur Zeit seines Exils mit Nkrumah in Guinea Conakry Anerkennung. »Es war in Conakry, als ich zum ersten Mal Fanon und besonders *Die Verdammten dieser Erde* las. Das Buch hatte mir mein Mitexilant, John K. Tettegah, der jetzige Botschafter Ghanas in der Sowjetunion, als Geschenk übergeben. Es hat nicht lange gedauert, bis ich begriff, dass die Analyse Fanons viel mehr zu bieten hatte als Machiavelli und viele der anderen Klassiker. Tettegah und ich haben das Kapitel der ›Mißgeschicke des nationalen Bewußtseins‹ buchstäblich verschlungen, weil wir fanden, dass seine Analyse nur zu gut auf die ghanaische Situation zutraf.« Vgl. ders., *On Transforming Africa. Discourse with Africa's Leaders*, Trenton/NJ 1987, S. 3.

6 Beachten Sie, dass dieser letzte Satz eine afrikanische Zukunft entwirft, die jene innerhalb unserer unmittelbaren postkolonialen Vergangenheit enttäuschten Hoffnungen und Sehnsüchte der afrikanischen Befreiungsbewegung »anerkennen« wird. Auf diese Weise projiziert diese Aussage die Gültigkeit von Annahmen in die Zukunft, die hermeneutisch in der Gegenwart situiert sind. Nun ist diese »Anerkennung« nicht die »Anerkennung« einer »objektiven Lage der Dinge in der Zukunft« und noch weniger eine Vorhersage dessen, was passieren wird. Eher projiziert dieser Satz ebenjene »Anerkennung«, die nur dann möglich oder möglich gemacht werden wird, wenn die enttäuschten Ziele des afrikanischen Befreiungskampfs, mit denen sich dieser Text befasst, wenigstens in der Zukunft (mindestens teilweise und irgendwie) erfüllt werden. Denn auf diese emanzipatorische Hoffnung setzt ebenjener Satz. Mit anderen Worten: Wenn die neokoloniale Gegenwart bis in die unmittelbare und entfernte Zukunft Afrikas andauert, wird das Obengenannte nicht mehr sein, als die unerfüllten und verlorenen Möglichkeiten der historischen Existenz Afrikas.

7 Enrique Dussel, *Philosophie der Befreiung*, Hamburg 1989, S. 26.

Heute, im letzten Jahrzehnt des Zwanzigsten Jahrhunderts, sind die Vereinigten Staaten die dominierende Supermacht und der Vorbote einer »neuen Weltordnung«, die durch den Westen (das heißt durch die NATO) dominiert wird.[8] Tatsächlich könnte man, Lenin und Nkrumah paraphrasierend, diese »neue Weltordnung« als die jüngste, wenn nicht höchste Stufe des Neokolonialismus beschreiben, in dem die Vereinigten Staaten, unter dem Deckmantel der Vereinten Nationen, über die Welt herrschen und mithilfe neuester Waffen »Internationales Recht« durchsetzen. In diesem Zusammenhang werden »die vorhandenen sozioökonomischen Strukturen und globalen Beziehungen, wie sie durch die Kolonialzeit und den Kapitalismus geprägt worden sind, unvermeidlich, sofern keine Veränderung eintritt, einen großen internationalen Slum in Afrika erzeugen«.[9]

Tatsächlich waren bereits die 1970er und 1980er Jahre für Afrika eine Zeit »endemischer Hungersnot«,[10] orchestriert von der kriminellen Unfähigkeit und der politischen Unterwürfigkeit afrikanischer Regierungen gegenüber europäischen, nordamerikanischen und sowjetischen Interessen. Als Gipfel der Ironie verwalten – oder besser gesagt diktieren – die offiziellen Erben des Vermächtnisses

---

8 Dies ist das dominierende Thema der ersten Amtszeit von George Bush, der Beginn des »zweiten amerikanischen Jahrhunderts«, wie er in seiner Amtseinführungsrede erklärte. Mit dem Zusammenbruch der Sowjetunion (der anderen Supermacht) und ihrer osteuropäischen Verbündeten hat Bush, in Übereinstimmung mit der Rhetorik seines Vorgängers, alle diese Entwicklungen als Siege für die heute in der amerikanischen Politik als konservative Revolution der Reagan-Bush-Zeit bekannte Entwicklung verbucht. Die irakische Invasion Kuwaits am 2. August 1990 und der »100-stündige« Golfkrieg, den die Vereinigten Staaten von Amerika (in Verbindung mit und unter dem Deckmantel der Vereinten Nationen) am 16. Januar 1991 gegen den Irak geführt haben: All diese Entwicklungen stellen – zufällig oder bewusst – den Charakter dieser »neuen Weltordnung« aus der Sicht der gesamten nichteuropäischen Welt als äußerst kriegslustig dar. Die amerikanisch-westliche militärische Macht scheint – wie früher, nur noch viel intensiver – der Standard der »Gerechtigkeit« dieser »neuen Weltordnung« zu sein. Vgl. hierzu Noam Chomsky, »What We Say Goes: The Middle East in the New World Order«, *Z Magazine* 5 (1991), S. 49-64; Edward W. Said, »Ignorant Armies Clash by Night«, in: *The Nation*, 11. Februar 1991; Anton Shammas, »A Lost Voice«, in: *The New York Times Magazine* 48 (1991), und Eqbal Ahmad, »The Hundred-Hour War«, in: *Dawn* 76 (1991), S. 11.

9 Basil Davidson, Antonio Bronda, *Cross Roads in Africa*, Nottingham 1980, S. 36.

10 Ebd.

des afrikanischen Befreiungskampfs heute den neokolonialen Niedergang des Kontinents. Dies ist das Paradox und »dunkle« Enigma des heutigen Afrikas.

Es ist somit im abschließenden Jahrzehnt des Zwanzigsten Jahrhunderts an der Zeit, eine Phase der Introspektion und Selbstprüfung einzuleiten. Denn die naive Euphorie über die »Befreiung« und die »Freiheit«, die Mitte des Jahrhunderts noch lebendig war, ist an einem Nullpunkt angelangt. Sie wurde durch die historisch träge Gewalt des Neokolonialismus eiskalt zunichtegemacht. Ebenjene Begriffe der »Befreiung« und der »Freiheit« – die stolzen, klaren und populären Schlagwörter des gestrigen antikolonialen Kampfes – bilden das opake, obskure und mehrdeutige Enigma von heute. Inmitten der Hungersnöte, des politischen Schreckens, der westlichen oder östlichen (»demokratischen« oder »sozialistischen«) militärischen Interventionen sind »Befreiung« und »Freiheit« zu ebenjenen Begriffen geworden, mit denen westliche Mächte gebieterisch ihre militärische Kraft und politische Vorrangstellung kundtun.

Im Gegensatz zur jüngeren Vergangenheit (also zur Periode der bewaffneten antikolonialen Befreiungskämpfe) missversteht das postkoloniale »unabhängige« Afrika heute ebenjene Begriffe. Was klar und eindeutig zu sein schien, ist obskur und opak geworden. Auf diese Art wird die lethargische Untätigkeit des Neokolonialismus für die Wirklichkeit von »Freiheit« und »Befreiung« gehalten. Die Quelle dieses ärgerlichen »Missverständnisses« zu erkunden und zu entziffern, ist die eigentliche Aufgabe der zeitgenössischen Afrikanischen Philosophie. Denn nur, indem Afrika den Ursprung dieser Situation bekämpft und infrage stellt, kann es seine untergeordnete, durch den Kolonialismus auferlegte und durch den Neokolonialismus perpetuierte Rolle hinter sich lassen.

Hans-Georg Gadamer, dem Vater der zeitgenössischen philosophischen Hermeneutik, zufolge ist es ebendiese negative Situation des »Missverständnisses« und der Entfremdung innerhalb des gelebten Kontexts einer Tradition (das heißt einer bestimmten Geschichtlichkeit), die den Ursprung der Hermeneutik als einer besonderen philosophischen Orientierung darstellt. Gadamer hält hierzu fest: »Eine eigene Aufgabe wird das Verstehen nur da, [...] wo Mißverständnisse entstanden.«[11] Gadamer artikuliert hiermit

11 Hans-Georg Gadamer, *Wahrheit und Methode. Grundzüge einer philosophischen Hermeneutik*, Tübingen 1960, S. 168 f.

die grundlegende Erkenntnis der Tradition philosophischer Hermeneutik, innerhalb derer er operiert.[12] Diese Erkenntnis ist eine alte, wenn auch zeitweise vernachlässigte Wahrheit der Philosophie, die bereits in den einfallsreichen Stellen in Platons Dialogen (die einen zentralen, paradigmatischen Stellenwert in Gadamers Werk einnehmen) ausführlich dargestellt und von Hegel kategorisch bekräftigt worden ist, der schreibt: »Entzweiung ist der Quell *des Bedürfnisses der Philosophie.*«[13]

In unserem Fall wird die Richtigkeit des Obengenannten durch die unbestreitbare historische und gewalttätige Entzweiung bestätigt, die durch den Kolonialismus und das fortwährende »Missverständnis« unserer Situation bewirkt worden ist und die vom Neokolonialismus weiterhin aufrechterhalten wird und dadurch zum Denken im postkolonialen Afrika anregt.[14] In dieser Hinsicht besteht die vornehmliche Aufgabe der Philosophie in Afrika darin, systematisch eine radikale Hermeneutik der zeitgenössischen afrikanischen Situation auszuarbeiten. Nachdem wir den zentralen Anspruch dieser Arbeit dargelegt haben, müssen wir uns nun Gadamers starken Vorbehalten bezüglich dieses Unterfangens sowie den äußerst kontroversen Bemerkungen des afrikanischen Historikers und Philosophen Ernest Wamba-Dia-Wamba stellen.

II

Gadamer bestätigt eindringlich, dass »Hermeneutik [inzwischen] ein Modewort geworden [ist], d. h., es wird nur als neuer Hut für alte Sachen verwendet«.[15] Andererseits fragt Wamba rhetorisch,

---

12 Ebd., Zweiter Teil, Abschnitt I: »Schleiermachers Entwurf einer universalen Hermeneutik«, passim.

13 G. W. F. Hegel, »Die Differenz des Fichteschen und Schellingschen Systems der Philosophie«, in: *Jenaer Schriften 1801-1807*, Frankfurt/M. 1970, S. 20.

14 Vgl. hierzu Abiola Irele, *In Praise of Alienation*, Antrittsvorlesung vom 22. November 1982 an der Universität von Ibadan (veröffentlicht von Abiola Irele, 1987), passim. Interessanterweise scheitert Irele allerdings daran, aus dem negativen Wert der Entfremdung Nutzen zu schlagen, wenn er sich mit den zeitgenössischen Entwicklungen innerhalb der Afrikanischen Philosophie befasst. Vgl. hierzu seine beachtliche Einführung in das Werk von Paulin J. Hountondji, *African Philosophy. Myth und Reality*, Bloomington/IN 1983, passim.

15 Hans-Georg Gadamer, *Philosophische Lehrjahre*, Frankfurt/M.1977, S.182. Ga-

fast ein Jahrzehnt später, im Jahr 1983: Warum wird Hermeneutik
»von unseren afrikanischen Philosophen« als die richtige Antwort
»auf die philosophische Frage in Afrika«[16] verstanden? Ausgehend
von diesen Bemerkungen, besonders von Wambas Beobachtungen,
können wir vermuten, dass die Hermeneutik als philosophische
Orientierung im Guten wie im Schlechten bereits innerhalb des
indigenen Grunds der zeitgenössischen Afrikanischen Philosophie
tief verwurzelt ist.[17]

Auf einer rhetorischen Ebene führen diese gewichtigen Bemerkungen (aus der Perspektive unterschiedlicher philosophischer Paradigmen: der philosophischen Hermeneutik und eines »afrikani-
sierten« Marxismus-Leninismus) zur Frage, ob die »Verbindung«
von Hermeneutik und Afrikanischer Philosophie überhaupt legi-
tim sei. Gadamer behauptet, dass Hermeneutik jetzt angesagt sei

damer verteidigt sich an dieser Stelle gegen diejenigen, die die Hermeneutik auf
eine Modeerscheinung reduziert haben und dies entweder zur Verschleierung
methodologischer Sterilität oder als Rechtfertigung für die Abwesenheit einer
Methode verwenden. Selbst wenn solch eine Verteidigung gerechtfertigt ist, so
ist es ironisch, dass sich Gadamer – der behauptet, dass Philosophie ihrem Wesen
nach hermeneutisch sei – angegriffen fühlt und so vehement auf die »populäre«
Resonanz auf seine grundlegende und produktive Erkenntnis reagiert. Wie der
Leser hoffentlich sehen wird, folge ich bei meinem Rückgriff auf Gadamer keiner
»Modeerscheinung«, sondern gehe von der konkreten Natur der Fragen aus, mit
denen ich mich befasse.

16 Ernest Wamba-Dia-Wamba, »Philosophy in Africa: Challenges of the African
Philosopher«, in: Tsenay Serequeberhan (Hg.), *African Philosophy: The Essential
Readings*, New York/NY 1991, S. 230. Wamba sagt: »Warum eigentlich werden
Hermeneutik, Phänomenologie, Althusserianismus, logischer Positivismus,
Hegelianismus, Strukturalismus, Pragmatismus, dialektischer Materialismus,
Thomismus etc., die allesamt Produkte spezifischer materieller und symbolischer
Bedingungen (spezifischer ideologischer Kämpfe) sind, von unseren afrikani-
schen Philosophen allesamt als richtige Antworten auf die philosophische Frage
in Afrika verstanden?« (ebd.). Alles, was ich an diesem Punkt gern dazu sagen
möchte, ist, dass Wambas Frage einen Bumerang-Effekt für seine eigene »afrika-
nisierte« marxistisch-leninistische Position hat, den er selber nicht thematisiert.
Tatsächlich handelt es sich um eine richtige Frage, die, wie ich zeigen werde,
mit ihrem ganzen kulturellen und historisch-politischen Gehalt allein aus der
Perspektive einer afrikanistischen Hermeneutik angemessen thematisiert werden
kann, die radikal und kritisch durch ihre gelebte Geschichtlichkeit informiert ist
und in dieser aufgeht.

17 Valentin-Yves Mudimbe, »African Gnosis: Philosophy and the Order of Knowledge«, in: *African Studies Review* 28 (1985), S. 149-233, hier S. 210 f.

und stellt sie damit als eine launenhafte Modeerscheinung ohne Substanz dar. Wamba-Dia-Wamba beantwortet auf der anderen Seite seine rhetorische Frage – ohne auf irgendeine Weise der ideologische Verzerrung seines eigenen Denkens durch seine Verwurzelung im europäischem Denken philosophisch Rechnung zu tragen – mit der Behauptung, dass es der Hermeneutik in der Afrikanischen Philosophie an »Authentizität« fehle und sie dem Neokolonialismus nicht entkäme: Sie sei europäische Vormundschaft im Reich der Theorie.

Die philosophische und politische Rechtmäßigkeit der »Verbindung« zwischen Hermeneutik und Afrikanischer Philosophie ist folglich zweifelhaft. Angesichts meines Anliegens, eine Hermeneutik der Afrikanischen Philosophie vorzulegen, erscheint es daher notwendig und nützlich, damit zu beginnen, eine ausführliche Verteidigung gegen diesen doppelten, wenn auch disparaten Angriff durchzuführen. Indem ich dies tue, formuliere ich die Frage der Hermeneutik (meine Antwort auf Gadamer) und des hermeneutischen Charakters zeitgenössischer Afrikanischer Philosophie (meine Antwort auf Wamba-Dia-Wamba), indem ich den Weg erkunde, auf dem der philosophische Diskurs über die konkreten Existenzbedingungen und Lebenspraktiken des Horizonts, innerhalb dessen und aus welchem heraus er formuliert wird, entspringt und essentiell mit ihm verbunden bleibt. Während ich das Obengenannte ausführe, zeige ich zudem, dass dieses hermeneutische Vorhaben eine politisch engagierte und historisch bestimmte kritische Selbstreflexion sein muss, die sich aus der Negativität unserer postkolonialen Gegenwart ableitet.

III

Die Hermeneutizität zeitgenössischer Afrikanischer Philosophie – wie die Hermeneutizität des philosophischen Diskurses als solchem – besteht aus dem Zusammenspiel von Horizont und Diskurs. Dieses Zusammenspiel vollzieht sich auf der Basis einer konkreten und gelebten Geschichtlichkeit eines bestimmten Horizonts. Die Begriffe »Horizont« und »Diskurs« werden hier in einem spezifischen Sinne verwendet. »Horizont« bezeichnet das historisch-hermeneutische und politisch-kulturelle Milieu, innerhalb dessen und aus welchem heraus bestimmte (philosophische, künstlerische, wissenschaftliche und so weiter) Diskurse artikuliert werden. Er stellt den allgemeinen existentiellen Raum dar, innerhalb dessen und aus welchem heraus sie auftreten. »Diskurs« bezieht sich dagegen auf diejenigen Sorgen, die innerhalb konkreter Existenzbedingungen artikuliert werden, durch einen bestimmten Horizont möglich gemacht werden und ihm zugleich inhärent sind.[18]

Der Diskurs moderner europäischer Philosophie, den man vielleicht mit Descartes beginnen lassen kann, hat seinen Ausgangspunkt in den Sorgen, die aus dem Horizont der modernen Wissenschaft heraus entstehen. Aus diesen Sorgen heraus, die mit den Namen Galileo und Newton in Verbindung gebracht werden können, wird der Diskurs der modernen Philosophie artikuliert.[19] Diese Sorgen haben Kants kopernikanische Revolution innerhalb der Philosophie angeregt und möglich gemacht und die Subjektivität des Subjekts als das originäre Moment der Reflexion für das moderne europäische Denken festgelegt.

In gleicher Weise, aber innerhalb eines radikal anderen Horizonts, sind auch die philosophischen Diskurse des abessinischen Philosophen Zar'a Ya'aqob aus dem sechzehnten Jahrhundert und seines Schülers Walda Heywat in den gelebten Sorgen ihrer Zeit begründet. Im Gegensatz zu ihren europäischen Ebenbildern beschäftigen sich die abessinischen Denker mit Fragen der Frömmigkeit und der Natur des Glaubens im Kontext der akuten Krise des abessinischen Christentums, das sich mit der subversiven Tätigkeit jesuitischer Missionare und dem aggressiven Katholizismus konfrontiert sah. Religiosität ist in ihren unterschiedlichen und somit erstaunlichen Behauptungen, Manifestationen sowie in ihren widersprüchlichen Erscheinungsformen die herausragende und entscheidende Sorge in Zar'a Ya'aqobs und Walda Heywats Denken.[20]

In unserem Fall regen hingegen weder die theoretischen Er-

18 Diese Unterscheidung habe ich in Auseinandersetzung mit folgenden Texten entwickelt: Martin Heidegger, *Gelassenheit*, Stuttgart 1979, und Thomas S. Kuhn, *Die Struktur wissenschaftlicher Revolutionen*, Frankfurt/M. 1967.

19 Vgl. hierzu Martin Heidegger, *Die Frage nach dem Ding. Zu Kants Lehre von den transzendentalen Grundsätzen*, Tübingen 1962, S. 50-83.

20 Zum Werk dieser beiden Denker vgl. Claude Sumner, *Ethiopian Philosophy*, Bd. 2, »The Treatise of Zar'a Ya'aqob and Walda Heywat, Text and Authorship«, Addis Abeba 1976.

fordernisse moderner Wissenschaft noch eine Glaubenskrise in Konfrontation mit einer fremden und aggressiven Frömmigkeit unser Denken an. Stattdessen erzeugt die politisch-existentielle Krise innerhalb des Horizonts des postkolonialen Afrikas unsere Sorgen und konstituiert dadurch den theoretischen Raum für den Diskurs zeitgenössischer Afrikanischer Philosophie. In jedem Fall wird ein spezifischer philosophischer Diskurs aus den Sorgen und Bedürfnissen eines bestimmten Horizonts heraus artikuliert. Elungu Pene Elungu formuliert es so: »Der Mensch fühlt sich häufig während Phasen der Unruhe dazu berufen, die unergründliche Tiefe, aus welcher sein Handeln in Bezug auf die Welt, auf sich selbst und auf andere emporkommt, zu bekräftigen und gleichzeitig zu überprüfen.«[21]

Auf eine ähnliche Weise hebt Theophilus Okere hervor, dass die verschiedenen Diskurse der Philosophie »von der Nicht-Philosophie [dem Horizont, Anm. T. S.] diktiert« werden, die »deren eigenen kulturellen [und historischen, Anm. T. S.] Hintergrund« bildet.[22] Elungu und Okere artikulieren mit leicht unterschiedlichen Formulierungen dieselbe Einsicht: Der philosophische Diskurs ist eine reflexive Antwort auf die gefühlte Krise eines gelebten und konkreten Horizonts.

In Anbetracht des bereits Gesagten, besteht die besondere hermeneutische Aufgabe des afrikanischen philosophischen Denkens also darin, die gegenwärtige Situation in Bezug auf das, was Afrika »gewesen« ist[23] – sowohl in seiner ungewissen vorkolonialen »Größe«[24] als

---

21 Elungu, »La philosophie, condition du developpement en Afrique aujourd'hui«, S. 8.

22 Okere, *African Philosophy: A Historico-Hermeneutical Investigation*, S. xiv.

23 Martin Heidegger, *Sein und Zeit*, Tübingen 1984, § 69, passim und insbesondere S. 365. Vgl. auch § 68 und § 73, passim und insbesondere S. 380 f. Für Heidegger ist das sporadisch in den genannten Texten und in *Sein und Zeit* auftauchende »Gewesene«, welches die gefühlte und sich selbst in der Gegenwart Geltung verschaffende Vergangenheit bezeichnet, das wichtigste Element der zeitgenössischen Hermeneutik. Die lebendige Vergangenheit strukturiert die gelebte Aktualität des historischen Daseins – als konkrete Geschichtlichkeit der menschlichen Existenz. Wie wir in den weiteren Erläuterungen zu diesem Punkt gleich sehen werden, handelt es sich hierbei um dasjenige, worauf sich Gadamer mit dem Begriff der »Wirkungsgeschichte« bezieht.

24 Den Begriff »Größe« habe ich in Anführungszeichen gesetzt, um aufzuzeigen, dass ich in seiner Verwendung die »Größe« des alten Afrikas nicht überhöhen möchte, sondern bloß auf die Tatsache hinweise, dass die afrikanische Vergan-

auch während seines kolonialen und neokolonialen Niedergangs –, zu interpretieren. Diese interpretatorische Erkundung muss weiterhin mit Blick auf eine Zukunft in Freiheit geschehen, nach der sich Afrika weiterhin sehnt – wie man an seinem trotz aller Misserfolge andauernden Kampf gegen Kolonialismus und Neokolonialismus deutlich erkennen kann. Diese historisch informierte, explorative Selbstreflexion ist die wesentliche Eigenschaft der Philosophie, ob sie bewusst als solche anerkannt wird oder nicht. Darüber hinaus begründet diese kritische Reflexion die Selbstwahrnehmung der Hermeneutik als einer philosophischen Orientierung.[25]

Angesichts des widersprüchlichen und dennoch fruchtbaren Vermächtnisses des afrikanischen Befreiungskampfs besteht eben darin die radikale hermeneutische Aufgabe zeitgenössischer Afrikanischer Philosophie. Radikal, weil sich solch eine Aufgabe damit befasst, die Wurzeln der Widersprüche unserer paradoxen Gegenwart aufzudecken und zu erkunden. Hermeneutisch, weil solch eine grundlegende Erforschung nichts anderes sein kann, als eine konstante und beständig andauernde interpretative und reinterpretative Aufgabe, und zwar mit Blick auf die Misserfolge und Erfolge unserer Geschichte als Afrikaner in der heutigen Welt. Wie Okonda Okolo es zum Ausdruck bringt:

Das kulturelle [historische, Anm. T. S.] Gedächtnis wird unaufhörlich durch neue Entdeckungen rückwirkend erneuert. Unsere Vergangenheit lädt uns, durch ihre ständige Transformation im Rahmen unserer Entdeckungen, zu neuen Aneignungsformen ein. Diese Aneignungsformen führen zu einem besseren Verständnis unserer Identität.[26]

genheit zahlreiche Momente der Größe erlebt hat, und zwar in Gestalt einer Vielfalt alter Zivilisationen, wie in Axum, Mali, Soghai, Ghana und Ägypten, mit allen ihren Widersprüchen und inneren Problemen. Mein Vorhaben ist demnach in seiner Sehnsucht nach der »Größe« des alten Afrika nicht »diopisch« inspiriert (um einen Begriff der Asante zu benutzen, vielmehr bemüht es sich um eine kritische und historische Auseinandersetzung mit der Geschichtlichkeit Afrikas. […]

25 Gadamer bezeichnet dies als das »historisch wirksame Bewusstsein«. Zu einer Diskussion dieses Begriffs und einer thematischen Erforschung seiner Wurzeln in der Seinsfrage bei Heidegger vgl. meinen Beitrag »Heidegger and Gadamer: Thinking as ›Meditative‹ and as ›Effective-Historical Consciousness‹«, in: *Man and World*, 1 (1987), S. 41-64.

26 Okonda Okolo, »Tradition and Destiny: Horizons of an African Philosophical

In dieser Hinsicht schließlich gründet die hermeneutische Aufgabe zeitgenössischer Afrikanischer Philosophie in dem lebendigen und fortlaufenden Prozess der Selbstverständigung, der einer bestimmten Historizität, einer bestimmten Identität, eigen ist.

Dieser immerwährende Prozess der gelebten Selbstverständigung, den die philosophische Hermeneutik artikuliert und kultiviert, ist der menschlichen Existenz eigen. Außerdem verleiht diese Methode dem zeitgenössischen Diskurs Afrikanischer Philosophie eine konkrete Gestalt, insofern sie sich darum bemüht, die Zerrissenheit und die Missverständnisse des heutigen Afrikas zu überwinden, auf die sich Wiredu und Hountondji als »Anachronismen« unserer Situation beziehungsweise als »Folklorismen«[27] unserer theoretischen Bemühungen beziehen.

Dieses vornehmlich interpretative Unternehmen zielt grundlegend darauf ab, eine Zukunft der afrikanischen Existenz einzuleiten, die mit dem Menschsein des Menschen in Einklang steht. Aber man könnte und sollte tatsächlich an diesem Punkt fragen: Was genau bedeutet Menschsein in diesem Zusammenhang? Diesbezüglich beziehe ich mich nicht auf Léopold Sédar Senghors essentialistischen Humanismus der *Négritude*, sondern auf die ontologische und phänomenologische Formulierung Martin Heideggers (die selbst das Produkt einer systematischen Hermeneutik moderner europäische Existenz ist), wonach »die Substanz des Menschen [der menschlichen Wesen, Anm. T. S.] [...] die Existenz«[28] ist oder, anders ausgedrückt, »das ›Wesen‹ dieses Seienden in seinem Zusein [liegt]«.[29] Heideggers persönlichen politischen Schwäche und seiner eurozentrischen antisemitischen und rassistischen Ansichten ungeachtet,[30] gründet sein Begriff des menschlichen Seins in der

Hermeneutics«, in: Tsenay Serequeberhan (Hg.), *African Philosophy: The Essential Readings*, New York/NY 1991, S. 207.

27 Kwasi Wiredu, *Philosophy and an African Culture*, New York/NY 1980, S. 1; Paulin J. Hountondji, *African Philosophy*, S. 67.

28 Heidegger, *Sein und Zeit*, S. 212. Martin Heidegger, »Brief über den Humanismus«, in: Martin Heidegger, *Über den Humanismus*, Frankfurt/M. 1949, S. 18.

29 Ebd, S. 42.

30 Zu einer Übersicht der durch Víctor Farías' Werk *Heidegger and Nazism* (Philadelphia/PA 1989) aufgekommenen Diskussionen über Heideggers Nazismus vgl. Kathleen Wright, »The Heidegger Controversy – Updated and Appraised«, in: *Praxis International* 1 (1993), S. 85-98. Zu einer kurzen und aufschlussreichen Diskussion dieser skandalbehafteten Angelegenheit vgl. Thomas Sheehan, »Hei-

spezifischen ontologischen Besonderheit der temporalen ekstatischen Phänomenalität der menschlichen Existenz.[31] Insofern wir

degger and the Nazis«, in: *The New York Review of Books* 10 (1988), S. 38-47. Zu
der Vielzahl von Ansichten zu dieser Frage von Gadamer, Habermas, Derrida,
Blanchot, Lacoue-Labarthe und Lévinas, allesamt zeitgenössische europäische
Philosophen, deren Arbeit kritisch durch Heideggers Seinsfrage beeinflusst wurde, vgl.: Arnold I. Davidson (Hg.), »Symposium on Heidegger and Nazism«,
in: *Critical Inquiry*, 15 (1989), S. 407-488. In dieser Hinsicht ist es unbedingt
erforderlich, sich an die Worte Aimé Césaires zu erinnern, des martiniquani-
schen Dichters und Philosophen der *Négritude* (einer Négritude, die zu Senghors
essentialistischer »Negro-ness« in einem fundamentalen Widerspruch steht).
Dazu schreibt Césaire: »Ja, es wäre der Mühe wert, das Verhalten Hitlers und
des Hitlerismus einer detaillierten klinischen Studie zu unterziehen und dem
ach so distinguierten, ach so humanen, ach so christlichen Bürger des zwanzigsten Jahrhunderts mitzuteilen, daß er in sich einen Hitler trägt, von dem er
nichts weiß, daß Hitler in ihm *haust*, daß Hitler sein *Dämon* ist, daß er, wenn er
ihn rügt, einen Mangel an Logik verrät, und daß im Grunde das, was er Hitler
nicht verzeiht, nicht das *Verbrechen* an sich, *das Verbrechen am Menschen*, daß
es nicht *die Erniedrigung des Menschen an sich*, sondern daß es das Verbrechen
gegen den weißen Menschen ist, daß es die Demütigung des Weißen ist und
die Anwendung kolonisatorischer Praktiken auf Europa, denen bisher nur die
Araber Algeriens, die Kulis in Indien und die Neger Afrikas [und, so können wir
hinzufügen, die ausgerotteten Ureinwohner Australiens, Nordamerikas und Süd-
amerikas und neuerdings der palästinensischen Araber durch die selbst zu Tätern
werdenden Opfer des Holocaust, Anm. T. S.] ausgesetzt waren.« *Über den Kolonialismus*, Berlin 1968, S. 12. Man braucht erst gar nicht zu erwähnen, dass keiner der obengenannten Denker – während sie die Verbindung Heideggers zum
Nationalsozialismus zutreffend kritisierten und ablehnten –, am allerwenigsten
Jürgen Habermas, der »Philosoph der Moderne« (der Zeit des »imperialistischen
Kolonialismus«, um mit Lenin zu sprechen), Rassismus, Kolonialpolitik oder die
expansionistische aggressive Natur der europäischen Moderne zu einem Problem
in ihrem Denken oder zum Fokus ihrer Reflexionen machten. Dieses Schweigen,
dieses Ungesagte, könnte gerade jener »Dämon« sein, der ausgetrieben werden
muss. Aber unter welchem »Banner« soll diese Teufelsaustreibung durchgeführt
werden? Wer soll der Exorzist sein?

31 Martin Heidegger, *Sein und Zeit*, S. 328 f. Die Übersetzer John Macquarrie und
Edward Robinson (*Being and Time*, London 1962) erklären: »Die ursprüngliche
Bedeutung des Wortes ›ecstasis‹ (griechisch ἔκστασις; deutsch Ekstase) ist ›außerhalb stehen‹. Im Griechischen allgemein für das ›Entfernen‹ oder ›Verlagern‹ von
etwas verwendet, wurde es allmählich auf Bewusstseinszustände angewandt, die
wir heute als ›ekstatisch‹ bezeichnen würden. Heidegger behält gewöhnlich diese
ursprüngliche Bedeutung im Sinn, ist sich aber auch dessen naher Verbindung
zur ursprünglichen Bedeutung des Wortes ›Existenz‹ bewusst« (S. 377, Anm. 2).
Diese Affinität der Begriffe »ekstatisch« und »Existenz« ist nicht nur in *Sein und
Zeit* zentral, sondern für das Werk Heideggers als Ganzes von großer Bedeutung.

sowohl Europa als auch Afrika als Stätten des menschlichen historischen Werdens anerkennen, können die ontologischen Erforschungen des »Seins« der menschlichen Existenz, die Heidegger aus den ontischen Grenzen der europäischen Modernität heraus unternimmt, auch aus den ontischen Grenzen anderer Kulturen und Geschichten heraus angestrengt werden.[32]

Ausgehend von der gelebten ekstatischen Phänomenologie des menschlichen Lebens behauptet Heidegger in seiner destruktiven Lektüre der Tradition europäischer Metaphysik – gegen die verknöcherten und verknöchernden ontotheologischen Vorstellungen der menschlichen Existenz –, dass menschliche Wirklichkeit (*Dasein*) keine griffbereite Substanz oder Entität sei, sondern die gelebte Fluidität/Aktualität ihrer eigenen Existenz. In dieser radikal destruktiven hermeneutischen Kritik der metaphysischen Tradition erforscht Heidegger – in *Sein und Zeit* sowie in seinen späteren Arbeiten – das »Zu-sein« der europäischen Moderne. Ausgehend von Heideggers Seinsfrage und der ihr entspringenden grundlegenden ontisch-ontologischen destruktiven Analyse, ist die moderne Welt

---

Im *Brief über den Humanismus* und in seinen späteren Arbeiten wird der Begriff »Existenz« in »Ek-sistenz« umgewandelt, um diese begriffliche Nähe zu akzentuieren und darauf hinzuweisen, dass die menschliche Existenz den Prozess des ekstatischen Heraustretens – folglich des »Außerhalbstehens« – bedeutet. Der Mensch ist das »Da«, welches dem Sein innewohnt. Mit anderen Worten lehnt Heidegger den Humanismus nicht einfach ohne Zögern ab, sondern entwirft einen nichtmetaphysischen Humanismus, der auf der Interiorität des Da im Sein aufbaut. Dem Leser empfehlen wir, die obengenannte Schlüsselinterpretation des Begriffes »Existenz« als »Ek-sistenz« zu beachten. Schließlich schreibt Heidegger auf Seite 16 von *Brief über den Humanismus*, dass die Behauptung »Das Wesen des Daseins liegt in seiner Existenz« keine »allgemeine Aussage über das Dasein [enthält], insofern diese im 18. Jahrhundert für das Wort ›Gegenstand‹ aufgekommene Benennung den metaphysischen Begriff der Wirklichkeit des Wirklichen ausdrücken soll«. Wie der sorgfältige Leser leicht feststellen kann, bezieht sich diese Aussage auf den Begriff des »Daseins« und seiner Ursprünge und nicht auf die Existenzialität der menschlichen Existenz, die er anzeigt.

32 Heidegger selbst schlägt dies in seinen Diskussionen mit einem japanischen Philosophen in *Unterwegs zur Sprache* (Frankfurt/M., 1985) vor. Vgl. hierzu den Abschnitt »Aus einem Gespräch von der Sprache. Zwischen einem Japaner und einem Fragenden«, passim. In seinem bereits zitierten Buch bemerkt auch Theophilus Okere diesen Aspekt, schränkt diesen vielversprechenden Vorschlag in seiner weiteren Erklärung jedoch wieder übermäßig ein. Vgl. hierzu ders., *African Philosophy. A Historico-Hermeneutical Investigation*, S. 118 f.

in der Falle des Gestells der modernen Technologie gefangen. So zielen die Erläuterungen von Heideggers Seinsfrage auf die Rettung des »Zu-seins« (also der wesentlich nichtwesentlichen Substanz) der europäischen Moderne vor der verführerischen Falle der technologischen Katastrophe. Bis zum Ende wurde Heideggers Denken durch dieses hartnäckige »Gestell« beherrscht und wendete sich zugleich dagegen. Sein Denken zielt darauf ab, »die Möglichkeit eines gewandelten Weltaufenthalts des Menschen vorzubereiten«.[33]

Auch wir – die ehemals kolonisierten Subjekte dieses verführten und verführerischen Europas – leiden unter diesem Gestell. Aber uns wird dieses Verstellen durch das Andauern des Neokolonialismus als dem fortdauernden Eindringen europäischer Hegemonie im heutigen Afrika vermittelt, errichtet und aufgezwungen. Diese Hegemonie etabliert sich, anders als die offene Gewalt des Kolonialismus und zugleich auf eine sehr viel wirksamere Art und Weise, von innen heraus und reproduziert und perpetuiert dabei unseren untergeordneten Status in der heutigen Welt. Um uns das »Zu-sein« unserer Historizität anzueignen, müssen wir uns mit der europäischen neokolonialen Unterjochung konfrontieren: der Politik der wirtschaftlichen, kulturellen und wissenschaftlichen Subordination.

Die heimtückische Natur des Neokolonialismus besteht darin, dass er intern unter dem Deckmantel der Indigenität dasjenige repliziert, was uns vorher von außen mit dem exklusiven und expliziten Einsatz von Gewalt aufgezwungen wurde. Im Hinblick auf das Obengenannte und im Gegensatz zu Heidegger ist die Frage nach unserer Existenz, unseres »Zu-seins«, für uns eine inhärent politische Frage. Die politische Dimension dieser Frage zu vernachlässigen, würde in unserem Fall bedeuten, die Frage selbst zu ignorieren. Denken wir nämlich über unser eigenes Menschsein nach und stellen diesbezüglich Fragen, wenn wir die Aktualität, das »Wesen unserer Existenz« als menschliche Wesen erforschen, dann entdecken wir ein imperiales Europa, das wir bereits verinnerlicht

---

33 Vgl. hierzu Heideggers letzte Erklärungen zu seinen Ansichten, »Neuzeitliche Naturwissenschaft und moderne Technik«, in: *Research in Phenomenology* 7, Ausgabe 1, (1977), S. 1-4, hier S. 2. Zu Heideggers allgemeiner Betrachtung der Technologie und der Situation der modernen Welt vgl. *Holzwege*, Frankfurt/M. 1950; *Vorträge und Aufsätze*, Pfullingen 1954, sowie *Die Technik und die Kehre*, Pfullingen 1962.

haben und welches über die widersprüchlichen Überreste unserer eigenen dürftigen und unterworfenen Indigenität herrscht.

Auf diese Weise zeigt sich das Gestell der modernen Technologie und offenbart sich als politische Herrschaft. Wie Wamba-Dia-Wamba es formuliert:

Aus diesem Grund fühlt sich das ausgewanderte Personal der imperialistischen Staaten in diesen nationalen [afrikanischen, Anm. T. S.] Staatsstrukturen, die so funktionieren, als wären sie durch und für dieses Personal gemacht worden, deutlich wohler als die Mehrheit der Einheimischen, die das Gewicht dieser repressiven und hierarchischen Strukturen aushalten [und tragen, Anm. T. S.] müssen. Um unter diesen Bedingungen als intelligent, angemessen, vernünftig, zivilisiert usw. gelten zu können, muss man für diese [neokolonialen, Anm. T. S.] Strukturen empfänglich sein und gemäß der sie regelnden Logik und Rationalität funktionieren.[34]

Diese tragikomische, obszöne Verdoppelung Europas – in Afrika und als Afrika – ist die wirkliche und konkrete Duplizität, welche die nicht vorhandene Historizität des Neokolonialismus – seine historisch-existentiale Kraftlosigkeit – negativ konstituiert und positiv strukturiert.

Auf diese Weise wird uns, den ehemaligen kolonialen Subjekten des imperialen Europa, das technokratische Gestell der europäischen Moderne aufgezwungen, und zwar in Form von politischer, wirtschaftlicher, kultureller und historischer Beherrschung. Im Namen von und unter dem Vorwand technologischer und wissenschaftlicher »Hilfe« festigt Europa seine hegemoniale politische und kulturelle Kontrolle. Wir werden sozusagen stellvertretend heimgesucht. Genau aus diesem Grund muss eine konkrete Hermeneutik der Existenzialität unserer Existenz der Realität unserer Gegenwart gegenübertreten. Denn die »Wahrhaftigkeit« dieser Gegenwart ist die historische Doppelzüngigkeit des Neokolonialismus, der durch und in unserer Existenz konkret verwirklicht und lebendig wird.[35] In diesem Zusammenhang ist die Kultur der ehemaligen Kolonialmacht der Boden und die akzeptierte Quelle hegemonialer kultureller, technisch-wirtschaftlicher und historisch-politischer Überlegenheit.

34 Wamba-Dia-Wamba, »Philosophy in Africa: Challenges of the African Philosopher«, S. 239.
35 Heidegger, *Sein und Zeit*, S. 261 f.

Frantz Fanon hat diese historische und kulturelle Entfremdung, die unserer Situation eigen ist, bereits 1952 systematisch in *Schwarze Haut, Weiße Masken* untersucht. Sie ist das entfremdete und entfremdende tragische Vermächtnis der europäischen »zivilisatorischen Mission« in der Welt. Wie Basil Davidson herausstellt, hat der afrikanische antikoloniale Kampf nicht nur die physische Anwesenheit des Kolonialismus vertrieben, sondern auch »die leichtfertig übernommenen Annahmen der sozial hybriden Wesen [der europäisierten Afrikaner, Anm. T. S.] über den Gegensatz zwischen ›europäischer Zivilisation‹ und ›afrikanischer Barbarei‹ infrage gestellt«.[36]

Tatsächlich sieht sich das heutige Afrika, jenseits des physischen Kampfs zur Vertreibung des Kolonialismus, überall mit demjenigen konfrontiert und dadurch gehemmt, was dieser Kampf infrage gestellt hat, ohne es im Wesentlichen beseitigt zu haben.

So werden heutige afrikanische Realitäten teilweise durch die hybriden Überreste der kolonialen und vorkolonialen Vergangenheit konstituiert, was sich auf jeder Ebene durch die verknöcherten neokolonialen Institutionen und in der pathologisch negativen Selbstwahrnehmung der europäisierten Afrikaner manifestiert. Andererseits werden ebendiese afrikanischen Realitäten auch durch die verschiedenen Formen des Kampfs geprägt, die für ein autonomes und freies Afrika innerhalb der zeitgenössischen Welt eintreten. Diese Kämpfe sind weder in ihrer ideologischen noch theoretischen Orientierung homogen. Neben dem afrikanischen Essentialismus Senghors begegnen wir dem Marxismus-Leninismus Nkrumahs sowie den historisch und hermeneutisch scharfsinnigen theoretischen Perspektiven, wie sie von Frantz Fanon und Amílcar Cabral vertreten wurden. All das und mehr ist die *Melange*, welche die gelebte Gegenwart des postkolonialen Afrika ausmacht!

Ganz allgemein gesprochen ist dies schließlich das enigmatische und paradoxe Erbe der afrikanischen »Unabhängigkeit«: die Gegenwart. Es ist das »zwiespältige Abenteuer« Afrikas, das Cheikh Hamidou Kane so treffend in seinem bahnbrechenden Roman *Der Zwiespalt des Samba Diallo* zum Ausdruck gebracht hat. Die Insemination von Afrikas »zwiespältigem Abenteuer« durch den Westen ist daher die Hauptsorge der zeitgenössischen Afrikanischen Philo-

---

36 Basil Davidson, *Africa in Modern History*, New York/NY 1985, S. 44.

sophie. Erst durch das hermeneutische Pflügen (sprich Umwenden) und die radikale Unterwanderung des theoretischen Gefüges der afrikanischen postkolonialen Situation durch die konkrete Geschichtlichkeit unserer eigenen, uns am meisten kennzeichnenden existenziellen Aktualität, kann afrikanisches philosophisches Denken ein Teil der praktischen und theoretischen Anstrengung werden, die auf das konkrete Zurückerlangen der Freiheit und der Gegenwart des Kontinents ausgerichtet ist.

In den Worten Antonio Gramscis:

> Der Anfang der kritischen Ausarbeitung ist das Bewußtsein, was wirklich ist, das heißt ein »Erkenne dich selbst« als Produkt des bislang abgelaufenen Geschichtsprozesses, der in einem selbst eine Unendlichkeit von Spuren hinterlassen hat, übernommen ohne Inventurvorbehalt. Ein solches Inventar gilt es zu Anfang zu erstellen.

> Anmerkung II. Man kann die Philosophie nicht von der Geschichte der Philosophie und die Kultur nicht von der Geschichte der Kultur trennen. Im unmittelbarsten und engsten Sinn kann man kein Philosoph sein, das heißt, eine kritisch kohärente Weltauffassung haben, ohne sich ihrer Geschichtlichkeit, der von ihr repräsentierten Entwicklungsphase und der Tatsache bewußt zu werden, daß sie im Widerspruch zu anderen Auffassungen oder zu Elementen anderer Auffassungen steht.[37]

In diesem Sinne kann die Afrikanische Philosophie ihrer eigenen Historizität – der Geschichtlichkeit des zeitgenössischen Afrika, aus dem sie abgesondert und gesponnen wird – treu sein, indem sie die »Unendlichkeit von Spuren«, die der Kolonialismus und die Überreste der vorkolonialen Vergangenheit hinterlassen haben, erforscht und sich damit auseinandersetzt. Es handelt sich somit hierbei um ein »Wissen über sich selbst« und eine explorative »Inventur«, die darauf abzielt, sich dasjenige anzueignen, was im Kontext einer spezifischen Geschichte möglich erscheint.

Wie Gramsci schreibt: »Die Philosophie ist die Kritik sowie die Überwindung der Religion und des Alltagsverstandes und fällt in diesem Sinn mit dem ›gesunden Menschenverstand‹ zusammen, der sich dem Alltagsverstand entgegensetzt.«[38] Dies ist in dem Maße

37 Antonio Gramsci, *Gefängnishefte, Band 6, Philosophie der Praxis*, Berlin, Hamburg 1994, S. 1376.
38 Ebd., S. 1377.

der Fall, in dem die »Religion« der Masse und ein historisch spezifischer »gesunder Menschenverstand« die Selbstwahrnehmung eines Volkes kulturell prägen und damit ihre historische und politischwirtschaftliche Existenz innerhalb bestehender Traditionen ordnen. Philosophie ist somit diese kritische und forschende Beschäftigung mit der eigenen kulturellen Spezifizität und der gelebten Geschichtlichkeit. Es ist eine kritisch bewusste erforschende Aneignung unserer kulturellen, politischen und historischen Existenz.

Im Hinblick auf das oben Gesagte muss die zeitgenössische Afrikanische Philosophie als radikal originäre Hermeneutik der paradoxalen und doch fruchtbaren postkolonialen Gegenwart konzipiert werden. Sie besteht in der inständigen Anstrengung, sich die afrikanische Erfahrung des Seins als die Geschichtlichkeit der verschiedenen afrikanischen Existenzweisen aus dem welthistorischen Zusammenhang der Gegenwart, das heißt der Implosion der europäischen Moderne, erneut anzueignen. Mit anderen Worten stellt sie den Versuch dar, dasjenige, was diese Moderne zu Beginn ihres eigenen originären Moments der Geschichte verbarg, zu erforschen und es sich konkret wieder anzueignen: die gewaltsame Selbstkonstituierung ihrer eigenen historischen Verwirklichung.[39]

In diesem Sinne ist die Hermeneutik der zeitgenössischen Afrikanischen Philosophie oder die afrikanische philosophische Hermeneutik ein Denken des Neuanfangs, der geboren wurde aus unserer enigmatischen politischen »Emanzipation« und der historischen und politischen Krise der europäischen Moderne – der lang erwarteten Schwächung, wenn nicht gar des Niedergangs unserer Unterjocher. Wie Okolo scharfsinnig festhält:

In Afrika entstammt das Interesse an der Hermeneutik auch unserer gegenwärtigen Krise: einer allgemeinen Identitätskrise aufgrund der Anwesenheit einer fremden und dominanten kulturellen Tradition sowie der Notwendigkeit, sich durch die Konstruktion einer eigenen authentischen Kultur und Tradition Selbstbestätigung zu verschaffen.[40]

---

39 Zu einer klassischen Beschreibung dieses bedeutsamen Moments der Selbstkonstituierung der Moderne und der Zerstörung der nichteuropäischen Welt, welche sie zugleich rechtfertigt und als die objektive Selbstentfaltung des Weltgeists begrüßt, vgl. Karl Marx, Friedrich Engels, *Das Manifest der kommunistischen Partei*, Berlin 2013, S. 10-13.

40 Okolo, *Tradition and Destiny*, S. 201.

Im Absatz vor dem eben zitierten Satz weist Okolo darauf hin, dass, die »Geburt und das aktuelle Wiederaufleben der hermeneutischen Bewegung« in Europa mit Krisen verbunden sind: »Der Identitätskrise während der deutschen Romantik« und der »Krise Europas durch die Konfrontation mit einer technisierten Welt und Sprache«, die unter anderem Heidegger »als Seinsvergessenheit« wertete.[41] In jedem Fall ist die Hermeneutizität der Philosophie in unterschiedlichen Traditionen darin begründet, neue Bedeutung gemäß der Parameter eines lebendigen Erbes und einer entfremdeten und krisenanfälligen Tradition zu generieren und diese sich anzueignen. Mit anderen Worten geschieht der philosophische Diskurs nicht einfach, sondern besteht in der Artikulation von reflexiven Sorgen, innerhalb einer Negativität, die vor dem Hintergrund einer spezifischen kulturellen und historischen Gesamtheit heraus entsteht. Zugleich sind ebenjene Sorgen in dieser kulturellen und historischen Totalität verortet und werden von ihr geprägt.[42]

Die gelebten Sorgen einer Kultur, einer Geschichte und einer Tradition dienen der philosophischen Reflexion als Quelle und Grundlage, auf der ihre eigene Hermeneutik begründet wird. So ist der philosophische Diskurs die rhetorisch wirksame Ankündigung – das zur-Sprache-bringen – der Historizität der Existenz innerhalb und aus einer spezifischen Geschichtlichkeit heraus. Denn wie Okolo nachdrücklich versichert, »existiert die Hermeneutik [Philosophie, Anm. T. S.] nur in einigen besonderen Traditionen.«[43]

Angesichts der Tatsache, dass man sich innerhalb der Schranken und gelebten Grenzen der eigenen Tradition oder konkreten Geschichtlichkeit eingeschlossen befindet, stellt sich die Frage, wie sich der hermeneutisch orientierte Philosoph mit der besonderen Tradition oder Geschichtlichkeit auseinandersetzt, innerhalb deren und aus welcher heraus philosophiert wird? In diesem Zusammenhang schreibt Heidegger in seiner *Einführung in die Metaphysik*:

Es darf und muß hier jedoch gefragt werden: Welche Auslegung ist die wahre, jene, die die Blickbahn ihres Verstehens einfach übernimmt, weil sie darin geraten ist und weil diese sich als geläufig und selbstverständlich

41 Ebd.
42 Vgl. hierzu Martin Heidegger, *Gelassenheit*, Stuttgart 1979, Zweiter Teil, »Aus einem Feldweggespräch über das Denken«, passim.
43 Okolo, *Tradition and Destiny*, S. 204.

anbietet; oder aber jene Auslegung, die die gewohnte Blickbahn von Grund aus in Frage stellt, weil es doch sein könnte und in der Tat so ist, daß diese Blickbahn gar nicht zu *dem* hinweist, was es zu sehen gilt?[44]

Mit anderen Worten sollte der Philosoph/Interpret, der aus dem Kontext der Gegenwart heraus arbeitet, die sich auf eine spezifische Tradition bezieht und zugleich aus ihr heraus entwickelt, dennoch nicht passiv allein daran festhalten, was durch diese Tradition vorgegeben wird. Wir sollten uns den Bezug zur Tradition eher als eine unabschließbare Begegnung vorstellen, in der dasjenige, was die Tradition explizit bewahrt und implizit verrät, offenbart wird. Aber wie oder von welchem Standpunkt aus sollte die »gewohnte Blickbahn von Grund aus« infrage gestellt werden? Doch dieses geschieht nicht in schweifender Beliebigkeit und ebenso wenig im Anhalt an ein zur Norm erklärtes System, sondern in und aus geschichtlicher Notwendigkeit, aus der Not des geschichtlichen Daseins.[45]

Wir sollten unbedingt festhalten, dass Heidegger mit dem »geschichtlichen Dasein« die konkrete und faktische (ontische) Situation (das heißt die tatsächlich gelebte Situation einer Person oder einer Gruppe) meint, in der sich Menschen innerhalb der Grenzen und Möglichkeiten einer spezifischen Tradition wiederfinden.

Mit anderen Worten: »Historisches Dasein«, (also eine spezifische Person oder die historische Gemeinschaft von Personen) wird immer, was es ist, indem es sich aus seiner tatsächlichen Vergangenheit und seinem gelebten Erbe heraus entwirft. Sein »Schicksal« ist somit das, was aus ihm selbst, seiner »Gewesenheit« aus den Perspektiven seiner jeweiligen Geschichte und den Möglichkeiten seiner Generation heraus entsteht. Wie Okolo erklärt, wird »Schicksal« hier verstanden als das

unerbittlich Gegebene [die Aktualität, Anm. T. S.] eines Volkes und einer Person, aber es ist auch eine zukünftige Aufgabe eines Volkes und einer Person. Es ist der Faden der Tradition und der Interpretationen.[46]

Eine Geschichte, ein Volk (und eine Person innerhalb eines Volkes und einer Generation), konstituiert sich und seine Zukunft/sein

---

44 Martin Heidegger, »Einführung in die Metaphysik«, in: Ders., *Gesamtausgabe II-Abteilung: Vorlesungen 1923-1944*, Bd. 40, Frankfurt/M. 1983, S. 184 f.

45 Ebd., S. 185.

46 Okolo, *Tradition and Destiny*, S. 203.

Schicksal innerhalb eines konstanten Prozesses der Selbstinterpretation und andauernden Reinterpretationen – sein Werden innerhalb seiner gelebten Gegenwart.

Ausgehend von Heideggers *Sein und Zeit* beruft sich Gadamer in seiner Begegnung mit der Tradition als dem »wirkungsgeschichtlichen Bewußtsein« auf die Aktualität des »historischen Daseins«.[47] Für Gadamer ist das »wirkungsgeschichtliche Bewußtsein« oder die hermeneutische Begegnung mit der Tradition offen für den Wahrheitsanspruch letzterer. In dieser Begegnung wird Tradition/Geschichte (das heißt die schriftliche oder mündliche Vergangenheit) nicht verhüllt, sondern darf die Gewissheiten der Gegenwart herausfordern. Der Interpret oder Philosoph, die Verkörperung des »wirkungsgeschichtlichen Bewußtseins«, befindet sich in einer fragenden und dennoch gelösten Position gegenüber demjenigen, was die Vergangenheit in ihrer Unabhängigkeit und Autonomie an Möglichkeiten bewahrt.

Diese Offenheit und Bereitwilligkeit, die Einnahme eines gegenwärtigen Standpunkts zu *riskieren*, ermöglicht das kritische Moment und das Moment der Kritik in der hermeneutischen Begegnung mit der Tradition. Der unbestimmte und riskante Charakter der hermeneutischen Situation entsteht außerdem aus der konkreten »Not« als der Gegenwärtigkeit der Entfremdung, aus welcher heraus Tradition, als die Geschichtlichkeit der Gegenwart, erforscht und thematisiert wird.[48] Wie ich bereits dargestellt habe, regt dieser Zustand der Entfremdung innerhalb unserer Gegenwart, der auf die Kolonialerfahrung und die Spezifika unserer Geschichte zurückzuführen ist, uns heutige Afrikaner zum Denken an. Durch die träge Anwesenheit des Neokolonialismus – der Entzweiungen und Missverständnisse, die auf den Kolonialismus zurückzuführen sind – wird die radikale Hermeneutik zur angemessenen Aufgabe der zeitgenössischen Afrikanischen Philosophie.

47 Gadamer, *Wahrheit und Methode*, S. 314 f., S. 343.
48 Hans-Georg Gadamer, *Vernunft im Zeitalter der Wissenschaft*, Frankfurt/M. 1991, S. 91. Vgl. hierzu auch meinen bereits zitierten Beitrag, »Heidegger and Gadamer. Thinking as ›Meditative‹ and as ›Effective-Historical Consciousness‹«, S. 56, 59 f. Zu einer interessanten Diskussion dieses Aspekts, welche die Habermas-Gadamer-Debatte und Vicos Begriff des *»sensus communis«* in den Mittelpunkt stellt, vgl. John D. Schaeffer, *Sensus Communis*, Durham/NC 1990, S. 117-122. Für diesen letzten Verweis danke ich Nuhad Jamal.

Es ist an diesem Punkt notwendig, das grundsätzliche Problem dieser gesamten Erklärung offen anzugehen: Wie kann man sich vor den politischen Gefahren schützen, die in einer unbegrenzt und radikal offenen Interpretationsweise einer besonderen und spezifischen Tradition verborgen liegen, die ausschließlich durch die »Not« des gegenwärtigen Moments der Geschichte geleitet wird? Oder wie Drew Hyland es formuliert: Wie ist »die ›ontische‹ [konkrete, politische und historische, Anm. T. S.] Frage nach dem Guten und Bösen« zu klären?[49]

Man kann nur sagen, dass es, um mit Gadamer zu sprechen, die »Wirkungsgeschichte« ist,[50] diejenige Geschichte, die fühlbar ist und die gelebte Aktualität der Gegenwart prägt (in unserem Fall das emanzipatorische Versprechen und der Misserfolg des afrikanischen Befreiungskampfs), die als der normative Standard dafür dient, die Zukunft/das Schicksal als die Gegenwart des Noch-zu-Seienden zu entwerfen. Diese Wirkungsgeschichte, als die gefühlte Anwesenheit der Geschichte, ergibt sich aus unserer hermeneutischen Aneignung des Erbes, das wir als unsere Zukunft entwerfen, und konstituiert dieses zugleich.

Mit anderen Worten: Wenn »historisches Dasein« (die konkret sich in einer Gemeinschaft befindende Person) sich aus seiner Vergangenheit heraus entwirft (aus dem heraus, was die Gegenwart durch ihre Anwesenheit kennzeichnet, während sie zugleich als die konkret gefühlte »Wirkungsgeschichte« angeeignet wird), folgt daraus, dass die emanzipatorischen Sehnsüchte dieser tatsächlichen

---

49 Drew Hyland, *The Origins of Philosophy*, New York/NY 1973, S. 289; ders., *The Virtue of Philosophy*, Athens/OH 1981, S. 12 f. Die ontisch-ontologische Ambiguität seiner ontologischen Analyse und seiner ontischen Spezifizität oder das Fehlen derselben, vor allem in Bezug auf spezifische politische und historische Fragen, bildet ein Hauptproblem im Denken Heideggers. Diesen wichtigen Aspekt kann ich hier nicht in voller Länge erläutern, erwähne aber dennoch, dass die spezifische Art und Weise, wie die afrikanische Hermeneutik hier dargelegt wird, und die besondere Geschichte, aus der sie heraus entsteht, ebendiese Gefahren ausschließt. Dies ist der Fall, weil die Hermeneutik innerhalb der Afrikanischen Philosophie an eine emanzipatorische politische *Praxis* und eine ontische historische Orientierung gebunden ist, die kulturell-historische Vielfalt und Unterschiede anerkennen und zelebrieren möchten.

50 Gadamer, *Wahrheit und Methode*, S. 284 f. Zum Ursprung von Gadamers Konzeption der »Wirkungsgeschichte« vgl. Heidegger, *Sein und Zeit*, Zweiter Abschnitt, Fünftes Kapitel, § 73, S. 378 f.

Vergangenheit eine bestimmende und normativ determinierende Beziehung zu unserer Zukunft und unserem Schicksal haben. Wie Okolo unmissverständlich aufzeigt, ist unsere

[...] hermeneutische Situation diejenige der ehemals Kolonisierten, der Unterdrückten, der Unterentwickelten, die für mehr Gerechtigkeit und Gleichheit kämpfen. Aus dieser Perspektive ist die Gültigkeit einer Interpretation an die Rechtfertigbarkeit eines Kampfs gebunden, also an seine Gerechtigkeit und Angemessenheit. Hier bestätigen wir die methodologische Vorrangstellung der Praxis gegenüber der Hermeneutik, wobei Praxis verstanden wird als diejenige Handlung, die darauf abzielt, das Leben qualitativ zu verändern.[51]

In diesem Zusammenhang, so versichert Okolo, ist »die hermeneutische Theorie ein integraler Bestandteil der hermeneutischen Praxis. Hier wird die Theorie der Praxis nicht als eine luxuriöse Ergänzung hinzugefügt, sondern erhellt die Praxis, welche sie ihrerseits dialektisch hervorbringt.«[52] In diesem theoretischen Szenario beleuchtet die emanzipatorische *Praxis* die entsprechenden Themen und Sorgen, innerhalb deren eine hermeneutische Perspektive ihre fragenden und interpretativen Überlegungen anstellt. Umgekehrt und als Erwiderung auf die dialektischen Spannungen innerhalb dieser Beziehung, bietet die Hermeneutik der *Praxis* den angemessenen theoretischen Raum, um die normative Übereinstimmung zwischen ihrem emanzipatorischen Anspruch und ihren praktischen Vorhaben zu überprüfen und voranzutreiben.

Wie Amílcar Cabral bereits 1962 unmissverständlich deutlich gemacht hat, muss man sich verdeutlichen, dass die *Praxis* des afrikanischen antikolonialen Kampfs, die durch die »UN-Resolution zur Entkolonialisierung« bestätigt wurde, jetzt Teil des international anerkannten emanzipatorischen Vermächtnisses der postkolonialen Menschheit ist.[53] Indem wir dieses Vermächtnis in Ehren

---

51 Okolo, *Tradition and Destiny*, S. 208. Vgl. auch S. K. Dabo, »Negro-African Nationalism as a Quest for Justice«, in: *Présence Africaine* 107 (1978), S. 57-92, passim.

52 Okolo, *Tradition and Destiny*, S. 205.

53 Amílcar Cabral, »Anonymous Soldiers for the United Nations«, in: *Revolution in Guinea. Selected Texts*, New York/NY 1969, S. 50-52. Im Hinblick auf das, was in Fußnote 8 bereits ausgeführt wurde, sollte bemerkt werden, dass die Vereinten Nationen, ebenso wie jede andere komplexe Organisation, die widersprüchliche

halten, bekräftigen wir die »Gerechtigkeit« und »Angemessenheit« unseres langen afrikanischen Kampfs gegen den Kolonialismus und den anhaltenden Neokolonialismus. Im Hinblick darauf:

Wenn in unserem Land [oder auf unserem Kontinent, Anm. T. S.] ein Kamerad unter der Polizeifolter stirbt, im Gefängnis ermordet oder lebendig verbrannt wird oder im Kugelhagel aus portugiesischen Pistolen umkommt, wofür gibt er dann sein Leben? Er gibt es für die Befreiung unserer Völker vom kolonialen Joch, und folglich für die Vereinten Nationen. Im Kämpfen und Sterben für die Befreiung unserer Länder geben wir unsere Leben im gegenwärtigen Zusammenhang der internationalen Rechtmäßigkeit für das Ideal, das die Vereinten Nationen selbst in ihrer Charta, in ihren Resolutionen und insbesondere in ihrer Entkolonialisierungsresolution definiert haben.[54]

Der Kampf gegen den Neokolonialismus ist außerdem eine Verlängerung und eine hermeneutisch kritische Präzisierung dieser emanzipatorischen *Praxis*, die auf Autonomie und Freiheit abzielt und die unterschiedlichen kulturhistorischen Totalitäten, die unsere Welt ausmachen, vollständig anerkennt. Hierin besteht der kritische Charakter der hermeneutischen Begegnung mit der Tradition und ihrer spezifischen Form der Aneignung innerhalb einer besonderen Geschichtlichkeit.

In Abgrenzung zu Heidegger und im Einklang mit Cabral und Fanon ist unser Kampf auf einer ontischen Ebene in der Spezifizität unserer Geschichte gegründet, die als normative Schablone

und gegensätzliche Kräfte auf formelle Grundsätze und Verhaltensnormen festlegt, eine Stätte des Kampfs und Streits um Hegemonie sind. In dieser Hinsicht betont Cabral die Errungenschaften, die durch die formellen Grundsätze der Vereinten Nationen sanktioniert werden und gegen die Interessen der sie dominierenden Kräfte, das heißt der Vereinigten Staaten und ihrer NATO-Verbündeten, bewahrt wurden. Zu einer interessanten Diskussion der »Funktionsweisen« der Vereinten Nationen in Bezug auf »ihre« neueste internationale Krise in Form des kolonialen Vermächtnisses der nichteuropäischen Welt und der Aussöhnung der Großmächte vgl. Erskine B. Childers, »The Use and Abuse of the UN in the Gulf Crisis«, in: *Middle East Report* 2 (1991), S. 5-7. Zu einer ausführlichen Darstellung der Einseitigkeit der Vereinten Nationen in ihrer selektiven Anwendung internationaler Normen und Standards vgl. Norman Finkelstein, »Israel and Iraq: A Double Standard«, in: *Journal of Palestine Studies* 2 (1991), S. 43-56.

54 Cabral, »Anonymous Soldiers«, S. 51 f.

dafür dient, um unterschiedliche Wege unserer Zukunft zu ermessen. Das bedeutet weder, dass wir uns »an ein zur Norm erklärtes System« festklammern,[55] noch dass wir uns von der Geschichte in die Irre führen lassen, wo immer diese uns auch hinführt! Indem wir uns dem Fluss unserer Existenz und unserer Zukunft hingeben, bekräftigen wir innerhalb und außerhalb dieses Flusses nachdrücklich, dass die gelebte »Notwendigkeit«,[56] aus der heraus diese Zukunft historisiert wird, stets erinnert wird. Somit beharren wir auf der »Gerechtigkeit« und »Angemessenheit« unseres konkreten Engagements und bewahren es für die Zukunft. Auf diese Weise beantworten wir Hylands hier einschlägige Frage nach »dem Guten und Bösen«.[57]

Somit ist die Afrikanische Philosophie als Hermeneutik der postkolonialen Situation die kritische Erinnerung innerhalb der gelebten emanzipatorischen Praxis des heutigen Afrikas, die den Ursprung oder die Quelle ebendieser emanzipatorischen Praxis als die Historizität ihres tatsächlichen Erbes kultiviert, vermittelt und wiederbelebt. Dieser Diskurs erinnert die emanzipatorische Tradition an die »Wahrheit« ihrer originären Offenbarung und führt ihr diese erneut vor Augen. Aufgrund der gefühlten und gelebten Bedürfnisse der Gegenwart erforscht dieser Diskurs die Zukunft, die innerhalb der Möglichkeiten dieses Erbes und dessen fortdauernden Horizonts eingebettet und bewahrt ist. Dadurch sprengt dieser Diskurs die Duplizität und Sterilität der neokolonialen Verdoppelung der europäischen Moderne (das heißt das *Gestell* der modernen Technologie) und inauguriert die »Invention in die

---

55 Martin Heidegger, »Einführung in die Metaphysik«, S. 184 f.
56 Ebd. Auf der Basis der konkreten Situation des eritreischen Antikolonialkampfs drückt Isayas Afewerki diese Ansicht folgendermaßen aus: »Das Erreichen der Ziele unserer nationalen Sache – die Unabhängigkeit und die Befreiung aus der äthiopischen Kolonialherrschaft – genießt den Vorrang gegenüber anderen Problemen. Aufgrund diverser anderer regionaler Erwägungen haben wir uns dazu entschlossen, die Beteiligung an jeglichen regionalen Konflikten oder innerarabischen Streitigkeiten zu vermeiden. Wir haben beschlossen, unsere Bemühungen auf unser Hauptziel zu richten, den Sieg über die Kolonialherrschaft in Äthiopien.« Isayas Afewerki, *Foreign Broadcast Information Service*, Daily Report, Sub-Saharan Africa, Donnerstag, 12. Juli 1990, S. 8.
57 Vgl. Fußnote 49 für das vollständige Zitat und die dazugehörigen Angaben.

[zeitgenössische afrikanische, Anm. T. S.] Existenz«.[58] [...] Dies ist die Art und Weise, wie der afrikanische Befreiungskampf – kritisch verkörpert im Denken Fanons und Cabrals – die Geschichtlichkeit der Kolonisierten im Prozess des antikolonialen Kampfes verwirklicht. In den treffenden Worten von Cheikh Hamidou Kane: »*Wir* teilen nicht dieselbe Vergangenheit, *ihr* und wir, aber wir sollten zweifellos dieselbe Zukunft haben. Das Zeitalter der getrennten Wege hat seinen Lauf genommen, [...] niemand kann länger allein dadurch, dass er verwirklicht, was er selbst ist, leben.« In der geteilten globalen Zukunft müssen wir ehemals Kolonisierten, »wir alle, Hindus, Chinesen, Südamerikaner, Schwarze [*Negroes*], Araber, wir alle, kläglich und ungeschickt, wir, die Unterentwickelten, die wir uns in einer vollkommen automatisierten Welt unbeholfen fühlen«, die Historizität unserer eigenen Existenz zurückfordern und konkret wiederherstellen.[59]

In diesen enttäuschten Möglichkeiten einer Vergangenheit, von der aus wir eine Zukunft entwerfen, nehmen die »Gerechtigkeit« und »Angemessenheit« ihren Ausgang. Eine Zukunft, in der die entschiedene Anerkennung der Vielfalt, welche unsere – bis dato bestrittene – historische und kulturelle Spezifizität (also unser Menschsein) darstellt, wird zur Grundlage einer globalen irdischen Solidarität werden. Somit lassen wir, um die aufschlussreichen Worte Fanons zu beherzigen, das alte Europa, mit allen seinen transzendentalen und leeren Oden an den »Menschen«,[60] hinter uns und bleiben mit Nietzsche »der Erde treu«.[61]

58 Fanon, Schwarze Haut, weiße Masken, S. 147. [...]
59 Cheikh Hamidou Kane, *Ambiguous Adventure*, Portsmouth/NH 1989, S. 79 f. Zu diesem Aspekt vgl. auch Lucius Outlaw, »African ›Philosophy‹. Deconstructive and Reconstructive Challenges«, in: Guttorm Fløistad (Hg.), *Contemporary Philosophy. A New Survey*, Bd. 5, *African Philosophy*, Dordrecht, Boston/MA u. a. 1987, S. 9-44, hier S. 35 f.
60 Fanon, *Die Verdammten dieser Erde*, S. 263.
61 Friedrich Nietzsche, *Also sprach Zarathustra. Ein Buch für alle und keinen*, München 1999, S. 11.

IV

Die hermeneutische Orientierung innerhalb der zeitgenössischen Afrikanischen Philosophie, die afrikanische philosophische Hermeneutik, ist somit thematisch und historisch mit dem Niedergang der direkten europäischen Kolonialherrschaft verbunden und zielt auf die Zerstörung der anhaltenden neokolonialen Hegemonie innerhalb der gegenwärtigen afrikanischen Existenz ab. Sie richtet sich auf die theoretische Vollendung dieses Niedergangs. Denn das tatsächliche Wiederaufleben Afrikas jenseits der Vormundschaft Europas verlangt ein Überdenken der gegenwärtigen erstickenden Kraftlosigkeit in allen Bereichen des Lebens, und zwar auf eine Art und Weise, die Afrika und seinen verschiedenen Völkern angemessen und förderlich ist. Dies ist die unentbehrliche hermeneutische Ergänzung des historischen und konkreten Prozesses des »Reafrikanisieren[s]«,[62] ohne das, wie Cabral uns lehrt, nichts erreicht werden kann.

Als Teil der kulturellen und intellektuellen Produktion eines vielfältigen Kontinents gehören die hermeneutischen Evokationen des afrikanischen Philosophen zu den Anstrengungen unterschiedlicher afrikanischer Völker »im Bereich des Denkens«, sich selbst zu konstituieren und »[ihre] Existenz [...] zu bewahren«.[63] Für den afrikanischen Philosophen liegt der Akzent darauf, diese Unterschiede hermeneutisch zu erforschen, und zwar im Hinblick auf die gemeinsame und vereinende afrikanische Erfahrung angesichts der europäischen Moderne als der geteilten Erfahrung von Kolonialismus und Neokolonialismus.

Auf der geteilten Basis dieser Unterschiede müssen wir eine gemeinsame Zukunft schmieden und beschreiten. Denn jenseits unserer kraftlosen Gegenwart muss die Zukunft erst noch »entdeckt werden«.[64] Wie Okolo treffenderweise feststellt:

62 Amílcar Cabral, »Die nationalen Bewegungen in den portugiesischen Kolonien«, in: *Die Revolution der Verdammten*, Berlin 1974, S. 31-39, hier S. 31.

63 Fanon, *Die Verdammten dieser Erde*, S. 179 f. Wie aus dem Zusammenhang deutlich wird, sollten wir feststellen, dass sich die Bemerkungen Fanons – dessen Zitat ich ein wenig modifiziert habe – im Einzelnen auf die ganz unterschiedlichen historisch-kulturellen Totalitäten beziehen, die in ihrer Summe die kulturelle und historische Aktualität des Kontinents in seiner ganzen Diversität und Differenz konstituieren.

64 Aimé Césaire, »Letter to Maurice Thorez«, in: *Présence Africaine* 14 (1957), S. 6 f.

Wir müssen zugeben, dass unsere Bemühungen, die eigenen Interpretationen und Traditionen zu theoretisieren, der Art und Weise eingeschrieben sind, welche die Tradition selbst hervorbringt und gebraucht, um sich selbst zu bewahren, zu erneuern und zu verstetigen.[65]

Die grundlegende Aufgabe der Philosophie in Afrika besteht darin, dieser notwendigen Sorge eine Stimme zu verleihen. Indem sie einen Beitrag zu dieser hermeneutischen Arbeit leistet, konstituiert die Philosophie sich selbst auf ihrem eigenen Abstraktionsniveau und in voller Anerkennung ihrer gelebten Historizität und erfüllt, innerhalb ihrer Situiertheit in der Gegenwart, ihre Bestimmung, dasjenige zu denken, was Denken evoziert. Dem obigen zuzustimmen bedeutet, anzuerkennen, dass »Interpretation [Philosophie, Anm. T. S.] eine Tradition voraussetzt, und [...] Tradition als solche stets interpretiert wird.«[66] Hierin besteht die Historizität des afrikanischen Denkens und der afrikanischen Reflexion im Kontext des postkolonialen Afrika. Denn die Geschichtlichkeit der Philosophie wird stets an ihrer bewussten Wahrnehmung ihrer gelebten Voraussetzungen und ihrer Verwurzelung in einer spezifischen Tradition und Geschichte – oder an dem Fehlen einer solchen – gemessen.

Im Hinblick auf alles, was bis jetzt erläutert wurde, muss der Diskurs der Afrikanischen Philosophie also explizit als eine radikale Hermeneutik der gegenwärtigen afrikanischen Lage verstanden werden. Aus dieser historisch spezifischen Situation heraus spinnt die afrikanische philosophische Hermeneutik den Faden ihres reflexiven Denkens. Ausgehend von dem bisher unerfüllten Versprechen afrikanischer »Unabhängigkeit«, stellt diese hermeneutische Perspektive die Grundlage ihres Diskurses dar und macht sich den emanzipatorischen Horizont des theoretischen und politischen Vermächtnisses des afrikanischen Befreiungskampfes kritisch zu eigen.[67] Heidegger erklärt hierzu treffend:

---

65 Okolo, »Tradition and Destiny«, S. 209.
66 Ebd., S. 202. [Herv. v. T. S.]
67 Zu einer äußerst knappen Übersicht über diese Perspektive vgl. meinen Beitrag »The African Liberation Struggle. A Hermeneutic Exploration of an African Historical-Political Horizon«, in: *Ultimate Reality and Meaning, Interdisciplinary Studies in the Philosophy of Understanding* 1 (1991), S. 46-52.

Philosophie wird ihre »Voraussetzungen« nie abstreiten wollen, aber auch nicht bloß zugeben dürfen. Sie begreift die Voraussetzungen und bringt in eins mit ihnen das, wofür sie Voraussetzungen sind, zu eindringlicherer Entfaltung.[68]

[...]

Aus dem Englischen von Nadia El Ouerghemmi

---

68 Heidegger, *Sein und Zeit*, S. 310. Bezüglich der Voraussetzungen und des akademischen und gelebten Hintergrunds und Kontextes, in dem und aus welchem heraus philosophiert wird, schreibt Kwasi Wiredu: »Angenommen, ein Kritiker würde das, was ich geschrieben habe, meinem Bildungshintergrund zuschreiben; so wäre ich dazu verpflichtet, zumindest so viel einzuräumen. In einem bestimmten gebräuchlichen Sinne sind wir alle Kinder unserer Umstände. Aber wäre die Existenz einer solchen ›Befangenheit‹ ein Beweis der Unrichtigkeit, würde dies die Menschheit zu universalem Schweigen verpflichten.« (Ders., *Philosophy and an African Culture*, S. 36) Zu demselben wichtigen Aspekt bemerkt Ernest Wamba-Dia-Wamba das Folgende: »Das Paradox in der Philosophie besteht darin, dass die Wahl einer Auffassung oder die Definition der Philosophie, der man folgt, notwendigerweise ein Ausdruck der philosophischen Position, des Standpunkts und der Meinung ist, die man vertrittt.« (Ders., »Philosophy in Africa«, S. 236). Beide Bemerkungen (von zeitgenössischen afrikanischen Philosophen) verkennen die hermeneutische Wahrheit, dass die gelebte Situiertheit der Philosophie kein Makel ist, sondern gerade eine Quelle der philosophischen Reflexion darstellt. Tatsächlich muss man von der Erkenntnis ausgehen, dass die Philosophie »ihre Zeit in Gedanken gefaßt« ist, wie Hegel in der Vorrede seiner *Philosophie des Rechts* festhält (Berlin 1821, S. 21 f.). Sobald dies verstanden wird, zerstreut sich die »Angst« vor der »Befangenheit« und dem »Paradox«, und der hermeneutisch zirkuläre Charakter der Philosophie und ihrer Praxis, die auf dem »Zirkeleinwand« gegen das Dasein fußt (Heidegger, *Sein und Zeit*, S. 315), kann als der fruchtbare Ursprung der Philosophie selbst erkannt werden. Vgl. hierzu das bereits zitierte Werk Theophilus Okeres, *African Philosophy*, fünftes Kapitel. Vgl. außerdem Lucius Outlaw, »African and African-American Philosophy. Deconstruction and the Critical Management of Traditions«, in: *The Journal* 1 (1984), S. 27-41.

Olúfẹ́mi Táíwò

Afrikanische politische Philosophie in der Post-Unabhängigkeitsära

Einleitung

Es mangelt an ernsthaften wissenschaftlichen Auseinandersetzungen mit der politischen Philosophie afrikanischer Unabhängigkeitsführer. Das ist zum Teil der Tatsache geschuldet, dass viele von ihnen ihre Ideen unter dem Druck unmittelbarer Regierungsprobleme entwickelten. Soweit das zutrifft, haben ihre Ideen manchmal eine Ad-hoc-Qualität und sind daher puristischen akademischen Philosophen oft ein Gräuel. Unmittelbare Probleme können jedoch dauerhafte Implikationen mit sich führen, und eine tiefergehende Studie über afrikanische Denker legt nahe, dass sie sich dessen durchaus bewusst waren.

Zweifelsohne machen es sowohl die Niederlagen der politischen Experimente in vielen afrikanischen Ländern während der Post-Unabhängigkeitsära als auch ihre Tendenz zur »größtmöglichen Führerschaft« – oder, wenn die Wahrheit explizit angesprochen werden muss, zum Autoritarismus – für Wissenschaftler einfach, die Ideen, die das politische Handeln leiten sollten, herabzusetzen. Es scheint, als ob man von Kwame Nkrumahs Scheitern an Ghanas Regierungsspitze auch auf das Scheitern derjenigen Ideen schließt, die seine Regierungspraxis fundieren sollten. Dieselbe Einstellung scheint auch gegenüber Julius Nyereres sozialistischer Ujaama-Philosophie oder Kenneth Kaundas sambischem Humanismus vorzuherrschen.

Es sollte darauf hingewiesen werden, dass afrikanische Führer nicht die Einzigen sind, deren Ideen auf diese Weise abgewertet werden. Dieser Standardeinwand wird ebenso von Antimarxisten dafür verwendet, zu behaupten, dass aus dem Kollaps der ausgedienten Sowjetunion und der osteuropäischen sozialistischen Regime zu schlussfolgern sei, dass – da sie schließlich von Marxisten regiert wurden – auch der Marxismus als philosophisches System keine Beachtung mehr verdiene. Es sollte aber offensichtlich sein, dass dies keine logische Schlussfolgerung darstellt. Egal, wie stark Philosophen von Platon über Immanuel Kant bis zu Karl Marx und Kwame Nkrumah die Beziehung zwischen Theorie und Praxis bejaht haben, so bleibt doch festzuhalten, dass Theorie und Praxis logisch voneinander unabhängig bleiben und begrifflich verschieden und trennbar sind. Die Frage, ob eine Theorie eine erfolgreiche Praxis hervorbringt, kommt nur dann auf, wenn ihre Anhänger versuchen, die Theorie in ihrem tatsächlichen Handeln zu verkörpern. Die meisten Ideen, mit denen wir uns in der Philosophie auseinandersetzen, erfahren niemals eine praktische Umsetzung. Das hat uns allerdings nie davon abgehalten, unser ganzes Leben damit zu verbringen, ihre Plausibilität, Stichhaltigkeit, Kohärenz, Adäquatheit und in seltenen Fällen auch ihre Richtigkeit zu testen und dadurch ihren Wert zu ermessen.

Im Folgenden werde ich – aufgrund von Platzknappheit – nur eine begrenzte Anzahl philosophischer Ideen der post-unabhängigen Führer beziehungsweise Denker analysieren. Zuerst werde ich die philosophischen Anthropologien vorstellen, die den von diesen afrikanischen Führern vertretenen Ideen zugrunde liegen. Danach werde ich die von einigen dieser Führer vorgebrachte Verteidigung der Einparteienherrschaft diskutieren. Abschließend untersuche ich den Diskurs über den Afrikanischen Sozialismus. Ich will damit nicht nahelegen, dass diese drei Schritte die Ideen der hier besprochenen Denker erschöpfend behandeln. Ich konzentriere mich auf diese drei Themen, weil das erste Thema fast immer in politischen Diskursen aller menschlichen Gemeinschaften aufkommt und das zweite und dritte viel Aufmerksamkeit in Diskussionen über Afrikas (missglückte) Post-Unabhängkeitsära erhielten. Jedenfalls möchte ich vorschlagen, dass in allen Fällen wissentlich oder unwissentlich die von den hier behandelten Denkern vorgebrachten Theorien am besten als Versuche verstanden werden sollen, grundlegende Fragen der politischen Philosophie zu beantworten. Zu diesen Fragen gehören auch die im Folgenden behandelten, sie sind aber keineswegs darauf beschränkt.

Die zentralen Fragen politischer Philosophie

Abgesehen von den schlimmsten Auswüchsen des Strukturalismus werden nur wenige verneinen, dass der letztliche Zweck einer jeden politischen Ordnung in der Wohlfahrt ihrer Mitglieder liegt. Man kann nur schwer von der Wohlfahrt einer Sache sprechen, wenn man sich nicht im Klaren darüber ist, was ihr Wesen ausmacht und was am ehesten zu ihrer Vervollkommnung beitragen könnte. In diesem Sinne ist dem Entwurf und der Praxis jeder politischen Ordnung stets eine – wie auch immer ausgereifte – Konzeption menschlicher Natur bereits inhärent. Schließlich enthält sich keine politische Ordnung einiger Annahmen darüber, welcher Typ von Mensch ihre Institutionen in Anspruch nimmt oder von ihnen profitieren wird und wie die Interessen dieser Menschen durch sie am besten erfüllt werden können. Vor diesem Hintergrund müssen wir diejenigen metaphysischen Prinzipien menschlicher Natur berücksichtigen, die unterschiedliche afrikanische Führer in der Post-Unabhängigkeitsära vertraten. Auch wenn es meines Wissens lediglich Kenneth Kaunda war, der seine Philosophie explizit als »Humanismus« bezeichnete, beschäftigte das Thema der menschlichen Natur auch einige weitere politische Denker, darunter Sékou Touré aus Guinea, Obáfẹ́mi Awólọ́wọ̀ aus Nigeria, Kwame Nkrumah aus Ghana und Nnamdi Azikiwe aus Nigeria.

Die afrikanischen Führer maßen dem Thema der menschlichen Natur besondere Aufmerksamkeit zu, weil ihrer Erfahrung nach die Aberkennung der Menschlichkeit der Afrikanerinnen und Afrikaner einen Grundpfeiler kolonialer Herrschaft darstellte. Es war die von kolonialen Apologeten vorgebrachte zentrale Rechtfertigung des Kolonialismus, dass Afrikaner, wenn überhaupt, die niedrigste Stufe der menschlichen Leiter besetzten und es noch Jahrhunderte dauern würde, bevor Afrikaner sich selbst regieren könnten, was wiederum als ein wesentliches Element menschlicher Würde erachtet wurde. Aus diesem Grund war die wiederholte Affirmation afrikanischer Humanität in einem gewissen Sinn nahezu proportional zu der Schwere ihrer Aberkennung vonseiten der Kolonialherren.

Die zweite zentrale Frage politischer Philosophie, auf welche die afrikanischen Intellektuellen Antworten suchten, betraf die Frage, wer regieren soll, gesetzt den Fall, dass nicht alle regieren können. Allgemeiner ausgedrückt, versucht die politische Philosophie im Rahmen der Beantwortung dieser Frage Rechtfertigungen und Legitimationen für politische Verhältnisse zu liefern, in denen einige Macht ausüben und andere gehorchen. Für diejenigen, die an eine göttliche Bestimmung glauben, sind die Herrschenden durch die Gnade Gottes an der Macht. Innerhalb der Vertragstheorie besteht die einzige Basis für Legitimität in der Zustimmung der Regierten. Als afrikanische Führer der unmittelbaren Post-Unabhängigkeitsära sich die Einparteienherrschaft als die beste, oder in einigen Fällen als die einzige legitime Form der Regierung zu eigen machten, versuchten sie, eine Lösung für die Frage zu finden, wer zum Regieren berechtigt sei. Jedoch muss man, wenn man sich die Argumente der Einparteienherrschaft vergegenwärtigt, in Erinnerung behalten, dass in dieser Hinsicht unter den afrikanischen Führern ernsthafte philosophische Differenzen bestanden. Nicht nur die Befürworter des Einparteiensystems beschäftigten sich mit dieser Frage. Vielmehr gab es auch eine große Anzahl theoretischer Positionen, die sich zugunsten einer liberalen parlamentarischen Demokratie aussprachen. Beispielhaft für diese letzte Kategorie sind Obáfẹ́mi Awólọ́wọ̀ aus Nigeria und Kofi Busia aus Ghana.[1]

Die dritte und letzte zentrale, gegenwärtig diskutierte Frage innerhalb der politischen Philosophie lautet: Wie sollen wir eine Gesellschaft zum Zweck der gelungenen Regierungsführung und des gesellschaftlichen Lebens organisieren? Anders gefragt: Welche politischen und anderen sozialen Konfigurationen sind am wahrscheinlichsten dafür geeignet, das Beste in uns zum Erblühen zu bringen? Ohne Zweifel führt die Frage nach den besten Arrangements für afrikanische, nein, für jede menschliche Gesellschaft eine pragmatische Komponente in die Diskussion ein. Aber das Thema ist auch ein theoretisches Problem, denn angesichts der unterschiedlichen möglichen Arrangements müssen wir versuchen, überzeugende Gründe dafür zu liefern, warum wir einige gegenüber anderen bevorzugen. In ihrem Versuch, eine Antwort auf diese Frage zu liefern, wendeten sich viele afrikanische Denker dem Sozialismus zu. Ihrer Einschätzung nach war der Sozialismus dasjenige Arrangement, das Afrika am ehesten die Früchte der Unabhängigkeit in Aussicht stellte. Zudem waren sie davon überzeugt, dass die mit dem Sozialismus einhergehenden Arrangements am stärksten mit ihrem Verständnis afrikanischer Geschichte und Kultur übereinstimmten. Einige von ihnen verteidigten einen sogenannten

---

1 Vgl. Obáfẹ́mi Awólọ́wọ̀, *The People's Republic*, Ibadan 1968, und Kofi A. Busia, *Africa in Search of Democracy*, New York/NY 1967. Ich lasse andere wie Sir Seretse Khama aus Botswana aus, der ähnliche Ansichten vertrat, diese jedoch nie philosophisch verteidigte.

»Afrikanischen Sozialismus«, andere wiederum verteidigten andere Varianten des Sozialismus. Zur ersten Gruppe gehörten der bis 1966 regierende Kwame Nkrumah, Julius Nyerere aus Tansania und Tom Mboya aus Kenia.[2] Die zweite Gruppe umfasste etwa Obáfẹ́mi Awólọ́wọ̀ und den nach 1966 tätigen Kwame Nkrumah, der sich dem Marxismus-Leninismus zuwandte, nachdem er durch das Militär als Präsident Ghanas abgesetzt worden war.[3]

Die menschliche Natur

Wie oben bereits angedeutet, beschäftigten sich viele afrikanische Denker mit der Frage nach der menschlichen Natur. Von Senghor bis Nkrumah, von Azikiwe zu Nyerere haben sie zu unterschiedlichen Zeiten und in unterschiedlichen Kontexten verschiedene Versionen einer humanistischen Philosophie hervorgebracht. Es ist kein Zufall, dass Senghor in Bezug auf sein Anliegen schrieb: »Der Mensch bleibt unser höchstes Anliegen: Er ist unser *Maßstab*.«[4] Senghor definiert den Humanismus in kritischer Abgrenzung zum marxistischen Humanismus folgendermaßen:

Die Sorge um die menschliche Würde und die Notwendigkeit von Freiheit – der Freiheit des Menschen und der Freiheit von Kollektiven – die Marx' Gedanken antrieben und ihren revolutionären Gärstoff bereitstellten, sind dem Kommunismus unbekannt, dessen größte Abweichung der Stalinismus ist. [...] »Die Sowjetunion«, sagte ein Senegalese nach seiner Rückkehr aus Moskau, »hat erfolgreich den Sozialismus aufgebaut, aber dafür die Religion und die Seele aufgeopfert.«[5]

2 Vgl. Kwame Nkrumah, *Consciencism. Philosophy and Ideology for Decolonization*, London 1970; Julius Nyerere, *Freedom and Unity/Uhuru na Umoja*, Dar es Salaam 1966; ders., *Ujamaa: Essays on Socialism*, Dar es Salaam 1968; ders., *Freedom and Socialism/Uhuru na Ujamaa*, Dar es Salaam 1969; Tom Mboya, *Freedom and After*, London 1963.

3 Vgl. Obáfẹ́mi Awólọ́wọ̀, *The People's Republic*; Kwame Nkrumah, *Class Struggle in Africa*, London 1969. Ich habe jüngere Marxisten wie Amílcar Cabral, Eduardo Mondlane, António A. Neto und Samora Machel ausgelassen. Zudem habe ich frühere Marxisten wie Mohammed Ben Barka aus Marokko außen vor gelassen, da sie keine Politiker in dem Sinne gewesen sind, auf den ich mich hier konzentriere.

4 Léopold Senghor, *On African Socialism*, London 1964, S. 65.

5 Ebd., S. 46.

Damit meint Senghor, dass eine große Schwäche des Marxismus darin liege, dass dieser das Bekenntnis zur spirituellen Seite der menschlichen Natur vernachlässige. Er schreibt hierzu:

Die Schwäche [des marxistischen Humanismus, Anm. O. T.] liegt vor allem darin begründet, dass sich Marx, während er das *Kapital* verfasst, sich zunehmend dem Materialismus und dem Determinismus, der *Praxis* und der Mittel zuwendet, zum Nachteil von Dialektik und Ethik – kurz gesagt, zum Nachteil des Menschen und seiner Freiheit. Ich werde nicht mehr, wie in meinem *Bericht*, »zum Nachteil des philosophischen Denkens« sagen, denn mit der Zurückweisung des philosophischen Geistes seiner *Ökonomisch-philosophischen Manuskripte* führte Marx wieder heimlich und auf paradoxe Weise eine *Metaphysik* ein. Aber es ist eine schrecklich unmenschliche Metaphysik, eine atheistische Metaphysik, in der der Geist der Materie geopfert wird, die Freiheit dem Determinismus und der Mensch den Dingen.[6]

Anstelle dieser »schrecklich unmenschlichen Metaphysik« führt Senghor einen historisierten, *national*-gebundenen Humanismus ein, den er als »Négro-Afrikanischen – ich meine Négro-Berberschen – Humanismus« bezeichnet.[7] Er fährt fort:

Deshalb ist der Mensch für uns weder ohne Land noch ohne Farbe oder Geschichte, ohne Vaterland oder Zivilisation. Es ist der westafrikanische Mensch, unser Nachbar, exakt in Zeit und Raum verortet. Er ist Malier, Mauretanier, Hellhäutiger, Wolof, Targui, Songhai, Hausa, Fon oder Mossi. Er ist ein Mensch aus Fleisch und Blut, ernährt von Milch, Hirse, Reis und Yam. Er ist ein seit Jahrhunderten gedemütigter Mensch; weniger durch seine Nacktheit und seinen Hunger als durch seine Hautfarbe und seine Zivilisation, das heißt in seiner Würde.[8]

Ich habe Senghor aufgrund seines Beharrens auf einer historisierten menschlichen Natur ausführlich zitiert. Die Verortung in bestimmten kulturellen, geografischen und anderen Grenzen bereitet den Weg für sein Programm, Afrikas vergangene Zivilisationen wiederzuentdecken, um dem kolonisierten und erniedrigten Afrikaner seine Würde zurückzugeben. Die Elemente dieser Würde sind nur teilweise in materiellen Artefakten enthalten; vielmehr findet man

6 Ebd., S. 76.
7 Ebd., S 78.
8 Ebd., S. 78 f.

sie in der Kultur der Bevölkerung als ein Produkt ihres spirituellen Genius. Diese Betonung der Kultur entspringt Senghors grundlegendem metaphysischen Standpunkt, der die »*Vorrangstellung* der Materie« akzeptiert, aber zugleich den »*Primat* des Geistes« bekräftigt.[9] Um vorwärts zu kommen und der Welt etwas bieten zu können, muss Afrika deshalb zunächst das nötige Selbstbewusstsein erlangen. Dieses kann gleichzeitig aber kein nach innen gerichtetes, autarkes Bewusstsein sein:

Obwohl sich unser Humanismus um den westafrikanischen Menschen drehen muss, kann er doch nicht gefahrlos in Westafrika, ja nicht einmal innerhalb der Grenzen Afrikas Halt machen. Ein wirkungsvoller Humanismus muss *offen* sein; er schließt offensichtlich nicht nur den Malianismus ein, da hier nicht nur Malier versammelt sind. Er umfasst auch den Nationalismus, pan-Négroism (ich sage nicht »Négritude«), Panafrikanismus und, aus gewichtigen Gründen, den Panarabismus. Ich behaupte, dass der einzige »Pan-ismus«, der den Ansprüchen des 20. Jahrhunderts gerecht wird, der Panhumanismus ist – ein Humanismus, der alle Menschen auf der zweifachen Basis ihres Beitrages und ihres Verstandes umfasst.[10]

Das Vorangegangene bildet die Basis von Senghors Beharren auf der Bildung einer Universalzivilisation als Ende der Geschichte. Innerhalb unseres begrenzten Vorhabens jedoch bietet es die Grundlage für seine späteren Argumente für einen afrikanischen Weg zum Sozialismus. Seine Argumente nutzen dafür die sich widersprechenden Überlieferungen von indigenen afrikanischen Zivilisationen einerseits und den europäischen und arabischen Eroberungen andererseits. Das Ziel ist stets die Erweiterung der menschlichen Würde.

Einer der berühmtesten Politiker der modernen politischen nigerianischen Geschichte, Obáfémi Awólówò (1909-1987), bietet uns eine philosophische Anthropologie, die christlich beeinflusst ist, aber viele Gemeinsamkeiten mit Theorien der menschlichen Natur anderer philosophischer Traditionen teilt. Im Bewusstsein der Bedeutung von Theorien über die menschliche Natur schreibt Awólówò:

9 Ebd., S. 84.
10 Ebd., S. 80.

Eine Untersuchung einiger der Schriften politischer Philosophen – von Platon bis Aristoteles, über G. W. F. Hegel, Thomas Hobbes und John Locke bis zu Karl Marx, Friedrich Engels und Wladimir I. Lenin – scheint nahezulegen, dass alle Philosophien oder Theorien bestimmte Prinzipien über die Natur des Menschen sowie über den Ursprung und die Form des Staates zur Grundlage haben.[11]

Er offeriert uns daran anschließend seinen Blick auf die menschliche Natur:

Der Mensch ist ein Tier; aber ein Tier mit einem bemerkenswerten Unterschied. Er hat etwas an sich, dass ihn als eine eigene Klasse ausweist. Die christliche Bibel behauptet, und darin hat sie meines Erachtens recht, dass Gott den Menschen aus dem Staub der Erde geformt hat. Er blies ihm dann durch seine Nase den Atem des Lebens ein und so wurde der Mensch zu einer lebendigen Seele. Er ist kein Körper mit einer Seele, sondern eine Seele, die von einem Körper bedeckt wird. Der Mensch ist dazu auserkoren, über alle anderen Dinge zu herrschen und der König der Erde zu sein. Auf dieser Grundlage muss sein Körper so kräftig sein, wie angemessene Nahrung, Unterkunft, Kleidung und Gesundheitsfürsorge ihn machen können. Und sein Geist muss zur vollen Ausschöpfung seines Potentials durch Bildung genährt und geschärft werden. Sein Körper ist wie eine Glühbirne, sein Geist wie der Faden in der Birne und der Atem Gottes ist wie der elektrische Strom, der durch diesen Faden strömt und durch die Glühbirne in die Außenwelt scheint.[12]

Wir müssen nicht weiter auf die Details von Awólówòs Theorie der menschlichen Natur eingehen. Aber ich hoffe, dass der Leser erkennt, wie stark er die Seele als auszeichnendes Element der menschlichen Natur betont, wie auch Senghor dies in einem anderen Argument tut. Vor dem Hintergrund dieser Betonung verwundert es nicht, dass Bildung für Awólówò der Schlüssel für die Verbesserung menschlicher Wesen ist. Dies zieht zwei Konsequenzen für Awólówòs Analyse der menschlichen Gleichheit und des Ziels der *Polis* nach sich: Auch wenn er an die grundlegende Gleichheit aller menschlichen Wesen als Kinder Gottes glaubt, so lassen sich manche der dennoch bestehenden Ungleichheiten auf die unterschiedliche Art und Weise zurückführen, wie menschliche Wesen ihre Fähigkeit zur Selbstvervollkommnung durch Bildung und an-

11 Obáfémi Awólówò, *Voice of Wisdom. Selected Speeches,* Bd. 3, Akure 1981, S. 40.
12 Ebd., S. 174.

dere Formen der Selbstdisziplinierung nutzen. Diejenigen, die die höchsten Grade der Selbstdisziplinierung und Selbstvervollkommnung durch die unermüdliche Entwicklung ihres Geistes und Körpers erreichen, treten ein in einen von Awólọ́wọ̀ so genannten

Zustand mentaler Größe, mit einem beachtlichen Maß an intellektuellem Wissen und Verständnis, Einblick und spiritueller Erleuchtung. In diesem Zustand sind wir befreit von (1) negativen Gefühlen wie Wut, Hass, Angst, Neid oder Eifersucht, Selbstsucht oder Gier; (2) der Schwäche für die falschen Sorten von Essen und Trinken und ausschweifenden Konsum; und (3) vom exzessiven oder unmoralischen Verlangen nach Sex. Kurz gesagt, in diesem Zustand überwinden wir das, was Kant als »Tyrannei des Fleisches« bezeichnet, und werden frei.[13]

Eine Schlussfolgerung aus Awólọ́wọ̀s Position ist, dass nur diejenigen die Staatsführung anstreben *sollten*, die bereits die Bedingungen für den Eintritt in den Zustand mentaler Größe erfüllen. Aber Awólọ́wọ̀ bewahrt sich seinen egalitären Zug, indem er darauf beharrt, dass jedermann die gleichen Möglichkeiten haben sollte, innerhalb der Grenzen der durch die natürliche Lotterie ungleich verteilten Fähigkeiten, das Beste aus sich herauszuholen und die Voraussetzungen zu erreichen, in den Zustand mentaler Größe einzutreten. In Awólọ́wọ̀s politischer Philosophie kommt dem Staat deshalb als Hauptaufgabe zu, die Gleichheit der Möglichkeiten sicherzustellen. Der Staat sollte die bestmöglichsten Bedingungen schaffen, innerhalb derer Individuen das ihrer Natur als *imago dei* gemäß Beste, zu verwirklichen. Aus diesem Grund lehnt Awólọ́wọ̀ den Kapitalismus ab und bevorzugt stattdessen den Sozialismus. Aber seine Präferenz für den Sozialismus hielt ihn nicht davon ab, auf der liberalen parlamentarischen Demokratie zu beharren, die ihm als beste Regierungsform für den Übergang in ein sozialistisches Paradies erschien.

Wir wenden uns nun noch einer letzten philosophischen Anthropologie zu, und zwar derjenigen von Ahmed Sékou Touré (1922-1984), der von 1958 bis zu seinem Tod im Jahre 1984 erster Präsident der unabhängigen Republik von Guinea gewesen ist. Ein Interpret merkte an, dass »Sékou Touré aus Guinea von allen

---

13 Awólọ́wọ̀, *The People's Republic*, S. 230. Vgl. auch ders., *Thoughts on the Nigerian Constitution*, Ibadan 1966, S. 158 f.

afrikanischen Präsidenten theoretischen Fragen die größte Aufmerksamkeit gewidmet hat«.[14] Man muss diesem Urteil nicht vollständig zustimmen, um Sékou Tourés außergewöhnlichen philosophischen Beitrag anzuerkennen. Was war Sékou Tourés Ansicht nach die menschliche Natur? Anders als die anderen beiden oben diskutierten Ansätze vertrat Touré ein *organizistisches* Verständnis der menschlichen Natur, das sich auf sein »monistisches Konzept der Realität«[15] zurückverfolgen lässt. Er argumentiert, dass es für ein Individuum unmöglich sei, außerhalb einer menschlichen Umgebung menschlich zu sein.

Die niederen Tiere, Pflanzen und Mineralien können losgelöst von ihren Artgenossen existieren, ohne eine Veränderung in *ihrer Natur, aber der Mensch würde seine menschliche Natur und seine essentiellen Qualitäten verlieren, wenn er sich von anderen Menschen, die sein natürliches Umfeld bilden, isolieren würde.* Diese Perspektive macht es einfacher, die enge Verbindung zwischen dem Menschen und seinen Mitmenschen zu verstehen, das ununterbrochene Band mit der Gesellschaft.[16]

Vor dem Hintergrund dieser Perspektive einer organischen Verbindung der menschlichen Wesen ist es kein Wunder, dass Touré es für eine fehlgeleitete Philosophie hielt, sich mit Individuen so auseinanderzusetzen, *als ob* sie von ihren Mitmenschen getrennt zu betrachten seien. Ebenso bestehe eine fundamentale Gleichheit aller Menschen angesichts ihrer Verletzbarkeit durch die Gefahr der Entmenschlichung, wenn sie von anderen Menschen verlassen würden, was sich darauf zurückführen lasse, dass allen Menschen ein fundamentales Bedürfnis nach Gemeinschaft zu eigen sei:

Kein Mensch kann als minderwertig gegenüber einem anderen betrachtet werden. Seine Gleichheit ist der Maßstab seiner Freiheit, und die Solidarität, welche die Qualität seiner Beziehungen mit den unterschiedlichsten Gruppen – von seiner Familie bis zur Gesamtgesellschaft – ausmacht, ist der Maßstab seiner Einheit mit der Menschheit im Ganzen. Aus diesem

---

14 Charles Andrain, »The Political Thought of Sékou Touré«, in: W. A. E. Skurnik (Hg.), *African Political Thought. Lumumba, Nkrumah, and Touré,* Denver/CO 1968, S. 103.

15 Ebd., S. 103.

16 Sékou Touré, »National Democracy«, als Exzerpt in: Gideon-Cyrus M. Mutiso, S. W. Rohio (Hg.), *Readings in African Political Thought,* London 1975, S. 484-496, hier S. 485.

Grund sind Rassismus, Regionalismus und religiöse Sektiererei objektiv betrachtet reaktionär und unmenschlich.[17]

Auf der Basis dieser Überlegungen tritt Touré dafür ein, dass die Interessen des Individuums denen der Gesellschaft untergeordnet werden sollten. Gleichzeitig besteht er jedoch darauf, dass die Gesellschaft so organisiert werden muss, dass sie eine »kollektive Persönlichkeit« ausbildet, die nicht allein »die Summe der Bewusstseine und der Anlagen der jeweiligen Individuen, sondern die Synthese [ihrer] Willen und transzendentaler Ziele« darstellt.[18] Es muss nicht erwähnt werden, dass diese Synthese ungeachtet gegenwärtiger Konflikte und Widersprüche zwischen Individuen innerhalb der jeweils betroffenen Gesellschaft besteht. Ein Teil des Maßstabes für den Fortschritt einer Gesellschaft hin zu einer kollektiven Persönlichkeit ist der Umfang, in welchem die Organisation der sozialen Existenz ihrer Mitglieder »progressiv und zu guter Letzt die Grundlage für alle Widersprüche, die Gründe für alle Gegensätze [entfernt] und durch eine kollektive Vorstellung, einen kollektiven Willen und eine kollektive Handlung ersetzt. Dadurch schafft sie eine sozialen Harmonie, die mehr soziale Gerechtigkeit, mehr Solidarität und einen reicheren Humanismus widerspiegelt.«[19]

Ich bin mir einiger der Probleme bewusst, die für gewöhnlich mit der hier dargestellten organizistischen Philosophie der menschlichen Natur verbunden sind. Da mein vorrangiges Ziel in der Darstellung und nicht in der Kritik besteht, werde ich diese Probleme nicht weiter diskutieren. Nichtsdestotrotz bin ich davon überzeugt, dass meine Darstellung zeigt, dass die afrikanischen Führer ihre politischen Entscheidungen, die auf spezifischen politischen Prinzipien und Arrangements gründeten, vor dem Hintergrund ernsthafter, wenn auch nicht unanfechtbarer philosophischer Überlegungen getroffen haben.

Warum die Einparteienherrschaft?

Es ist unbestreitbar, dass einige afrikanische Führer, die das Einparteiensystem im post-unabhängigen Afrika wählten, dies aus ei-

17 Ebd., S. 484.
18 Ebd., S. 485.
19 Ebd., S. 486.

nem Hang zur persönlichen Herrschaft und manchmal aus einer Neigung zum Größenwahnsinn heraus taten. Dennoch sollten wir daraus nicht schließen, dass alle Vertreter einer Einparteienherrschaft aus demselben Holz geschnitzt waren. Zum Beispiel ist es nach dem eben rekonstruierten Verständnis der menschlichen Natur – und davon ausgehend, auch von der Gesellschaft – leicht zu sehen, weshalb Sékou Touré Sympathien für die Einparteienherrschaft hegte – oder wie er sie lieber zu nennen pflegte, die »nationale Demokratie«. Wir können jedoch nicht immer sicher sein, dass jemand die Einparteienherrschaft vertritt, nur weil er einer monistischen Betrachtung der Realität und einem organizistischen Konzept der menschlichen Natur anhängt. Deshalb können wir nicht einfach eine Eins-zu-Eins-Korrespondenz zwischen den jeweiligen metaphysischen Konzeptionen der Menschen und ihren politischen Entscheidungen herstellen.

Nichtsdestotrotz vertraten einige der afrikanischen Denker die Einparteienherrschaft auch aus handfesten philosophischen Gründen. Nehmen wir zum Beispiel Sékou Tourés Verteidigung seiner Ideologie der »nationalen Demokratie«. Er arbeitete zwei gegensätzliche Möglichkeiten heraus, die Guinea und auch Afrika im Ganzen in Betracht ziehen sollten. Die erste besteht in »Klassenkämpfen«, in denen eine Gesellschaft von Klassenspaltungen und -widersprüchen zerrissen ist. In solch einer Gesellschaft wird das soziale und politische Leben vom Kampf zwischen den und innerhalb der Klassen um die Verteilung der gesellschaftlichen Ressourcen und die Richtung ihrer Entwicklung dominiert. Der zweiten Möglichkeit zufolge existieren innerhalb einer pluralen Gesellschaft »rivalisierende Fraktionen«, die von divergierenden sektionalen Interessen im Kampf um Macht und den Reichtum der Gesellschaft motiviert sind. Seiner Einschätzung nach war keine der beiden Optionen vor dem Hintergrund der Geschichte und der Bedürfnisse Guineas angemessen. Erstens hatte Guinea noch nicht das ökonomische Entwicklungsniveau erreicht, auf dem sich Klassenunterschiede genug herauskristallisiert hätten, um von Klassenkämpfen sprechen zu können. Zweitens musste das Land in seinem Kampf um Unabhängigkeit von einer feindlichen Kolonialmacht, nämlich Frankreich, politische Grabenkämpfe eindämmen, da die Kolonialmacht verschiedene Parteien nur zu gern gegeneinander aufgehetzt hätte, um ihre ungerechte, schändliche Herrschaft fortzusetzen.

Deshalb schlussfolgerte er, dass sich die Präferenz für die Einparteienherrschaft aus der besonderen Geschichte Guineas und den selbstgewählten Zielen seiner Bewohner ableiten lasse. Er schrieb:

Was sind die Prinzipien, auf denen die »nationale Demokratie« gegründet ist? Zuallererst kommt das Prinzip *der gemeinschaftlichen Einheit des Volkes, gegründet auf den gemeinsamen Wünschen und fundamentalen Interessen der sozialen Gruppe. Davon ausgehend muss man diese Einheit in eine aktive Kraft umwandeln, die ein effektives Verstärkungsmittel für die Einheit der Menschen innerhalb der Gemeinschaft werden kann, sodass deren Interessen wirklich gedient ist.* Dies ist keine Einheit, die Menschen für ihre Ziele opfert, die einen puren Selbstzweck darstellt, sondern eine Einheit, die ein Mittel für die Zwecke der Gemeinschaft und der Menschen ist.[20]

Die Partei ist die Verkörperung des Willens der Bevölkerung, vereint unter dem Ziel, die menschliche Würde zu befördern. Sie organisiert diese Einheit und ist das einzige Instrument kollektiver Handlungen. Natürlich kann die Gefahr dieses Parteientypus nicht überbetont werden, zu einem Instrument für die Herrschaft eines Einzelnen und zu einer Gefahr für die Vielfalt und die individuelle Freiheit zu werden. Tatsächlich wurde die *Parti Démocratique de Guinée* zu einer solchen Partei, die unter normalen Guineern wie auch unter Intellektuellen mörderisch wütete. Jenseits der faktischen Exzesse kann man die Plausibilität der Annahme ernsthaft infrage stellen, dass es eine Interesseneinheit innerhalb einer Bevölkerung gibt und dass es notwendig ist, alle sozialen Widersprüche aus der Gesellschaft zu entfernen oder die individuellen Interessen dem kollektiven Willen unterzuordnen. Auch wenn ich dies hier nicht zeigen kann, so glaube ich doch, dass Sékou Tourés Argumente zugunsten einer Einparteienherrschaft fehlerhaft sind.

Kenneth Kaunda (geboren 1924, erster Präsident Sambias von 1964 bis 1991; verlor seine Macht in Mehrparteienwahlen, nachdem er wiederholt innerhalb eines Einparteiensystems gewählt wurde) lieferte eine andere Begründung für die Einparteienregierung. Ihm zufolge waren die Staaten, welche die Afrikaner bei der Unabhängigkeit erbten, nur dem Namen nach Nationen. Der Nationalismus, der als Schlachtruf für den antikolonialen Kampf diente, mag gefestigter erschienen sein, als er wirklich war, solange er sich noch gegen die Kolonialmächte richtete:

20 Ebd., S. 494.

Welche Kombination aus Faktoren auch immer die Entwicklung des afrikanischen Nationalismus befördert hat, die wichtige Frage ist folgende: Was passiert mit dem Nationalismus als einer Protestbewegung, wenn das wesentliche Ziel – die Kolonialmacht zu beseitigen – erreicht wurde? Der Rückzug der Kolonialmacht löst ein großes Problem, verursacht für den nationalen Führer jedoch ein ebenso akutes. Die Disziplin und die Solidarität der nationalen Bewegung und die während des Freiheitskampfes aufgebaute Stoßkraft sind für den Erfolg und das Überleben der neuen Nation wesentlich. Wenn sich jedoch keine neuen, inspirierenden und wertvollen Ziele für den Nationalismus aufstellen lassen, besteht die Gefahr, dass sich die Protestbewegung nach innen auf sich selbst richtet und sich destruktiv auf das nationale Wohl auswirkt.[21]

Die Fragilität der Nationalgefühle innerhalb der von den Kolonialisten zusammengewürfelten afrikanischen Nationen erforderte nach Ansicht Kaundas ein Instrument, um diesen Nationalismus nach der Unabhängigkeit in »Patriotismus« umzuwandeln, in »eine eifrige Liebe für das eigene Land«.[22]

Das Instrument für diese Loyalitätsgefühle ist die Partei, die sie [die Gefühle, Anm. d. Übers.] beherrscht, kanalisiert und kontrolliert. Und die Person des Führers stellt einen besonders eindringlichen Fokus der Loyalität dar. Er ist der Sprecher der Bevölkerung. Er leidet mit ihr und für sie. Sie spricht durch seine Stimme und vertraut darauf, dass er sie führt, wohin er versprochen hat.«[23]

Wir können hier sehen, dass die Partei heraufbeschworen wird, um die fragile Solidarität unter den vielen vereinzelten Traditionen in afrikanischen Ländern am Morgen der Unabhängigkeit nicht wieder auseinanderbrechen zu lassen. Dieser Vorstellung zufolge stellt der Führer an der Spitze der Bewegung die symbolische Verkörperung des Strebens nach Einheit dar. Kaunda war sich der Kritik am Einparteiensystem bewusst. Ein Einwand handelte zum Beispiel von den vielen Formen, in denen eine Partei für partikulare Interessen vereinnahmt und der Führer zu einer Geißel seines Volkes wird. Kaunda hingegen argumentierte, dass dieses Risiko unter den Bedingungen postkolonialer Staaten unvermeidbar sei

21 Kenneth Kaunda, »The Future of Nationalism«, als Exzerpt abgedruckt in: Mutiso, Rohio (Hg.), *Readings in African Political Thought*, S. 468-477, hier S. 468.
22 Ebd.
23 Ebd., S. 469.

und dass letztendlich die Bevölkerung die Exzesse der Partei und des Führers eindämmen würde.[24]

Kaunda nutzte weitere Argumente für die Distanzierung der Bewegungen unabhängiger afrikanischer Staaten vom »Westminster-Modell (parlamentarischer Demokratie), das ihnen in den letzten Tagen der Kolonialherrschaft oktroyiert wurde, hin zum Einparteiensystem«.[25] Erstens behauptete er, dass die Befreiungsbewegungen, die die britische Herrschaft beseitigt hatten, »die überwältigende Unterstützung der Bevölkerung genossen – in ehemaligen britischen Kolonien war das oft das entscheidende Kriterium, nach dem die britische Regierung darüber entschied, wann der Zeitpunkt des Rückzugs gekommen war«.[26] Angesichts dieser überwältigenden Unterstützung seitens der Bevölkerungen, so Kaunda, »sind Einparteienstaaten die natürliche Konsequenz dieses Prozesses«. Aus diesem Grund sah er keinen Anlass für die von ihm als solche bezeichnete künstliche Erschaffung »einer Opposition«, »nur um den Theoretikern Genüge zu tun, die eine Regierung im Wartestand als wesentlich für den demokratischen Prozess erachten.«[27]

Zweitens sprach Kaunda sich dafür aus, dass »die Bereiche, die streitende Gruppen in Afrika voneinander trennen, von solch fundamentaler Bedeutung sind, dass eine Kontinuität der Regierung bei einem Wechsel zwischen Regierungsparteien kaum gesichert werden kann«.[28] Diese Behauptung spielt auf die vermeintliche Abwesenheit von »politischen Werten« in Afrika an, denen sich alle Gruppen verpflichtet fühlen, wie das beispielsweise in Großbritannien der Fall ist. Sie stellen die Verbindung her, die sowohl die Opposition als auch die Regierung zusammenhält. Vor dem Hintergrund des Fehlens ähnlicher Werte in Afrika und der Existenz »fundamental wichtiger« divergierender Interessen ließe die Möglichkeit einer offiziellen Opposition oder einer Regierung im Wartestand »zu viel Spielraum, um die öffentliche Meinung aufzuheizen«. Es würde das Risiko bedeuten, die »eigentlichen Fundamente« des Staates zu »zerreißen«. Dieses zweite Argument beruht

---

24 Das scheint die Ansicht von Bechir Ben Yahmed zu sein: »For or Against the Single Party«, in: Mutiso/Rohio (Hg.), *Readings in African Political Thought*, S. 504.
25 Kaunda, »The Future of Nationalism«, S. 475.
26 Ebd.
27 Ebd.
28 Ebd., S. 467.

auf dem instrumentellen Wert der Einparteienherrschaft als Überlebensgarant des afrikanischen Staates. Kaunda nahm in dieser Hinsicht kein Blatt vor den Mund: »So hart es auch klingen mag, meiner Ansicht nach ist das Überleben [des Staates] wichtiger als die Meinungsfreiheit. [...] Der größte Feind der Freiheit ist nicht der Totalitarismus, sondern das Chaos.«[29]

Schließlich hielt Kaunda fest, dass »die Idee einer institutionalisierten Opposition den afrikanischen Traditionen fremd ist«. Das ist nach Kaunda und anderen Denkern, die dem beipflichten würden, so, weil »wir in unseren ursprünglichen Gesellschaften im Konsens agiert haben«.[30] Julius Nyerere (1922-1998), der erste Präsident Tansanias von 1962 bis 1985, bot, als er nach langen Jahren der Einparteienherrschaft freiwillig von der Präsidentschaft zurücktrat, in seinem Essay »Democracy and the Party System« eine Variante desselben Arguments. Nyerere zufolge

ist die traditionelle Methode afrikanischer Gesellschaften, zu Entscheidungen zu gelangen, die der freien Diskussion. Guy Clutton-Brock fasst es gut zusammen, wenn er über eine typische afrikanische Dorfgemeinschaft Folgendes schreibt: »[...] Die Alten sitzen unter dem großen Baum und reden, bis sie sich einig sind [...].« In größeren Gemeinschaften ist die Regierung durch das Volk jedoch nur in einer modifizierten Form möglich.[31]

Kwame Nkrumah warb für eine weitere Variante dieses Arguments. Ihm zufolge hatte das vorislamische und vorchristliche Afrika ein spezifisches »Gesicht«, das

[...] eine Haltung gegenüber dem Menschen ein[schloß], die in ihren gesellschaftlichen Manifestationen nur als sozialistisch beschrieben werden kann. Dies resultiert aus der Tatsache, daß der Mensch in Afrika primär als geistiges Wesen angesehen wird, als ein Wesen, das vom Ursprung her innere Würde, Integrität und Wert besitzt. Solche Anschauung steht im erfreulichen Gegensatz zur christlichen Auffassung der Erbsünde und der Verderbtheit der Menschen.[32]

29 Ebd.
30 Ebd.
31 Julius Nyerere, »Democracy and the Party System«, in: Mutiso, Rohio (Hg.), *Readings in African Political Thought*, S. 478-481, hier S. 478.
32 Kwame Nkrumah, *Consciencismus. Philosophie und Ideologie zur Entkolonialisierung und Entwicklung mit besonderer Berücksichtigung der afrikanischen Revolution*, Köln, Opladen 1965, S. 72. [Olúfẹ́mi Táíwò zitiert hier aus der englischen

Dieser Glaube an die inhärente Würde und Integrität eines jeden Menschen bildet nach Nkrumahs Ansicht »die theoretische Basis des afrikanischen Kommunalismus«.[33] Dieser hatte seine institutionellen Formen in solchen sozialen Lebensformen wie dem »Klan«, in dem alle Mitglieder gleich waren und wo die »die Verantwortlichkeit vieler für einen« übernommen wurde. Er fasste zusammen: »In der traditionellen afrikanischen Gesellschaft konnten keine Gruppeninteressen als die höchsten angesehen werden, ebensowenig unterstützten die Legislative und die Exekutive irgendeine Gruppe. Das Allgemeinwohl stand an erster Stelle.«[34] Ohne Konfliktlinien in der Gesellschaft brauchte die afrikanische Gesellschaft keine institutionalisierten Oppositionsparteien.

Die Argumente von Kaunda, Nyerere und Nkrumah spielen darauf an, dass die Idee von Zwei- oder Mehrparteiendemokratien der kollektiven Psyche der Afrikaner vermeintlich fremd sei. Diese fundamentale Präferenz für den Konsens erfordert ein Modell, in dem *alle* repräsentiert werden und keinem die Mitgliedschaft verweigert wird. Solch ein System entspreche stärker dem Geist und der historischen Erfahrung von Afrikanern als eines, in dem Spaltungen als Tatsache hingenommen werden und von Personen generell erwartet wird, sich zur einen oder anderen Partei zu bekennen. Nkrumah hebt es prägnant hervor:

Eine parlamentarische Volksdemokratie mit einem Einparteiensystem ist besser in der Lage, die allgemeinen Wünsche einer gesamten Nation auszudrücken und zu befriedigen als ein Vielparteiensystem, das doch nur ein Kniff ist, um den inhärenten Kampf zwischen den Besitzenden und den Besitzlosen zu verstetigen und zu bemänteln.[35]

Wenn darüber hinaus niemand von der Mitgliedschaft ausgeschlossen wird und das demokratische Wesen in der freien Beteiligung aller an der Regierung besteht, dann muss eine auf diese Weise etablierte Einparteiendemokratie demokratischer sein, als diejenige, in

---

Fassung von 1970. Die betreffende Stelle ist jedoch von Kwame Nkrumah unverändert aus der 1. Auflage von *Consciencism* von 1964 übernommen worden, weshalb an dieser Stelle aus der deutschen Übersetzung der 1. Auflage aus dem Jahr 1965 zitiert wurde. Anm. d. Übers.]

33 Ebd.
34 Ebd., S. 73.
35 Ebd., S. 103.

der die Menschen zur Spaltung gezwungen werden. Auch Nyerere schließt daraus: »Ich werde nun das Folgende behaupten: Wenn es eine Partei gibt und diese mit der Nation als ganzer identifiziert wird, dann werden die Fundamente der Demokratie immer fester sein, als wenn zwei oder mehrere Parteien bestehen, die jeweils nur einen Teil der Gemeinschaft repräsentieren.«[36]

Nyerere hat ein weiteres Argument für die Einparteienherrschaft zur Hand, dessen Prämissen allerdings einigen der eben vorgestellten Argumente von Kaunda und Nkrumah entgegenstehen. Nyereres zufolge kann ein Mehrparteiensystem nur dann gerechtfertigt werden, »wenn die Parteien in fundamentalen Fragen gespalten sind; ansonsten wird das die internen Streitigkeiten nur anfachen«.[37] Sind ihre Differenzen jedoch nicht fundamentaler Natur, dann kann das Vortäuschen realer Gräben bei den Wählern nur Zynismus und Apathie hervorrufen, und die Politik würde nur mehr als Spiel angesehen. Aber wenn es sich hierbei um eine grundlegende Differenz handele, dann hätten wir es in solch einem Land mit einer »Bürgerkriegs«-Situation zu tun. Er resümiert, dass es aufgrund der besonderen historischen Erfahrung von Afrikanern keine entsprechende Spaltung in Afrika gebe:

Unsere Kritiker sollten verstehen, dass wir unsere Politik in Afrika etwas ernster nehmen müssen. Und sie sollten ebenso die historischen Unterschiede zwischen Parteien in Afrika und jenen in Europa oder Amerika im Hinterkopf behalten. Die europäischen und amerikanischen Parteien entstanden als Resultat faktischer sozialer und ökonomischer Gräben. Die oppositionelle Partei wurde stets gegründet, um das politische Machtmonopol aristokratischer oder kapitalistischer Fraktionen herauszufordern. Unsere eigenen Parteien hatten einen ganz anderen Ursprung. Sie wurden nicht gegründet, um irgendeine herrschende Gruppe unserer eigenen Bevölkerung herauszufordern. Sie wurden gegen die Fremden gebildet, die über uns herrschten. Sie waren deshalb keine politischen »Parteien«, also Fraktionen, sondern nationalistische Bewegungen. Und von Beginn an repräsentierten sie die Interessen und Hoffnungen der gesamten Nation.[38]

So schließt sich der argumentative Kreis. Wie ein roter Faden ziehen sich durch die Argumente für das Einparteiensystem von Sékou Touré, Kenneth Kaunda, Kwame Nkrumah und Julius Nyerere

36 Nyerere, »Democracy and the Party System«, S. 478.
37 Ebd.
38 Ebd., S. 479.

folgende Annahmen: (1) die Einheit der historischen Erfahrung afrikanischer Völker; (2) die Fremdheit von Zwei- oder Mehrparteiensystemen als Regierungsmodelle im Kontext afrikanischer Traditionen; (3) die Gefahr, dass das anfällige Gewebe der gerade erst zusammengeworfenen und fragilen afrikanischen Nationen durch die Zwei- oder Mehrparteienherrschaft zerrissen werden könnte.

Auch wenn ich in diesem Aufsatz keine ausführliche Kritik entwickeln kann, so kann man in Kürze doch einige der Probleme der vorangegangenen Verteidigungen der Einparteienherrschaft aufzeigen. Zunächst einmal ist es interessant, dass Kaunda die spaltenden Faktoren in afrikanischen Ländern als »fundamental wichtig« hervorhebt, während Nyerere behauptet, dass in afrikanischen Gesellschaften keine solchen grundlegenden Differenzen bestünden. Beide verwenden augenscheinlich divergierende Beschreibungen afrikanischer Gesellschaften, um ihre Argumente für das Einparteiensystem zu stützen. Das verdeutlicht, dass die Verteidiger der Einparteienregierung sich nicht einmal auf den Gesellschaftscharakter einigen konnten, auf dem ihre Vorschläge basierten.

Zudem sind alle diese Argumente anfällig für den Vorwurf vorschneller Generalisierungen. Immerhin ist Afrika ein heterogener Kontinent und es wäre eine Überraschung, wenn alle afrikanischen Länder, ganz zu schweigen von allen afrikanischen Gesellschaften, die gleichen oder ähnliche Charakteristika aufweisen würden. Hinzu kommt, dass das von unseren Denkern verwendete Bild von Afrika eher eine Propaganda-Trope war als ein Produkt wissenschaftlicher Erforschung der vergangenen und gegenwärtigen afrikanischen Gesellschaften. Aus all dem kann man schließen, dass das die empirischen Belege für die Einparteienherrschaft, die sich auf das angebliche Wesen afrikanischer Gesellschaften stützen, schlimmstenfalls falsch und bestenfalls dürftig sind. Zum Beispiel wurden ganz entgegen Nyereres Behauptungen Parteien in Nigeria gegründet, um sich den aristokratischen politischen Machtmonopolen in einigen Teilen des Landes zu widersetzen. Die *Northern Elements Progressive Union* (NEPU) und die *Action Group* (AG) beanspruchten beide, die *Talakawa* (die armen Massen) von der feudalistischen Leibeigenschaft im nördlichen Nigeria befreien zu wollen, deren Befürworter während der Post-Unabhängigkeitsära angeblich in der Parteispitze des *Northern People's Congress* (NPC) vertreten waren. Abgesehen davon: Selbst wenn man zugesteht, dass das empirische Material für die Einparteienregierung spricht, muss man diesem Regierungssystem deswegen noch nicht folgen. Auf der Basis derselben Überlegungen und ebenfalls mit dem Ziel, das Versprechen der Unabhängigkeit gegenüber der Bevölkerung einzulösen, stritt Obáfẹ́mi Awólọ́wọ̀ für die westliche Parlamentsdemokratie und das Mehrparteiensystem als das vielversprechendste Modell für afrikanische Länder. Er schrieb 1961 in seiner Autobiografie: »Es gibt heute zwei grundverschiedene ideologische Lager in der Welt: die westlichen Demokratien und den kommunistischen Block. Aus Gründen, die ich gleich darlegen werde, gilt meine Präferenz ohne Zögern und unmissverständlich den westlichen Demokratien.«[39] Dieses Bekenntnis erhielt Awólọ́wọ̀ auch nach der Hinwendung zum Sozialismus und bis zu seinem Tod 1987 aufrecht.[40] Weil sich die Forschung nicht besonders intensiv mit den philosophischen Ideen afrikanischer staatsmännischer Philosophen der unmittelbaren Post-Unabhängigkeitsära auseinandergesetzt hat, ist es leider schwer für die Welt, die subtilen philosophischen Debatten zu erkennen, die zwischen einigen afrikanischen Führern stattfanden.

Es gibt weitere Probleme mit den Argumenten zugunsten der Einparteienherrschaft. Die Annahme der Uniformität, vielleicht sogar der Einmütigkeit, von Meinungen in afrikanischen Gesellschaften erscheint vor dem Hintergrund wohlbekannter Differenzen und Konflikte bis in die kleinsten afrikanischen Gemeinschaften hinein dubios. Ebenso auffällig ist der allzu vereinfachende Umgang unserer Philosophen mit der Gefahr, dass aus der einen Partei ein Instrument persönlicher Herrschaft und des Terrors werden kann; was in der Geschichte dann ja auch tatsächlich geschah.

---

39 Obáfẹ́mi Awólọ́wọ̀, *Awo. An Autobiography*, Cambridge 1961, S. 309. Zu ähnlichen Einstellungen gegenüber der Einparteienherrschaft vgl. Senghor, *On African Socialism*, S. 145.

40 Awólọ́wọ̀ war mit seinem Bekenntnis nicht allein. Vgl. auch Kofi Busia. *Africa in Search of Democracy*, New York/NY 1967 und Nnamdi Azikiwe, *ZIK: Selected Speeches of Dr. Ndamdi Azikiwe*, Cambridge 1961.

Warum Sozialismus?

Die Wahl des Sozialismus wurde von afrikanischen Denkern mit vielen der oben genannten Argumente befürwortet. Aber diese Entscheidungen wurden auf einem weiteren argumentativen Fundament errichtet. Erinnern wir uns daran, was wir am Anfang über die folgende dritte grundlegende Frage politischer Philosophie festhielten: »Wie müssen wir unsere Gesellschaft zum Zweck der Regierung (*Governance*) und des sozialen Zusammenlebens organisieren?« Ein Aspekt dieser Frage zielt auf den besten, effizientesten und rationalsten Weg, um die soziale Produktion, die Verteilung, den Austausch und den Konsum zu organisieren. Dieser Aspekt war am Morgen nach den Unabhängigkeiten extrem wichtig, bedenkt man die räuberische Natur des Kolonialismus in Afrika. Nur wenige Länder verfügten über die sozialen und ökonomischen Grundlagen, um gerade einmal die Lebensbedingungen ihrer Bürger und Bürgerinnen zu verbessern, geschweige denn das Aufblühen des Besten in ihnen zu befördern. Als Antwort auf ebendiese Frage entschieden sich viele afrikanische politische Philosophen für den Sozialismus. Genau wie im Fall der Einparteienherrschaft hatte jeder dieser politischen Anführer verschiedene Meinungen hinsichtlich der Bedeutung des Sozialismus und seiner Konsequenzen. Ich kann an dieser Stelle nur die Plädoyers jener Denker für den Sozialismus zusammenfassen, die wir in diesem Aufsatz behandeln.

Léopold Senghor, geboren 1906 und der erste senegalesische Präsident von 1960 bis zu seinem Rücktritt 1980, nahm den Marxismus bewusst zum Ausgangspunkt seiner weiteren Überlegungen. Er kann dem Marxismus in vielen Punkten zustimmen, insbesondere der dialektischen Methode. Jedoch weicht er in zwei Punkten von ihm ab. Erstens glaubt er, dass der Marxismus letztendlich den Humanismus verrät. Um diesen Verrat zu korrigieren, vertritt er eine besondere Konzeption, die er als »schwarz-afrikanischen« oder »négro-berberschen« Humanismus bezeichnet.[41] Dieser wird nicht nur so genannt, weil Menschen, die »Négro-Berber« sind, ihn vertreten. Er wird genau so genannt, weil »Négro-Berber« zu sein bedeutet, eine besondere Geschichte zu haben, eine besondere Sicht auf das Leben, die aus ebendieser Geschichte und einer bestimmten

---

41 Senghor, *On African Socialism*, S. 77 f.

Vorstellung dessen, was es heißt, ein Mensch zu sein, resultiert. Insofern der Marxismus und der marxistische Humanismus als seine metaphysische Begleiterscheinung die Produkte einer besonderen Geschichte und damit implizit Modelle einer bestimmten Art des Menschseins sind, wäre jeder Versuch einer unveränderten Übernahme in anderen Gesellschaften ein Verrat an Marx und seiner Philosophie. Senghor appelliert an seine afrikanischen Zeitgenossen, sich andere Bevölkerungen zum Vorbild zu nehmen, die sich an Marx orientierten und ihn in verschiedene Richtungen interpretieren: »Die Israelis waren genauso wie die Chinesen fähig, ihren […] eigenen Weg zum Sozialismus zu finden und haben ihn an den Geist und die Realitäten ihrer Heimaterde angepasst. Dies sind beispielhafte Anstrengungen, die uns inspirieren sollten.«[42] Er fährt daran anschließend fort, die westafrikanischen Bedingungen zu beschreiben, die das sozialistische Modell für diese spezifische Region informieren sollten:

Westafrikanische Realitäten sind diejenigen unterentwickelter Staaten: landwirtschaftlich geprägte Länder hier, Hirtenländer dort, ehemals feudalistisch, aber traditionell klassenlos und ohne Lohnsektor. Sie sind gemeinschaftlich orientierte Länder [*communautaires*], in denen die Gruppe über dem Individuum steht; sie sind vor allem religiöse Länder, selbstlose Länder, in denen nicht das Geld regiert.[43]

Wenn Senghor recht hat, muss davon ausgegangen werden, dass der marxistische Humanismus, der seine Inspiration aus dem Individualismus, dem kapitalistischen Wettbewerb und dem Triumph des regierenden Geldes bezog – und zugleich eine Reaktion darauf war –, kein angemessenes Modell für die Konstruktion der bestmöglichen Gesellschaft in Westafrika und damit auch in Senegal, sein kann. Senghor setzt sich »eine ideale Gesellschaft« zum Ziel, »die die Beiträge eines europäischen Sozialismus mit unseren traditionellen Werten zusammenbringen wird«.[44] Seine Präferenz für den Sozialismus bleibt unnachgiebig, weil er glaubt, dass dies der beste Weg sei, um eine für Afrika spezifische »Gemeinschaftsgesellschaft« (*community society*) zu erreichen, die aufgrund der historischen Erfahrungen Afrikas angemessen erscheint.

42 Ebd., S. 77.
43 Ebd.
44 Ebd., S. 93.

In ähnlicher Weise bestand Nkrumah darauf, dass sich Afrikas Zukunft nicht ohne angemessene Beachtung seiner historischen Erfahrung entfalten kann, die auch ein christliches und ein islamisches Erbe umfasst. Er schlägt »Consciencismus« als diejenige Philosophie vor, die dem vielschichtigen Erbe Afrikas gerecht werden könne:

[Der] *philosophische Consciencismus* [...] wird die theoretische Grundlage für eine Ideologie bilden, deren Ziel es ist, die afrikanische historische Erfahrung des Islams und des Christentums genauso zu umfassen wie die Erfahrungen der traditionellen afrikanischen Gesellschaft, und die er fruchtbar machen will für das harmonische Wachsen und die Entwicklung dieser Gesellschaft.[45]

Auch Julius Nyerere führt für seine Präferenz für den Sozialismus zwei Gründe an. Zunächst einmal ist Sozialismus für ihn »eine Geisteshaltung. In einer sozialistischen Gesellschaft ist es die sozialistische Geisteshaltung – und nicht das starre Festhalten an einem bestimmten politischen Schema –, die sicherstellt, dass man sich im Volk um das gegenseitige Wohlergehen bemüht.«[46] Nyerere zufolge ist Afrika diese Denkweise eigen und die Aufgabe von Theoretikern wie ihm selbst bestehe darin, das ausbeuterische kapitalistische System zu umschiffen, das durch den Kolonialismus eingeführt wurde und das die Wurzel der Rückständigkeit Tansanias und anderer afrikanischer Länder sei. Die Grundlage des Afrikanischen Sozialismus lasse sich in der Idee der »Ujaama«, des »Familiengemeinsinns«, finden. Diese Idee lässt sich auf die afrikanische Institution der *Großfamilie* zurückverfolgen, innerhalb deren es keine Klassenunterschiede gab und für die der Begriff des »Klassenkampfes« völlig fremd, sogar ein Gräuel blieb. Die in diesem Sinne definierte Großfamilie wurde weder durch Blutsbeziehungen noch durch Abstammung oder andere einschränkende Faktoren bestimmt. Im Gegenteil, für Nyerere »betrachtet« der Afrikaner »alle Menschen als seine Brüder – als Mitglieder einer sich ständig erweiternden Familie«.[47] Wenn das zutrifft, dann ist leicht ersichtlich, dass der Sozialismus als Umverteilungssystem, in dem »die,

45 Nkrumah, *Consciencismus*, S 74.
46 Julius Nyerere, *Afrikanischer Sozialismus. Aus den Reden und Schriften von Julius Nyerere*, Frankfurt/M. 1979, S. 10.
47 Ebd., S. 17.

die säen, auch einen gerechten Anteil von dem ernten, was sie gesät haben«, den Einstellungen derjenigen näherkommt, die in indigenen Gesellschaften leben, in denen es keine Klasse der Ausbeuter oder der Ausgebeuteten, der Arbeiter und der von deren Arbeit Lebenden gibt. Da *alle* Arbeiter waren, konnte niemandem der rechtmäßige Anteil an der sozialen Produktion streitig gemacht werden. Aus dem gleichen Grund konnte ihnen auch der Zugang zu den Produktionsmitteln, hauptsächlich Land, nicht verwehrt werden. Unter den neuen, vom Kolonialismus beförderten Produktionsbedingungen wurde Land jedoch zur »marktfähigen Handelsware«[48] und das Verfolgen individuellen Wohlstands auf Kosten der kollektiven Wohlfahrt wurde akzeptabel. Der Ruf nach dem Sozialismus war für Nyerere ein deutlicher Ruf zurück zu dem, was das präkoloniale Afrika zu einem sehr viel humaneren sozialen Kontext gemacht hatte. Sich dem Sozialismus zuzuwenden, bedeutete für den Afrikaner schlichtweg, zu seinen Wurzeln zurückzukehren. Nyerere erklärt:

Wir in Afrika haben ebenso wenig Bedarf daran, zum Sozialismus »bekehrt« zu werden, wie über Demokratie »belehrt« zu werden. Beide haben ihre Wurzeln in unserer eigenen Vergangenheit – in der traditionellen Gesellschaft, aus der wir hervorgegangen sind. Moderner afrikanischer Sozialismus kann von seinem traditionellen Erbe her den Bereich von »Gesellschaft« als eine Ausweitung der Grundeinheit Familie verstehen.[49]

Es gibt einen zweiten Grund, den Nyerere für seine Bevorzugung des Sozialismus angibt. Einfach gesagt, verspricht der Sozialismus eine bessere Gesellschaft, in der das Beste in unserem Wesen realisiert werden kann. Dieser Gedanke ist ausführlicher in der als »Erklärung von Arusha« bekannt gewordenen Charta niedergelegt.[50] Ich zitiere aus dem ersten Teil, der den Titel »Credo der TANU« trägt:

Die Politik der TANU zielt darauf ab, einen sozialistischen Staat aufzubauen. Folgende sozialistische Grundsätze wurden in den Statuten der TANU festgehalten:

48 Ebd., S. 14.
49 Ebd., S. 17 f.
50 Die Erklärung ist streng genommen ein Parteidokument. Allerdings beruht es auf einem Entwurf von Nyerere für das Nationale Exekutivkomitee der TANU-Partei. [TANU steht für *Tanganjika African National Union,* Anm. d. Übers.]

Die TANU ist davon überzeugt,

a) daß alle Menschen gleich sind;

b) daß jeder Mensch das Recht auf Würde und Achtung hat;

c) daß jeder Staatsbürger Teil der Nation ist und das Recht hat, an der Regierung auf lokaler, regionaler und nationaler Ebene gleichberechtigt mitzuwirken;

d) daß jeder Mensch das Recht auf freie Meinungsäußerung, Freizügigkeit, Glaubensfreiheit und Vereinsfreiheit hat;

e) daß jeder Mensch das Recht auf den Schutz seiner Person und seines gesetzmäßigen Eigentums durch die Gesellschaft hat;

f) daß jeder Mensch das Recht auf gerechte Entlohnung seiner Arbeit hat;

g) daß alle Staatsbürger die natürlichen Ressourcen des Landes gemeinsam besitzen und für ihre Nachkommen verwalten sollen;

h) daß der Staat eine wirksame Kontrolle über die wichtigsten Produktionsmittel haben muss, um wirtschaftliche Gerechtigkeit zu sichern und

i) daß der Staat eine Aufgabe hat, aktiv in das wirtschaftliche Leben der Nation einzugreifen, um das Wohlergehen aller Staatsbürger zu gewährleisten und die Ausbeutung eines Menschen durch einen anderen oder einer Gruppe durch eine andere zu verhindern, und um die Anhäufung von Reichtümern in einem Ausmaß, das mit einer klassenlosen Gesellschaft unvereinbar ist, zu unterbinden.[51]

Viele der Regelungen des TANU-Credos wurden eigens entworfen, um die fundamentalen Grundsätze und Praktiken kapitalistischer Produktionsweisen auszuschließen. Zum Beispiel verbieten (g) und (h) praktisch den Privatbesitz an zentralen Produktionsmitteln; (f) übertrumpft das Recht des kapitalistischen Arbeitergebers oder des Marktmechanismus, den Arbeitslohn festzusetzen. In dieser Hinsicht ist der Sozialismus zugleich Mittel und Ergebnis. Implizit wird angenommen, dass diese vom TANU-Credo artikulierte Weise, als Menschen zusammen zu leben, der kapitalistischen oder jeder anderen Form sozialen gesellschaftlichen Zusammenlebens überlegen ist. Auch wenn es hilft, dass die Vorgeschichte für diese Lebensform in der afrikanischen Geschichte und den kulturellen Erfahrungen gefunden werden kann, so scheint mir doch, dass es Nyerere nicht gestört hätte, wenn das nicht der Fall gewesen wäre. Im Wesentlichen betrachtete er die sozialistische Gesellschaft als per se einer nichtsozialistischen überlegen. Deshalb glaube ich, dass Nyereres Rechtfertigung für den Sozialismus anders gelagert ist als diejenige, die auf dessen afrikanischer Genese aufbaut.

51 Julius Nyerere, *Die Erklärung von Arusha von Präsident Nyerere*, Wien 1971, S. 3.

Das letzte an dieser Stelle berücksichtigte Argument für den Sozialismus wird von Obáfẹ́mi Awólọ́wọ̀ in seinem Buch *The People's Republic* entwickelt. Awólọ́wọ̀ Verteidigung des Sozialismus verdient Aufmerksamkeit, weil er im Unterschied zu den vorangegangenen beiden Autoren jegliche Bezüge auf eine kulturelle Verwurzelung als Grund für die Einführung des Sozialismus zurückweist. Er lehnt den Begriff »Afrikanischer Sozialismus« kurzerhand ab. Seiner Analyse nach ist der Sozialismus eine normative Sozialwissenschaft, die als solche gewürdigt, angenommen oder abgelehnt werden muss. Wenn der Sozialismus ungeachtet seiner Genealogie eine gute Wissenschaft darstellt, so muss sie akzeptiert werden; wenn er eine schlechte Wissenschaft ist, sollte sie verworfen werden, selbst wenn sie vor Ort entstanden ist.

Wenn ein Prinzip nur für eine Institution, eine Region oder einen Staat charakteristisch ist, dann kann es ein Brauch, eine Praxis oder sogar eine Theorie sein, aber sicher nicht den Status einer Wissenschaft beanspruchen. So wie keine Afrikanische Ethik *qua* einer Ethik als Wissenschaft und so wie keine Afrikanische Logik existieren kann, so kann es auch keinen Afrikanischen Sozialismus geben.[52]

Seine Apologetik des Sozialismus stellt eine bedeutende Abweichung von vorherrschenden Verteidigungen dar. Jene werden für gewöhnlich aus der Perspektive seiner behaupteten afrikanischen Wurzeln oder vom Standpunkt einer unverschleierten Übernahme eines marxistischen wissenschaftlichen Sozialismus entwickelt.

Laut Awólọ́wọ̀ ist der Sozialismus ein »sozio-ökonomisches Ideal, dessen einziges Ziel die soziale Gerechtigkeit ist«:

In diesem Zusammenhang wird unter sozialer Gerechtigkeit die gerechte und gleiche Verteilung des nationalen Reichtums nach denjenigen Faktoren verstanden, die positive, notwendige und effektive Beiträge zu seiner Herstellung geleistet haben. Solche Faktoren sind Arbeit und Unternehmertum als zwei Arten, Grade oder Abstufungen desselben Phänomens – die menschliche Anstrengung am Land, unterstützt vom Kapital, das aus der vorangegangenen Einheit von Arbeit, Unternehmertum und Land akkumuliert worden ist.[53]

---

52 Awólọ́wọ̀, *The People's Republic,* S. 208.
53 Ebd., S. 36.

Awóló̩wò̩ Präferenz für den Sozialismus resultiert aus seiner Ablehnung des Kapitalismus. Laut Awóló̩wò̩ muss der Kapitalismus zurückgewiesen werden, weil er das Prinzip der Dialektik konterkariert, dessen höchstes Ideal die »LIEBE« ist. Er bestreitet nicht, dass der Kapitalismus einigen Aspekten der menschlichen Natur entgegenkommt und auf ihnen aufbaut. Er behauptet lediglich, dass er auf dem Niedrigsten in der menschlichen Natur basiert. Wenn dem so ist, dann wird auch die beste kapitalistische Gesellschaft keine gute sein und sich letztendlich selbst zerstören, weil die von ihr geförderten menschlichen Züge zu ihrem Untergang führen werden:

Da Habgier, Selbstsucht oder nacktes Selbstinteresse das Wesen und die vorherrschende Motivation des Kapitalismus ausmachen, ist dieses System dazu verdammt, ein säkulares, soziales Ungleichgewicht in der Gesellschaft hervorzurufen, in der es zugegen ist. Es wird mit der Zeit schwächer werden und degenerieren, bis es ausgelöscht ist und einem anderen, besseren System Platz macht, welches das Ideal der LIEBE erreicht oder sich ihm annähert.[54]

Der Sozialismus müsse also deshalb bevorzugt werden, weil er allein die Form sozialen Lebens garantieren könne, die der Realisierung des Besten in der menschlichen Natur diene. Viel mehr als seine Genealogie ist dies der Grund, warum wir den Sozialismus als System gegenüber konkurrierenden Modellen, die das soziale Leben und Regieren organisieren wollen, bevorzugen sollten.

[…]

Aus dem Englischen von Stefan Skupien

54 Ebd., S. 188 f.

II. »Appropriating the Master's Weapons« – Postkoloniale Perspektiven auf Entwicklung, Liberalismus, Menschenrechte und Demokratie

Fabien Eboussi Boulaga

Wenn wir den Begriff »Entwicklung« akzeptieren, sind wir verloren

Von der Notwendigkeit einer gegenseitigen
»Dekolonisierung« unseres Denkens [*]

Normalerweise diskutiere ich die Unabhängigkeit Afrikas und meines Landes nicht. Es liegt mir nicht, zurückzuschauen und die Strecke zu vermessen, die wir zurückgelegt haben oder bei deren Bewältigung wir gescheitert sind. Schon allein die Idee, den 50. Jahrestag der Unabhängigkeit zu feiern, wirkt unpassend im Lichte der sprichwörtlichen Frage des legendären afrikanischen Dorfbewohners: »Wann um Himmels Willen ist eure Unabhängigkeit endlich zu Ende?« Viele von uns sympathisieren mit diesem legendären Dorfbewohner. Genau wie er fühlen sich viele Menschen entfremdet und entrechtet hinsichtlich der aktuellen politischen Einflussnahme. Warum? Erstens, weil die sogenannten anglophonen Provinzen 1960 – also zum Zeitpunkt der heute offiziell gefeierten Unabhängigkeit (1. Januar 1960) – noch Teil von Nigeria waren? Sie wurden erst im Oktober des folgenden Jahres (1961) mit dem anderen Teil Kameruns wiedervereint. Verständlicherweise wünschen sich die anglophonen Kamerunerinnen und Kameruner dieses Datum als den wahren Tag der Unabhängigkeit, an dem die Nation ihre Integrität erlangte. Zweitens ist die Bevölkerung gespalten, da die Menschen den Eindruck haben, dass die Unabhängigkeit jenen verweigert wurde, die dafür kämpften. Stattdessen wurde sie denen anvertraut, die die Unabhängigkeit gar nicht wollten und sich gar mit antinationalen und unpatriotischen Kräften vereint hatten. In Kamerun glauben viele, dass diese unheilvolle Allianz seit 50 Jahren besteht und dieselbe Gruppe, die nie bereit war, die Logik und die Risiken der Unabhängigkeit zu akzeptieren, seither an der Macht ist. Die Art und Weise, wie die Festlichkeiten geplant und durchge-

---

[*] Der vorliegende Text basiert auf der Transkription und Übersetzung eines Vortrags, den Fabien Eboussi Boulaga auf Englisch anlässlich der Veranstaltungsreihe »50 Jahre afrikanische Unabhängigkeiten. Eine (selbst)kritische Bilanz« 2010 in Berlin gehalten hat. [Anm. d. Übers.]

führt wurden, bestätigte den Eindruck, dass sich die Feiern nicht an die eigene Bevölkerung richteten, geschweige denn ihre Interessen und Vorstellungen widerspiegelten. Geld wurde verschwendet, um die machthabenden Verwaltungs- und Militäreliten zu glorifizieren und überbezahlte Stars und Experten aus Frankreich und anderswo zu bespaßen, die geladen waren, um weitschweifende Reden zu halten und Vorhersagen über die Zukunft Afrikas zu machen. Ich weiß nichts Genaueres über die Feierlichkeiten in anderen afrikanischen Ländern, der Kontinent ist so groß und vielfältig[…]. Ich denke jedoch, dass es vielerorts Empörung und Scham auslösen würde, die »Unabhängigkeit« auf eine solch groteske Art zu feiern.

Die Herausforderung, mit der wir uns alle hier gemeinsam konfrontiert sehen, ist, herauszufinden, wie wir mit Afrika umgehen, das in den westlichen Medien als gescheiterter Kontinent dargestellt wird, geplagt von Hungersnöten, Zerrüttungen und Bürgerkriegen. Der einfachste Weg wäre – wie so oft –, die Schuld auf andere zu schieben. Wir wurden vor langer Zeit von einem alten kongolesischen Schriftsteller davor gewarnt, dies zu tun. Er schrieb bereits 1973:

Es ist sehr bequem für uns, die Schuld für all das, was in unserem Land passiert, dem Kolonialismus zuzuschieben, den Machenschaften der früheren Kolonialmächte. Es ist attraktiv und bequem, aber lauert hier nicht auch die Gefahr, dass eine solche Einstellung uns direkt schaden könnte? Die Schuld immer nur auf die anderen zu schieben, macht uns letzten Endes zu ewigen Opfern, die unfähig sind, ihrer Umwelt Herr zu werden und diese zu verändern, überwältigt von den geheimnisvollen Mächten der ehemaligen Kolonialherren.

Diese Gefahr ist real. Philosophisch gesprochen: Man kann sich nicht befreien, solange man sich den Mächten, die einen überwältigt haben oder immer noch kontrollieren, nicht hingegeben oder ihnen nachgegeben hat. Nur das, was man getan hat, kann man auch tatsächlich rückgängig machen. Weil man sich mit den externen Mächten eingelassen hat, kann man sich von ihnen befreien. Sie sind nicht vollständig unabhängig von einem. Man muss sich vom Eroberer verführen lassen oder sich ihm unterwerfen; in beiden Fällen ist unsere letztendliche Zustimmung notwendige Bedingung; eine notwendige Zutat. Hierin liegt eine unausweichliche Wahrheit in G. W. F. Hegels Dialektik zwischen Herr und Knecht.

Nur der Sklave, der erkennt, dass er selbst für seine Versklavung verantwortlich ist, ist zur eigenen Befreiung fähig und ihrer würdig.

Dieselbe Herr-Knecht-Dialektik Hegels fordert die Herrschaft heraus, die auf Sklaverei beruht und von ihr abhängig ist. Man kann keine Sklaven halten, ohne selbst Sklave seiner Sklaven zu werden.

Privilegien sind stets unverdient, denn Verdienste sind nicht vererb- oder übertragbar. Tut man dies, werden sie willkürlich und irrational. Man kann die Früchte gewaltsam angeeigneter Monopole nicht dauerhaft genießen, ohne die sie begründende Gewalt aufrechtzuerhalten und zu erneuern. Es gibt keine spirituelle oder menschliche Profitgier. Man kann Völker und die Natur nicht dauerhaft ausbeuten und zerstören, ohne sich mit dem Denken zu verschwören, das dies legitimiert – ein Denken, das sich gleichsam der Herausforderung verweigert, eine Zukunft zu erschaffen, die eben nicht lediglich die Wiederholung oder das Abbild einer vergangenen Herrschaftssituation darstellt, und für diesen Zukunftsentwurf auch die volle Verantwortung zu übernehmen. Der Mensch ist unfähig zur Erfindung völlig neuer Welten, vielmehr ist er zu Konservierung und Erneuerung verdammt. In vielen Fällen erhält man eine auf Krieg basierte Weltsicht künstlich aufrecht, um die Bedingungen zu erhalten oder auch vergangene wiederzubeleben, die Zugang zur Herrschaft verschafften. Diese Weltsicht als zugrunde liegendes Prinzip einer internationalen Politik wird in George W. Bushs berühmter Formel getreu wiedergegeben: »Unser Lebensstandard ist nicht verhandelbar.«

Die Konsequenzen sind fatal. Der Lebensstandard geht tatsächlich durch Teilen oder durch fairen oder natürlichen Wettkampf verloren. Konsequenterweise können wir weder das eine noch das andere akzeptieren. Krieg ist unausweichlich, der Wirtschaftsliberalismus und die damit einhergehenden Oligopole sind seine verschleierten Stellvertreter – Krieg mit anderen Mitteln. Daher ist der einzige Weg zur Freiheit wahrscheinlich, gemeinsam frei zu sein, der Herr und der Knecht zur selben Zeit. Ansonsten werden sie weiter aneinander gebunden sein, im Zustand einer umfassenden Sklaverei oder im Krieg aller gegen alle; im ewigen und gnadenlosen Bestreben der Unterdrückten, die Herrschenden zu stürzen und ihre Plätze oder Throne rachelüstern einzunehmen.

Ich möchte aber an dieser Stelle nicht nur die Idee erörtern, wie wir uns in Afrika und in Europa verändern müssen und wie wir Menschen dazu bringen können, zu sehen, wie sehr sie in ihrer Vergangenheit gefangen sind und wie sie diese Vergangenheit überwinden können, indem sie sich bewusst werden, was aus Menschen wird, die die Einführung gewalttätiger und ungerechter Herrschaft akzeptiert haben, die überall, auch innerhalb eines Landes, »zwei Nationen« schafft, von Gesetzgebern und unter dem Gesetz Leidenden, von Kolonialherren und Kolonisierten, von Staatsbürgerinnen und Untertanen.

Ich könnte mit ihnen die simple Einstellung teilen, die wir entwickeln können, um mit dieser Situation umzugehen. Das erste Prinzip besteht darin, dass, egal welche Begriffe wir nutzen – zum Beispiel »Unabhängigkeit« oder »Freiheit« –, wir dabei immer unsere Beziehungen zu anderen Menschen verwischen.

»Identität« zum Beispiel kann uns irreführen, wenn wir nur reagieren und dabei vergessen, dass das, was viele ihre Identität nennen, während der Kolonialzeit durch Repression »konstruiert« wurde. Unser erstes Problem besteht also darin, uns bewusst zu machen, dass unsere sogenannte Identität immer in Beziehung zu den Menschen steht, mit denen wir zu tun haben. Wir haben eine Art strategische Identität: Wir verhalten uns unterschiedlich, wenn wir mit verschiedenen Menschen in Kontakt treten. Ein weit verbreiteter intellektueller Irrtum von uns bestand darin, unsere Identität in eine Art dauerhafte Substanz umzuwandeln, die durch die Geschichte verzerrt wurde oder verlorenging und die in ihrer ursprünglichen Authentizität wieder gefunden werden müsse. Doch auch untereinander lösen wir nicht ein einziges Problem auf Grundlage unserer viel beschworenen »afrikanischen Identität«.

Wir tendieren dazu, sie für äußere Zwecke und Streitigkeiten zu nutzen, wenn wir Legitimität und gleiche Rechte einfordern, wenn wir nach der Anerkennung durch die ehemaligen Herren verlangen. Wenn ich heute sage, ich sei Kameruner, dann unterscheide ich mich von meinem Urgroßvater, der sich unmöglich vorstellen konnte, etwas zu sein, was es zu seiner Zeit noch nicht gab. Dieser Name wurde einigen Menschen verliehen, die bis dahin nichts gemeinsam hatten, nicht einmal eine gemeinsame Volksgruppe wie die Yambassa, Bamileke und Ibos.

Die (koloniale) Regel war, dass jede und jeder Einheimische

einem »Stamm«* angehören und jeder dieser »Stämme« einen absoluten Herrscher haben musste. Er oder sie konnte kein freies Individuum sein und musste sich den Bräuchen seines sogenannten »Stammes« unterwerfen. Die Volksgruppen hatten dabei keine Gesetze, nur Bräuche, und diese Bräuche wurden durch die Kolonialverwaltung durchgesetzt, die sie den »Einheimischen« zuschrieb. Man sieht also, dass das, was wir manchmal unsere Tradition nennen, bereits eine manipulierte Tradition ist. Zum Beispiel dachte man, dass jeder Afrikaner und jede Afrikanerin seinen oder ihren König hatte, und um Könige in vielen Regionen zu haben, musste man diesen die Mittel geben, Leuten zu erlauben, auf den Feldern der Könige zu arbeiten, um beispielsweise Steuern zahlen zu können. Dies war nicht der Fall, wo es traditionelle Könige gab. Diese Könige wurden durch einen Rat unterstützt: Sie hatten keine Mittel, um Menschen einzusperren oder zu bestrafen. Zumindest in meinem Teil Afrikas gab es solche Könige nicht. Wir müssen also zuallererst unsere Identitäten als ein Produkt der Geschichte betrachten.

In der letzten Zeit wurde die Vorstellung von »allogenen«** und »autochthonen« Völkern wiederbelebt und ist seitdem in den politischen Sprachgebrauch Kameruns eingegangen. Eine »autochthone« Person ist jemand, der den Raum bewohnt, in dem der Kolonialherr ihn bzw. seine Vorfahren antraf, entsprechend seinen sogenannten »Stamm« lokalisierte und den Ort dieser Gruppe als ihr einziges legitimes Territorium zuwies. Andernorts, selbst innerhalb Kameruns, wird diese Person als »allogenes« Individuum betrachtet und hat gegenüber den autochthonen Anwohnern dieser Regionen weniger Privilegien, zum Beispiel bei der aktiven politischen Teilhabe oder beim Landbesitz. Als »allogene« Person muss er seinen Platz als Bürgermeister zugunsten einer »autochthonen« Person räumen. Das alles sind die verwirrenden Konsequenzen einer Fehlkonzeption von Identität, die eigentlich ein Produkt der

* Zur Dekonstruktion und Kritik des Begriffs »Stamm« vgl. Susan Arndt, Antje Hornscheidt, *Afrika und die deutsche Sprache. Ein Kritisches Nachschlagewerk.* Münster 2004, S. 213-218. [Anm. d. Übers.]
** Die Ethnologie bezeichnet eine Volksgruppe als »allogen«, die erst seit relativ kurzer Zeit in einem bestimmten Territorium lebt und die entsprechend kulturelle oder genetische Merkmale aufweist, die sie von der »autochthonen« Bevölkerung unterscheidet. [Anm. d. Übers.]

Kolonisation ist. Unser erster Fallstrick ist also das Problem der Identität. Einige von uns haben vier oder fünf Dekaden ihres wertvollen Lebens auf die Suche nach ihrer Identität verwendet! Wir haben keine Zweifel an unserer Identität. »Wir wissen, wer wir sind, durch die Art, wie wir reden, wir wissen, wer wir sind, durch unsere Art zu singen, wir wissen, wer wir sind, durch die Art unseres Tanzes!« Das Problem besteht darin, diese Freiheit umzusetzen, ein Gemeinwesen zu schaffen, in dem wir modern sein können, ohne unsere Solidaritäten zu verleugnen, unsere Vergangenheit, Gegenwart und Zukunft.

Das zweite Problem, mit dem wir umgehen müssen, ist, dass wir Institutionen übernommen und zu den unseren gemacht haben, deren Zweck nur administrativer Natur sein sollte. Und nun verteidigen wir sie, als seien sie heilige Kühe. Durch sie wissen wir zuerst, wer oder was wir sein und wie wir uns verhalten sollen, bevor wir überhaupt wissen, wer wir sind. Wir hinterfragen die uns vorgesetzten Standards zum Erreichen von ökonomischem Wachstum und Demokratie, Modernität und Glück nicht. Wir akzeptieren zu schnell, dass wir in Bezug auf Menschenrechte, Demokratie und Wirtschaft rückständig seien. Es gibt eine ganze Bandbreite an Inkompetenzen, die wir verinnerlicht haben. Wir sind unfähig, einen intelligenten konzeptionellen Rahmen zu finden, in dem wir unsere Probleme überdenken und lösen könnten.

Nehmen wir das Problem der Demokratie. Eines Tages wurde ich von einem Journalisten interviewt, der das sogenannte Proust-Spiel verwendete, in dem der Interviewer ein bestimmtes Wort vorgibt und der Interviewte intuitiv darauf antworten soll. Ich habe dem zögerlich zugestimmt und sollte auf das Wort »Demokratie« reagieren. Meine spontane Antwort war, besser nicht mehr darüber zu sprechen. Warum? Weil die Leute denken, dass wir uns in der Bedeutung des Begriffs einig sind. Wenn wir in unserer Welt über Demokratie sprechen, dann vergessen wir jedoch leicht, dass die »alten« Demokratien gleichzeitig Militärmächte sind, dass die USA ihre gegenwärtige Macht auch wegen ihrer militärischen Stärke hat. Wenn wir zur Demokratisierung aufgefordert werden, dann blenden wir gemeinhin die Militärausgaben und -unterstützung aus. Wir vergessen, dass wir unsere Länder im gegenwärtigen Afrika nicht aufbauen können, wenn wir Drogenhändlern und sogenannten Warlords ausgeliefert sind. Deshalb können wir Demokratie heute nicht denken, ohne die realen Bedrohungen zu erwähnen, denen wir ausgesetzt sind, sogar von Leuten, die ihre strategischen Interessen bereitwillig mit militärischen Mitteln durchsetzen würden.

Ich gebe Ihnen ein Beispiel. AFRICOM ist das US-amerikanische Kommandozentrum für Afrika, mit den erklärten gut gemeinten Zielen, Afrika bei der Stabilisierung und Friedenssicherung zu unterstützen und zu verhindern, dass Al Quaida und andere Terroristen Fuß fassen.

Sie geben außerdem offen zu, dass sie in erster Linie dazu da sind, die Interessen ihres Landes zu schützen und zu verteidigen, und dass sie zu diesem Zweck jederzeit auch bereit sind, militärische Mittel einzusetzen. Also ist die Zusammenarbeit an dieser Stelle begrenzt, da die USA eine Strategie haben, während Afrika als Ganzes keine hat. Aus einem derartigen Ungleichgewicht kann keine Zusammenarbeit hervorgehen. Ich denke, es gibt Dinge, die einem niemand abnehmen kann und sollte, manches muss man selbst tun, wie zum Beispiel eine eigene Strategie für Ernährungssicherheit, Bildung, Gesundheit und zur Sicherung der Lebensgrundlagen zu entwickeln. Wenn wir über Demokratie sprechen, müssen wir die Situation in der Welt berücksichtigen, nämlich dass jene, die Demokratie fordern und propagieren, militärisch mächtige Länder sind. Man kann sich seine eigene Freiheit nicht ausmalen, wenn man nicht in der Lage ist, diese auch zu schützen und zu verteidigen. Die Herausforderung besteht darin, nachzudenken, ob der Rüstungswettlauf nicht eine Sackgasse für die Menschheit ist, ein Überbleibsel einer Raubtiermentalität, die unvereinbar ist mit der Macht und dem unbegrenzten Zerstörungspotential des gegenwärtigen Technologiezeitalters.

Ein anderer Punkt ähnelt dem vorherigen, weicht aber leicht von ihm ab: Wir haben den Begriff »Entwicklung« übernommen. Wenn wir diesen Begriff akzeptieren, sind wir verloren. Er ist ein Stellvertreter für andere Begriffe wie »Zivilisation« und »Fortschritt«. Die zugrunde liegende Philosophie der »Entwicklung« ist die der Überlegenheit der modernen westlichen Zivilisation. Entwicklung ist die Nachfolgerin jener Ideologien, die in ihrem Lebensstil – sei es Religion, Kultur, Wissenschaft oder Technologie – die letzte Wahrheit des Menschseins definieren. Als solche hat sie auch das Recht, ja die Pflicht, sich zu verbreiten, wenn nötig, selbst mit Gewalt. Es ist eine Bekehrungsmission. Als Europa nicht mehr länger unter der Hegemonie des Christentums stand, kam der Begriff der »Zivilisation« auf. Gerade das Zeitalter der sogenannten Aufklärung hat diese Vorstellung entwickelt: Vernunft trieb ihre Missionare in die Welt, um ihr Licht zu verbreiten, wie es Gottfried Wilhelm Leibniz einmal ausdrückte. Nach der Aufklärung erhielt dieser Anspruch seine unumstößliche Rechtfertigung und Waffe. Die aufblühende Industrialisierung Europas erschien vielen Denkern als offensichtlicher Beweis ihrer Überlegenheit und Besonderheit in der Anwendung von Vernunft und Wissen auf die natürliche Umwelt und zur Ausbeutung derselben sowie in der Organisation aller Aspekte des Lebens. So wurde Europa tatsächlich zur »Herrin und Besitzerin der Welt«. Vernunft wird heute an diesem Modell gemessen, das aus der Galileischen Ära herrührt und das all das umfasst, was rational, wissenschaftlich und technologisch ist. Wer nicht gemäß diesem Paradigma lebt, positioniert sich selbst außerhalb der Geschichte. Das Paradigma muss den Rest der Welt beherrschen. Die Ausweitung dieser Vernunft ist jedoch nicht unaufhaltbar. Man kann sich ihr entgegenstellen. Indem man den Begriff der »Entwicklung« annimmt, akzeptiert man, dass der Kanon des Verhaltens von den industrialisierten Ländern vorgegeben wird, ihrem Lebensstil, Glauben, ihren Maßstäben von »richtig« und »falsch«, »gut« und »böse«, »schön« und »hässlich«. Diese Maßstäbe sind tief in ihrer Geschichte verankert, Verkörperungen und Darstellungen von etwas Absolutem und Triumphierendem, nenne man es Vernunft, Individuum oder Gott. Wer versucht, dem zu entkommen, ist zum Verschwinden verurteilt.

Wenn wir uns bewusst oder unbewusst dafür entscheiden, »Entwicklung« als oberste Priorität zu setzen, dann verschieben wir Freiheit und Unabhängigkeit auf unbestimmte bessere Zeiten.

Einige unserer Staatschefs waren stolz darauf, die Diktatoren der »Entwicklung« zu sein. Aber für viele Menschen reduziert sie sich auf Konsumverhalten, darauf, den Konsumstandard der industrialisierten Länder um jeden Preis zu erreichen: Auch wenn dabei die eigenen Initiativen, Verantwortung, viele Leben und sogar zukünftige Generationen geopfert werden. Die »Politik des Bauches« ist weit verbreitet unter unseren Eliten und viele würden dem Grundsatz zustimmen: »Erst kommt das Fressen, dann kommt die Moral.« Die Ausweitung der europäischen Reiche am

Ende des 19. Jahrhunderts fußte auf der Prämisse einer Zivilisierungsmission. Heute gibt es eine Entwicklungsmission, die aber weder intellektuell, noch moralisch fundierter ist.

Was ist zu tun, wenn man diese Mission ablehnt? Man muss all seine Ideen über Religion, Werte und das Menschsein an sich überdenken. Was man ist und wo man sich befindet, kann nicht länger als Hindernis angesehen werden bezüglich unserer Verantwortung und Initiative, unser Wohlergehen mittels der zur Verfügung stehenden menschlichen, natürlichen und kulturellen Ressourcen zu sichern. Die Voraussetzung ist, nicht länger ein soziales Atom, ein freies und isoliertes Individuum in einer einsamen Masse zu sein, das an der entmenschlichenden Disziplinierung oder der Selbstverleugnung kapitalistischer Entwicklung festhält. Diese Voraussetzung ist gleichbedeutend mit sozialem Selbstmord oder kulturellem Genozid.

Ich habe ein positives Beispiel: Ein Freund hat eine Universität in West-Kamerun mitbegründet. Das war teilweise dadurch motiviert, dass sich die Gründerinnen und Gründer während der Übergangszeit in den frühen 1990er Jahren – dem sogenannten Übergang zur Demokratie – verfolgt fühlten. Einige von ihnen waren bereit, mit denselben Waffen zurückzuschlagen, bis sie ihren rechtmäßigen Anteil und Platz im Kampf um die Pfründe bekämen. Schließlich haben sie sich jedoch dazu entschlossen, einen Ort für gute Bildung zu schaffen und diesen ohne äußere Einflussnahme und effizient zu kontrollieren. Es war eine Investition in die Zukunft, weil gut ausgebildete Expertinnen und Fachkräfte unabhängig vom jeweiligen politischen Regime immer gebraucht würden. Vorausgesetzt, dass sie kompetent und organisiert genug sind, würden sie immer nützlich und unentbehrlich für ihr Land sein. Die anfängliche Motivation meines Freundes wirkte auf viele Menschen vielleicht zu Beginn heuchlerisch. Sie waren den »Tribalismus« anderer Gruppen gewöhnt und verhielten sich auf derselben Grundlage.

Ich schrieb einen Artikel und begrüßte die Universitätsgründung, denn ich hatte dank Hegel erkannt, dass »ohne Leidenschaft nichts Gutes erreicht werden kann«. Sie waren leidenschaftlich. Einige unter ihnen wollten Rache, aber man kann keine Universität gründen und auf Dauer die Leidenschaftskarte ausspielen. Die Aussichten einer Universität sind langfristig, sie betreffen mindestens hundert Jahre, nicht nur eine Generation. Deshalb muss man die Realität anerkennen und sich anderen Menschen und Kräften öffnen, denn dann wird etwas entstehen, das nicht nur ein Behältnis anhaltender Leidenschaft ist, die zur Verbitterung neigt und Absonderung sowie systematische Ausgrenzung praktiziert. Man beteiligt sich dann an etwas, dessen Logik früher oder später zur Überwindung von Leidenschaft führen wird. Nichtsdestotrotz bedarf es der Leidenschaft als Motivation und Motor für die ersten Schritte. Man könnte sonst weder Demokratie noch die Steigerung des Bruttosozialprodukts, noch die Liebe zum Vaterland wirksam anrufen. Man kann keinen einzigen Kameruner auf dieser Basis motivieren, man kann nur etwas tief in der Kultur Verankertes ansprechen. Warum ist das so?

Die Antwort lautet: »Man kann sich nicht *von* Tradition befreien, sondern man befreit sich *durch* Tradition.« Dieser Aphorismus ist eine positive Umdeutung eines anderen Aphorismus von Hegel: »Man ist nicht frei *von*, sondern *durch* Sklaverei.«

Man handelt nicht selbstverständlich aus erhabenen Gründen; Motivationen sind weder nationalistisch noch patriotisch wie die Nationalhymne, wie es vielleicht der Schullehrer als Antwort erwarten würde. Man handelt für Werte und Dinge, für die es sich lohnt, sein Leben zu riskieren. Ich fragte meine Studentinnen und Studenten immer: Für was seid ihr hier bereit zu sterben? Viele sagten, sie seien nicht bereit, nach Bakassi* zu gehen, weil es so weit weg sei. Sie sagten, wenn es dort Öl gibt, wer sagt uns, dass wir von diesem Öl profitieren werden? Denn Kamerun besitzt ja bereits viel Öl, doch wir wissen nicht, was mit diesem Öl geschieht. Wir sind also nicht bereit, unser Leben in Bakassi zu riskieren für die Verteidigung unseres Territoriums, das auch noch reich an Öl ist. Wir könnten an dieser Stelle weitermachen und uns Dinge vorstellen, die uns als Ideale angeboten werden, die wir als solche jedoch nicht annehmen können, außer wir deuten sie auf Grundlage unseres eigenen Wertesystems um. Ich sagte meinen Studierenden, dass man

---

* Die Bakassi-Halbinsel ist ein rund 1000 km² großes Gebiet im Golf von Guinea. Die erdölreiche Halbinsel wird in ihrer potentiellen Bedeutung oft mit Kuwait verglichen und war in den 1990er Jahren Gegenstand eines Grenzkonfliktes zwischen Kamerun und Nigeria. Der Internationale Gerichtshof entschied 2002, dass sie zu Kamerun gehört. Im August 2008 übergab Nigeria das Gebiet an Kamerun. [Anm. d. Übers.]

sich nicht von seiner Volkszugehörigkeit befreien kann. Man muss sich durch die Werte seines Volkes modernisieren oder befreien.

Die Gründerinnen und Gründer der Universität haben Wege gefunden, mit den Problemen, die andere Menschen entmutigten und einschüchterten, umzugehen. Sie verfielen nicht der Versuchung, sich den reichen Leuten ihrer Gruppe anzuschließen – den Milliardären – und sie um finanzielle Hilfe zu bitten.

Stattdessen haben sie einen Verein gegründet, der als Gründer und Eigner der Universität fungiert. In einem Verein sind alle Mitglieder gleich, die Macht hängt nicht von der Höhe des jeweiligen finanziellen Beitrags ab. Wer von seinem Geld Gebrauch machen will, um Privilegien zu erhalten, wird fortgeschickt. Somit haben die Urheberinnen und Urheber aus folgenden Gründen nicht um mächtige Leute aus ihrer Region geworben: Erstens, weil einige Reiche Privilegien verlangt hätten. Zweitens hätten andere versucht, das Projekt zugunsten des politischen Regimes zu manipulieren und zu entstellen, zugunsten dieser trans-»ethnischen« Sippe der Profitgierigen und Veruntreuenden, die Kamerun beherrscht. Um ein Mitglied der herrschenden Elite zu werden, muss man Allianzen mit der regierenden Partei eingehen und auf die eine oder andere Weise bezahlen, um vielfältige Privilegien zu erhalten. Menschen mit politischen oder administrativen Karriereambitionen sind bereit, ihre sogenannten ethnischen Brüder zu hintergehen. Um das zu vermeiden, waren die Gründerinnen und Gründer der Universität so intelligent, sich dem Einfluss der *big men* zu verweigern. Der Verein besteht nur aus einfachen Mitgliedern. Die traditionelle Vereinskultur hat sich als solide Basis für die Universität erwiesen.

Ein anderes kulturelles Merkmal des Projekts kann uns als Illustration einer weiteren Maxime beziehungsweise Regel für den notwendigen Umbau in unseren interkulturellen Beziehungen und Begegnungen und für unser gemeinsames Unterfangen einer gegenseitigen Dekolonisierung des Denkens dienen: »Die Art und Weise, Dinge zu tun, ist mehr wert, als wie viel getan wird.« Das ist eine Umschreibung einer bekannten Redeweise: »Die Art und Weise, wie man gibt, ist mehr wert, als wie viel man gibt.« Verhalten ist sehr oft ein gutes Kennzeichen kultureller Deontologie, die der Relevanz und Effizienz dient. Lassen Sie uns zum Beispiel die Kultur der Verheimlichung von Reichtum betrachten. Man gibt mit seinem Vermögen nicht an, wenn man gerade dabei ist, zu sparen und in etwas Wichtiges investieren möchte. Den Gründerinnen und Gründern der Universität wurde Respekt und enthusiastische Zusammenarbeit außerhalb Kameruns entgegengebracht, von Menschen, die weder das Kolonialsystem noch das Betteln unterstützen, sondern ihr eigenes, hart verdientes Geld sinnvoll einsetzen wollten. Derweil pflegt man sein etwas schäbiges Erscheinungsbild und kann seine bescheidene Kursrichtung ebenso wie seinen Lebensstandard beibehalten.

Die Gründer der Universität haben von postkolonialen Regimen weltweit Unterstützung erhalten, von Vereinen aus Europa wie auch von Individuen, die ungeachtet der Politik ihres eigenen Landes bereit waren, Hilfe zur Selbsthilfe zu leisten. Vor allem Autarkie und Eigenständigkeit sollten als Mittel gegen Privilegien, Monopole, Profitgier und eine Bettlermentalität als Wert hochgehalten werden.

Letzte Regel für den Wandel oder die gegenseitige Dekolonisierung:

»Völker, die sich nicht in Vernunft, sondern in ihren Mythen und Riten unterscheiden, tendieren dazu, ihre eigenen Mythen und Riten als Vernunft (Rationalität) aufzufassen und die Vernunft anderer Menschen lediglich als Riten und Mythen.«

Ich überlasse diese Gedanken nun Ihren eigenen Überlegungen.

Aus dem Englischen von Stefan Skupien

Chisanga N. Siame
»Zwei Freiheitsbegriffe« aus afrikanischer Perspektive*

In »Zwei Freiheitsbegriffe« stellt Berlin die vielseitige Natur des Wortes »Freiheit« fest und macht sich anschließend systematisch daran, dessen Bedeutungsumfang einzugrenzen. In diesem Prozess schließt er das meiste von dem aus, was Menschen in ihrer alltäglichen Kommunikation unter Freiheit verstehen. Er nimmt an, dass er im besten Interesse intellektueller Klarheit handle. In diesem Sinne hält er fest:

Durch eine Begriffsverwirrung ist nichts gewonnen. Um Ungleichheit oder Elend nicht sehen zu müssen, bin ich bereit, meine Freiheit oder einen Teil von ihr zu opfern: Vielleicht tue ich das aus freien Stücken und eigenem Antrieb, aber es ist doch die Freiheit, die ich um der Gerechtigkeit, der Gleichheit, der Nächstenliebe willen aufgebe. Ich würde mich zu Recht schuldig fühlen, wenn ich in bestimmten Situationen nicht bereit wäre, dieses Opfer zu bringen. Aber ein Opfer ist dennoch nicht die Vermehrung dessen, was da geopfert wird, nämlich die Freiheit, und sei die Gewissensnot oder das, was man zum Ausgleich gewinnt, noch so groß. *Jedes Ding ist das, was es ist: Freiheit ist Freiheit – und nicht Gleichheit oder Fairness oder Gerechtigkeit oder Kultur oder menschliches Glück oder gutes Gewissen.*[1]

Berlins weiteres und vielleicht allumfassendes Ziel besteht darin, aufzuzeigen, wie Unaufmerksamkeit hinsichtlich der genauen Bedeutung von Begriffen potentiell gefährliche politische Nachwirkungen zeitigen kann. Implizit argumentiert er dafür, dass jene Intellektuellen, die die Idee der positiven Freiheit der negativen Freiheit gegenüberstellten und vertraten, zum Aufstieg des Totalitarismus und des Faschismus in Europa beitrugen.

---

* Ich stehe in der Schuld von Jane J. Mansbridge für ihre Unterstützung bei der Vorbereitung des Manuskripts und für ihre hilfreiche Kritik.
1 Isaiah *Berlin, Freiheit. Vier Versuche*, Frankfurt/M. 2006, S. 205. [Herv. v. C. N. S.]

I. Negative versus positive Freiheit

Isaiah Berlin definiert Freiheit als die Abwesenheit von äußerlich auferlegten Einschränkungen des Handelns. Erstens behauptet Berlin, dass »[man g]ewöhnlich […] sagt, ich sei in dem Maße frei, wie niemand in mein Handeln eingreift, kein Mensch und keine Gruppe von Menschen. In diesem Sinne bezeichnet politische Freiheit den Bereich, in dem sich ein Mensch ungehindert durch andere betätigen kann.« Er behauptet, dass nichts als Hindernis der Freiheit gilt, das nicht unmittelbar auf die Handlungen des Staates oder anderer Menschen zurückzuführen ist. »Politische Unfreiheit herrscht nur dort, wo man Menschen daran hindert, ein Ziel zu erreichen. Bloßes Unvermögen, ein Ziel zu erreichen, ist nicht politische Unfreiheit.«[2] Berlin erkennt an, dass einige menschliche Eingriffe in das eigene Handeln berechtigt sind. Seine Definition impliziert jedoch, dass eine Person umso freier ist, je weniger berechtigte und unberechtigte Eingriffe in ihr Handeln vorliegen. Berlin nennte diesen Begriff der Unabhängigkeit (*freedom*) »negative Freiheit«. Manchmal nennt er ihn auch »Freiheit« (*liberty*).

Zweitens stellt Berlin dieser »negativen Freiheit« die von ihm so genannte »positive Freiheit« gegenüber. Laut Berlin bezieht sich positive Freiheit in gewisser Hinsicht auf die Selbstbestimmung. Eher als »Was zu tun oder zu sein bin ich frei?«, fragt sie: »Wer soll sagen können, was ich sein oder tun soll und was nicht?«[3] Anders ausgedrückt deutet positive Freiheit auf die Verwirklichung des »autonomen« oder »wirklichen« Selbst hin, auf den Prozess, durch den sich ein Individuum von seinem irrationalen Selbst befreit, indem es sich einer höheren Vernunftordnung gemäß verhält. Berlin nennt das rationale Selbstverwirklichung. Im Streben nach dieser Art von Freiheit steht das Individuum einer kollektiven Kontrolle nicht ablehnend gegenüber, weil es begreift, dass diese Kontrolle in Übereinstimmung mit einer rationalen Ordnung steht, die individuelle und kollektive Interessen vereinheitlicht. Berlin zufolge besteht das Problem einer solchen Perspektive, sofern wir Individuen

---

2 Ebd., S. 202. Vgl. ebenfalls K. J. Scott, der behauptet, dass »Freiheit ist, was es ist, und nichts anderes«. »Liberty, License, and Not Being Free«, in: Anthony de Crespigny, Alan Wertheimer (Hg.), *Contemporary Political Theory*, New York/NY 1970, S. 96-106, hier S. 102.

3 Berlin, *Freiheit*, S. 210.

hauptsächlich als Gruppenmitglieder verstehen, darin, dass das »autonome« oder »wirkliche Selbst« mit ein[em] »gesellschaftliche[n] Ganze[n]« identifiziert wird, »an dem das Individuum nur teilhat: Stamm, Rasse, Kirche, Staat, die große Gemeinschaft der Lebenden, der Toten und der Ungeborenen«.[4] Das Ideal der positiven Freiheit erlaube nach Berlin die Unterwerfung des Individuums, indem auf ein höheres Gut als Begründung verwiesen wird.

Viel und zumeist Negatives wurde über die von Berlin vorgestellte zweigeteilte Freiheitskonzeption geschrieben.[5] Ich stelle dieses Konzept hier vor, weil Berlin dessen positiven Strang mit der sogenannten sozialen Freiheit verbindet, die mich in diesem Aufsatz hauptsächlich beschäftigt. Laut Berlin fordern die Untertanen jüngst befreiter Nationen fälschlicherweise »gesellschaftliche Freiheit«, die sie mit seinem Begriff der Freiheit gleichsetzen. »Unterdrückte Klassen oder Nationalitäten verlangen in der Regel weder einfach Handlungsfreiheit für ihre Angehörigen«, so argumentiert Berlin, »noch in erster Linie gesellschaftliche oder ökonomische Chancengleichheit und erst recht nicht die Zuweisung eines Platzes in einem reibungslos funktionierenden, organischen Staatsgebilde, das irgendein rationaler Gesetzgeber entworfen hat«.[6] Was sie wollen, ist »Status und Anerkennung«, die laut Berlin in keiner Beziehung zu individueller Freiheit stehen, sondern vielmehr zu »Solidarität, Brüderlichkeit, gegenseitigem Verständnis, dem Bedürfnis nach Verbundenheit mit anderen auf der Grundlage von Gleichheit, lauter Ziele, die bisweilen irrigerweise als gesellschaftliche Freiheit bezeichnet werden«.[7] Berlin fügt dem hinzu, dass die Tendenz, das Verlangen nach Status und Anerkennung mit Freiheit zu verwechseln, der Tyrannei Tür und Tor öffne:

Erst die Verwechslung zwischen dem Wunsch nach Freiheit und dem intensiven, universellen Streben nach Status und Verständnis, das, um die Verwirrung noch zu steigern, seinerseits mit gesellschaftlicher Selbstbe-

---

4 Ebd., S. 212.
5 Vgl. zu den befürwortenden Schriften: K. J. Scott, »Liberty, Licence, and Not Being Free«. Auf der kritisierenden Seite stehen: Gerald C. MacCallum, »Negative and Positive Freedoms«, in: de Crespigny, Wertheimer (Hg.), *Contemporary Political Theory*, S. 107-126, und Orlando Patterson, *Freedom: Freedom in the Making of Western Culture,* New York/NY 1991.
6 Berlin, *Freiheit*, S. 238.
7 Ebd., S. 240.

stimmung gleichgesetzt wird (wobei das zu befreiende Selbst nicht mehr das Individuum, sondern das »gesellschaftliche Ganze« ist), macht es möglich, dass Menschen, die sich der Autorität von Oligarchen oder Diktatoren unterwerfen, behaupten können, dies mache sie auf irgendeine Weise frei.[8]

Joel Feinberg sieht nichts Verwerfliches darin, das Konzept des Status mit dem der Freiheit zu verbinden. Er argumentiert, dass das Wort »frei« historisch auf den legalen Status einer Person in einer Gesellschaft verwies, im Laufe der Zeit jedoch auch die persönlichen Tugenden einer Person mit einschloss. Ein freier Mensch war demnach jemand mit charakterlichen Tugenden, die ihn zu einem freien Menschen machten. Ein Mann wurde dadurch frei, dass er nichts zu fürchten hatte, »würdevoll und überlegt« agierte und fähig war, »jedem Menschen in die Augen zu sehen«. Im Gegensatz dazu war ein Mensch mit unterwürfigen Eigenschaften »abwechselnd kriecherisch und unverschämt«. Indem man einen Menschen als frei oder unfrei bezeichnet, so Feinberg, schreibt man ihm lediglich bestimmte Charaktereigenschaften zu.[9]

Orlando Patterson hat sogar die Ansicht vertreten, dass die Idee der Freiheit ihren Ursprung in der Praxis der Sklaverei nahm.[10] Anders als Berlin hält Patterson den Status kategorischerweise für unsere Vorstellung von individueller Freiheit zentral. Das Konzept der persönlichen Freiheit kam laut Patterson im antiken Griechenland als Negation der Bedingungen der Sklaverei auf. Im Lauf der Zeit gelang es seiner Argumentation nach elitären Intellektuellen im Westen, die Verbindung zwischen Freiheit und Sklaverei zu kappen. Hinweise aus Sambia, einer größtenteils analphabetischen Gesellschaft, in der die rationalistische Philosophie relativ wenig Einfluss hatte, sprechen stark für Pattersons These.

II. Freiheit als Abwesenheit von Sklaverei oder sklavischen Charaktereigenschaften

In Bemba und anderen sambischen Sprachen taucht »Freiheit« fast ausschließlich als Antithese zu »Sklaverei« auf. Für einige Sambier ist Kolonialismus Sklaverei, sodass die Unabhängigkeit das Ende

8 Ebd.
9 Joel Feinberg, *Rights, Justice, and the Bounds of Liberty*, Princeton 1980, S. 1.
10 Patterson, *Freedom*.

der Sklaverei bedeutete. Ein Wort für Unabhängigkeit in Bemba, eine der in Sambia am weitesten verbreiteten Sprachen, ist *ubuntungwa*. Das Wörterbuch *The White Father's Bemba-English Dictionary* definiert *ubuntungwa* als Königtum oder Aristokratie.[11] Das Wort *ubuntungwa* stammt von *ubuntu* ab, der Eigenschaft, vollständig menschlich zu sein. Seinem Ursprung nach betrifft *ubuntungwa* deshalb eindeutig den Status von Individuen. Während des Unabhängigkeitskampfes wurde das Wort in das Bemba-Lexikon aufgenommen und bedeutete nun die Unabhängigkeit oder Freiheit eines Landes von externen Mächten. Es behält weiterhin, wie in *ubuntungwa*, seine ursprüngliche Referenz auf Individuen, freie Personen, Bürger eines freien Landes. Unabhängig zu sein bedeutet daher einfach, frei zu sein, was wiederum bedeutet, vollständig menschlich zu sein anstatt einen sklavischen oder subhumanen Status zu haben.

Der Bemba-Ausdruck *ukupoka ubuntungwa* bedeutet, Unabhängigkeit zu erlangen. Ebenso werden die Ausdrücke *ukuilubula* (sich befreien, auslösen) oder *ukulubuka* (gerettet oder von Fesseln befreit zu werden) benutzt. Zum Beispiel lautet eine Zeile der sambischen Nationalhymne *Twaliilubula* (Wir haben uns befreit). Beide Ausdrucksweisen sollten uns an die Praxis der Schuldknechtschaft im antiken Griechenland erinnern, in der freie Menschen zu Sklaven wurden und die einen zentralen Missstand für die armen Bürger darstellte. Demnach wären *ukulubula* und *ukuilubula* die Äquivalente der LuBemba[12] zur antiken griechischen Freilassung, durch die Sklaven oder Schuldknechte (faktisch gesehen Sklaven) sich selbst aus der Sklaverei freikauften oder von anderen freigekauft wurden.

Wir müssen darauf achten, die Sklaverei im antiken Griechenland nicht mit der im präkolonialen Afrika gleichzusetzen. Moses I. Finley geht sogar noch einen Schritt weiter und argumentiert dafür, dass die Bezeichnung »Sklaverei« für die Praktiken auf dem afrikanischen Kontinent unangemessen sei. Finley meint, dass der Bezug auf Zwangsarbeit im präkolonialen Afrika als Sklaverei Teil der »Tendenz [einiger Historiker und Anthropologen, Anm. C. N. S.] sei, ›eine supra-historische Vermengung‹ zu etablieren, die ›allen wissenschaftlichen Prinzipien zuwiderläuft‹«. Laut Fin-

11 *The White Fathers' Bemba-English Dictionary*, Cape Town 1954, S. 56.
12 Der Bemba-Nation zugehörige Menschen.

ley erkennen einige angloamerikanische Anthropologen an, dass »diese sogenannten Sklaven in wesentlichen Punkten höchst verschieden von Sklaven der klassischen Antike oder der Amerikas gewesen sind«. Dennoch, so argumentiert Finley, »protestieren diese Anthropologen wütend gegen den ›Ethnozentrismus‹ ›westlicher Historiker und Soziologen‹, anstatt die Bezeichnung ihrer eigenen Subjekte als ›Sklaven‹ zu überdenken. Stattdessen verlangen sie von den Kritisierten, Sklaven neu zu definieren und zu klassifizieren, um ihren eigenen Pseudo-Sklaven Platz zu schaffen.« Finley glaubt, dass dies nur ein Beispiel dafür ist, wie Forscher versuchen, alle Formen unfreiwilliger Arbeit in die Kategorie »Sklaverei« zu pressen, obwohl der Gebrauch anderer Kategorien wie »Leibeigener«, »Helot« und »Klient«* mehr Licht auf die unfreiwillige Arbeit als solche werfen würde. Im Fall des präkolonialen Afrikas denkt Finley, dass die sogenannte Sklaverei lediglich auf »Status und Statusbegriffe« Bezug nimmt.[13]

Ich würde nicht bestreiten, dass es wesentliche Unterschiede zwischen der Sklaverei im größten Teil von Afrika und anderen Formen von Sklaverei gibt. Die Sklaverei des präkolonialen Afrikas ist durchaus verschieden von der Sklaverei im antiken Griechenland oder Rom, ganz zu schweigen von der Sklaverei auf dem amerikanischen Doppelkontinent und den karibischen Inseln. Das Bemba-Wort für Sklaverei ist *ubusha*. Ein Sklave ist ein *umusha*. *Umusha* ist eine Person, der es an *ubuntungwa* oder *ubwanangwa* (dem Status einer freien Person) fehlt. Dieses Attribut teilen Sklaven überall, auch wenn sich die genaue Definition der Abwesenheit von Freiheit von Fall zu Fall unterscheidet. In dieser Terminologie scheint es jedoch keinen Unterschied zu machen, ob die Abwesenheit von Freiheit durch eine vollständige Unterwerfung unter den Willen eines anderen oder durch die bloße Auflage bestimmter Pflichten definiert wird. Es zählt, dass bestimmte Menschen in ihren Beziehungen zu anderen sozio-ökonomisch auf eine Ebene gerutscht sind, die in ihrer Kultur als sub-frei, ja als sub-human betrachtet wird.[14]

---

* Der Begriff »Klient« wurde im römischen Recht in Bezug auf Schuldverhältnisse gebraucht. [Anm. d. Übers.]

13 Moses I. Finley, *Ancient Slavery and Modern Ideology*, New York/NY 1980, S. 69 f.

14 Während er die sozialen Beziehungen in seiner Definition von Sklaverei betont, scheint Finley in dem Kapitel »Sklaverei und Humanität« dafür zu argumen-

Die interethnischen Kriege des präkolonialen Afrikas haben die Sklaven hervorgebracht, für die Finley den Statusbegriff am angemessensten hält. *Umusha,* das Individuum, das nicht den Status einer freien Person hatte, war kein bewegliches Gut im Sinne eines Sklaven des antiken Griechenlands. Das Kiswahili-Wort *mtumwa* beschreibt *umusha* wahrscheinlich am besten. Es meint wörtlich übersetzt jemanden, den man Pflichten erledigen lässt. Bestimmte Familien waren aus Gründen der Verschuldung oder als Kriegsgefangene verpflichtet, einige Dienste für die frei geborenen Familien der Gemeinschaft zu verrichten. Im Laufe der Zeit jedoch, etwa durch Eheschließungen oder durch die Intervention externer Mächte – wie im Falle des britischen Kolonialismus –, verschwanden die sklavischen Pflichten ganz und die Sklaven wurden vollständig in die freie Gesellschaft integriert, auch wenn in einigen Fällen das Stigma fortlebt, Nachfahre von Sklaven zu sein.

Unter den Sambiern hielt sich die Furcht vor dem Zustand der Sklaverei, höchstwahrscheinlich befeuert von den historischen Erinnerungen an den arabischen Sklavenhandel. Orlando Patterson beschreibt Sklaverei als »die dauerhafte, gewalttätige und persönliche Beherrschung von seit der Geburt an entfremdeten und generell entwürdigten Personen«. Er bezeichnet diesen Zustand als »sozialen Tod« und erklärt, dass der Sklave »immer als jemand oder jemandes Nachfahre wahrgenommen wird, der eigentlich hätte sterben müssen, entweder als Resultat einer Niederlage im Krieg, aber auch als Ursache von Armut«.[15] Er wird vom physischen Tod verschont, indem er vollständig von seiner Verwandtschaft getrennt wird und unter der umfassenden Kontrolle seines Besitzers in den Bereich des sozialen Todes eintritt. Von Arabern gefangene Afrikanerinnen und Afrikaner erlitten nicht nur den sozialen Tod. Sie erfuhren auch eine Form der Entmenschlichung, gegen die alle möglichen vergleichbaren Erfahrungen der Sklaverei in ihren Heimatländern verblassen. Bis heute sind die Taten von

tieren, dass die Art und Weise der Behandlung von Sklaven einen integralen Bestandteil ihrer Bezeichnung als »Sklaven« ausmachte. Für Claire C. Robertson und Martin A. Klein wird ein Sklave dadurch definiert, dass »er unfreiwillig unterwürfig ist, eine marginalisierte Position in der sozialen Einheit einnimmt und Subjekt der Kontrolle durch andere ist«. Zitiert nach Karen Hansen, *Distant Companions, Servants and Employers in Zambia, 1908-1985,* Ithaca/NY 1989, S. 34.

15 Patterson, *Freedom*, S. 10.

Tipu Tipu,[16] bekannt als der grausamste der arabischen Sklaven-händler, in Zentralafrika legendär.

Der Begriff »Sklaverei« ist recht verbreitet in den Archiven sambischer Zeitungen von 1963 bis 1994. Er taucht besonders in Kontexten auf, in denen Sambier ihre nationale Unabhängigkeit diskutieren. Die Verfasser schreiben auch häufig darüber, »vom Joch des Kolonialismus« oder alternativ vom »Joch des Imperialismus« befreit worden zu sein.[17] Das Wort »Joch« beschwört Bilder von Sklaverei herauf, besonders in Sambia, wo arabische Sklavenhändler Joche als hölzerne Fesseln nutzten, um Konvois für den Transport an die Ostküste zu bilden. Die Autorinnen und Autoren nutzen ebenso oft Wörter wie »Befreiung« und »Emanzipation«, um auf die kommende Unabhängigkeit hinzudeuten. Unabhängigkeit ist deshalb mehr als nur das Ende der Fremdherrschaft, sie ist das Ende der Knechtschaft. Wie Harry Mwaanga Nkumbula, oberster Anführer der Unabhängigkeitsbewegung und Präsident des Afrikanischen Nationalkongresses, es zum Ausdruck brachte: »Afrika wurde von außenstehenden Kräften vom Sklavenhandel befreit, nur um einer anderen Art der Sklaverei unterworfen zu werden – der Kolonialherrschaft.«[18]

Der Kolonialismus schuf in Sambia ein Quasi-Kastensystem, in dem *Race* eine Schlüsselrolle in der Verteilung von Macht und Status innehatte. Die unterschiedlichen *Racen* wurden nicht nur nach Wohnorten und gesellschaftlich getrennt, sondern es wurden auch vertikale Schichten eingeführt, mit den Europäern an der Spitze, den Asiaten und Farbigen [*Colored*] in der Mitte und den Afrikanern ganz unten. Europäer erwarteten ein hohes Maß an Unterwürfigkeit von Afrikanern, die meistens für die niedrigsten Tätigkeiten im Land angestellt wurden. Die über Hausbedienstete in Sambia schreibende Karen Hansen charakterisiert die Kolonialära des Landes als eine, in der sich »drei Generationen [von Afrika-

---

16 Spitzname für den berüchtigten arabischen Sklavenhändler, der unter Augenzuckungen litt.

17 »Verfasser« bezieht sich in diesem Artikel auf die Autoren von Leserbriefen an den Herausgeber der *Northern News* und die *Times of Zambia,* Tageszeitungen der Republik Sambia. Die *Northern News* ist die Vorgängerin der *Times of Zambia.*

18 *Northern News*, 21. Januar 1964, S. 1.

nern und Europäern] als Diener und Herren gegenüberstanden«.[19]
Wenn also Afrikaner in Sambia Kolonialismus als eine Form der
Sklaverei wahrnahmen, dann höchstwahrscheinlich, weil sie ihre
Beziehungen zu weißen Menschen während des Kolonialismus unter dem Vorzeichen der Beziehungen von Sklave und Herr sahen.
Während der Kolonialzeit wurde der Begriff *bwana* (das Äquiva-
lent von »Meister« in der lokalen Sprache) weithin genutzt, um
den Arbeitgeber oder Boss in einem Umfeld zu bezeichnen, in dem
praktisch alle Arbeitgeber oder Bosse weiß waren. Ein Autor, der
die Beziehungen zwischen den *Racen* in Nordrhodesia diskutiert,
schreibt diesbezüglich zum Beispiel: »Das Widerliche daran ist,
dass einige Herren ihre Hunde auf den Vordersitzen ihrer Autos
[*Vans*] sitzen lassen, während afrikanische Arbeiter hinten trans-
portiert werden.«[20]

E. J. Chisaka bringt weitere Belege für den wahrgenommenen
sklavenähnlichen Status afrikanischer Arbeiter bei, wenn er festhält, dass »in den Minen hier [...] Europäer die Afrikaner als ihre
Werkzeuge betrachten«.[21] Im Lateinischen, der Sprache des Alten
Rom, war ein Sklave nichts weiter als ein sprechendes Werkzeug
(*instrumentale vocale*), vom meisten befreit, was ihn zu einem wahrhaft menschlichen Wesen machte. Wenn demnach Chisaka auch
nicht den Begriff »Sklave« verwendet, so schließt er durch die Verwendung des Wortes »Werkzeuge« doch auf etwas Ähnliches. Er
verwendet nicht den Ausdruck »wie«, um die Beziehungen zwischen Europäern und Afrikanern zu beschreiben, weil er sagen will,
dass Afrikaner in den Augen der Europäer tatsächlich nicht mehr
als Werkzeuge waren.

Das Gefühl der Afrikaner, nur wenig mehr als Werkzeuge des
weißen Mannes zu sein, resultiert genauso aus deren Haltung der
Überlegenheit wie aus der afrikanischen Vorstellung davon, was ein
angemessenes Arbeitsregime ausmachen würde. Die neu vom Kolonialismus eingeführte Arbeitsorganisation mit ihrer strengen Unterscheidung zwischen Arbeitgebern und Arbeitern erinnerte die
Afrikaner an die Sklaverei. Das ist einigen kolonialen Verwaltern
nicht unbemerkt geblieben. Einer von ihnen, Henry Meebelo, soll
gesagt haben:

19 Hansen, *Distant Companions*, S. 31.
20 *Northern News*, 11. Februar 1964, S. 6.
21 Ebd., 17. März 1964, S. 6. [Herv. v. C. N. S.]

Der Eintritt der Afrikaner in die neue exportorientierte Agrarwirtschaft war deshalb schwierig und zögerlich, umso mehr, weil diejenigen, die dieses Feld kontrollierten, Europäer oder Asiaten waren. Einheimische Gesellschaften hatten ihr eigenes System wirtschaftlicher Organisation, dessen Verpflichtungen weithin anerkannt waren. Dagegen war ihnen die Arbeitsdisziplin bei der Erfüllung von Aufträgen von Personen, die keine traditionelle Autorität innehatten, fremd. Die Praxis der Sklaverei hatte ebenfalls ein Erbe hinterlassen, das Misstrauen gegenüber der neuen Beziehung von Arbeitgebern und Lohnarbeitern schuf.[22]

In den Archiven finden wir Hinweise darauf, dass viele afrikanische Arbeiter davon ausgingen, dass Arbeitgeber sie mit der kommenden Unabhängigkeit nicht nur mit Respekt behandeln müssten, sondern dass ebenfalls ihre Arbeitsregime gelockert würden. Dadurch könnten sie ihren eigenen Arbeitsrhythmus etablieren, einen Rhythmus, der ihrem Status als freien Individuen entspräche. Diese Haltung führte zu einer Beschwerde der *Times of Zambia,* laut der

[…] kein Sambier […] sich selbst gegenüber ernsthaft behaupten [kann], dass wir so hart arbeiten wie unter dem kolonialen Joch. […] Private, halbstaatliche oder vollständig staatliche Firmen stehen demselben Problem gegenüber. Sobald sie die höchste Hingabe und harte Arbeit von ihren Angestellten gefordert haben, wurden sie beschuldigt, sich die »schlechte alte Zeit« zurückzuwünschen. Diese Ereignisse wiederholen sich sogar in der Regierung, wo die Leistung der Verwaltung auf einen Tiefstand gesunken ist, weil sich »freie« Arbeiter weigerten, wie »Sklaven angetrieben« zu werden.[23]

Das Wort »Sklave« wird auch in Situationen verwendet, in die keine Europäer involviert sind, was nahelegt, dass die Einstellung gegenüber der Sklaverei nicht ausschließlich durch die besondere Beziehung von Afrikanern und Europäern geprägt ist. Das Wort wird zur Beschreibung demütigender Behandlungen verwendet. Sich über die Misshandlung von afrikanischen Angestellten durch Ladenbesitzer beschwerend, schreibt A. Kabamba: »Bemba sprechende Menschen streiten mit ihren Arbeitgebern, weil sie nicht

22 Henry Meebelo, *Reaction to Colonialism,* Manchester 1971, S. 85.
23 *Times of Zambia,* 9. Mai, S. 1. Ganz ähnlich, »Scorpion«, ein Student der Kabwe Handelsschule, der sich über die Behandlung der Studenten durch die Verwaltung beschwert: »Wir sind wirklich überarbeitet und werden wie Sklaven behandelt«, *Times of Zambia,* 29. Juni 1975, S. 5.

wegen kleiner Fehler beschimpft und misshandelt werden wollen. Sie fühlen sich ebenfalls als menschliche Wesen. Wir können keine Sklaven akzeptieren, nur weil diese von Afrikanern gehalten werden.«[24] Dieser Autor hält die Erniedrigung von afrikanischen Arbeitern durch Afrikaner für gleichbedeutend mit Sklaverei und den Erhalt der eigenen Würde als freier Person für wichtiger als jegliche Rücksicht auf ökonomische Notwendigkeiten.

Was das Wort »Sklave« für Sambier bedeutet, hängt davon ab, was sie darunter verstehen, als menschliches Wesen behandelt zu werden. Für einige bedeutet es, dass man besser als ein Hund behandelt werden muss. Für andere, nicht nur als ein Mittel zum Zweck angesehen zu werden. Für Kabamba ist die Lage, Beleidigungen und Misshandlungen ertragen zu müssen, gleichbedeutend mit dem Leben eines Sklaven. In den Köpfen dieser Sambier trennt nur ein kleiner Schritt das Leben einer freien und respektierten Person und das eines Sklaven.

Die Vorstellung der Sambier von Freiheit ist deshalb unmittelbar mit ihrer historischen Erfahrung der Sklaverei verknüpft. Status ist in ihrer Konzeption von Freiheit derart wichtig, dass sogar der Kolonialismus oft als Sklaverei bezeichnet wird. In welcher Hinsicht jedoch bringt das Ende des Kolonialismus dem Individuum die Freiheit?

III. Nationale Selbstbestimmung und individuelle Freiheit

Wenn man in Bemba oder anderen sambischen Sprachen über die nationale Unabhängigkeit spricht, so nimmt man automatisch auch auf die Freiheit der Bürger Bezug. Es gibt keinen Weg, die Unabhängigkeit eines Landes getrennt von seinem Volk zu beschreiben. Man sagt entweder *Twaliilubula* (Wir haben uns erlöst oder uns befreit) oder *Twalipoka icalo cesu* (Wir haben unser Land wieder in Besitz genommen) oder *Twalipoka ubuntungwa* (Wir haben den Status freier Menschen erlangt). Manchmal sagen die Menschen auch *Twalipoka ubuteko*: Wir haben die Regierung übernommen. Dabei verleiht das Pronomen »wir« der Behauptung

24 *Northern News*, 6. Juli 1964, S. 6.

eine konzeptuelle Nähe zur Selbstregierung – *ukuiteka* (sich selbst regieren). Davon wird wiederum *ubuteko* (Herrschaft, oder weiter gefasst Regierung) abgeleitet, was der vorgebrachten Behauptung Konsistenz verleiht, dass die nationale Unabhängigkeit immer auch die Freiheit der Bürger einschließt.

Berlin unterscheidet die Freiheit eines Landes ausdrücklich von der Freiheit seiner Bürger und argumentiert, dass die Landesfreiheit sich nicht auf seine Bürger erstrecken müsse. Die vorherrschende Sichtweise innerhalb der sambischen Archive ist es jedoch, dass Sambias Unabhängigkeit auch die Freiheit der individuellen Sambier mit sich brachte. In seinem Leserbrief gibt uns E. Mwasi ein Beispiel für dieses Verständnis: »Wie lange werden die UNIP[25] und die ANC-Jugend brauchen, um zu merken, dass ein idealer demokratischer Staat einer ist, in dem den Menschen die Freiheit der Kritik gestattet wird, ohne dass sie das Risiko eingehen müssen, dass ihnen daraus physischer oder natürlicher Schaden erwächst?«[26] Der Autor bezieht sich hier auf die zwischenparteilichen Gewalttaten, die von den Kadern beider Parteien als Taktik zur Beherrschung der politischen Landschaft verübt wurden. Es scheint so, als habe Sambia aus Mwasis Perspektive noch keine demokratische Freiheit erreicht. Er fährt allerdings fort: »Man hätte gedacht, dass jetzt, wo die Bevölkerung vom kolonialen Joch befreit ist, sich alle Energien auf die Ausbeutung dieses Reichtums zugunsten der nationalen Wohlfahrt konzentrieren würden.« Die Bevölkerung selbst ist vom kolonialen Joch befreit, nicht nur das Land. Die Aktivitäten der »militanten Anhänger« der Parteien, welche die freie Meinungsäußerung behindern, schränken die prinzipielle Gültigkeit dieser Beobachtung nicht ein.

Simon Kapwepwe, ein Minister der nordrhodesischen Übergangsregierung, bezog sich in einer Ansprache an die militanten Parteiaktivisten (auch bekannt als *bamposa mabwe* oder »Steinewerfer«) ebenfalls auf diese Form der Freiheit: »Als ihr all dies [Gewalttaten, Anm. C. N. S.] verübt habt, begingt ihr keine Straftat. Ihr wolltet lediglich die Aufmerksamkeit der britischen Regierung darauf lenken, dass ihr euch selbst regieren wolltet.«[27] »Sich selbst

---

25 Akronym für die *United National Independence Party*, die vom ersten Präsidenten Sambias, Kenneth Kaunda, geführte Partei.

26 *Northern News,* 12. Februar 1964, S. 6.

27 Ebd., 15. Oktober 1963, S. 1.

regieren« bedeutet auf Bemba *ukuiteka mwebene.* Kapwepwe wollte damit nicht sagen, dass das postkoloniale Sambia nach dem Abzug der Briten tatsächlich den Rousseauschen Idealstaat umsetzten würde, in dem jeder Bürger direkt an der Regierung beteiligt ist – die Sambier übernahmen das von den Briten eingeführte parlamentarische System. *Ukuiteka mwebene* bedeutet vielmehr, dass die Regierung in den Händen von Afrikanern liegt. Das Verlangen, nicht »beherrscht« zu werden, ist ganz einfach das Verlangen, von den eigenen Leuten beherrscht zu werden. Dieses Verständnis von Selbstbestimmung ist in dem Sinne mit individueller Freiheit verbunden, dass selbst in den Fällen, in denen sich der sambische Staat repressiv verhalten hat, die Sambier im Allgemeinen diesbezüglich nicht behaupteten, dass sie solche Handlungen »unfrei« gemacht hätten – die Regierung habe ihnen nur bestimmte »Rechte« entzogen.

Berlin hätte mit den Sambiern, die von ihren eigenen Leuten regiert werden wollten, ohne Zweifel sympathisiert, aber er hätte verneint, dass das Ereignis, welches dies möglich gemacht hat – die sambische Unabhängigkeit – die einzelnen Sambier gleichzeitig freier gemacht hat. Was Sambier im Rahmen ihrer Unabhängigkeit gewannen, so hätte Berlin argumentiert, war Status und Anerkennung. Berlin übersieht jedoch die Tatsache, dass die Sambier den Status und die Anerkennung freier Individuen erhielten. Selbst wenn man Berlin zugesteht, dass ein von externer Kontrolle befreites Land immer noch seine Bevölkerung unterdrücken kann, so sollte man nicht vergessen, dass die Menschen in folgender Hinsicht frei sind: Sie haben den gleichen Status wie andere Staatsangehörige und sie sind nicht mehr der Willkür einer anderen Nation unterworfen.

In einer Fußnote zu seinem Aufsatz »Negative and Positive Freedom« tadelt Gerald C. MacCallum Berlin für die Ansicht, den Kampf kolonisierter Bevölkerungen als Kampf für die Freiheit zu betrachten; dies sei irreführend und trage zur Verwässerung des Freiheitsbegriffs bei:

Man kann Berlin sicher darin zustimmen, dass hier eine Gefahr besteht. Aber man kann ihm auch zustimmen, wenn er in der unmittelbar folgenden Passage dazu neigt, zuzugestehen, was er gerade verneint hat: »Dennoch können wir in diesem Punkt nicht einfach von einer Verwechslung des Begriffs der Freiheit mit den Begriffen Status oder Solidarität oder Brüderlichkeit oder Gleichheit oder einer Kombination aus diesen sprechen. Denn das Streben nach Status ist in mancherlei Hinsicht mit dem Wunsch, ein selbständiger Akteur zu sein, tatsächlich eng verwandt.«[28]

Was der Erklärung bedarf, ist nach MacCallum folgende Frage: »Warum glauben kolonialisierte Bevölkerungen, unter lokalen Tyrannen freier zu sein als unter der (möglicherweise) wohlwollenden Kolonialverwaltung?«[29]

So wie das Dasein als Sklave, *ubusha,* begrifflich mit dem Dasein als »Untermensch« verknüpft ist, so ist Selbstbestimmung, *ukuiteka fwebene,* gleichermaßen begrifflich mit dem Status eines Menschen verbunden. Afrikaner in Nordrhodesien hassten den Kolonialismus, weil er ihnen einen minderwertigeren Status zuschrieb, nicht nur als Unterworfene, sondern auch, weil sie schwarz waren. Sie wussten deshalb, dass sie nicht nur von einem Volk erobert wurden, das ihnen militärisch und technologisch überlegen war, sondern von einem Volk, das glaubte, dass Afrikaner als Menschen minderwertig seien. Konsequenterweise stand der entschiedene Anspruch der Afrikaner im Zentrum des nationalistischen Kampfes in Sambia, ihre Gleichwertigkeit mit den Kolonialherren zu behaupten. *Ukupoka ubuntungwa* (Unabhängigkeit erlangen) implizierte das Ende der Ideologie weißer Vormachtstellung in der neuen Nation. Als ein gewisser Phiri, ein Vertreter der Gewerkschaft der Landwirte der südlichen Provinz Sambias, einen weißen Landwirt, der gerade Kapwepwe beleidigt hatte, daran erinnerte, wen er da gerade beleidigt hatte, und dieser erwiderte, dass ihn das nicht weiter kümmere, sagte Phiri zu ihm: »Es wird dich kümmern, wenn Sambia frei ist.«[30] Afrikaner wünschten sich *ukuiteka abene* (Selbstregierung), weil dies – zumindest intern – *ubuntungwa bwabo* (die Idee, dass Afrikaner keiner anderen *Race* unterlegen seien) Geltung verschaffen würde.

Der nationalistische Kampf in Sambia wurde auch aus dem allgemeinen afrikanischen Verlangen heraus geführt, die eigene kulturelle Autonomie zu behaupten. Auch wenn die Briten im Gegensatz zu den Franzosen oder den Portugiesen vorsichtiger auftraten, traten sie die afrikanische kulturelle Autonomie dennoch mit Fü-

28 MacCallum, »Negative and Positive Freedom«, S. 125, Fn. 14.
29 Ebd.
30 *Northern News,* 8. Oktober 1963, S. 1.

ßen, wenn es sich um Angelegenheiten indigener Kultur handelte. Sie hatten die Fähigkeit der Afrikaner, sich kulturell authentisch auszudrücken, gemeinsam mit den christlichen Missionaren erheblich eingeengt. Die nahende Unabhängigkeit vermochte es jedoch weder, einige Trends der Entfremdung afrikanischer Kultur umzukehren, noch riefen die nationalen Führer eine Kulturrevolution aus. Nichtsdestotrotz ermöglichte die Unabhängigkeit den Afrikanern, erneut ihre kulturelle Identität selbstbewusst anzunehmen. Sie waren wieder frei, sie selbst zu sein (*ukuibela abene*).[31] Das war möglich, weil sowohl Regierende als auch Regierte derselben Kultur angehörten.

IV. Der Fall »negativer« Freiheit

Ein weiterer Grund, weswegen die Menschen den Kolonialismus bekämpften, betraf die Wiedererlangung gewisser persönlicher Freiheiten, die die kolonialen Autoritäten ihnen wegnahmen, so zum Beispiel die Bewegungsfreiheit. Es ist nachvollziehbar, dass Sambier von einer von ihren eigenen Leuten geführten Regierung erwarteten, dass sie mehr Verständnis für ihre Leiden aufbringen würde, als dies eine ausländische Regierung tat, zumal die indigenen Führer selbst ein solches Schicksal unter der Kolonialherrschaft erlitten hatten. Der Zusammenhang zwischen den Freiheiten eines Staates und denen von Individuen ist jedoch nur haltbar, wenn wir eine Hierarchie von Freiheiten annehmen, in denen einige zentraler für die Förderung von Würde und Selbstwertgefühl der Individuen sind als andere. Einige negative Freiheiten mussten deshalb aufgrund ihrer engen Beziehung mit *ubuntungwa* (von einem sklavischen Zustand befreit zu werden) mit der Unabhängigkeit

---

31 *Ukuibela* bedeutet wortwörtlich: verschieden zu sein, man selbst zu sein und bei sich selbst zu sein. Es wird oft verwendet, um Unabhängigkeit zu bezeichnen. Es stammt von dem Verb *ukuba* ab, das »sein« bedeutet, aber nicht in einem existentiellen Sinne. Wie der ghanaische Philosoph Kwasi Wiredu hervorhob, zog das Verb »sein«, zumindest in Akan und der Bantu-Gruppe der afrikanischen Sprachen, »immer die Frage nach sich, was ist wo?«. In diesem Beispiel ist das »was« »sie selbst« (*abene*) und das »wo« das »unabhängige Sambia«. Vgl. Kwasi Wiredu, »Towards Decolonizing African Philosophy and Religion«, in: *African Studies Quarterly* 1 (1998), S. 17-46.

einhergehen. »Bewegungsfreiheit« (*amayendele*) war im sambischen Fall ein Beispiel für solch eine Freiheit.

Auch wenn es psychologisch bedeutsam war, das Ende der Kolonialherrschaft zu erleben, so spielte der Abbau bestimmter Strukturen kolonialer Unterdrückung eine größere Rolle dabei, das Gefühl persönlicher Freiheit unter den Afrikanern in Sambia hervorzurufen. Der Abschaffung der Passgesetze unmittelbar vor der Unabhängigkeit kam solch eine Bedeutung zu. Der von den Sambiern *situpa* (SiLozi) oder *citupa* (Bemba) genannte Ausweis ahmte den südafrikanischen Pass nach und war unter anderem für die Kontrolle urbaner Zuwanderung eingeführt worden.[32] Die Kolonialregierung verlangte von allen männlichen Afrikanern eines bestimmten Alters, erwerbstätig zu sein, um in den urbanen Regionen bleiben zu dürfen. Die Verwaltung vermerkte die Anschrift und Anstellung dieser Afrikaner in ihren Ausweisen (*fitupa*[33]). Die Polizei führte regelmäßig Razzien (*ifipekeni*[34]) durch, um sicherzugehen, dass nur junge Männer mit denjenigen *fitupa,* die auf rechtmäßigen Aufenthalt hinwiesen, in den Städten blieben; die übrigen wurden zum »Land ihrer Ahnen« (*ancestral homes*) in den ländlichen Gegenden zurückgeführt.

Die Abschaffung der vielgehassten Passgesetze, ein lang ersehnter Erfolg der Unabhängigkeit, bedeutete deshalb genauso viel für den Freiheitsstatus, den sie den Afrikanern zurückgab, wie für die rein negative Freiheit, nach Belieben umherreisen zu dürfen. Moto Nkama, ein Funktionär der UNIP, schreibt: »Mit dem Verschwin-

---

32 Die Kupferminen waren einer der Hauptgründe, weshalb Nordrhodesien gegründet wurde. Eine wichtige Funktion der Kolonialregierung war es, die Verfügbarkeit billiger afrikanischer Arbeitskräfte zu sichern, die durch die Umsiedlung von Menschen innerhalb des Landes und über die Grenzen hinweg in die Minengebiete erreicht werden konnte. Die Kolonialregierung bemerkte jedoch im Laufe der Zeit, dass sie die aufkommende urbane afrikanische Bevölkerung strikt kontrollieren musste, um Probleme der Überbevölkerung und Arbeitslosigkeit in den Städten zu vermeiden.

33 Plural von *citupa.*

34 Plural. Wahrscheinlich abgeleitet vom englischen »*inspection*«. Damit gemeint waren dramatische Ereignisse, die Schrecken in der Gemeinschaft verbreiteten. Oft wurden sie von einer paramilitärischen Polizei durchgeführt, die wie ein Waldbrand durch die Townships raste und arbeitslose Männer ohne »ordnungsgemäße« Entschuldigung für ihren Aufenthalt in der Stadt einsammelte. *Icipekeni* (Singular) zwang viele junge arbeitslose Männer dazu, sich zu verstecken.

den des *situpa* [Ausweises] [...] begannen die Afrikaner Selbstrespekt, Verantwortung und Würde zu verspüren.«[35] Die wichtigste Auswirkung der Abschaffung der Passgesetze war für die meisten Afrikaner die erneute »Freizügigkeit«. Es gab bis dahin in keiner lokalen Sprache einen Ausdruck für diese Art von Freiheit. Jedoch nahm nach der Abschaffung der Passgesetze das Wort *amayendele* (Bemba) die Bedeutung an, ohne Schikanen durch die Polizei jederzeit und überall hingehen zu können, wie es einem beliebte. Das Verb *amayendele* kam vom Verb *ukuyendela*, das wiederum vom Verb *ukuenda* herrührt und »gehen« bedeutet. *Ukeyendela* bedeutet, ohne Hilfe zu gehen, so wie ein Kind, das gerade laufen gelernt hat, und bedeutet demnach individuelle Unabhängigkeit. Es bedeutet ebenso, ungehindert gehen zu können. *Amayendele* kam demnach die Doppeldeutigkeit von Bewegungsfreiheit und Freiheit vom Kolonialismus zu.

Während die UNIP in der frühen Post-Unabhängigkeitsära bereit war, die Bevölkerung *amayendele* genießen zu lassen, begann sie schnell einen Feldzug gegen jene Aktivitäten, die sie als konträr zu den kulturellen Vorlieben der sambischen Bevölkerung ansah. Es bestand ein starkes Verlangen unter den Sambiern in Bezug auf die Notwendigkeit, die kulturelle Integrität ihrer Nation zu bewahren. Die UNIP war besonders besorgt über die zunehmende Prostitution, und als ein Mittel zu deren Bekämpfung ordnete sie an, dass Frauen ohne Begleitung keine Bars mehr aufsuchen durften. Sie ermächtigte auch ihre Jugendbrigaden, Häuser zu betreten, um Prostituierte aufzuspüren. Norman K. Chibamba, der die Anordnung begrüßte, schrieb: »Meiner Ansicht nach sollte es eine Verordnung geben, die es Frauen verbietet, mit anderer Frauen Ehemänner etwas trinken zu gehen. Wenn möglich, dann sollte es erlaubt sein, sie zu verhaften. Und Männer sollten mit keinen anderen Frauen als ihren Ehefrauen ausgehen.«[36]

Dies mag ein Beleg für Berlins Einwand sein, dass ausländische Herrscher individuelle Freiheiten mehr respektieren als indigene Herrscher. Einige Afrikaner widersetzten sich dem Bann gegenüber unbegleiteten Frauen, weil es das individuelle Recht auf Privatsphäre einschränke. Ein Mann namens Manyonzi Mwanza

---

35 *Northern News,* 23. April 1963, S. 6.
36 Ebd., 17. April 1964, S. 6.

schrieb diesbezüglich: »Die allgemeine Wahrnehmung ist, dass die Partei den Kontakt zur Basis verloren hat und nicht mehr weiß, was der gemeine Bürger will. Ob ich mit meiner Frau in eine Bar gehe oder nicht, ist meine Privatsache, und die Partei hat sich hier nicht einzumischen.«[37] Ein anderer, ebenfalls liberal denkender Verfasser stellt sich gegen die Verfolgung von Prostituierten in Privathäusern durch die Jugendbrigaden. »World Citizen« schreibt: »Sir, die UNIP denkt, dass die lasterhaften Gauner aus dem Kupfergürtel eine nationale Schande sind. Dem ist auch so. Aber als Reaktion darauf, private Häuser zu betreten und Verdächtige mitzunehmen, die ein legales Recht haben, sich dort aufzuhalten, das ist etwas anderes.«[38]

Die Antwort von D. J. Kapambwe auf den Leserbrief von »World Citizen« deckt jedoch eine Kluft zwischen der postkolonialen Verfassung und den indigenen Erwartungen an das Recht auf. Kapambwe schreibt: »›World Citizen‹ wird es zu schätzen wissen, dass diese – wenn auch illegalen – Hausdurchsuchungen durchgeführt werden, um das Laster zu bekämpfen, das er ja selbst für eine nationale Schande hält.«[39] Während beide das Recht anerkennen, scheinen es sowohl Chibamba als auch Kapambwe zu bevorzugen, wenn die Partei diese Angelegenheiten regelt, da diese das Recht umgehen kann, wo immer es notwendig erscheint, um gesellschaftlichen Erwartungen entgegenzukommen, und zwar im Hinblick auf den Ausgleich zwischen Freiheit und moralischen Anliegen. Die Beschneidung des Rechts auf Privatsphäre durch die Partei wurde deshalb nicht als willkürlich wahrgenommen. Sie erfolgte vielmehr gemäß der Notwendigkeit, eine spezifische moralische Ordnung aufrechtzuerhalten, welche die kulturelle Autonomie des Landes vergrößern sollte.

Zusammenfassend könnte man sagen, dass die Sambier, als sie für die Freiheit ihres Landes eintraten, nicht nur erwarteten, *ubuntungwa* wiederzuerlangen. Sie erwarteten auch, die vom Kolonialismus aberkannten Freiheiten zurückzuerhalten. Es ist beinahe unvorstellbar, dass Kolonisatoren ein Volk beherrschen können, ohne es zu unterwerfen. Die seitens der Kolonisatoren erforderte ständige Wachsamkeit gegenüber möglichen Aufständen durch die

37 Ebd., 24. April 1964, S. 6.
38 Ebd., 10. August 1964, S. 6.
39 Ebd., 22. August 1964, S. 6.

Kolonisierten führte zur Aufrechterhaltung eines Systems der Unterdrückung. Deshalb resultiert das Aufkommen von *ubuntungwa* notwendigerweise in größeren Freiheiten.

V. Soziale Freiheit und das Konzept des Staates

Sambier verknüpfen die Freiheit ihres Landes deshalb nicht nur mit Freiheit im Sinne von Status, sondern ebenso mit ihren individuellen Freiheiten. Hilfreich ist in dieser Hinsicht das Konzept einer Hierarchie von Freiheiten. Dass »[…] kolonialisierte Bevölkerungen [glauben], unter lokalen Tyrannen freier [zu sein] als unter der (möglicherweise) wohlwollenden Kolonialverwaltung«, könnte dadurch erklärt werden, dass Afrikanerinnen und Afrikaner eine Hierarchie von Freiheiten voraussetzen, in der Selbstbestimmung am höchsten steht, weil sie mit Würde und Selbstwertgefühl verknüpft ist.

Die Afrikaner des damaligen Nordrhodesiens vertrauten darauf, dass alle anderen Freiheiten folgen würden, sobald die Selbstregierung erst wieder etabliert wäre. Ihr Verständnis von »Regierung« unterstützte diesen Optimismus. Während Berlin einen Staat anzunehmen scheint, der sich begrifflich von der Regierung und der Gesellschaft unterscheidet, betrachten viele Sambier das, was wir als »den Staat« bezeichnen können, einfach als »die Regierung«. Zudem tauchte die Idee eines Staates, der von der Gesellschaft verschieden ist, wie überhaupt im größten Teil von Afrika auch in Sambia erst mit dem Kolonialismus auf. Diese Idee hat sich bisher auch kaum beim einfachen Volk durchgesetzt. Abgesehen von ein paar Königreichen wie dem der Lozi oder der Lunda, und im beschränkteren Maße auch bei den Bemba und den Ngoni, waren die meisten Gesellschaften des präkolonialen Sambias »staatenlos«. Auf jeden Fall war der Staat keine unabhängige Einheit, der der Gesellschaft gegenüberstand. Der Kolonialismus hinterließ Sambia einen postkolonialen Staat, eine stärker entwickelte Einheit, als das Land sie je gekannt hatte. Nach der Unabhängigkeit versuchte die UNIP-Regierung jedoch bewusst, Staat und Gesellschaft zusammenzuführen. Viele Sambier schienen diese Anstrengungen zu begrüßen, weil eine solche Einheit von Staat und Gesellschaft etwas Vertrautes darstellte. Die UNIP-Partei repräsentierte von nun an die Fusion von Staat und Gesellschaft. »Die Regierung« wurde einfach zum administrativen Arm der Gesellschaft. Besonders während des Einparteiensystems sprachen Parteiführer später von »der Partei und ihrer Regierung«, während man in einem liberalen Kontext lediglich von »der Regierung« sprechen würde.

Der Kolonialismus hat erfolglos versucht, den abstrakten Begriff des Staates, der über der Gesellschaft und manchmal zu ihr im Widerspruch steht, in den Köpfen der Sambier zu verankern. Die Sambier hatten eine faktische koloniale Regierung erlebt, die der afrikanischen Gesellschaft gegenüberstand. Als die Unabhängigkeit erreicht war, sahen sie nur »ihre Regierung«, das heißt eine Regierung als ein Instrument ihrer legitimen Bedürfnisse und Wünsche. Die externe Entität – die koloniale Regierung – war »verschwunden«. Die politische Sprachanalyse der Post-Unabhängigkeitsära zeigt, dass die traditionelle sambische politische Ordnung auch die sambische Beschreibung der neuen politischen Bedingungen stark beeinflusste. Die Tendenz vieler Sambier, »Wir sind frei« statt »Sambia ist frei« zu sagen, scheint eine Psyche widerzuspiegeln, die tief vom Wissen und von Erfahrungen innerhalb eines »politischen Systems« geformt wurde, in denen der Staat keine vermittelnde Rolle in politischen Vorgängen spielte. Es steht daher außer Frage, dass mit der Befreiung einer Entität namens Sambia die diese Entität bildenden Menschen ebenfalls frei wurden. In der Tat kämpften die meisten Sambier nicht für die Unabhängigkeit, um einen von Fremden beherrschten Staat zu befreien, sondern um die Unterwerfung individueller Sambier unter die ausländische Herrschaft zu beenden. Wie bereits gesagt, lässt sich allerdings nur dann eine Verbindung zwischen der Freiheit eines Staates und der Freiheit von Individuen herstellen, wenn wir eine Hierarchie von Freiheiten annehmen, in denen einige Freiheiten bedeutsamer für die Würde und das Selbstwertgefühl der Individuen sind als andere.

VI. Berlins unklare Argumentation

Aus unserem Verständnis der unterschiedlichen Bedeutungen von »Freiheit« im Kontext Sambias können wir schließen, dass Berlin mit seiner Behauptung falsch lag, nur »negative Freiheit« sei die wahre Freiheit. Er selbst gibt dies an manchen Stellen auch zu.

Im Zitat von MacCallum haben wir bereits gesehen, wie Berlin mit Nachsicht versucht, die Distanz zwischen seinem Freiheitsverständnis und dem »sozialer Freiheit« zu verringern. Ebenso schreibt er in seiner Erörterung der »positiven Freiheit«:

Die Freiheit, die darin besteht, daß man sein eigener Herr ist, und die Freiheit, die darin besteht, daß man in seinen Entscheidungen nicht von anderen Menschen beeinträchtigt wird, mögen auf den ersten Blick wie zwei logisch eng benachbarte Konzepte erscheinen, die einmal positiv, einmal negativ fast das gleiche besagen. Aber historisch betrachtet haben sich der »positive« und der »negative« Freiheitsbegriff – nicht immer in logisch schlüssigen Schritten – in entgegengesetzte Richtungen entwickelt, bis sie zuletzt in Konflikt miteinander gerieten.[40]

Hier muss sich Berlin erneut mit der Tatsache auseinandersetzen, dass die von ihm gewollte Unterscheidung zwischen positiver und negativer Freiheit nicht so strikt ist, wie seine Polemiken einen glauben lassen. Aber um der intellektuellen Klarheit in Bezug auf die seiner Meinung nach einzig wahre Freiheit willen, hat er keine andere Wahl, als so fortzufahren, als wären diese Affinitäten belanglos. Berlin ignoriert alle Hinweise auf den Zusammenhang beider Konzepte und analysiert die Logik der positiven Freiheit in Bezug auf den in Europa aufkommenden Faschismus und Kommunismus. Das zugrunde liegende Argument lautet dabei, dass die *falsche Vorstellung* von Freiheit den Mangel an Freiheit in der Praxis hervorbringe.

Patterson hat über die »starke Tendenz in der westlichen Kultur« geschrieben, »unsere Werte zu rationalisieren, sie zu erklären und ihre interne Kohärenz aufzuzeigen. Je wichtiger der Wert, desto größer der Aufwand.« Patterson behauptet, dass westliche Denker der Definition »wahrer Freiheit« viel Aufmerksamkeit geschenkt hätten. Sie hätten sich darauf konzentriert, herauszufinden, »was Freiheit wirklich ist, wenn wir nur logisch oder moralisch angemessen über sie nachdenken«.[41] Berlin und andere, die ähnlich dachten wie er, identifizierten die wahre Freiheit mit ihrer stärksten negativen Form und argumentieren, dass sie dadurch jenes Moralisieren vermieden, das bei der Befürwortung positiver Freiheit unvermeid-

40 Berlin, *Freiheit*, S. 211.
41 Patternson, *Freedom*, S. 2.

lich erscheint. Berlin macht sich jedoch selbst anfällig für den Vorwurf des Moralismus, indem er es für nötig hält, die negative Freiheit als die eigentliche wahre Freiheit zu verteidigen. Letztendlich können wir feststellen, dass seine Argumentation zu sehr von seiner Definition von Freiheit getragen wird. Er konzentriert sich zu sehr auf die Korrektur logischer Fehler und zu wenig auf das Verständnis der Bedeutung verschiedener Äußerungen von »Freiheit«. Seine Argumentation ist zu tief in den ideologischen Schlachten des Kalten Krieges verankert. Zudem liefert er eine elitäre Argumentation, die implizit jeglichen alltäglichen Sprachgebrauch des Freiheitsbegriffs – wenn nicht in westlichen, dann auf jeden Fall in den nichtwestlichen Bevölkerungen – in überheblicher Manier vernachlässigt. In diesem Aufsatz habe ich mit Bezug auf empirische Beispiele aus Sambia versucht, Berlins Argumentation, dass die Freiheit eines Landes sich nicht auf dessen Bürger erstrecke, zu widerlegen. Ich habe dieses Thema im Kontext von Berlins zentraler Behauptung analysiert, dass nur negative Freiheit wahre Freiheit sei. Daraus resultiert weder, wie MacCallum argumentieren würde, eine Freiheitsidee, der man eine strenge syntaktische Form geben könnte, noch eine Idee, die von einigen zentralen Begriffen zusammengehalten wird, wie bei Pattersons persönlichen, souveränen und bürgerlichen Freiheiten. Was dabei herauskommt gleicht viel eher einem mehrgliedrigen Freiheitsverständnis, bei dem jedes Glied seine Bedeutung durch den Gebrauch in bestimmten Kontexten erhält. Gewissermaßen spiegelt die aus den Archiven Sambias herausgearbeitete Bedeutung von Freiheit – als Freiheit von Individuen und zugleich der Kollektive, zu denen diese Individuen gehören – einfach ein antikes Verständnis des Konzepts wider, indem es der Sklaverei gegenübergestellt wird, verstanden als Zustand der Nichtzugehörigkeit zur Gemeinschaft der frei geborenen Menschen und der damit einhergehenden Verpflichtung, für diese zu arbeiten. Dieses Freiheitsverständnis hat in der letzten Zeit eher gelitten. Leserinnen und Leser sollten diese Freiheitskonzeption jedoch nicht als einen Vorschlag für eine weltweit umspannende historische Entwicklungstendenz verstehen, sondern als einen potentiell neuen Weg, die afrikanische Politik zu analysieren.

Aus dem Englischen von Stefan Skupien

Paulin J. Hountondji

Die Stimme des Herrn – Bemerkungen zum Problem der Menschenrechte in Afrika

> Hör, wie der Hund des Chiefs
> Bellt wie ein Vulkan
> Hör, wie das Echo
> Um die Hügel spielt!
> Wie viele Pfund
> Fleisch
> Frisst dieser Hund
> An einem Tag?
> Wie viel Milch …?
>
> Okot p'Bitek, *Song of Prisoner*[1]

Nairobi, 28. Juni 1980. Ein dumpfes, fernes Rumoren schwillt an und gewinnt an Intensität, während es sich nähert. Nein, das ist nicht das Geräusch eines Motors, es sind menschliche Stimmen. Bald kann ich den Trubel von meinem Balkon aus sehen. Meist junge Demonstranten strömen in Scharen aus der Kenyatta Avenue herauf, während sie mit Palmzweigen und anderen Ästen – zweifellos Friedenssymbolen – wedeln. Slogans schreiend, biegen sie dann auf ihrem Weg zur Universität in die Koinange Street ab. Ich verstehe nicht, was sie da skandieren, doch schließlich gelingt es mir, vom Fenster meines Hotelzimmers im dritten Stock aus, den Schriftzug auf einem der winzig aussehenden Transparente zu lesen: »Nieder mit dem Imperialismus«. Am Ende der Koinange Street macht der Zug kehrt und wogt dann zurück in die Kenyatta Avenue, um schließlich wieder in Richtung Universität zu ziehen. Vorneweg marschieren ein paar Polizisten, die den Verkehr umleiten. Die Anwesenheit der Gesetzeshüter deutet darauf hin, dass es sich hier um eine angemeldete Demonstration handelt, die keinerlei Gefahr für die Staatsgewalt darstellt. Das ist lediglich eine friedliche Demonstration unschuldiger junger Menschen, die ein bisschen Aufstand spielen und sich in Solidarität üben.

Im Buchladen der Universität suche ich vergebens nach dem

---

1 Okot p'Bitek, »Song of Prisoner«, in: Ders., *Two Songs*, Nairobi 1971.

berühmten Gedicht *Lawinos Lied* von Okot p'Bitek.[2] Nach einer Weile finde ich das Buch dann in einem katholischen Buchladen in der Nähe. Trotzdem war mein Ausflug nicht umsonst: Jemand drückt mir ein Flugblatt in die Hand. Die Studenten demonstrieren gemeinsam mit der Vereinigung der Universitätsmitarbeiter gegen die Ermordung von Walter Rodney. Im ersten Moment sagt mir der Name nichts, doch dann dämmert es mir. Rodney war, wie mir nun von den Umstehenden bestätigt wird, der Autor des Buches *Afrika. Die Geschichte einer Unterentwicklung.*[3] Der Historiker und politische Aktivist, der bis 1974 einen Lehrstuhl an der University of East Africa in Dar es Salaam (Tansania) bekleidet hatte, war auch bei den Dozenten und Studenten Nairobis sehr bekannt. Er war zehn Tage zuvor in seinem Heimatland Guyana ermordet worden, und die Studenten machten die Regierung von Guyana dafür verantwortlich. In ihrem Protest verbinden die Demonstranten sein Andenken mit dem Gedenken an die Kinder von Soweto, an die Opfer der furchtbaren Repressionen anlässlich des vierten Jahrestages der ersten Soweto-Demonstration sowie mit dem Gedenken an das Leid und den Kampf des Volkes der Azania und aller Völker, die vom Imperialismus unterdrückt werden.

Man kann nichts Vernünftiges oder Angemessenes über Menschenrechte sagen, wenn man diese Beispiele des täglichen und allgegenwärtigen Aufruhrs außer Acht lässt. Nur diejenigen, die von Fällen der Missachtung fundamentaler Rechte und der Erniedrigung menschlicher Würde wissen, können sich auch empören. Nur, wenn man diese fast täglich zu machende Erfahrung der Empörung mit Schweigen übergeht oder zumindest ihre Bedeutung in gehörigem Maße abmindert, ist es überhaupt möglich, von den Menschenrechten als einer westlichen Erfindung zu sprechen. Und trotzdem begegnet einem gerade diese These (und ähnliche von gleichem Typus) zwangsläufig wieder, sobald man sich anschickt, eine (philosophische?) Grundlage für die Menschenrechte in Afrika zu entwickeln. Diese Situation wirft eine ganze Reihe von Fragen auf, von denen wir hier nur die folgenden berücksichtigen werden:

    1. Durch welche Argumente, mit welchem Maß an wissen-

2 Okoto p'Bitek, *Lawinos Lied*, Wuppertal 1998.
3 Walter Rodney, *Afrika. Die Geschichte einer Unterentwicklung*, Berlin 1976.

schaftlicher Strenge und intellektueller Glaubwürdigkeit nimmt der Westen die Ausformulierung der »Menschenrechte« für sich in Anspruch? Sind diese Argumente beispielsweise eher philosophischer als soziologischer oder historischer Natur? Und wenn das Gegenteil zutrifft, wie kann eine solche Behauptung sich auf soziologische, historische oder andere Arten von *Fakten* stützen?

2. Inwiefern ist diese Behauptung charakteristisch für den Eurozentrismus einiger westlicher Theoretiker, die in der Dritten Welt, insbesondere in Afrika rezipiert werden? Genauer: Wie können wir die eigenartige Konvergenz der Argumentationsweisen erklären, welche einerseits von bestimmten lokalen Potentaten bemüht werden, die sich (im Namen der politischen Unabhängigkeit und der kulturellen Identität ihres Volkes) bemühen, die Idee der »Menschenrechte« zu relativieren, und welche andererseits von den geistlosesten Fürsprechern einer Vorherrschaft des Westens ins Feld geführt werden?

3. Worin liegen die Bedeutung und der Nutzen des in Afrika und der Dritten Welt mittlerweile klassischen Arguments, wonach die Achtung allgemeiner Menschenrechte und optimale Bedingungen für »Entwicklung« im Widerspruch zueinander stehen müssen? Welche Häufung von Irrtümern, welche theoretischen oder politischen Fehlentwicklungen haben uns dazu gebracht, diesen Widerspruch zu erfinden?

4. Wie war und ist der Status der Rechte des Individuums im sogenannten traditionellen Afrika einzuschätzen? Was haben uns Geschichte, Soziologie und Anthropologie hier zu lehren? Wo liegen notwendigerweise die Grenzen jeder empirischen Studie? Und warum können wir daraus – ganz gleich, wie das Ergebnis einer solchen Studie letztlich ausfällt – keine hinreichenden Gründe für eine Anerkennung oder eine Ablehnung der Menschenrechte in Afrika erwarten?

Nicht nur in Afrika, sondern vor allem auch in Europa können wir die Tendenz beobachten, das Vorhandensein bestimmter kultureller Werte, die einer bestimmten Zivilisation zum Vorteil gereichen, auf die Behauptung zu stützen, diese basierten sowohl auf vereinzelten wie zufälligen Faktoren. Wir sind nur allzu vertraut mit diesem mittlerweile zum Gemeinplatz gewordenen Erklärungsmuster: Die Wissenschaft sei in Europa geboren worden und stelle deshalb einen essentiell europäischen Wert dar; die Philosophie sei in Griechenland entstanden, und daher komme es einer Tautologie gleich (*dixit* Heidegger), von einer westlichen oder europäischen Philosophie zu sprechen. Im Fall der Menschenrechte könnte man zunächst (und dies natürlich nicht ohne Grund) mit einer Auseinandersetzung mit den Theorien des Naturrechts in Europa von Hugo Grotius und John Locke beginnen, die im Vergleich mit früheren Rechtstheorien einer veritablen intellektuellen Revolution gleichkamen. Mit gleichem Recht könnte man dann die Weiterentwicklung dieser theoretischen Tradition während der Aufklärung nachzeichnen, sowie die erstaunliche Kontinuität zwischen diesen Ideen und der Ideologie nachweisen, die zur Amerikanischen Revolution geführt hat, um schließlich diesen Argumentationsgang bei der Französischen Revolution abzuschließen – also genau bei der ersten Proklamation der Menschenrechte. Hierdurch wird eine historische Genealogie der unterschiedlichen historischen Stationen etabliert, in denen in der einen oder anderen Form von Menschenrechten die Rede ist, bis hin zur Allgemeinen Erklärung der Menschenrechte am 10. Dezember 1948. Damit ist die Durchsetzung dieser Rechte, zumindest nach allem, was wir heute wissen, untrennbar mit der Geschichte des westlichen Denkens verbunden.

Aber es geht noch weiter! Denn es ließe sich auch der Versuch machen, nachzuweisen, dass durch diese historische Genealogie von Texten eine zweite Form von Beziehung offenbar wird, die sich nicht auf die Geschichte reduzieren lässt: die Idee, wonach die sich in diesen Texten entfaltenden kulturellen Werte allein zur europäischen Kultur gehören. Die Weiterentwicklung dieses Argumentationsmusters führt uns also zu der Vorstellung, dass das Konzept des Naturrechts, eines Rechts, das jedem menschlichen Wesen zukommen soll, ausschließlich zur westlichen Zivilisation gehört. Selbst die flüchtigste Analyse dieses zweiten Argumentationsschritts wird den subtilen Sprung von einer diskursiven auf eine konzeptuelle Ebene bemerken, diese Reduktion der Idee und ihres begrifflichen Gehalts auf die Geschichte, auf eine Kette sukzessiver Ausdrücke und Formulierungen dieser Idee.

Diesem Versuch liegt immer ein empirisches oder historisches Vorurteil zugrunde: Eine stillschweigende Weigerung, Werte als Werte an sich anzuerkennen, insofern sie sich selbst als universell ausweisen und damit den Anspruch erheben, auf ein Denken »jenseits« eines (historisch verortbaren) Diskurses abzuzielen. Diese Weigerung mag formal durch eine valide philosophische Position in gewisser Weise gerechtfertigt sein. Jedoch lässt allein die Tatsache, dass diese Position in diesem Zusammenhang nur als ein Vorurteil fungieren kann und sich somit auf der Ebene des Ungedachten bewegt, sie hier suspekt erscheinen.

Wenn wir daher Behauptungen lesen wie: »Das Recht des Individuums wurzelt eindeutig in der politischen Tradition und dem Denken des Westens«, müssen wir uns verwundert die Augen reiben, um sicherzugehen, dass wir nicht träumen! Schließlich wird der moderne Westen, wie wir ihn und seine »politische Tradition« kennen, von keinem anderen Gebiet der Welt an Barbarei und Verachtung für die elementarsten Menschenrechte übertroffen. Was die Denkweisen betrifft, so können die erwähnten »Wurzeln« nicht sonderlich tief sein, schließlich hat Europa nicht nur Hugo Grotius, John Locke, Voltaire und Jean-Jacques Rousseau hervorgebracht, sondern auch Adolf Hitler und Arthur de Gobineau.

Genauso wenig können zum Beispiel die Rechte, welche dem Vasallen im Mittelalter gegenüber seinem Herrn oder anderen Vasallen eingeräumt wurden, dazu dienen, die »tiefen Wurzeln des Regimes subjektiver Rechte in der westlichen Kultur« zu belegen. Hier lassen sich sogar vier ziemlich beschämende Fragen stellen:

1. Wurden die Rechte der Vasallen wirklich immer respektiert? Und wenn nicht, wie können diese Übertretungen mit einer Kultur vereinbart werden, in der die Idee dieser Rechte so tief verwurzelt sein soll? Aber selbst wenn sie respektiert wurden, sollten die folgenden Fragen trotzdem noch gestellt werden.

2. Wie ist das Feudalsystem mit seiner Institution der Knechtschaft vereinbar mit einem System subjektiver Rechte? Richtete sich die Deklaration der Menschenrechte im Zuge der Französischen Revolution nicht genau gegen dieses System? Selbst wenn die Vasallen Rechte genossen und diese immer respektiert wurden (eine kühne Annahme, um es milde auszudrücken), wie weit gingen diese Rechte dann im Hinblick auf das System allgemeiner Ungleichheit, das die feudalen Institutionen charakterisierte?

3. Kann die Bezugnahme auf eine Institution wie das Feudalsystem wirklich die ursächlichen Zusammenhänge für die Entstehung der Idee der Menschenrechte liefern? Kann ein historischer Zusammenhang jemals die Grundlage für einen Wert abgeben? Lassen

sich Fakten dieser Art nicht immer so deuten, wie man es gerne hätte? Sind diese Fakten nicht in sich schon unweigerlich plurivokal, und ist ihre Interpretation nicht Auslegungssache? Funktionieren sie innerhalb des Diskurses nicht immer als rein rhetorische Argumente, die nur den Anschein einer Beweisführung erwecken, wohingegen sie eigentlich nur auf mehr oder weniger adäquate Weise eine vorgefertigte These illustrieren, ohne irgendeine Rechtfertigung für diese zu liefern? Und wird die ganze Argumentation dadurch nicht zirkulär?

4. Selbst wenn man voraussetzt, solche Beschreibungen träfen einen wahren Kern, kann die Wahl eines bestimmten Faktums oder einer Anzahl an Fakten, die bewusste Bezugnahme auf eine bestimmte Institution anstelle einer beliebigen anderen, aus denen sich die beschriebene Zivilisation zusammensetzt, jemals hinreichende Gründe dafür liefern, dieser Zivilisation einen bestimmten Wert exklusiv zuzuschreiben bzw. ihr diesen wesentlich zuzusprechen? Könnte man diese These nicht bloß dadurch beweisen, dass man zeigt, wie nicht nur die genannten einzelnen, sondern alle historischen Fakten und Institutionen besagter Gesellschaft immer schon auf perfekte, adäquate Weise die ihr zugesprochenen Werte artikuliert haben? Müsste man folglich nicht beweisen, dass nicht nur dieser oder jener Aspekt des feudalen Systems oder des Feudalismus als Institution (was schon in sich ein eher albernes Unterfangen wäre), sondern ohne Ausnahme alle signifikanten Ereignisse und Institutionen der europäischen Geschichte die Anerkennung und den echten Respekt Europas für die Würde des Menschen und seine natürlichen Rechte verdeutlichen, die sich aus diesen Werten ergeben? Wären diese Bedingungen erfüllt, dann könnte man die Menschenrechte nicht nur als *universale,* für alle verbindliche *Werte* ansehen, die unabhängig von den Mängeln einer partikulären politischen Kultur gelten, man könnte darüber hinaus auch von *massenkulturellen Fakten* sprechen, die eine ganz bestimmte Zivilisation charakterisieren: die europäische.

Doch wie wir wissen, ist dies nicht der Fall. In unserem von Kummer geprägten politischen Gedächtnis sind die Erinnerungen an Adolf Hitler, Francisco Franco, António de Oliveira Salazar, den Algerienkrieg, den Vietnamkrieg, die Gräueltaten in Angola, Mozambique, Guinea-Bissau und auf den Kapverdischen Inseln noch sehr präsent. Diese und tausend andere unvergessliche Ereignisse erbringen den Beweis dafür, dass in Europa, genau wie an jedem anderen Ort der Welt auch, die Menschenrechte leider nur als Werte existieren, und sie daher nirgendwo, weder in Europa noch in einer anderen Zivilisation, tatsächlich den Status eines massenkulturellen Faktums erlangt haben.

Wir müssen daher lernen, die europäische Kultur als plurales Geflecht zu sehen, in dem sehr unterschiedliche Strömungen aufeinanderprallen, das von unterschiedlichen Standards und Werten regiert wird, angetrieben durch den ständigen Konflikt zwischen diesen Werten, Standards und unterschiedlichen sozialen Praktiken. Wir müssen uns auch davor in Acht nehmen, die Einzigartigkeit der westlichen Zivilisation zu sehr zu betonen oder jene dort zu suchen, wo sie nicht zu finden ist. Europa hat die Idee der Menschenrechte ganz sicher genauso wenig erfunden wie die Menschenwürde. Es war schlichtweg dazu in die Lage – und das war sein Verdienst –, zu dieser Thematik systematische Forschungen zu betreiben, die die Form einer offenen und progressiven Debatte annahmen. Europa hat daher nicht den Gegenstand selbst, sondern nur den Diskurs über diesen Gegenstand hervorgebracht. Es hat nicht die Vorstellung von einem Naturrecht oder der Würde des Menschen hervorgebracht, sondern lediglich die Werke, in denen diese Ideen diskutiert wurden, also das Projekt ihrer Ausformulierung, der Auseinandersetzung und der Analyse von Grundannahmen und Konsequenzen, kurz: den Abriss einer Philosophie der Menschenrechte.

Aus dem Gesagten lassen sich mindestens zwei Schlussfolgerungen ziehen. Erstens erscheint die Bezugnahme auf die Menschenrechte als eine »vom Westen entliehene Idee«, die in fast keiner Verfassung fehlt, äußerst problematisch. Es würde sich um eine Anleihe handeln, wenn die eigentliche Idee dieser Rechte (und nicht nur der theoretische Diskurs und eine bestimmte Form des ihr gegebenen Ausdrucks) eine originär okzidentale wäre, die auf unverbrüchliche Weise mit diesem kleinen Bereich der Welt verbunden wäre, der sich Europa nennt. Doch wie wir gesehen haben, unterläuft eine Territorialisierung dieser Ideen, welche sie so stark an eine bestimmte Geografie bindet, die eigentliche Bedeutung dieser Idee und vermindert ganz entschieden ihre Wirkungsweise, indem sie alle Forderungen nach universeller Gültigkeit von vornherein ausschließt, ohne diese Forderungen einer genaueren Prüfung zu unterziehen. Darüber hinaus wird in dieser Form der Anleihe auch eine Geringschätzung gegenüber anderen Kulturen sichtbar, die im Verlaufe ihrer Geschichte in Form unterschiedlicher sozialer Praktiken Hinweise auf die Existenz genau derselben regulativen Ideen gegeben haben und somit das Bewusstsein für genau dieselben Werte erkennen ließen.

Die zweite Schlussfolgerung betrifft den Westen selbst. Es gibt nämlich keinen hinreichenden Grund für die Annahme, die Idee der Menschenrechte wäre ein Produkt des 17. Jahrhunderts. Es ist in der Tat einfach nachzuweisen, zum Beispiel indem man auf Aristoteles' ideologische Rechtfertigung der Sklaverei verweist, dass die Idee der Menschenrechte der herrschenden Klasse im antiken Griechenland sehr fremd gewesen sein muss. Aber hat irgendwer die Sklaven befragt? Können wir wirklich sicher sein, dass sie bezüglich dieser Idee der gleichen Meinung wie ihre Herren waren und dass sie, wenn man sie gefragt hätte, die gleichen Argumente angeführt hätten? Was wissen wir heute über die Sklavenaufstände in dieser Epoche und was über den Diskurs, der diese Aufstände notwendigerweise begleitet haben muss? Ist uns etwas von diesem Diskurs bekannt? Reproduziert Aristoteles in seinem berühmten Text nicht lediglich die Stimme der Herren, in dem Bemühen, ihr eine theoretische Begründung beizulegen und sie somit zu rechtfertigen? Sollte es uns wundern, dass die Sklaven jener Zeit keinen eigenen Aristoteles in ihren Reihen hatten? Bedeutet dies automatisch, dass sie sich passiv der Ausbeutung auslieferten, deren Opfer sie waren, oder dass sie diese gar akzeptierten, weil sie den argumentativen Verrenkungen und Hirngespinsten ihrer Herren rückhaltlos zustimmten? Oder weisen nicht im Gegenteil diese argumentativen Verrenkungen selbst, genau wie Aristoteles' Sarkasmus gegenüber allen Träumern und Utopisten – die ihrer eigenen Epoche entkommen wollten, indem sie in ihren Überlegungen den technischen Stand der Produktionsmittel völlig ignorierten –, auf die Existenz einer starken Bewegung gegen die Sklaverei hin, die um jeden Preis bekämpft werden musste? Und markiert schließlich für die Kulturen des Mittelmeerraums die Botschaft von Jesus von Nazareth, der die Gleichheit von Armen und Reichen, Starken und Schwachen, Sklaven und Herrn propagierte, nicht schon den Nachweis eines bei den Massen der Bevölkerung existierenden Bewusstseins für die Rechte des Menschen und seine unantastbare Würde – und dies lange vor Grotius, Locke, der intellektuellen Revolution des 17. Jahrhunderts und der Aufklärung (eine Revolution, die aus diesem Grund auf das wahre Ausmaß ihrer Bedeutung reduziert werden sollte)? Es scheint daher unmöglich, das Aufkommen von Werten im Allgemeinen – und speziell die Geburt der Idee der Menschenwürde und der ihrer Rechte – auf einen bestimmten Ort oder eine bestimmte Zeit einzuschränken, auch wenn das Bewusstsein für diese Werte im historischen Vergleich starken Schwankungen unterworfen ist und sich nur unter gewissen, vorteilhaften Umständen auch ausweiten kann. In der Konsequenz wird es unmöglich, einen totalen Kulturrelativismus auf diese Werte anzuwenden, der sie nicht nur in ihrem jeweiligen partikulären Ausdruck und ihrer Ausformung von zufälligen kulturellen Faktoren abhängig macht, sondern ihre Grundlage zu einem lediglich kulturellen Faktor werden lässt. Unmöglich wird dieser Relativismus, weil die einzige für universelle Werte infrage kommende Ursache Menschen sind: Menschen, die über die Jahrtausende in allen Ländern und allen Kulturen unter anderen Menschen gelitten haben. Menschen, die so oft schon betrogen wurden, dass sie schließlich zu Komplizen ihrer Henker und der Systeme wurden, die sie unterdrücken. Aber auch Menschen, die sich auflehnen, die sich entrüsten und durch diesen Akt allein schon ihrem Bewusstsein von einer unverwüstlichen Würde Ausdruck verleihen. Was hingegen variiert – und das nicht nur zwischen Kulturen, wie wir bereits gesehen haben, sondern auch innerhalb einer Kultur von einer Epoche zur nächsten sowie auch zwischen sozialen Klassen und Gruppen –, das ist die Form der Entrüstung, die stets verschiedenen Ausdrucksmittel, die diese universelle Forderung nach Respekt findet. Deshalb gestalten sich die Details dieser Rechte, die als essentiell und unabdingbar gelten, stets anders. Aber in keiner Gesellschaft ist dieses Bewusstsein der Würde des Menschen vollständig abwesend, und dies vielleicht aus dem einfachen Grund, weil sie leider in keiner Gesellschaft je in vollem Maße respektiert wurde.

Stellen wir uns nun eine andere Frage. Wie steht es um die Menschenrechte im heutigen Afrika? Wie wir wissen, ist die Situation alles andere als zufriedenstellend. Willkürliche Festnahmen, Menschen, die ohne Anklage oder Angabe von Gründen für Wochen, Monate, Jahre und Jahrzehnte ins Gefängnis gesteckt werden; Folter, Kidnapping, Massenexekutionen, Massaker an friedlichen Demonstranten: Überall auf dem Kontinent sehen wir die gleichen Ausbrüche blanker Gewalt, überall den gleichen Irrsinn machthungriger Oligarchen, die weder Kritik noch Dissens tolerieren, überall die gleiche Tragödie. Philosophen sind nicht mehr, aber auch nicht weniger als jeder andere Bürger dazu qualifiziert, diese permanenten Verletzungen der Menschenrechte anzuprangern. Doch was speziell sie interessieren sollte, sind die ideologischen Diskurse, durch die die Mächtigen hier und da versuchen, ihr Vorgehen zu rechtfertigen oder sich gar als Verteidiger der Freiheit aufzuspielen, während sie gleichzeitig hemmungslos auf der Würde ihrer Mitmenschen herumtrampeln. Wir wollen hier nur einige der fadenscheinigen Gründe ansprechen, deren sie sich in solchen Fällen bedienen:

Ideologisches Argument Nr. 1: Die notwendige Entwicklung der mit gravierenden ökonomischen Problemen ringenden jungen Staaten, die Mühen und Kämpfe, diese zu errichten und zu festigen, lässt die Sentimentalität derjenigen guten Seelen, die sich über die dabei begangenen Menschenrechtsverletzungen echauffieren, geradezu lächerlich erscheinen. Die Geschichte der Industrialisierung in Europa selbst zeigt, dass der Einsatz von Gewalt notwendig ist, um eine Nation zu errichten. In dieser Hinsicht haben die industrialisierten Länder keinerlei Recht, uns zu kritisieren.

Überprüfung des Arguments: Trotz der schwer zu leugnenden rhetorischen Wirksamkeit hält dieses Argument keiner genaueren Überprüfung stand. Stattdessen zieht es einige prinzipielle Fragen nach sich:

1. Angenommen, die Industrialisierung verlief tatsächlich so, und der heutige Westen ist nur aufgrund von Gewalt und Zwang entstanden: Warum sollte die Dritte Welt und insbesondere Afrika dem gleichen Muster folgen, ihre Machtstrukturen genauso aufbauen und sich entlang dieser vorgezeichneten Linie entwickeln? Ist dieses Argument nicht im Gegenteil das beste Beispiel dafür, dass die vom Westen eingeschlagene Richtung der Entwicklung nur zum Preis einer krassen Missachtung des menschlichen Wesens als Individuums zu haben und deshalb abzulehnen ist? Wer hat entschieden, dass wir dem westlichen Modell oder den westlichen Modellen folgen müssen, und warum? Wer hat entschieden, dass die Geschichte der Menschheit sich überall und allzeit wiederholen muss? Dass die paar Alternativen, die uns die Geschichte Europas

anbietet, die einzigen vorstellbaren und praktikablen sind? Dass der Horizont des Möglichen von nun an und für alle Zeit auf Modelle beschränkt ist, die sich aus den partikularen Erfahrungen der heutigen Industriestaaten ableiten lassen? Sollten die geschichtlichen Erfahrungswerte nicht vielmehr einer generellen Kritik unterzogen werden und dazu dienen, unter Aufbringung aller verfügbaren Ressourcen an Wissen und Intelligenz, neue Wege zu einer Form von »Entwicklung« zu suchen, die sowohl die Forderung nach nationaler Souveränität und ökonomischer Prosperität wie auch diejenige nach der Unantastbarkeit der Würde des Menschen berücksichtigt?

2. Inwiefern waren diese Gewalt und Abscheulichkeit wirklich notwendig für die Entstehung der westlichen Dominanz? Wäre es nicht besser, diese Fakten einer genaueren Prüfung zu unterziehen, anstatt vorschnell darauf zu schließen, dass sie historisch gesehen unvermeidlich waren? Wie nehmen sich die wahren historischen Umstände dieser Gewaltakte aus, unter welchen Umständen traten sie auf? Welche politischen, sozialen und ökonomischen Effekte zeitigten sie und inwiefern wurde die soziale Entwicklung der Gesellschaft dadurch eingeschränkt? Könnten wir durch eine solche Überprüfung nicht vielleicht unsere jetzige Hypothese ins Gegenteil verkehren und nachweisen, dass die Missachtung der Menschenrechte keinesfalls eine notwendige Bedingung für Entwicklung ist, sondern diese in den meisten Fällen vielmehr behindert hat? Können wir kein klareres Bild der Geschichte der Industrialisierung in Europa (und seines nordamerikanischen Ablegers) gewinnen, indem wir sie im Lichte veränderter Prämissen neu betrachten?

3. Warum sollten wir uns nur auf die Geschichte Europas und die zurzeit geltenden Ziele für richtige »Entwicklung« und »Errichtung von Nationalstaaten« beziehen, die uns ein Jahrhundert des Kolonialismus hinterlassen haben, anstatt auf die politische Geschichte des präkolonialen Afrikas? Was wissen wir heutzutage über den Status des Individuums und seine Beziehung zur Gesellschaft in unseren traditionellen Zivilisationen? Was wissen wir über die politischen, ökonomischen und kulturellen Ziele dieser Zivilisationen? Wäre es nicht vorteilhaft, unsere gegenwärtigen Ziele von Wachstum und Entwicklung im Abgleich mit diesen Kulturen neu zu bewerten und so eine historische Kontinuität mit Wertvorstellungen herzustellen, die Tausende von Jahren alt sind? Könnten da-

mit nicht die vorgegebenen Ziele relativiert und die eiserne Klaue der Sachzwänge gelöst werden, die uns angeblich dazu verdammt, die Wünsche eines Großteils der Bevölkerung zu missachten und die Menschenwürde auf tausenderlei Art zu verletzten, um diese Ziele zu erreichen?

4. Was wäre, wenn der sicherste Weg, die von unseren Staaten gesetzten Ziele zu erreichen (Ziele, die, wie wir gesehen haben, keineswegs immer solider Überlegung entspringen), entgegen aller Irrtümer, die vermeintlich das Gegenteil beweisen, gerade darin bestünde, die demokratischen Freiheitsrechte nicht nur zu gewährleisten, sondern sie entschieden zu fördern? Der Ruf nach Respekt für die Menschenwürde resultierte dann aus der außergewöhnlich drängenden, historischen Notwendigkeit, das kreative Potential unserer Völkerschaften mit aller Macht und auf allen Ebenen zu fördern. In jedem Menschen muss auf positive Weise dessen kreatives Potential und das Gefühl uneingeschränkter Freiheit gefördert werden, ohne das der Mensch nur noch gehorchen kann.

Ideologisches Argument Nr. 2: Hierbei handelt es sich um die »revolutionäre« Version des vorhergehenden Arguments. Jenseits der generellen Ziele wie »Entwicklung«, »Wachstum« und »Nationalstaatlichkeit« ermahnt uns die gegenwärtige gewaltsame Ausformung des Klassenkonflikts, die auf einer bourgeoisen Ideologie beruhende Achtung der Menschenrechte als sekundär zu betrachten. Die Verletzung jener Rechte ist ein essentielles Element des Klassenkampfes und zudem notwendiger Teil der gewaltsamen Klassenbeziehungen, die jede Gesellschaft auszeichnen. Auch Afrika kann dieser Dialektik der Geschichte nicht entgehen. Der Staat, als Zwangsapparat zugunsten einer herrschenden Klasse kann auch in Afrika nicht von der notwendigen Gewalt des Klassenkampfes absehen. In einem »revolutionären« Staat rechtfertigt der Zweck jede Gewalt.

Überprüfung des Arguments: Es ist ganz unmöglich, die historische Tatsache des Klassenkampfes zu verleugnen oder zu behaupten, Afrika könne durch irgendein Wunder der Geschichte von diesen Kämpfen verschont bleiben. Dennoch muss man sich nicht sehr anstrengen, um zu erkennen, worin der konkrete Nutzen dieses Arguments besteht, zu welchem Zweck es in der Realität angeführt wird und wo es seine theoretischen und praktischen Grenzen hat.

Erstens richtet sich die von unseren »revolutionären« Staaten angewendete Gewalt keineswegs ausschließlich gegen die Klassenfeinde des »Proletariats«. Sie trifft die Bauern und Arbeiter selbst sowie auch jene aus den privilegierten Schichten, die mehr oder weniger erfolgreich versuchen (aus subjektiven Motiven, die wir hier nicht weiter erläutern müssen), sich der Sache der Unterprivilegierten anzunehmen. Die Staatsgewalt trifft die Opposition ganz allgemein – unabhängig davon, ob es sich um einen Klassenfeind handelt oder nicht –, und sie bestraft jegliche Form von Kritik und Protest. Innerhalb des Staatsapparates dient diese Gewalt dazu, schmutzige Rechnungen zu begleichen, die absolut nichts mit dem Wohl der Unterdrückten oder den noblen Worten, mit welchen die Gewalt verschleiert wird, zu tun haben. Auch dies lehrt die Geschichte, wie wir und andere erfahren mussten. In dieser Hinsicht bildet Afrika keine Ausnahme von der Regel.

Zweitens schließt sich an diese Behauptung die schwierige theoretische Frage an, wie revolutionäre Gewalt mit Sicherheit erkannt werden kann? Wie kann sie von Fall zu Fall anders identifiziert werden als durch ihre Ziele, da diese doch immer unrealisiert und im schlimmsten Fall unrealisierbar sind? Wie können wir schon hier und jetzt die gerechtfertigte von der repressiven und – im Extremfall – von der kriminellsten faschistischen Gewalt unterscheiden? Die Berufung auf hehre Ziele ist ziemlich lächerlich angesichts des ungerechtfertigten Leids realer Männer und Frauen, denen von anderen Gewalt angetan wird. Deshalb ist es so wichtig, abseits der ausgetrampelten Pfade und mit dem größtmöglichen Abstand zu der rigiden Orthodoxie dieser Argumentationsweise die Taktiken der Revolution zu überdenken – die Natur, Funktion und die spezifische Differenz des revolutionären Staates sowie die Umstände, unter denen er zustande kommen kann, und vielleicht sogar das Konzept der Revolution selbst.

Ideologisches Argument Nr. 3: Die Idee der Menschenrechte beruht auf einem Kult des Individuums und unterstellt deshalb ein atomistisches Konzept der Gesellschaft. Wir wissen aber aus der Erfahrung, aus der präkolonialen Geschichte wie auch aus dem Kampf für Unabhängigkeit und allgemeine Entwicklung nach der Ära des Kolonialismus, dass das Individuum nichts ist, wenn es auf sich allein gestellt bleibt, und seinen Wert erst in der Gemeinschaft erhält. Daher steht über dem Recht des Einzelnen das Recht der

Gemeinschaft. Zwischen diesen beiden Bereichen darf kein Konflikt toleriert werden: Das Individuum hat nur Rechte, so lange es seinen Verpflichtungen gegenüber der Gesellschaft nachkommt. Sobald diese beiden Sphären in Konflikt geraten, muss das Recht des Individuums geopfert werden. Darüber hinaus ist es nicht an Europa, uns zu diktieren, wie wir uns verhalten sollen. Nicht der bourgeoise, kapitalistische Diskurs der Europäer soll uns Verhaltensprinzipien an die Hand geben, sondern die durch unsere traditionellen Kulturen überlieferten Werte und Standards. Statt uns Vorschriften zu machen, sollten sie lieber lernen, ihre eigenen Werte und Moralvorstellungen in höherem Maße zu respektieren. Anstatt sich über den Splitter im Auge des Bruders zu erregen, sollten sie lieber den Balken aus dem eigenen Auge entfernen.

Überprüfung des Arguments: Das ist das nationalistische Argument *par excellence*. Es ist komplex und ebenfalls nicht ohne Überzeugungskraft. Dennoch muss man ihm mit mindestens diesen Erwiderungen begegnen:

1. Es kommt nicht in Frage, um das seit der Französischen Revolution, also seit nunmehr zweihundert Jahren, gültige Recht eines Volkes auf Freiheit, Souveränität und Selbstbestimmung zu feilschen. Aber inwiefern kann dieses Recht auf Selbstbestimmung eines Volkes, aus dem sich letztlich der Kampf gegen den Kolonialismus und den Neokolonialismus ableitet, als ein vorrangiges Recht der Gemeinschaft gegenüber den Individuen interpretiert werden, aus denen sich diese Gesellschaft zusammensetzt? Oder innerhalb einer Gemeinschaft als ein Vorrecht der Mehrheit über die Minderheit? Wissen wir nicht aus der Geschichte, wie oft die Menschen mit solchen Argumenten zu katastrophalen Fehlern verführt wurden und wie das zu den schlimmsten Tragödien der Menschheitsgeschichte geführt hat? Sollten wir vor diesem Hintergrund nicht das Recht auf freie Meinungsäußerung und Kritik rückhaltlos stärken, das allein die Risiken eines solchen kollektiven Irrtums eindämmen kann? Um noch einen Schritt weiter zu gehen: Ist es nicht deshalb notwendig, die unersetzbare Rolle des Individuums und daher auch dessen unantastbare Würde aufs Neue zu bestätigen?

2. Wer entscheidet, wann ein Konflikt zwischen einem Individuum und der Gesellschaft vorliegt? Wer entscheidet, ob dieser Konflikt unauflösbar ist und ob das Individuum deshalb – sprich-

oder wortwörtlich – geopfert werden muss? Wer interpretiert den »Willen des Volkes«? Wer kann garantieren, dass diese Interpretation richtig und die des von dieser Meinung abweichenden Individuums falsch ist? Wenn man näher betrachtet, wie dieses nationalistische Argument in der Praxis funktioniert, wird klar, dass diejenigen, die den »Willen des Volkes« ausführen, diesem Willen nur so lange einen derart hohen Wert zusprechen, solange es ihnen zugestanden wird, im Namen des Volkes zu sprechen. Tatsächlich ist dieses Argument nur ein rhetorischer Kniff, und die rein formalen und tautologischen Belege dafür (das Volk ist mehr als das Individuum = das Ganze ist mehr als die Summe seiner Teile) dienen nur dazu, eine weitere Äußerung zu maskieren, die noch nicht offen ausgesprochen werden kann: Ich bin das Volk![4] Die Kritik an atomistischen Gesellschaftsmodellen mündet darum in diesen nationalistischen Diskursen in einer Mystifizierung des Herrschers: das kollektive Subjekt wird durch eine konkrete Person verkörpert, das Volk steht nur deshalb über dem Individuum, weil es selbst das »Große Individuum« ist – ein bisschen wie der sich zur Herrschaft aufschwingende Geist in Hegels *Grundlinien der Philosophie des Rechts* (in Marx' Lesart). Dies ist die moderne politische Form des ontologischen Arguments, eine fantastische Umkehrung von Subjekt und Prädikat, die der junge Marx »Mystifizierung« nannte.

3. Indem er die Universalität der Menschenrechte und jegliche vom Westen ausgehende Wertvorstellungen im Namen einer afrikanischen kulturellen Originalität zurückweist, offenbart der nationalistische Diskurs einen moralischen und politischen Relativismus, der, genau betrachtet, dem klassischen Eurozentrismus gar nicht unähnlich ist. Aber er versäumt es, auf diese Konvergenz hinzuweisen, die allein schon ausreichen würde, um den Relativismus zu diskreditieren und seine theoretischen Annahmen zu zerschlagen, da er, um es vorsichtig auszudrücken, zumindest die Existenz einer *relativistischen Logik* erkennen lässt, die in sehr verschiedenen Kontexten gleiche Funktionen übernimmt und gleiche Bedürfnisse abdeckt. Der nationalistische Diskurs hütet sich, darauf hinzuweisen, dass das Recht auf kulturelle Differenz – welches aus

4 Unter ganz bestimmten Umständen (zum Beispiel in Zentralafrika), war es möglich, diesen Satz zu äußern. Hier verbirgt sich eine theoretische Fragestellung von immenser politischer Bedeutung: Wie war ein Phänomen wie das Zentralafrikanische Kaiserreich überhaupt möglich?

dem Recht eines Volkes auf Selbstbestimmung folgt –, das Prinzip einer Kritik am Eurozentrismus und einer Relativierung der westlichen Kultur, am eindringlichsten in Europa selbst formuliert wurde. Solange er diese Argumente unterstützt, bekräftigt der nationalistische Diskurs einerseits die Universalität dieser Rechte und relativiert somit andererseits zugleich den eigenen relativistischen Standpunkt. Schließlich kommt der nationalistische Diskurs, obwohl er die Vorwürfe von Menschenrechtsverletzungen gegen die etablierten Autoritäten immer wieder zurückweist, dennoch nicht umhin, im Namen genau derselben Rechte das Apartheidsregime oder die Verfolgung und Folterung der Freiheitskämpfer in Südafrika und anderen Ländern anzuprangern. Hier sehen wir die volle Reichweite des kulturellen Relativismus, der weder dazu in der Lage noch willens ist, eine universelle Anwendung seiner eigenen Prinzipien zu versuchen. Solchermaßen vor den eigenen Standards und Werten geschützt, die er bei allen anderen nur nicht sich selbst einfordert, fungiert er als ein Instrument der Willkür.

4. Natürlich werfen wird den hier angesprochenen Regimen keineswegs ihre Solidarität mit diesen Kämpfern vor. Wir verlangen nur, dass die vollen Konsequenzen aus dieser Solidarität gezogen werden; sie soll nicht mehr als Alibi oder zur Ablenkung dienen. Die Kinder von Soweto und Aktivisten wie Walter Rodney dienen anderen und besseren Zwecken, als unseren Oligarchen ein reines Gewissen zu verschaffen.

Zum Abschluss möchte ich noch einige Worte über den Status der Menschenrechte im sogenannten traditionellen Afrika verlieren. Obwohl dieses Problem im Rahmen dieses Aufsatzes unmöglich behandelt werden kann, lässt sich doch zumindest andeuten, wo diese Frage angesiedelt ist. Die relativistische These – ob sie nun wie im europäischen Nationalismus versucht, die Überlegenheit des Westens (der die Idee der Menschenrechte hervorgebracht haben soll) nachzuweisen, oder im Gegenteil versucht, diese Idee selbst zurückzuweisen, wie es in den nationalistischen Diskursen der Dritten Welt geschieht – verpflichtet uns notwendigerweise dazu, andere Kulturen systematisch unter diesem Gesichtspunkt zu betrachten. Aber hier stellen sich ein schwerwiegendes prinzipielles Problem sowie mehrere genauso schwerwiegende methodische Probleme.

Bevor man eine empirische Studie beginnt, ist es zunächst wichtig zu wissen, was man überhaupt mit gutem Grund von ihr erwarten kann. Zum Beispiel könnten wir niemals die Gültigkeit oder Ungültigkeit der Menschenrechte für das heutige Afrika allein von so einer Studie abhängig machen. Genauso sinnlos wäre es, in unseren eigenen Kulturen nach originär afrikanischen Gegenstücken zu denjenigen Produkten der gegenwärtigen westlichen Kultur zu suchen, die uns heute am bedeutendsten erscheinen, also etwa eine »Philosophie« der Menschenrechte, die als Teil einer »Moralphilosophie der Wolof«, einer »Philosophie der Bantu«[5] oder einer »Afrikanischen Philosophie«[6] funktionieren könnte. In diesem Fall würde das Forschungsziel dieser Studie darin bestehen, ein simples Problem der *Übersetzung* zu lösen, also die »schwarzen« Worte für Mensch, Person, Kind, Frau, Eltern, Familie, Schicksal, Menschenrechte usw. zu finden. Diese Suche in präkolonialen Gebräuchen und Institutionen würde nur beweisen, dass auch wir lange vor dem ersten Kontakt mit dem Westen einen Begriff von der Menschheit als Ganzes und von seinen Rechten hatten, der jedem *Vergleich* mit dem Westen standhalten könnte. Nein, jede theoretische Fragestellung, die direkt oder indirekt auf ein so banales Übersetzungsproblem reduziert wird, wäre von vornherein verfehlt. Jedes anthropologische Projekt, dessen einziger Sinn darin liegt, auf die chauvinistischen Provokationen des Westens zu reagieren, und dessen einzige Ambition in der Herstellung einer Vergleichbarkeit unserer Kulturen mit denen des Westen besteht – wobei es verstohlen darin fortfährt, das Muster zu perpetuieren, das es angeblich anzweifelt –, ist nicht akzeptabel, weil es widersprüchlich ist. Wir müssen unsere Kulturen um ihrer selbst willen studieren, und nicht um Europas Ansicht und Fehleinschätzungen über sie zu entkräften. Um ihre Logik und Funktionsweisen zu verstehen, ihre

---

5 Vgl. Alexis Kagame, *La philosophie bantu-rwandaise de l'être*, Brüssel 1956, und ders., *Sprache und Sein: Die Ontologie der Bantu Zentralafrikas*, Heidelberg, Brazaville u. a. 1985 [das französischsprachige Original erschien 1976, Anm. d. Übers.]. Zwischen beiden Büchern liegen zwanzig Jahre, in denen der Autor unbekümmert und in aller Seelenruhe sein an keinem Punkt konzeptuell überarbeitetes Projekt fortführte und (geografisch) erweiterte. Dies alles, ohne sich um eine Vertiefung seines Konzepts zu bemühen oder die schwerwiegende Kritik, die nach Erscheinen des ersten Bandes geäußert wurde, auch nur zu berücksichtigen.

6 Zu einer eingehenderen Kritik dieses speziellen Forschungszweiges siehe: Paulin J. Hountondji, *Afrikanische Philosophie: Mythos oder Realität*, Berlin 1993.

inneren Widersprüche, ihre Evolution, ihre Zukunftsaussichten, ihre Größe und ihre Beschränkungen, müssen wir sie studieren, um sie besser schätzen zu lernen und um sie zu transformieren – selbst wenn dies heißt, dass wir für diese Aufgabe einer Wiederaneignung dazu verpflichtet sind, aus historischen Gründen, die wir nicht vernachlässigen sollten, gänzlich oder in Teilen Methoden und Vorgehensweisen wissenschaftlichen Arbeitens zu gebrauchen, die in Europa entwickelt wurden (eine Vorgehensweise, die sich grundsätzlich von der klammheimlichen *Übertragung* eines Kulturmodells unterscheidet).

Innerhalb dieser Grenzen und mithilfe der so definierten theoretischen Perspektiven sollte es möglich sein,

1. die bereits heute durch zahlreiche Monografien zusammengetragenen Erkenntnisse über das Konzept der Person bei vielen unterschiedlichen ethnischen Gruppen in Afrika zu berücksichtigen, diese Erkenntnisse jedoch auch bei Bedarf zu überarbeiten und neu zu interpretieren, da sie in diesen Monografien häufig durch Verwirrung stiftende theoretische Vorannahmen verzerrt werden;

2. neue anthropologische und historische Untersuchungen zu unternehmen, wo dies vonnöten ist, um die Bedeutung, Funktion, Herkunft und Entwicklung jener Praktiken zu untersuchen, die sich bis auf eine gewisse Zeit vor der Kolonisierung zurückverfolgen lassen, bis heute fortleben und unserem heutigen Empfinden nach vollkommen konträr zum Konzept der Menschenrechte stehen. Es gilt, eine kritische Historie der repressiven Elemente und Charakteristiken unserer eigenen Kultur zu schreiben, eine Geschichte der kulturellen Praktiken, durch die diese Repressionen ausgeführt, abgelehnt, bekämpft, verfügt und verschärft worden sind. Kurz, eine Geschichte der Widersprüche und inneren Kämpfe unserer scheinbar so erstarrten Kulturen.

Vielleicht wird es uns dann möglich sein, beispielsweise die Herkunft und Bedeutung bestimmter zeremonieller Verstümmelungen, die Funktion des Menschenopfers oder die Umstände besser zu verstehen, die zu einer bestimmten Zeit in einer bestimmten Region den Brauch entstehen ließen, nach dem die treuesten und hübschesten Ehefrauen eines verstorbenen Königs zusammen mit dessen Leichnam lebendig begraben wurden. Diese und andere Beispiele inakzeptabler Praktiken, auf die Afrika weiß Gott kein Monopol besitzt, sollten gründlich untersucht werden. Möglicherweise können wir dann mit ein bisschen Glück inmitten dieser Ruinen, unter dem Prunk königlicher Höfe und dem Lärm der dominanten sozialen Schichten die erstickte Stimme eines antiken Protestes vernehmen. Ein weites Feld für neue empirische Studien und Forschungen bietet sich uns dar, sofern es uns gelingt, diesen Diskurs aus der Sackgasse zu manövrieren, in den ihn die nationalistische Ideologie getrieben hat.

Jeglicher Diskurs über Menschenrechte ist somit notwendigerweise durch die *Position* des Autors in einem zweifachen Sinne gezeichnet: Position in einem passiven Sinn, die seinen Platz in der Gesellschaft anhand seiner Teilhabe an politischen Machtstrukturen markiert, die ihm die Gelegenheit bietet oder nicht bietet, andere direkt oder indirekt herumzukommandieren. Aber diese Position ist auch durch eine aktive Konnotation bestimmt: durch die Position, die er willentlich unter Berücksichtigung der Zwänge in seiner Umwelt *einnimmt*. Diese wird weiterhin durch die Art und Weise bestimmt in der er die ihm zufallenden Machtmittel gebraucht, zu welchem Grade er sich seiner Verantwortung bewusst ist und schließlich, welche aktive Beziehung er zu seinen Mitmenschen anstrebt. Hier also ist die Stimme des Herrn, sei sie arrogant oder subtil, unsicher oder von sich selbst eingenommen, zynisch oder »humaner« gestimmt. Und es gibt die Stimme des Sklaven: respektvoll oder rebellisch, zustimmend oder verneinend, verwirrt oder klar. Wer mit einem solchen Diskurs konfrontiert ist, tut gut daran, zuallererst so genau wie möglich zu bestimmen, von welchem Ort aus er vorgetragen wird. Nur so kann der Diskurs verstanden, angepasst und, falls die Umstände es verlangen, entmystifiziert werden.

Aus dem Englischen von Achim Stanislawski

Kwasi Wiredu
Demokratie und Konsensus in traditioneller afrikanischer Politik

Oft fällt die Bemerkung, dass Entscheidungsfindung im traditionellen afrikanischen Leben und Regieren üblicherweise durch Konsensus herbeigeführt wurde.* Wie alle Verallgemeinerungen komplexer Sachverhalte sollte auch diese mit Zurückhaltung betrachtet werden. Aber es gibt wichtige Belege dafür, dass Konsensentscheidungen bei Beratungen in Afrika oft an der Tagesordnung waren. Demnach war es nicht einfach eine Übertreibung, als Kenneth Kaunda, der (demokratisch) abgesetzte Staatspräsident Sambias, sagte: »In unseren ursprünglichen Gesellschaften handelten wir nach dem Konsensprinzip. Eine Sache wurde in ernsthaftem Beisammensein so lange durchgesprochen, bis eine Einigung erzielt werden konnte.«[1] Oder auch als Julius Nyerere, der zurückgetretene Präsident von Tansania, meinte: »Die traditionelle Methode der Regelung des öffentlichen Lebens in afrikanischen Gesellschaften ist die freie Diskussion.« In diesem Zusammenhang pflichtet er Guy Clutton-Brock bei, dass »die Alten unter den großen Bäumen sitzen und miteinander sprechen, bis sie sich einig sind«.[2]

Ironischerweise wurden beide Äußerungen im Zuge der Ver-

---

* Wir haben uns dafür entschieden, »*consensus*« mit »Konsensprinzip« oder »Konsensus« (synonym) zu übersetzen; in einigen Fällen allerdings, insbesondere in konkreten Beispielen, nutzt Wiredu »*consensus*« wie »*consent*«, »Zustimmung« oder »Konsens«, und so wurde es dann auch übersetzt. [Anm. d. Übers.]

1 Gideon-Cyrus M. Mutiso, S. W. Rohio (Hg.), *Readings in African Political Thought*, London 1975, S. 468-477, hier S. 476.

2 Ebd., S. 478. Kofi. Busia weist in seinem Buch *Africa in Search of Democracy*, London 1967, auf dasselbe zielstrebige Verfolgen des Konsensus bei den traditionellen Akan in Ghana hin. Dieser Absatz verdient, ausführlicher zitiert zu werden: »Wenn ein Rat, dessen einzelne Mitglieder Vertreter einer Verwandtschaftslinie waren, zusammenkam, um Angelegenheiten zu diskutieren, die die gesamte Gemeinschaft betrafen, hatte er mit dem Problem zu ringen, Teil- und Gemeininteressen miteinander zu versöhnen. Um dies zu ermöglichen, mussten sich die Mitglieder gründlich besprechen: Sie mussten allen verschiedenen Ansichten Gehör schenken. Dabei war der Wert von Solidarität so hoch angesiedelt, dass es das höchste Ziel der Ratsmitglieder war, Einstimmigkeit zu erzielen, und so redeten sie, bis diese erreicht war.« (Ebd., S. 28, Anm. 3)

teidigung des Einparteiensystems gemacht. Darauf werde ich im weiteren näher eingehen. An dieser Stelle sollten wir uns einen wichtigen Sachverhalt bezüglich der Rolle des Konsensus im afrikanischen Leben vor Augen halten. Dieser besteht darin, dass das Vertrauen auf das Konsensprinzip kein spezifisch politisches Phänomen ist. Immer wenn Konsensus politische Entscheidungsfindung in Afrika charakterisiert, handelt es sich um eine Manifestation eines immanenten Ansatzes sozialer Interaktion. In interpersonalen Beziehungen zwischen Erwachsenen wird Konsens üblicherweise axiomatisch als Basis für gemeinsames Handeln angenommen. Doch damit ist nicht gesagt, dass dieser immer erreicht wurde. Nirgendwo war die afrikanische Gesellschaft ein Reich ungebrochener Harmonie. Im Gegenteil waren Konflikte (auch tödliche) zwischen oder innerhalb von Verwandtschaftslinien (*lineages*) und ethnischen Gruppen nicht selten. Das Bemerkenswerte daran ist jedoch, dass immer wenn eine Resolution ausgehandelt wurde, eher das Erreichen der Versöhnung im Zentrum stand und weniger das simple Absehen von weiteren Beschuldigungen und Zusammenstößen. Hierzu ist wichtig, zu bemerken, dass Auseinandersetzungen auch ohne das Erreichen von Versöhnung überwunden werden können.

Versöhnung ist tatsächlich eine Form des Konsenses. Sie bedeutet die Wiederherstellung des guten Willens durch ein Überdenken der Bedeutung ursprünglicher Streitpunkte. Dies beinhaltet nicht notwendigerweise eine vollkommene Identität moralischer oder kognitiver Meinungen. Es genügt, dass alle Parteien das Gefühl haben, dass ihre Sichtweise bezüglich eines vorgeschlagenen Plans zukünftigen Handelns oder Zusammenlebens in angemessener Weise Berücksichtigung gefunden hat. Ebenso wenig bedeutet Konsens im Allgemeinen gänzliche Übereinstimmung. Zum Ersten setzt Konsens gewöhnlich eine Ausgangsposition von Verschiedenheit voraus. Weil sich Meinungen über Sachverhalte nicht immer in strikter Gegensätzlichkeit polarisieren, können Dialoge funktionieren; etwa durch das Abrunden von Kanten und Ecken, um Kompromisse hervorzubringen, die für alle annehmbar oder zumindest nicht unzumutbar sind. Darüber hinaus kann dort, wo ein Wille zum Konsens ist, Dialog zu einem freiwilligen Aussetzen von Unstimmigkeiten führen und dadurch gemeinsames Handeln ohne notwendigerweise übereinstimmende Vorstellungen ermöglichen. Dies ist wichtig, denn bestimmte Situationen beschwören in der Tat grundlegende Disjunktionen herauf, die von keinem dialogischen Herangehen vermittelt werden können. Zum Beispiel: Entweder ziehen wir in den Krieg oder nicht. Das Problem ist dann, wie sich eine Gruppe ohne Einstimmigkeit eher für die eine als für die andere Option entscheiden kann, ohne irgendjemanden auszugrenzen. Das ist die schwierigste Herausforderung des Konsensprinzips, und sie kann nur durch das freiwillige Aussetzen der Zweifel an der vorherrschenden Option durch die Minderheit gemeistert werden. Die Durchführbarkeit hängt nicht nur von der Geduld und Überzeugungskraft der richtigen Leute ab, sondern auch von der Tatsache, dass afrikanische traditionelle Systeme des Konsenstyps nicht so ausgerichtet waren, dass sie eine Personengruppe durchgehend in die Position der Minderheit gerückt hätten. Auch hierüber weiter unten mehr.

Demokratie und Konsensus bei den Ashanti

Aber zuerst sollten wir uns ansehen, wie das Vertrauen in den Konsens im konkreten Beispiel eines traditionellen afrikanischen politischen Systems funktionierte. Dabei sei im Vorhinein bemerkt, dass afrikanische Systeme der Vergangenheit erhebliche Unterschiede aufwiesen. Grundsätzlich muss unterschieden werden zwischen Systemen mit zentraler Autorität, die durch die Maschinerie der Regierung ausgeübt wurde, und solchen ohne diese Autorität, in denen soziales Leben auf keiner Ebene von einem Apparat geregelt wurde, den man eine Regierung nennen könnte. Fortes und Evans-Pritchard ordnen die Zulus (aus Südafrika), die Ngwato (auch Südafrika), die Bemba (Sambia), die Banyankole (Uganda) und die Kede (Nordnigeria) in die erste Kategorie und die Logoli (aus Westkenia), die Tallensi (Nordghana) und die Nuer (Südsudan) in die zweite Kategorie ein.[3] Es ist, oder es sollte eine Angelegenheit von beträchtlichem Interesse für politische Denker sein, dass Gesellschaften der zweiten Ordnung – das heißt anarchistische Gesellschaften – in geordneter Weise existierten und funktionierten, zumindest nicht weniger geordnet als zentralisierte Gesellschaften.

3 Meyer Fortes, Edward E. Evans-Pritchard (Hg.), *African Political Systems,* Oxford 1940, S. 5.

Es ist auch möglicherweise einfacher, in den weniger zentralisierten Ordnungen die Notwendigkeit des Konsensprinzips einzusehen. Wo die Ausübung von Autorität (wie zum Beispiel bei der Schlichtung von Streitfällen) lediglich auf moralischem und vielleicht metaphysischem Prestige fußte, musste Entscheidung durch numerische Überlegenheit wie eine Störung erscheinen. Interessanter aber ist es, zu beobachten, dass die Gewohnheit der Konsensentscheidung in der Politik in einigen der zentralisiertesten und, wenn es darauf ankam, kriegerischsten ethnischen Gruppen Afrikas – wie die Zulu und Ashanti – sorgfältig kultiviert worden ist. In nahezu paradoxer Weise haben die Autoritäten einiger der vergleichsweise weniger zentralisierten und militarisierten Gesellschaften – wie die Bemba und Banyankole – weniger Enthusiasmus für das Konsensprinzip in der politischen Entscheidungsfindung aufgebracht als die Ashanti oder Zulu.[4] Im Folgenden schlage ich vor, die ausgefeilte Beschreibung und Analyse des traditionellen politischen Systems der Ashanti in Kofi Busias *The Position of the Chief in the Modern Political System of the Ashanti*[5] sowie meine eigene Erfahrung zu verwenden, um das Konsensprinzip anhand des Beispiels des politischen Lebens der Ashanti zu skizzieren.

Die Verwandtschaftslinie ist die grundlegende politische Einheit bei den Ashanti. Weil diese ein matrilinear organisiertes Volk sind, besteht eine solche Einheit aus allen Menschen einer Stadt oder eines Dorfes, die eine gemeinsame Vorfahrin haben, und vereint in der Regel eine erhebliche Anzahl von Personen. Jede solche Einheit hat ein Oberhaupt (*head*), und jedes dieser Oberhäupter ist automatisch Mitglied in dem Rat, der die regierende Instanz der Stadt beziehungsweise des Dorfes darstellt. Die Vorausset-

---

4 Vgl. zum Beispiel Max Gluckman, »The Kingdom of the Zulu of South Africa«; Isaac Shapera, »The Political Organisation of the Ngwato of Bechuanaland Protectorate« (heutiges Botswana); sowie Audrey Richards, »The Political System of the Bemba Tribe – North-Eastern Rhodesia« (heutiges Zambia); alle in: Fortes, Evans-Pritchard (Hg.), *African Political Systems.*

5 Kofi A. Busia, *The Position of the Chief in the Modern Political System of the Ashanti,* London 1951. Die Ashanti sind eine Untergruppe der Akan. Weitere Untergruppen sind die Akim, die Akaupim, Denkyira, Fante, Kwahu, Brong, Wassa und die Nzima. Die Akan als Ganzes machen fast die Hälfte der Bevölkerung Ghanas aus, wobei sie die mittleren und südlichen Regionen des Landes bewohnen. Auch in der Elfenbeinküste leben einige Gruppen der Akan. Die Beschreibung des Ashanti-Systems ist im Wesentlichen richtig, die der Akan im Allgemeinen auch.

zungen für den Vorsitz über die Verwandtschaftslinie sind hohes Alter, Weisheit, Gespür für bürgerliche Verantwortlichkeit sowie logisches Überzeugungsvermögen. All diese Eigenschaften sind oft vereint im ältesten, aber noch nicht senilen Mitglied der Verwandtschaftslinie. In solchen Fällen ist die Wahl nahezu Routinesache. Treffen diese Eigenschaften nicht in einer bestimmten Person zusammen, kann die Wahl ausgedehnte und gewissenhafte Konsultationen und Diskussionen nach sich ziehen, die auf einen Konsens abzielen. Es gibt niemals einen formellen Wahlakt. Tatsächlich gibt es kein althergebrachtes Wort für »Wahl« in der Ashanti-Sprache. Der Ausdruck, der gegenwärtig für diesen Prozess benutzt wird (*aba to*), ist eine offensichtlich moderne Wendung für einen modernen kulturellen Import, oder wir sollten sagen: für etwas Aufgezwungenes.

Die Wahl des Oberhaupts einer Verwandtschaftslinie ist der Punkt, an dem das Konsensprinzip sich zum ersten Mal im politischen Prozess der Ashanti bemerkbar macht. Dieses Amt wird, wenn es einer Person übertragen wird, lebenslang übernommen, solange nicht vorher moralische, intellektuelle oder physische Degeneration einsetzt. Als Repräsentant der Verwandtschaftslinie im Regierungsrat einer Stadt ist diese männliche (in seltenen Fällen auch weibliche) Person dazu verpflichtet, mit den erwachsenen Mitgliedern der Verwandtschaftslinie Beratungen zu den städtischen Angelegenheiten durchzuführen. In jeder Sache von besonderer Bedeutung ist Konsensus das Schlüsselwort. Schlüsselwort ist er auch auf der Ebene des Stadtrates, der, wie bereits erwähnt, aus den Oberhäuptern der Verwandtschaftslinien zusammengesetzt ist. Den Vorsitz über diesen Rat hat der »natürliche Herrscher«, der »*Chief*«, der Stadt inne. Dieses Wort, »*Chief*«, auch wenn es mit kolonialer Geringschätzung belegt ist, blieb selbst in den Zeiten nach der Unabhängigkeit aufgrund terminologischer Trägheit im allgemeinen Gebrauch. Der »natürliche« Aspekt dieser Stellung liegt in ihrem grundsätzlich erblichen Status: Normalerweise kann ein Chief nur aus der königlichen Familie kommen. Aber die Stellung ist nur im Prinzip erblich; denn da eine Verwandtschaftslinie eine recht große Gruppe von Familienmitgliedern umfasst, gibt es zu jeder Zeit eine nicht unbedeutende Anzahl qualifizierter Bewerber für den Posten. Die Auswahl, die durch die »Königsmutter« getroffen wird (Mutter, Tante oder Schwester mütterlicherseits oder

Cousine des Chiefs), muss vom Rat bestätigt und von der breiten Öffentlichkeit gebilligt werden, um letztlich gültig zu sein. Letzteres erfolgt durch eine Organisation, die wörtlich übersetzt »die Gesellschaft der jungen Leute« heißt.

Entgegen einem bewusst geförderten Anschein gilt das persönliche Wort des Chiefs nicht als Gesetz. Vielmehr entspricht sein offizielles Wort dem Konsens seines Rates, und nur in dieser Eigenschaft kann es als Gesetz gelten. Daher kommt die Redensart der Akan, dass es keine schlechten Könige, sondern nur schlechte Ratgeber gebe. Natürlich mag ein selbstherrlicher Chief (wenn er zudem die Kühnheit dazu besitzt) manchmal erfolgreich versuchen, dem Rat seinen eigenen Willen aufzuzwingen. Aber ein Chief mit solchen Gepflogenheiten wird mit hoher Wahrscheinlichkeit bald abgesetzt. Tatsächlich war, wie Abraham in *The Mind of Africa* auch in Bezug auf die Akan hervorhebt, »das Königtum eher ein heiliges denn ein politisches Amt«.[6] Es war »heilig«, da angenommen wurde, dass der König das Bindeglied zwischen der lebenden Bevölkerung und ihren verstorbenen Ahnen darstelle, von denen wiederum angenommen wurde, dass sie die menschlichen Interessen aus ihrer Post-mortem-Perspektive überwachen. Soweit es politisch war, wies das Amt substantielle Analogien zum Status eines konstitutionellen Monarchen auf. Der Chief war das Symbol der Einheit seines Königreiches und übte im normalen Ablauf seiner Pflichten eine Vielzahl zeremonieller Funktionen aus. Aber im Unterschied zu einem konstitutionellen Monarchen war er Mitglied des regierenden Rates (zumindest als Angehöriger einer Verwandtschaftslinie) und dadurch in der Lage, legitimen Einfluss auf die Beratungen auszuüben, und zwar nicht kraft irgendeiner göttlichen Inspiration, sondern eher kraft der – wie auch immer seinen Ideen innewohnenden – Überzeugungskraft.

Werden diese Tatsachen berücksichtigt, wird deutlich, dass der Rat einen stark repräsentativen Charakter hatte, sowohl im Hinblick auf seine Zusammensetzung als auch auf die Inhalte seiner Entscheidungen. Diese Art der Vertretung wurde auf allen Autoritätsebenen des Ashanti-Staates wiederholt. Die Stadträte waren die einfachsten Bühnen politischer Autorität. Vertreter dieser Räte konstituierten die Bezirksräte, denen »*paramount*« Chiefs (höchste/

6 William E. Abraham, *The Mind of Africa*, Chicago/IL 1962, S. 77.

oberste Chiefs) vorsaßen. Letztgenannte Einheiten sandten Vertreter zum nationalen Rat, dessen Vorsitz vom »Asantahene« eingenommen wurde, dem König der Ashanti, der die höchste Ebene traditioneller Regierung darstellte. An diesem Punkt ist es wohl bereits überflüssig, zu erwähnen, dass Entscheidungen auf allen Ebenen auf dem Konsensprinzip beruhten.

Nun, beim Festhalten am Konsensprinzip handelte es sich um eine bewusste Entscheidung. Sie gründete auf dem Glauben, dass *letztendlich* die Interessen aller Mitglieder der Gesellschaft die gleichen sind, auch wenn die augenblicklichen Wahrnehmungen ihrer Interessen unterschiedlich sein können. Dieser Gedanke wird in einem Kunstmotiv ausgedrückt: einem Krokodil mit einem Bauch und zwei Köpfen, die im Kampf um Nahrung ineinander verklammert sind. Wenn diese Köpfe sehen könnten, dass das Essen in jedem Fall für ein und denselben Magen bestimmt ist, würde ihnen die Irrationalität ihres Streits klar werden. Aber besteht die Möglichkeit dazu? Die Ashanti-Antwort darauf ist: »Ja, Menschen haben die Fähigkeit, sich durch ihre Differenzen hindurch bis zum tiefsten Grund der Identität ihrer Interessen durchzukämpfen.« Das Mittel zum Erreichen einer solchen Zielvorstellung besteht dieser Ansicht nach schlichtweg in rationaler Diskussion. Hinsichtlich der Möglichkeiten dieses Mittels haben die Ashanti eine explizite Meinung. »Es gibt«, sagen sie, »kein Problem menschlicher Beziehungen, das nicht durch Dialog gelöst werden könnte.« Dialog setzt natürlich nicht nur (mindestens) zwei Parteien voraus, sondern auch zwei im Konflikt stehende Positionen: »Ein Kopf allein hält nicht Rat.« Dabei wurde nicht einen Moment lang in Erwägung gezogen, dass eine Stimme das ausschließliche Recht der Anhörung habe, denn »Zwei Köpfe sind besser als einer«, besagt eine andere Maxime. Tatsächlich priesen die Ashanti (und die Akan im Allgemeinen) die rationale Diskussion so sehr als Weg zum Konsens zwischen Erwachsenen, dass die Fähigkeit zu elegantem und überzeugendem Diskurs zu einer der entscheidendsten Qualifikationen für höhere Ämter wurde.

Ich möchte betonen, dass das Streben nach Konsens eine bewusste Anstrengung ist, über das Prinzip der Mehrheitsentscheidung hinauszugehen. Es ist einfacher, eine mehrheitliche Übereinstimmung herzustellen, als einen Konsensus zu erreichen. Diese Tatsache ist den Ashanti bewusst. Aber sie verwarfen den Weg des geringsten Widerstands. Für sie ist die Meinung der Mehrheit an sich keine ausreichende Basis zur Entscheidungsfindung, denn dabei wird der Minderheit das Recht vorenthalten, dass sich in der gegebenen Entscheidung auch ihr Wille widerspiegelt. Oder um es mit den Begriffen des Repräsentationskonzepts auszudrücken: Es entzieht der Minderheit das Recht auf Repräsentation in der fraglichen Entscheidung. Zwei Auffassungen von Repräsentation sind in diesen Überlegungen inbegriffen. Es gibt die Repräsentation einer gegebenen Wählerschaft (*constituency*) im Rat, und es gibt die Repräsentation des Willens eines Repräsentanten bei der Entstehung einer Entscheidung. Nennen wir die erste eine formale und die zweite eine substantielle Repräsentation. Dann wird offensichtlich, dass man eine formale Repräsentation ohne ihr substantielles Korrelat haben kann. Und dennoch dient das Formale dem Substantiellen. Nach der Vorstellung der Ashanti ist substantielle Repräsentation ein menschliches Grundrecht. Jeder Mensch hat das Recht, nicht nur im Rat, sondern auch im Prozess des Beratschlagens selbst repräsentiert zu werden – in Bezug auf jede Sache, die für seine Interessen oder jene seiner Gruppe relevant ist. Aus diesem Grund ist das Konsensprinzip so wichtig.

In derselben Hinsicht mangelt es auch nicht an pragmatischen Gründen. Formale Repräsentation ohne Substanz tendiert dazu, Unzufriedenheit zu erzeugen. Wenn das gebräuchliche System bewirkt, dass sich einige Gruppen wiederholt als substantiell nicht-repräsentierte Minderheiten wiederfinden, dann institutionalisiert sich diese regelmäßig wiederkehrende Unzufriedenheit. Das Resultat sind die wohlbekannten Unstimmigkeiten einer solchen kontroversiellen Politik. Vom Standpunkt der Ashanti aus ist Konsensus das Gegenmittel. Aber noch einmal: Kann Konsens immer erreicht werden? Wie bereits erwähnt, haben die Ashanti anscheinend geglaubt, das könne, zumindest im Prinzip, der Fall sein. Aber einmal angenommen, dies sei nicht der Fall. Selbst dann kann ein Konsens immer noch angestrebt werden. Der entscheidende Punkt dabei ist, dass sich jedes politische System, das dieses Ziel ernsthaft verfolgt, institutionell von einem System unterscheiden muss, das auf schwankenden Mehrheiten basiert, sosehr dieses auch durch eine »Gewaltenteilung« abgesichert sein mag.

Mehrheitsdemokratien versus Konsensdemokratien

Was folgt aus diesen Überlegungen zur Demokratie? Heutige Formen der Demokratie sind üblicherweise Systeme, die auf dem Mehrheitsprinzip basieren. Die Partei, die die Mehrheit der Sitze oder den größten Anteil an Stimmen (wenn das geltende System ein Verhältniswahlsystem ist) gewinnt, erhält die Regierungsgewalt. In einem solchen politischen System sind Parteien Verbände von Menschen mit ähnlichen Tendenzen und Bestrebungen und mit dem einzigen Ziel, Macht für die Durchführung ihrer Politik zu erhalten. Nennen wir solche Systeme *Mehrheitsdemokratien (majoritarian democracies)* und solche, die auf Konsens beruhen, *Konsensdemokratien (consensual democracies)*. Das System der Ashanti ist eine Konsensdemokratie. Es ist eine Demokratie, weil die Regierung nur aufgrund der Zustimmung des Volkes in Gestalt seiner Repräsentanten und der Unterwerfung unter deren Kontrolle gebildet werden kann. Und es ist konsensbestimmt, da (zumindest als Regel) die Zustimmung nach dem Konsensprinzip ausgehandelt wird. (Im Gegensatz dazu könnte vom Mehrheitssystem gesagt werden, dass es auf einer »Zustimmung« [*consent*] ohne Konsensus gründet.)

Darüber hinaus ist das System der Ashanti kein Parteiensystem im Sinne des Wortes Partei, wie es im letzten Absatz benutzt wurde und das der Mehrheitsdemokratie zugrunde liegt. In einem weiteren lexikalischen Sinn gibt es jedoch auch dort Parteien. Die Verwandtschaftslinien sind Parteien innerhalb des Projektes einer guten Regierung. Mehr noch, in jeder Stadt gründen Jugendliche eine organisierte Partei mit einem anerkannten Anführer, der berechtigt ist, diese in allen Belangen öffentlichen Interesses direkt vor dem zuständigen Rat zu vertreten (wenn auch nicht als dessen Mitglied). Dieses System bildet aber keine Parteien in dem Sinne heraus, dass sich eine der genannten Gruppen mit dem Ziel konstituiert, Macht in einer Weise zu gewinnen, die dazu führt, dass andere nicht an dieser Macht teilhaben oder – schlimmer noch – gänzlich davon ausgegrenzt werden. Für alle Betroffenen ist das System in Kraft, um Partizipation an der Macht zu ermöglichen, nicht aber deren Inbesitznahme. Die dem zugrunde liegende Philosophie ist eine der Kooperation, nicht der Konfrontation.

Es ist dieser Aspekt des traditionellen Systems, auf den sich die Fürsprecher des Einparteiensystems beriefen, um dessen afrikanischen Ursprung und seine Authentizität zu belegen. Die illusionäre Analogie dabei war folgende: In einem Einparteiensystem gibt es keinen Konflikt zwischen den Parteien. Keine Partei verliert, weil die Partei gewinnt. Der Vergleich hinkt jedoch aus folgendem Grund: Im traditionellen Kontext verlor keine Partei, weil alle Parteien selbstverständlich beteiligte Partner an der Macht waren, oder streng genommen, weil es keine Parteien gab. In der Einparteiensituation liegt der Grund dafür, dass keine Partei verliert, darin, dass ermordete Parteien nicht konkurrieren können. (Falls die letzteren Bemerkungen ein Gefühl des Widerspruchs hervorrufen sollten, wird eine vorsichtige Aufhebung der Doppeldeutigkeit des Begriffs »Partei« in diesem Kontext ihn wieder auflösen.)

Das Verschwinden des Einparteiensystems von der afrikanischen Bildfläche wird nicht bedauert und sollte auch nicht bedauert werden. Aber ich erwähne dieses Thema nicht, um offene Türen einzurennen; vielmehr geht es darum, die guten Aspekte einer schlechten Sache hervorzuheben. Ein gültiger Punkt, der von den Verteidigern des Einparteiensystems immer wieder genannt wurde, ist, dass es keine notwendige Verbindung zwischen Demokratie und Mehrparteiensystem gibt. Damit verbunden war die Einsicht, dass einheimische politische Systeme Afrikas zumindest in einigen gut bekannten Fällen Beispiele für Demokratie ohne Mehrparteienmechanismus bieten. Aber auch wenn die betreffenden traditionellen Systeme diesen Mechanismus vermeiden, sollte nicht vergessen werden, dass in ihnen, wie bereits erwähnt, Platz für Parteien im weiten Sinne des Wortes ist. Das ist wichtig, weil solche Parteien die Zentren unabhängigen Denkens bereitstellen, die in der bloßen Idee eines sinnvollen Dialogs im Prozess politischer Entscheidungsfindung schon vorausgesetzt werden – als Bedingungen einer rationalen Interaktion, die vom Einparteiensystem so effizient zerstört wurden.

Im Zuge der Demokratisierung, die sich in Afrika seit ungefähr fünf Jahren* ereignet, begannen afrikanische Diktatoren, zivile wie militärische, unter anhaltendem Druck aus dem Westen, das Mehrparteiensystem zu übernehmen. Für einige von ihnen wirkte sich dies politisch fatal aus, während andere schließlich Tricks entdeckten, um Mehrparteien-Wahlen zu überstehen. Natürlich soll

---

* Der vorliegende Text wurde 1996 geschrieben. [Anm. d. Übers.]

die Tatsache nicht geleugnet werden, dass den afrikanischen Bevölkerungen einige Gewinne in Sachen Freiheit erwachsen sind. Aber
wie substantiell waren diese, und inwieweit beruhen die Entwicklungen auf den Stärken der ursprünglichen politischen Institutionen in Afrika? Man kann nicht davon ausgehen, dass dieser Frage
schon genügend Aufmerksamkeit gewidmet wurde.

Demokratische und ethnische Mehrheiten und Minderheiten

Der Grund für die relative Vernachlässigung der Frage kann möglicherweise mit ihrer Schwierigkeit zusammenhängen. Sicherlich
waren die Bedingungen des traditionellen politischen Lebens weniger kompliziert als jene der Gegenwart. Die Verwandtschaftssysteme, die die Stütze der Konsenspolitik früherer Zeiten bildeten, sind
einfach nicht in der Lage, demselben Zweck im modernen Afrika
zu dienen. Dies trifft insbesondere auf die urbanen Gebiete zu, wo
die (wenn auch in vielen Teilen Afrikas nur armselige) Industrialisierung Bedingungen erzeugt hat wie etwa tiefe sozio-ökonomische
Spaltungen, die alle oder viele Bestandteile ideologischer Politik in
sich tragen. Unter diesen Umständen mag es doch ein wenig zu
utopisch erscheinen, die Möglichkeit eines parteilosen Herangehens an die Politik in Betracht zu ziehen.

Auch mag es den Anschein haben, als würden die obigen Ausführungen zu traditioneller Politik im Wesentlichen Übertreibungen hinsichtlich der Harmonie des traditionellen Lebens beinhalten. Tatsache ist, dass, auch wenn das Konsensprinzip in der Politik
bestimmter ethnischer Gruppen in Afrika vorherrschte, historisch
betrachtet die interethnischen Beziehungen zwischen genau diesen
Gruppen *von Natur* aus durch häufige Kriege (die extremste Art der
Negation des Konsensus) gekennzeichnet waren oder, genauer gesagt, zugrunde gerichtet wurden. Der entscheidende Punkt hierbei
ist nicht einfach, dass es von Zeit zu Zeit ethnische Kriege gab, wie
bereits weiter oben eingeräumt worden ist, sondern vielmehr, dass
die ethnische Orientierung verschiedener Gruppen aufgrund der
eigenen nach innen gerichteten Fixierungen dazu neigte, Konflikte
in ihren nach außen gerichteten Beziehungen hervorzurufen. Hiervon kann sich die Welt heutzutage ein unglaublich tragisches Bild

machen. Es scheint daher, dass weder in der Vergangenheit noch in der Gegenwart oder in irgendeiner absehbaren Zukunft Konsensus in irgendeinem afrikanischen Staat, der aus verschiedenen ethnischen Einheiten zusammengesetzt ist, als eine realistische Basis der Politik betrachtet werden kann bzw. verspricht, diese zu werden. Im Gegenteil mag es so aussehen, als biete der pluralistische Ansatz eines Mehrparteiensystems die angemessenere Option – vorausgesetzt, er beinhaltet vernünftige Schutzmechanismen vor einer Tyrannei der Mehrheit.

Die Prämissen beider Einwände können akzeptiert werden, vorbehaltlos im ersten Fall und mit einer Einschränkung im zweiten. Aber in beiden Fällen sind die Folgerungen zugunsten des Mehrparteiensystems daraus nicht unmittelbar abzuleiten. Was die Prämissen betrifft, stimmt es, dass jeder Vorschlag, der die Verwandtschaftsbasis der traditionellen Politik als ein Modell für die heutige afrikanische Politik darstellt, als anachronistische Nostalgie abgelehnt werden kann. Was jedoch den Konflikt zwischen ethnischen Gruppen betrifft, sollte bedacht werden, dass die afrikanische Geschichte nicht nur Beispiele für Konflikte, sondern auch für Kooperationen bereithält. Dennoch, die Geschichte interethnischer Konflikte und das Problem ihres heutigen Aufflackerns sollten nicht unterschätzt werden. Interessanterweise ist gerade dies einer der Gründe, warum die Idee eines konsensuellen Nichtparteiensystems gerade in Afrika besonders ernst genommen werden sollte.

Eine der beharrlichsten Ursachen für politische Instabilität in Afrika besteht darin, dass in sehr vielen afrikanischen Staaten der Gegenwart bestimmte ethnische Gruppen numerisch wie politisch eine Minderheit darstellen. In einem System der Mehrheitsdemokratie bedeutet das trotz aller Schutzmechanismen, dass sie sich beständig außerhalb der Machtkanäle befinden. Die daraus folgenden Frustrationen und Unruhen mit ihren zerstörerischen Auswirkungen auf die Politik sollten niemanden überraschen.

Die Alternative

Betrachten wir die Nichtparteien-Alternative. Stellen wir uns eine Ordnung vor, in der Regierungen nicht von Parteien, sondern durch den Konsens gewählter Repräsentanten gebildet werden. Die

Regierung wird, mit anderen Worten, zu einer Art Koalition – eine Koalition von Bürgern und nicht, wie üblich, von Parteien. Die Gründung politischer Verbände zur Verbreitung ihrer bevorzugten Ideologien wird nicht behindert. Aber in politischen Räten würde die Mitgliedschaft in solch einem Verband nicht notwendigerweise die Chancen zur Wahl in einen Posten politischer Verantwortung bestimmen. Zwei Folgen können dann erwartet werden. Erstens: Politische Vereinigungen werden zu Kanälen aller zu wünschender Pluralismen, jedoch ohne die Hobbesschen Schwächen politischer Parteien, wie sie aus der Mehrheitspolitik bekannt sind. Und zweitens: Ohne Zwang der Mitgliedschaft in Parteien, welche rücksichtslos um Macht oder Machterhalt ringen, werden sich die Repräsentanten eher von den objektiven Vorteilen gegebener Anträge leiten lassen als von Hintergedanken. In einer solchen Umgebung wird Kompromissbereitschaft gestärkt – und damit auch die Aussicht auf Konsensus.

Konsensus ist nicht bloß eine Zusatzoption. Wie meinen früheren Bemerkungen entnommen werden kann, ist er ganz wesentlich für die Sicherung substantieller oder, wie man auch sagen könnte, dezisiver Repräsentation der Repräsentanten; und dadurch für die Repräsentation der Bürger überhaupt. Dies ist nichts weniger als eine Angelegenheit fundamentaler Menschenrechte. Konsensus als politische Entscheidungsprozedur benötigt prinzipiell, dass jeder Repräsentant nach dem Bedenken aller Aspekte von der praktischen Notwendigkeit, wenn nicht gar vom Optimum jeder Entscheidung, überzeugt ist. Wenn die Diskussion auch nur annähernd rational und in einer Atmosphäre respektvollen Entgegenkommens aller Seiten verlaufen ist, dann werden die noch bestehenden Bedenken einer momentanen Minderheit nicht die Erkenntnis verhindern, dass eine bestimmte Handlungsrichtlinie eingeschlagen werden muss, wenn die Gemeinschaft vorankommen will. Dies sollte nicht verwechselt werden mit Entscheidungsfindung nach dem Prinzip des Mehrheitsrechts. Im diskutierten Fall herrscht die Mehrheit nicht über, sondern mit der Minderheit – sie überzeugt diese, den fraglichen Vorschlag mitzutragen und nicht einfach nur damit zu leben, wie es das grundsätzliche Leid von Minderheiten in einer Mehrheitsdemokratie ist. In einem Konsensus-System wäre die freiwillige Zustimmung der Minderheit zu einem bestimmten Sachverhalt normalerweise notwendig, um eine Entscheidung anzunehmen. Im seltenen Fall eines hartnäckigen Gegensatzes könnte ein Mehrheitsentscheid dazu benutzt werden, den toten Punkt zu überwinden. Aber der Erfolg des Systems muss an der Seltenheit solcher Zwangslagen gemessen werden, die in den Arbeitsprozessen der entscheidungsfindenden Institution eines Staates auftreten. Willkommener könnte der Gebrauch von Mehrheiten bei der Wahl von Repräsentanten sein. Hier kann eine Auswahl durch die höhere Anzahl von Stimmen entschieden werden. Aber sogar hier werden die Repräsentanten verpflichtet sein, all die verschiedenen Meinungen in ihrer Wählerschaft zu konsultieren, um so weit wie möglich eine konsensuelle Basis der Repräsentation auszuarbeiten.

Weitere konkrete und auch prinzipielle Punkte bleiben damit noch unerwähnt. Aber die hier gegebenen Hinweise müssten die Vermutung bereits plausibel machen, dass in einem konsensuellen Nichtparteien-System keine einzelne Gruppe – im ethnischen oder ideologischen Sinn – davon betroffen sein wird, ständiger Außenseiter im Hinblick auf die staatliche Macht zu bleiben. Das allein sollte genügen, um zumindest einigen unglücklichen Konflikten, die Afrika bis heute heimgesucht haben, die Grundlage zu entziehen. Die Komplexität unseres heutigen afrikanischen Lebens macht die parteilosen Vorläufer traditioneller afrikanischer Politik also nicht nur nicht überflüssig, sondern sogar unersetzlich. Allein aus diesem Grund sollte die Erforschung einer solchen Alternative zur Mehrparteienpolitik dringend die Aufmerksamkeit zeitgenössischer afrikanischer Philosophen und Politikwissenschaftler auf sich ziehen. Aber an der Idee selbst ist nichts besonders Afrikanisches. Wenn sie Gültigkeit besitzt, besonders im Hinblick auf ihre Menschenrechtsdimension, dann sollte sie für unsere gesamte Gattung von Belang sein.

Aus dem Englischen von Kai Kresse und Anke Graneß

Emmanuel Chukwudi Eze
Demokratie oder Konsensus?
Eine Antwort auf Wiredu

In seinem Artikel übernimmt Kwasi Wiredu eine wichtige und notwendige Aufgabe: die Suche nach einem begrifflichen politischen Paradigma, das die chronischen Konflikte und die Zerstörung, von denen zahlreiche afrikanische Gesellschaften – von Ruanda und Somalia bis zum Sudan und Nigeria – heimgesucht werden, beenden könnte. Man kann den von Wiredu in dieser Frage eingenommenen Standpunkt unter die Sichtweisen derjenigen afrikanischen Denker einreihen, die für eine »Rückkehr zur Tradition« oder eine »Rückkehr zum Ursprung«, wie es Amílcar Cabral ausdrücken würde, eintreten. Es handelt sich um einen Versuch, in der präkolonialen afrikanischen Vergangenheit flexible Formen sozialer und politischer Organisation auszumachen, die, bei entsprechender Anpassung, dazu geeignet wären, gewisse afrikanische Länder aus ihren gegenwärtigen selbstzerstörerischen politischen Handlungsmustern herauszuführen. Neben Cabrals »Rückkehr zum Ursprung« gehören zu den Wiredus Gedankengang verwandten Bemühungen der »Afrikanische Sozialismus« von Senghor, Nyereres »Ujamaa«, und, mit starken Einschränkungen, Ousmane Sembènes dialektische Konstruktionen des »Volkes« als Quelle politischer Erlösung in seinen Filmen (zum Beispiel *Xala*).

Das Modell der »Rückkehr zum Ursprung« ist ein vollkommen anderer Weg als der von vielen afrikanischen Staaten heutzutage eingeschlagene, die demokratische Ideale in Bewegungen zu verwirklichen suchen, deren Wurzeln in modernen europäischen Traditionen liegen. Zu den jüngsten Beispielen gehört die Bewegung, die zum Sturz von Kenneth Kaundas Regierung durch Abwahl geführt hat. Der afrikanische Wunsch nach einem an westlichen Modellen orientierten demokratischen Prozess zeigt sich auch in den verschiedenen Formen von Moshood Abiolas Kampagne für »Demokratie« in Nigeria. Nachdem das Militärregime unter Ibrahim Babangida die Wahlen von 1993 willkürlich aufgehoben und damit der jetzigen Diktatur in Nigeria den Weg geebnet hatte, begann der in der annullierten Wahl siegreiche Abiola seine Kampagne gegen das Militärregime, indem er das Land verließ, um nach London, Paris und dann auch nach Washington zu fliegen und an jedem dieser Orte – mit Regierungsunterstützung – politischen Druck auf Abacha zur Wiederherstellung der »Demokratie« aufzubauen. »Demokratie« wird hier also in der Sprache des Mehrparteiensystems der westlichen politischen Traditionen aufgefasst und artikuliert, in dem Sinn also, in dem der Westen von den afrikanischen Staaten demokratische Verhältnisse als Bedingung für ökonomische und militärische Hilfe verlangt.

Nennen wir die erste Art der Suche nach einer afrikanischen Demokratie (das »Rückkehr-zum-Ursprung-Modell«) eine »esoterische« Bewegung, so können wir den zweiten Typ als »exoterisch« bezeichnen. In Wiredus Formulierung und mit Rücksicht auf die Ashanti-Tradition gesagt, würde der erste Weg zu einer von indigenen Traditionen inspirierten Form der *Konsensdemokratie* führen. Dagegen würde der zweite Weg zu einer *kontroversiellen Demokratie* nach westlichem Modell führen. Ich möchte darauf hinweisen, dass Wiredus Terminologie sich mitunter von der, die ich wählen würde, unterscheidet: Zum Beispiel gehört nach ihm die Konsensdemokratie der »traditionellen«, präkolonialen Vergangenheit Afrikas an, während die »kontroversielle« Demokratie einen westlichen Import ins »moderne«, postkoloniale Afrika darstellt. Ich halte nichts davon, dass man das eine Modell automatisch als »westlich« und deshalb »modern« und »postkolonial« charakterisiert, während das andere automatisch »afrikanisch« und deshalb »traditionell« und »präkolonial« sein soll. (Anthropologen lieben es, mit solchen »zugegebenermaßen-unscharfen« begrifflichen Dichotomien die afrikanische Existenz zu reifizieren.) Würden wir hingegen unseren Blick darauf richten, wie manche »moderne« afrikanische Diktatoren die traditionellen Ideale der Konsensus-Politik gebraucht haben, um die Macht in ihren – willkürlichen – Händen zu konzentrieren, würden wir erkennen, dass die politischen Praktiken im heutigen Afrika eine flexiblere und oft unausgesprochen eklektische oder synkretistische Melange von Afrikanischem und Westlichem, Altem und Neuem, Präkolonialem, Kolonialem und Postkolonialem und so weiter darstellen.

Wie auch immer, jedenfalls verwischen diese Arten von Flexibilität, Eklektizismus und Überlappung zwischen den Spielarten »moderner« und »traditioneller« politischer Formen in Afrika Wiredus grundlegende Unterscheidung zwischen den beiden Arten »demokratischer« Antriebe nicht, die auf dem Kontinent miteinander im Wettstreit liegen. Nach Wiredu gibt es zum Beispiel im traditionellen politischen System der Akan

niemals einen formellen Wahlakt. Tatsächlich gibt es kein althergebrachtes Wort für »Wahl« in der Ashanti-Sprache. Der Ausdruck, der gegenwärtig für diesen Prozess benutzt wird (*aba to*), ist eine offensichtlich moderne Wendung für einen modernen kulturellen Import, oder wir sollten sagen: für etwas Aufgezwungenes.[1]

Wenn man innerhalb dieser Unterscheidungen arbeitet, ist es klar, dass – um bei unseren nigerianischen Beispielen zu bleiben – Abiolas Kampagne sich aus der Ausübung einer demokratischen politischen Tradition ergibt, die Wiredu im angeführten Zitat als »modernen kulturellen Import« oder »etwas Aufgezwungenes« beschreibt. Andererseits nutzen die von mir oben erwähnten afrikanischen Diktatoren – wie Abacha – die traditionellen Mittel der Konsensdemokratie aus, um nationale Unterstützung für ihre Regime aufzubauen.

Ich möchte nicht den Eindruck erwecken, als ob es eine »konsensueller« Politik innewohnende Eigenschaft gäbe, die sie für diktatorischen Missbrauch anfälliger machen würde als irgendeine andere Form politischer Praxis. Eine Hauptstärke von Wiredus Analyse der Konsensdemokratie ist es ja gerade, dass er zeigt, wie die vielen diktatorischen Praktiken in Afrika, die unter dem Namen der »nationalen Einheit« oder des »Konsensus« florieren, als Einparteiensysteme in der Tat überhaupt nicht demokratisch sind und jegliche Opposition unterdrücken. Für Wiredu wäre das Verschwinden dieser »Einparteien«-Regierungsformen, auch wenn es durch Anwendung von exoterischen Formen demokratischen Druckes herbeigeführt würde, höchst willkommen. Die Konsensdemokratie, die von Wiredu vertreten wird, ist nicht die einer Partei, die alle Macht ausübt und – um Wiredus Worte zu gebrauchen – ihre Opponenten »ermordet«; sie ist eher ein Rahmen, innerhalb dessen alle Parteien die Ausübung der Regierungsgewalt teilen.

Wie ich denke, bringt der Kontext politischer Realitäten, wie wir sie in Nigeria, dem Sudan, Liberia, Ruanda oder Zaire antref-

1 Wiredu in diesem Band, S. 172.

fen, Wiredu zur Aussage, es sei umso besser, wenn »importierte« oder »aufgezwungene« Demokratieformen Afrikaner von politischer Unterdrückung befreien. Aber wir wissen von den »Tricks«, die afrikanische Diktatoren erfunden haben, um solchem Druck von außen standzuhalten: Sie führen Scheinwahlen unter Beteiligung mehrerer Parteien durch, um die westlichen Regierungen mittels eines Täuschungsmanövers dazu zu bringen, weiterhin Waffen zu liefern (wozu es, wie wir alle wissen, großer Überzeugungskraft bedarf!), während die Mechanismen autokratischer, diktatorischer und terroristischer Ausübung der Staatsgewalt intakt und unverändert bestehen bleiben. Daher stammt die Notwendigkeit, andere Modelle der oder für die afrikanische(n) Demokratie(n) zu entwickeln. In der Idee des »Konsens« oder der »Konsensdemokratie« sieht Wiredu eine Alternative sowohl zur Einparteiendiktatur als auch zum Mehrparteiensystem, das von der »Alles dem Sieger«-Mentalität kontroversieller politischer Praxis geprägt ist.

Den Anspruch, den Wiredus Konzeption der konsensuellen Politik erhebt, liegt zuallererst darin, dass sie nicht nur formale, sondern *substantielle* Repräsentation zu gewährleisten verspricht. In einem klassischen Mehrparteiensystem – wie zum Beispiel in den USA oder dem heutigen Südafrika, wo die Herrschaft der Mehrheit das Regierungsprinzip bildet – besteht die Aufgabe darin, wie man die Rechte der Minderheitenparteien, die die Wahlen nicht »gewonnen« haben, gewährleistet. In einer Konsensdemokratie gibt es nun keinen »Gewinner« (und folglich auch keinen »Verlierer«): Jede Partei ist eine Regierungspartei, und das Regierungsprinzip ist die Versöhnung der widerstreitenden sozialen Interessen. Versöhnung, Zustimmung, Konsens und nicht die Herrschaft der Mehrheitspartei würden das politische Axiom abgeben. Daher Wiredus Aussagen, etwa: »dass Konsensentscheidungen bei Beratungen in Afrika oft an der Tagesordnung waren«; »die Alten unter den großen Bäumen sitzen und miteinander sprechen, bis sie sich einig sind«; oder »die Meinung der Mehrheit an sich keine ausreichende Basis zur Entscheidungsfindung [ist], denn dabei wird der Minderheit das Recht vorenthalten, dass sich in der gegebenen Entscheidung auch ihr Wille widerspiegelt«, und so weiter.[2]

2 Wiredu fährt fort: »Formale Repräsentation ohne Substanz tendiert dazu, Unzufriedenheit zu erzeugen. Wenn das gebräuchliche System bewirkt, dass sich einige Gruppen wiederholt als substantiell nichtrepräsentierte Minderheiten wiederfin-

Im Folgenden werde ich die sehr ansprechende Idee eines »Konsensus« etwas kritischer und genauer untersuchen, die uns Wiredu als einen möglichen Weg, der uns vorwärts bringt, präsentiert. Ich habe dazu einige Anmerkungen und Fragen und werde diese auf drei miteinander verbundene Themen aufteilen. Zuerst werde ich Wiredus Darstellung der Ursprünge der politischen Autorität bei den Ashanti darstellen. Zweitens werde ich einige Fragen betreffs Wiredus Verständnis (oder des Verständnisses der traditionellen Ashanti) vom Wesen politischer Interessen aufwerfen. Zuletzt werde ich damit schließen, dass ich die zahlreichen Bedeutungen näher untersuche, die das Wort »Demokratie« durch Wiredus Rekonstruktion der traditionellen politischen Kultur des Konsensus bei den Ashanti annehmen (oder ablegen) würde.

Wiredus Präsentation der Tradition

Es ist leicht festzustellen, dass Wiredu an vielen Stellen die Konzeption mehrerer möglicher Quellen legitimer politischer Macht bei den Akan herausstreicht, obwohl er sie weder im Einzelnen entwickelt, noch genauer untersucht. Zum Beispiel lesen wir, dass die Qualifikation für das politische Amt des Oberhauptes einer Verwandtschaftslinie (*lineage*) bei den Ashanti moralische Überlegungen involviert: »Moralische Degeneration« ist ein Hindernis für dieses Amt.[3] Wiredu aber erklärt uns keineswegs, welche Verhaltensweisen oder Zustände als »moralische Degeneration« anzusehen sind. (Wie weitgestreut würde die Anerkennung der moralisches Codices der alten Ashanti in den Welten des modernen Afrikas sein?) Darüber hinaus stellt Wiredu, indem er Willy Abraham zustimmend zitiert, fest, dass unter den Akan »Königtum eher ein heiliges Amt denn ein politisches« war.[4] In Wiredus Sicht liest sich diese Aussage folgendermaßen: »Es war ›heilig‹, da *angenommen* wurde, dass der König das Bindeglied zwischen der lebenden Bevölkerung und ihren verstorbenen Ahnen darstelle, von denen

den, dann institutionalisiert sich diese regelmäßig wiederkehrende Ungerechtigkeit. Das Resultat sind die wohlbekannten Unstimmigkeiten einer solchen kontroversiellen Politik.« Wiredu in diesem Band, S. 175.

3 Ebd., S. 172.

4 Ebd., S. 173.

wiederum angenommen wurde, dass sie die menschlichen Interessen aus ihrer Post-mortem-Perspektive überwachen.«[5]

Das Zitat aus Abraham und Wiredus Kommentar verweisen uns direkt auf Begriffe des »Heiligen« oder der »Ahnen« als Quellen der Legitimation politischer Macht und Autorität unter den Akan. Aber Wiredu ist in seinem weiteren Kommentar schnell mit der Versicherung bei der Hand, dass der König der Akan, anders als die alten europäischen Monarchen, die mittels »göttlichem« Rechts regierten, »legitimen« Einfluss »nicht kraft irgendeiner göttlichen Inspiration, sondern eher kraft der – wie auch immer seinen Ideen innewohnenden – Überzeugungskraft«[6] ausgeübt habe.

So bringt uns Wiredu von der Vielzahl der hier vorgestellten möglichen Quellen der Legitimation politischer Autorität bei den Akan – das »Göttliche« und das »Heilige«, die »Ahnen« und die »Überzeugungskraft« von Ideen*–, dazu, anzunehmen, dass die Ashanti sich nicht auf die *angenommenen* Ursprünge der Autorität, »das Heilige«, die »Ahnen«, das »Göttliche«, verlassen hätten, sondern nur auf die »seinen [des Königs, Anm. E. C. E.] Ideen wie auch immer innewohnende Überzeugungskraft«. Wie auch immer: Wiredu bringt keine Klärung der Beziehungen – Unterscheidungen, Ähnlichkeiten und, insbesondere, Überlappungen –, die zwischen den genannten Quellen moralischer Legitimation und der normativen Rechtfertigung der Ausübung politischer Macht bestehen oder auftreten könnten. Meine Hypothese ist nun folgende: Erstens ist es selten, wenn nicht überhaupt niemals der Fall, dass eine der Quellen der Legitimation von Autorität, die Wiredu auflistet, für sich und in offensichtlicher Unabhängigkeit von den anderen existiert. Zweitens verstehe ich nicht, warum wir glauben sollten, dass nicht nur der Führer der Akan, sondern auch seine Untergebenen – die Unterscheidung ist wichtig – gedacht oder geglaubt haben sollten, dass die einzige legitime Quelle zur Ausübung politischen Einflusses seitens des Königs oder eines Chiefs die »seinen Ideen wie auch immer innewohnende Überzeugungskraft« sei und dass die Götter und die Toten nur *angenommene* Mitspieler in diesem Spiel seien.

Ich denke, dass Wiredu weitere Beweisgründe vorbringen

5 Ebd. [Herv. v. E. C. E.]
6 Ebd. [Herv. v. E. C. E.]
* Hier zitiert Eze im Gegensatz zu weiter oben ungenau. [Anm. d. Übers.]

müsste, um behaupten zu können, dass der König und die Chiefs tatsächlich durch die säkulare, den Ideen innewohnende Überzeugungskraft herrschten und mit ihren Untergebenen auch daran glaubten, dass ihre Autorität bloß dadurch legitimiert werden konnte (anstatt durch die religiöse – und manchmal klar abergläubische – Berufung auf »das Heilige«, »Gott« oder die »Ahnen«); wie auch immer, ich muss, obwohl eine solche Argumentation immer noch aussteht, Wiredus Versuch loben, einen vorsichtigen Schritt zwischen dem Glauben der Akan an das Heilige / das Göttliche / die Ahnen als angenommene Quellen politischer Autorität auf der einen Seite und, wie ich annehme, der tatsächlichen politischen Praxis auf Grundlage der Kraft guter, rationaler und überzeugender Ideen auf der anderen Seite zu tun. Ist es die Absicht dieser Übung, unsere zeitgenössische politische Praxis mittels einiger brauchbarer Aspekte der alten politischen Systeme zu stärken, wiederherzustellen oder auch nur zu inspirieren, dann ist dieser Schnitt notwendig, weil es dann wichtig ist, herauszufinden, was in den jetzt weitgehend säkularen und sicherlich religiös pluralistischen afrikanischen Ländern durchführbar ist und was nicht. Aber hier haben wir ein Problem: Ich frage mich, ob Wiredu nicht – von seinem rationalistischen Standpunkt aus und mit der Methode der Trennung des »Göttlichen«, des »Heiligen« und der »Ahnen« auf der einen Seite und den säkularen, in sich überzeugenden Ideen auf der anderen – gerade die Glaubenssysteme unterminiert, die die »konsensuelle« Politik der Vergangenheit ermöglicht haben und die er nun als politischen Rahmen bewundert. Man bemerkt sicherlich sofort, dass Wiredu, wenn er »Konsensus« charakterisiert, Begriffe wie »Vertrauen«, »Glauben«,[*] »Versöhnung«, »Wiederherstellung des guten Willens«, »moralische Meinungen« und so weiter gebraucht. Wir sollten uns fragen, bis zu welchem Grad diese Ideen und Begriffe für die große Mehrheit afrikanischer Völker ohne Berufung auf den Bezugsrahmen von Mythologie, Ahnenverehrung und Religion sinnvoll sind?

Indem er solche Bezugsrahmen als bloß »angenommen« behandelt und die »rationalen« Ideen allein als mit »realer« oder »tatsächlicher« legitimer Macht und ebensolchem Einfluss ausgestattet ansieht, scheint uns Wiredu nahezulegen, dass die konsensuelle

---

* Engl.: *faith* bzw. *belief.* [Anm. d. Übers.]

Demokratie einfach auf die Einsicht der Akan gegründet war, dass Menschen die Fähigkeit haben, »sich durch ihre Differenzen hindurch bis zum tiefsten Grund der Identität ihrer Interessen durchzukämpfen«, und zwar mittels »rationaler Diskussion«.[7] Aber was ist die grundlegende Überzeugung, könnte man fragen: Ist es der Glaube an die Macht der Vernunft, der die Ashanti zur Überzeugung gebracht hat, dass *letztendlich* die Interessen aller Mitglieder der Gesellschaft die gleichen sind«,[8] oder ist es die Macht ihres Glaubens an eine gemeinsame Vergangenheit und Zukunft (überliefert durch die Ursprungsmythen), die sie zur Anwendung der Vernunft und rationaler Diskussion als Mittel zur Erlangung und Erhaltung dieser gemeinsamen Lebensform bringt?

In diesem Zusammenhang können wir es nicht versäumen, Folgendes zu überlegen: Was macht eine politische Idee überzeugender als eine andere? Wiredu scheint anzunehmen, dass es die logische Kraft der vorgestellten Ideen ist. Jegliche Beobachtung erfolgreicher politischer Gestaltung oder Vorherrschaft wird jedoch zeigen, dass die Ausübung öffentlicher Macht stark auf Mythologien und Symbolen beruht: die Flagge, das Vaterland, »die Partei«, »Gott«, »Freiheit«, »Befreiung«, »Fortschritt« etc. Viele dieser Begriffe laden die ihnen Ergebenen zu Treue und Zustimmung ein, ja fordern diese. Bei den meisten von ihnen handelt es sich nun aber einfach um gut gestaltete soziale, religiöse, mythologische oder auf die Ahnenverehrung bezogene Fantasien, die ihre Wirkung zumeist mit wenig oder gar keinen »Gründen« erreichen. Diese Fantasien befähigen und überzeugen Völker oft, aneinander Anteil zu nehmen, zusammenzuarbeiten, »vernünftig« miteinander umzugehen und gemeinsam zu agieren. Ich fasse zusammen: Wenn meine Annahmen richtig sind, so sollten wir von Wiredu eine adäquatere Rekonstruktion der Ursprünge und der Grundlage traditioneller konsensueller Demokratie verlangen. Wenn die traditionellen mythologischen Ursprünge und Rechtfertigungen der konsensuellen Politik sich heute (zum Beispiel aufgrund der Säkularisierung und des religiösen Pluralismus) nicht länger aufrechterhalten lassen, wir aber heutzutage unbedingt eine Form von konsensueller Politik benötigen, dann müssen wir brauchbare Mythologien (wieder) erfinden – selbst wenn wir unbrauchbare fallen lassen. Denn auch

7 Wiredu in diesem Band, S. 174.
8 Ebd.

– und gerade – eine säkulare politische Institution, die rohe Gewalt als Mobilisierungsfaktor ablehnt, benötigt eine Art der Mythologie – Platons »wahrhafte Lügen« oder verschiedenen Formen der Utopie –, um zu überleben.[9]

Vom Wesen politischer Interessen

Es scheint mir, dass Wiredu nicht nur eine abstrakte normative Basis für die politische Praxis der Ashanti rekonstruiert hat, sondern dass er dabei auf *aktuelle* soziale Bedingungen und widerstreitende Interessen Bezug nimmt. Eine solche Rekonstruktion ginge Hand in Hand mit einer erneuerten Überprüfung von Wiredus umstrittenem Anspruch, dass »*letztendlich* die Interessen aller Mitglieder der Gesellschaft die gleichen sind, auch wenn die augenblicklichen Wahrnehmungen ihrer Interessen unterschiedlich sein können.«[10]

9 In einem gewissen Sinn könnten wir Wiredu sehr großzügig so interpretieren, dass er tatsächlich die Idee des Konsensus als »wahrhafte Lüge« oder »Utopie« vorschlägt. Falls dies der Fall ist, müssten wir fragen: Warum ist diese Lüge besser als andere? Warum ist zum Beispiel der »Konsensus« ein besserer Rahmen, um »einhellige« Entscheidungen oder Kompromisse herbeizuführen als, sagen wir, politische Ideale, die mehr von der *laissez faire*-Art sind. Eine wichtigere Kritik am Ashanti-Ideal des Konsensus würde freilich darin bestehen, zu fragen, inwieweit es nicht einen Deckmantel, einen Vorwand für alle offiziellen und inoffiziellen »Kola-Nuss«-Systeme von Kompromissen, Abmachungen und Protektion darstellt, die, wenn sie in starkem Maße praktiziert werden, soziopolitisches und ökonomisches Handeln um Normen und Erwartungen herum organisieren, die wenig oder gar nicht mit dem eigentlichen Ideal eines öffentlichen oder Gemeinwohls zu tun haben? (Hountondji liefert in dem Essay »Everyday Life in Black Africa« eine Skizze dieser Art stabilisierender, aber idealistisch gesprochen, nichtöffentlich ausgerichteter politischer Rahmenbedingungen, an die ich hier denke: »[D]ie ganze Skala der sprachlichen Raffinesse, das vollständige Spektrum von Katz-und-Maus-Spielen vom freundlichen Schlag auf die Schulter bis zu (wahren oder gespielten) zornigen Szenen, während man die Hausbesuche durchführt, die gefüllten Umschläge und andere Aufmerksamkeiten, die berührende Anspielung auf gemeinsame Freunde, womöglich auf einige entfernte – mittels der angeheirateten Tante des Onkels der Großmutter – Verwandte. Das wird auch ›Dialog‹ genannt und, natürlich, ›Konsens.‹« (Paulin Hountondji, »Daily Life in Black Africa« in: Valentin-Yves Mudimbe [Hg.], *The Surreptitious Speech. Presence Africaine and the Politics of Otherness 1947-1987*, Chicago 1992, S. 344-364, hier S. 358.)
10 Wiredu in diesem Band, S. 174.

Isolieren wir den ersten Teil der Aussage: »Die Interessen aller Mitglieder der Gesellschaft sind die gleichen.« Warum sollte jemand diesen Satz als wahr akzeptieren, selbst wenn wir das Attribut »letztendlich« hinzufügen? Die Interessen einiger Mitglieder oder eines Mitgliedes einer Gesellschaft können darin bestehen, den Rest zu beherrschen, aus purer morbider Lust an der Macht. Wie kann man nun ein solches psychologisches »Interesse« des Diktators mit dem der Beherrschten versöhnen? Nehmen wir ein Beispiel, indem wir einige »Interessenskonflikte« erwägen, die sich aus dem Wesen des internationalen Kapitalismus ergeben könnten. Worin treffen sich die *kommerziellen* Interessen einer texanischen Ölgesellschaft oder der englisch-holländischen Shell, die darin bestehen, in Nigeria Öl so schnell und sicher wie möglich aus dem Erdboden zu pumpen, mit den politischen Interessen und den Überlebensinteressen von einigen Tausend Leuten, die Ogoni heißen? Oder noch ein weiteres Beispiel: Worin treffen sich die Interessen von 95 Prozent der US-Amerikaner, die zusammen so viel Wohlstand haben wie ein Prozent derselben Bevölkerung? Wie können die sozialen Interessen solcher Gruppen in einer Gesellschaft »letztendlich« »gleich« sein – außer, wenn das Wort »letztendlich« hier einfach »in der Ewigkeit« bedeutet (zum Beispiel, »Im Himmel werden all gleich sein«)?

Wiredus Antwort – und er versichert uns, dass es auch die der traditionellen Akan sei – lautet, dass es Unwissenheit sei, die diese verschiedenen Gruppen (und uns, wie ich annehme) davon abhält, zu sehen, dass diese Gruppen *im Grunde* »wirklich« die gleichen Dinge begehren oder wollen. Nach Wiredu sind es »ihre [und unsere?] augenblicklichen *Wahrnehmungen* ihrer Interessen, die unterschiedlich sein können«.[11] Somit sind es die *Fehl*wahrnehmungen der Akteure, die sie dazu bringen, divergierende Interessen zu sehen und zu verfolgen! Ihre »augenblicklichen Wahrnehmungen« lassen es ihnen nicht zu Bewusstsein kommen, dass »letztendlich« ihre Interessen die gleichen wie die der anderen sind. Was ich hier, im zweiten Teil von Wiredus Aussage, herausstreichen will, ist die Vorstellung, dass sich alles um die »Wahrnehmung« dreht. Würden wir es nur besser »sehen«, besser »verstehen«, besser »denken«, besser »kennen« oder besser »schlussfolgern« – wenn wir dies nur täten, wüssten wir, wie »irrational« es ist, unsere Sekten-, Klassen- oder

---

11 Ebd. [Herv. v. E. C. E.]

Volksinteressen gegen andere zu verteidigen. Darüber hinaus würden wir dieses irrationale Verhalten zugunsten konsensueller und gegenseitig fördernder Taten ablegen, wenn wir nur solches Wissen erlangten; daher rührt auch die Aussage: »Ja, Menschen haben die Fähigkeit, sich durch ihre Differenzen hindurch bis zum tiefsten Grund der Identität ihrer Interessen durchzukämpfen.«[12] Es ist leicht, die Wahrheit dieser Aussage infrage zu stellen.

Obwohl Wiredu die Bedeutung der näheren Bestimmungen wie »mit hoher Wahrscheinlichkeit« oder »letztendlich«, wie sie in diesem Kontext verwendet werden, nicht ausarbeitet, präsentiert er in dieser Aussage doch zwei Hauptideen: (1) Es gibt einen »tiefsten Grund der Identität von Interessen« und (2) gute Erkenntnis – andauernde statt »augenblicklicher« Wahrnehmung, um präzise zu sein – könnte alles sein, was wir brauchen, um von der Notwendigkeit überzeugt zu werden, in Übereinstimmung mit dem »tiefsten Grund der Identität der Interessen« zu handeln. In dieser zweiten Behauptung kann man leicht die Vermischung von richtigem Erkennen (oder Verstehen oder Wahrnehmen) und richtigem Handeln feststellen: Wenn wir besser »wahrnehmen«, werden wir irgendwie moralisch besser handeln (ist das nicht auch ein klassisches Problem des Platonischen Sokrates und seines »Wissen ist Tugend«?).[13]

Um bei der Logik der politischen Tradition der Ashanti zu bleiben, die uns Wiredu vorträgt, müssen wir den ursprünglichen und einzigartigen Metaphern folgen. Wiredu spricht von einem zweiköpfigen Krokodil. »Wenn diese Köpfe sehen könnten, dass das Essen in jedem Fall für ein und denselben Magen bestimmt ist,

---

12 Wiredu in diesem Band, S. 174.
13 Ich bin von Wiredu nicht davon überzeugt worden, dass das, was die Menschen zum Handeln bewegt – oder dazu, nicht zu handeln –, meistens nicht die Idee von »Vernunft« oder »Erkenntnis«, die der Philosoph entwirft, übersteigt – oder ihr vorausgeht. Wie können wir nach Nietzsche und Freud glauben, dass (1) uns der »tiefste Grund der Identität unserer Interessen« durch »rationale Diskussion« zum größten Teil zugänglich ist und diskursiv artikuliert werden kann? Oder dass (2) unsere fortgeschrittensten »rationalen« Diskussionen direkt unsere tiefsten Interessen widerspiegeln? Wiredu hat recht, wenn er feststellt, dass der Dialog »gemeinsames Handeln« ohne »übereinstimmende Vorstellungen« hervorbringen kann; in seiner Systematik der konsensuellen Demokratie fehlt hingegen die Anerkennung, dass das Umgekehrte ebenso gilt: Übereinstimmende Begriffe ergeben nicht unbedingt übereinstimmende Handlungen!

würde ihnen die Irrationalität ihres Streits klar werden.«[14] Wenn sie also die gemeinsame Bestimmung des Essens »sehen« (das heißt, wahrnehmen oder verstehen) könnten, würden die beiden Köpfe auch ihr Verhalten ändern, von einem »irrationalen« (kontroversiellen) zu einem rationalen (konsensuellen) Verhalten.

Diese von Wiredu gezogene Schlussfolgerung setzt jedoch zwei Informationen voraus, die in dem beschriebenen Kunstmotiv nicht enthalten sind oder nicht direkt daraus hervorgehen. Wiredus Schlussfolgerung, so scheint es mir, setzt voraus, dass es keine »rationale« Basis für die beiden Krokodilköpfe gibt, um die Einnahme des Essens zu kämpfen: Je mehr Essen durch *meinen* Mund (meine Zähne, meinen Kiefer, meine Zunge etc.) geht und nicht durch deinen, desto besser für mich. Um solche Kämpfe und Konflikte um das Privileg der Essenseinnahme für »irrational« zu erklären, muss man zuerst die Möglichkeit ausschließen, dass es, *stricte dictu*, von der bloßen Ernährungsfunktion unterschiedene Gründe – wie sinnliches Vergnügen, die reine Freude am Kauen von Essen; in der Tat, die Lust am Essen! – gibt, die einem der Köpfe unabhängig vom anderen zugutekommen könnten. Zweitens, falls es *keine* Möglichkeit eines solchen kopfspezifischen primären Kauvergnügens gäbe, warum sollten dann die Köpfe darum *kämpfen*, wer das Essen kaut – es wäre tatsächlich irrational, sich auf einen solchen Kampf einzulassen. Wenn es aber nun doch kopfspezifische Kauvorteile welcher Art auch immer gibt, die entweder den einen oder den anderen der Köpfe oder beide dazu bringen könnten, das Essen kauen zu *wollen*, dann liegt der einzige Weg, die Kämpfe und Konflikte um das Essen gerechtfertigterweise für »irrational« zu erklären, darin, dass man garantiert, dass, ungeachtet der von jedem Kopf tatsächlich gekauten Menge, beide gleichermaßen (quantitativ und qualitativ) am Vergnügen teilhätten. Was aber, wenn die Köpfe nicht wollen können, weil sich das doppelköpfige Tier als eines statt als viele erkennt? Dann gäbe es keinen Kampf oder Konflikt um das Essen, oder, wie wir es aus der Politik kennen, um Macht. So liegt schließlich die endgültige Garantie, die die Möglichkeit *identischer* Interessen am »tiefsten Grund« sicherstellen würde, darin, dass keiner der Köpfe eine *individualisierte* Struktur des *Begehrens* entwickelt – die absolute Garantie gegen

---

14 Wiredu in diesem Band, S. 174. [Hev. v. E. C. E.].

(eine Neigung zur oder den Verdacht auf) Habgier und (Ausübung von oder Angst vor) Herrschaft.

Wenn eine solche absolute Garantie nicht zu erreichen ist, können wir niemals *gerechtfertigterweise* a priori »Kämpfe« oder »Konflikte« zwischen den Krokodilsköpfen verhindern oder verurteilen, die um Ressourcen zur Bedürfnisbefriedigung oder Privilegien ausgetragen werden, noch können wir solche Kämpfe und Konflikte, wie Wiredu, als Verhaltensweisen bezeichnen, deren »Irrationalität« »klar« sei. Wenn die *conditio humana* prinzipiell weder die Möglichkeit absoluter Gerechtigkeit garantieren kann, noch sie ihr prinzipiell verwehrt werden kann, dann wird die Rationalität der Kämpfe und Konflikte – das heißt, der Streitfelder vom Wettbewerb geprägter (und hoffentlich demokratischer) Politik – immer manifest sein. Ich werde am Schluss darauf zurückkommen.

Wenig selbstverständliche Wahrheit liegt in der Versicherung, dass alle Interessen einer gegebenen Gesellschaft am »tiefsten Grund« identisch seien. Diese Ebene des »tiefsten Grundes«, auf der alle »menschlichen« Interessen gleich sein sollten, kann, wie ich argumentieren würde, keineswegs ein menschlicher Grund sein, oder zumindest kein in jener menschlichen Welt vorfindbarer, in der Menschen sich als Individuen erfahren. Ich finde es auch sehr schwer, in Wiredus Vermutung, dass es eine *Fehl*wahrnehmung ist, die einen davon abhält, den angenommenen »tiefsten Grund der Identität der Interessen« zu sehen, eine unveränderliche Wahrheit zu entdecken. Was, wenn dieser Glaube an eine »tiefgründige« Identität der menschlichen Interessen eine Fehlwahrnehmung *ist*? Eine Illusion? Was, wenn, darüber hinaus, solche Illusionen kultiviert werden – und zwar genau von denen, die von bestimmten sozialen und politischen Arrangements profitieren –, um die übrigen davon zu überzeugen, dass »wir alle gleich sind«?

Demokratie

Lassen Sie mich nun auf einige der Charakteristika hinweisen, die meiner Meinung nach einer jeden »Demokratie«, unter welchem Namen auch immer, eignen sollten. Wenn ich oben von der Unmöglichkeit, die Bedingungen für absolute Gerechtigkeit zu garantieren, gesprochen habe, so habe ich das Wort »absolut« im

Gegensatz zu »perfekter« Gerechtigkeit gewählt. Das Erste sollte, so wie ich den Begriff verwende, eine argumentativ vermittelbare Bedingung von »Gerechtigkeit« andeuten, die durch die oder in der vor-»humane(n)«, vor-soziale(n) Wirklichkeit garantiert wird. Das Letztere verwende ich, um auf menschlich-soziale Weise erreichte oder erreichbare Gerechtigkeit auszuzeichnen (es kann sich auch um unerreichte oder unerreichbare Gerechtigkeit handeln). Es scheint mir offensichtlich, dass eine »Demokratie« eine von mehreren Arten sozialer Rahmen darstellt, die Menschen zu dem Zweck wählen, um in den Kämpfen und Konflikten zu vermitteln, die *notwendigerweise* aus der notwendigerweise einander *widerstreitenden* Natur individuierter Identitäten und Begierden entstehen. Die *raison d'être* einer Demokratie ist die Legitimation – und das »Management« – dieser immer schon widerstreitenden (das heißt, politischen) Verfassung relativierter Begierden. In diesem Sinn können »Konsensus« oder die »Einstimmigkeit« wesentlicher Entscheidungen nicht das letzte Ziel der Demokratie, sondern nur eines ihrer Momente sein. Ich denke, dass Demokratie als politische Institution ihren Zweck in sich selbst hat. Sie ist eine gesellschaftliche Übereinkunft, die sagt: Wir werden zustimmen – oder zustimmen, dass wir nicht zustimmen, und hier sind die etablierten Mechanismen oder Regeln, denen entsprechend wir jede dieser Möglichkeiten sicherstellen und so lange wie notwendig aufrechterhalten. Es scheint mir, dass dies der Geist der Demokratie, den wir unter irgendeinem Namen finden, ist, und nicht die Erhabenheit des Momentes einer wesentlichen »Zustimmung« zu oder »Versöhnung« mit dem Grundsätzlichen oder eines »Konsensus« darüber. Ein demokratischer Prozess wird nicht durch das Erreichen eines ideologischen oder praktischen/pragmatischen Konsensus über spezifische Entscheidungen (oder Entscheidungsrepräsentationen) definiert, sondern einfach durch die ordentliche Sicherstellung eines *Mittels* oder eines *Rahmens*, um Nichtübereinstimmung und oppositionelle politische Aktivitäten einzubringen, zu kultivieren und aufrechtzuerhalten, die um ihrer selbst willen genährt und gepflegt werden, ebenso wie Zustimmung und Konsensus um ihrer selbst willen genährt und gepflegt werden.

Es scheint mir, dass eine Gesellschaft für diese Form oder diesen »Rahmen« politischen Lebens aus den Gründen optiert, die, wie Wiredu feststellt, die Ashanti hatten: *Zwei Köpfe sind besser als einer*, oder wie die Igbos sagen, *Onwe gi onye bu Ọmada Ọmachara*: »Kein Individuum ist Mutter Weisheit.« Politische Weisheit gibt es in vielen Formen, und Demokratie wird tatsächlich zu einem Markplatz miteinander kämpfender – und nicht nur zustimmender oder übereinstimmender – Ideen. Der einzige für die Demokratie wesentliche »Konsensus« – der, wenn es einen solchen überhaupt gibt, privilegierteste Moment der Demokratie – ist die anfängliche und formale Zustimmung, nach Regeln zu spielen, die die Institutionalisierung und Achtung von Dissens ebenso wie seines Gegenteils erlauben. Deshalb können wir die Demokratie nicht auf einen Moment ihrer Ergebnisse reduzieren, sei es Entscheidungsrepräsentation oder Konsensus. Das unterscheidende Merkmal scheint mir im Prozess selbst zu liegen: in der Debatte und in der Erhaltung vom Machtgebrauch, nicht in einem bestimmten Typus oder Wesen des Ergebnisses.

Sollten wir einen anderen Namen für das, wovon Wiredu uns sagt, dass es die alten Ashanti getan haben, finden? Oder sollten wir die Genauigkeit und Wahrhaftigkeit von Wiredus Bericht anzweifeln? Mir scheint, wir könnten das eine oder das andere, aber auch beides tun. Die alten politischen Praktiken der Akan mögen, so wie Wiredu sie beschreibt, keine demokratischen im wesentlichen Sinne sein. Sie mögen auch nicht der Beschreibung von Demokratie genügen, wie ich sie konzipiert und hier vorgestellt habe. Wenn dem so ist, dann entsteht die Frage: Welches Konzept ist das beste für Afrika? Demokratie als formaler Rahmen für Zustimmung und Ablehnung (der nicht von vornherein »Konsensus« oder Entscheidungsrepräsentation privilegiert), oder Demokratie, wie sie nach Wiredu in der afrikanischen Vergangenheit ausgeübt wurde: eine »Demokratie«, die sich als axiomatisch versteht und sich im Augenblick des Konsensus oder der Einhelligkeit auf die prinzipielle Ebene erhebt? Wenn der Anspruch des ersteren Demokratiekonzepts im größeren Sinne auf Freiheit besteht – die Einladung zum Einfallsreichtum, ohne dass die Forderung oder der Bedarf nach einer auf bestimmte Weise gearteten Entscheidung entstünde, der Pluralismus, der wettstreitenden (wie auch zusammenarbeitenden) Kräften innewohnt –, dann liegt der Anspruch des letzteren in seinem Versprechen größerer politischer Stabilität – einer »Stabilität«, die nichtsdestotrotz keine Garantie dafür bietet, dass ihre Fundamente auf dem idealen Trachten nach Gemeinwohl ruhen.

Mir scheint, dass keine dieser beiden Tendenzen der »Demokratie« ihrem inneren Wesen nach »westlich« oder »afrikanisch« ist und dass die beste Form der Demokratie diejenige ist, die die zentripetalen und zentrifugalen politischen Kräfte ihrer Konstituenten miteinander so zum Ausgleich bringt, dass jede Tendenz in ihrem vitalsten *élan* erhalten bleibt. In der Tat kann man nur eine solche politische Kultur als wahrhaft demokratisch bezeichnen.

Aus dem Englischen von Hans Gerald Hödl

III. Gender, Emanzipation
und Kolonialismus

Nkiru Nzegwu
Feminismus und Afrika:
Auswirkung und Grenzen einer Metaphysik der Geschlechterverhältnisse

Die in den Afrikawissenschaften vorherrschenden Definitionen von Geschlecht gingen zum größten Teil aus Disziplinen hervor, die innerhalb des westlichen Wissenskorpus angesiedelt sind. Oft sind sich Wissenschaftlerinnen und Wissenschaftler nicht darüber im Klaren, wie sehr diese Definitionen durchdrungen sind von den Sitten und Normen der jüdisch-christlichen Tradition sowie den sozialen Konventionen europäischer und europäisch-amerikanischer Kulturen. Diese Auffassungen von Geschlecht bringen die politischen, sozialen und imperialistischen Historien ihrer Ursprungskulturen zum Ausdruck. Sie spiegeln gleichermaßen die binären Dichotomien, die der westlichen Epistemologie zugrunde liegen, in denen Frauen in Opposition zu Männern definiert werden, das heißt, mit gegenteiligen Attributen versehen werden. Wie die feministische Politikwissenschaftlerin Susan Moller Okin behauptet, bezeichnet Geschlecht »*die tief verwurzelte Institutionalisierung sexueller Differenz*«.[1] Durch sie wird die kulturelle Diskriminierung von Frauen vorgezeichnet. Diese Deutung von Geschlecht, die eine männliche Dominanz gegenüber Frauen impliziert, verdankt ihre Logik dem Charakter des originären sozialen Kontexts eines Diskurses, in dem sexuelle Differenzierung mit sexueller Diskriminierung gleichgesetzt wird. Die logische Grammatik dieses Konzeptes enthüllt das Ungleichheitsprinzip, das diesem begrifflichen Rahmen des Verhältnisses von Mann und Frau zugrunde liegt. Viel wichtiger ist aber, dass die analytische Kategorie des Geschlechts und die Kategorie der Frau den gleichen Ursprung haben.

In diesem Beitrag untersuche ich zwei unterschiedliche Arten und Weisen, wie die metaphysischen Implikationen dieser Geschlechterkonzeption die ihnen folgenden theoretischen Analysen beeinflussen können und dadurch die kulturelle Spezifizität und

---

1 Susan Moller Okin, *Justice, Gender, and the Family*, New York/NY 1989, S. 2.

Historizität von Gesellschaften, wie etwa der Igbo-Gesellschaft, erodieren. Ich beginne mit einer genaueren Betrachtung derjenigen Strategien, die im Zuge einer falschen Universalisierung des westlichen Verständnisses der Frau eingesetzt werden. Anschließend werde ich aufzeigen, wie das Theoretisieren einer nigerianischen Wissenschaftlerin zu einem ähnlichen Ergebnis führt, obwohl diese bestrebt ist, eine kulturell informierte Betrachtung der Position von Frauen in der Igbo-Gesellschaft zu leisten. Mein Anliegen ist es nicht zwangsläufig, die Vorstellung von Geschlecht *per se* zurückzuweisen, vielmehr geht es mir darum offenzulegen, wie die westliche Metaphysik der Geschlechterverhältnisse in die theoretischen Formulierungen in und über andere Kulturen eingedrungen ist.

Dieser Einfluss lässt sich zunächst in relativ harmlosen transkulturellen philosophischen Analysen aufspüren. Die weiße US-amerikanische Philosophin Martha Nussbaum zeichnet ein Bild von Emotionalität in der Kultur der Igbo, das sie dafür nutzt, ihre These zu untermauern, dass Emotionen universell als weiblich apostrophiert werden und Passivität als weibisch. Sie eröffnet ihren Artikel mit einem inneren Streitgespräch von Okonkwo, dem Protagonisten von Chinua Achebes Roman *Alles zerfällt*.[2] Darin zermartert sich Okonkwo über den von ihm ausgeführten Mord an Ikemefuna den Kopf, den er in sein Haus aufgenommen und wie einen Sohn behandelt hatte. Er verurteilt sich selbst dafür, dass er nach dessen Tötung zusammenbricht, was für ihn umso schwerer wiegt, da er doch bereits fünf Männer im Kampf umgebracht hat. Er ist besorgt, dass er »ein schlotterndes altes Weib« geworden sei. Der Auszug endet mit seiner Selbstgeißelung: »Okonkwo, du bist ein altes Weib geworden.«[3] Ohne zu fragen, ob diese fiktionale Betrachtung von Emotionen als soziologisch adäquate Beschreibung der Igbo-Kultur zu erachten ist oder ob die Symbolik des schlotternden alten Weibes korrekt von ihr ausgelegt wurde, verwendet Nussbaum das innere Streitgespräch als Indiz dafür, dass die Igbo-Kultur sexistisch sei. In dieser Lesart werden Gefühle als weiblich stilisiert, ein Schritt, der es Nussbaum ermöglicht, die sozialen Auswirkungen von Sexismus zu globalisieren und zu konstatieren, das literarische Beispiel verdeutliche Folgendes: »Frauen sind gefühls-

---

2 Chinua Achebe, *Alles zerfällt*, Frankfurt/M. 2012.
3 Ebd., S. 82.

betont, Gefühle sind etwas Weibliches.«[4] Ihr zufolge dient diese »*in westlichen und nichtwestlichen Traditionen weit verbreitete Auffassung* [...] seit Tausenden von Jahren auf unterschiedliche Weise dazu, Frauen von einer vollwertigen Teilnahme an der menschlichen Gemeinschaft auszuschließen«.[5] Diese Eröffnungsstrategie vermag die Tatsache zu verschleiern, dass Nussbaum es als unproblematisch erachtet, Achebes Roman wie eine soziologisch-philosophische Quelle zu behandeln und dass sie sich weder mit den soziologischen noch mit den philosophischen Theorien der jeweiligen Kulturen genauer auseinandersetzt.

Das unmerkliche Hinübergleiten von fiktionaler Erzählung hin zu soziologischer Wahrheit mag symptomatisch für die Tendenz sein, anzunehmen, dass alle Gesellschaften – westliche und nichtwestliche gleichermaßen – die gleichen ethischen Werte teilen und dass es in den konzeptuellen Kategorien nichtwestlicher Kulturen (inklusive der Igbo-Gesellschaft) nichts Komplexes oder grundlegend Anderes gibt. Zunächst ist es wichtig sich zu vergegenwärtigen, dass diese Homogenisierung westlicher und nichtwestlicher Welten ernsthafte transkulturelle Untersuchungen verunmöglicht. Noch wichtiger ist es indes aufzudecken, wie es diese unangemessene Homogenisierung vermag, die kontextuellen Spezifika und sozialen Komplexitäten einer riesigen Anzahl nichtwestlicher Traditionen zu verschleiern. Diese Homogenisierung lässt sie alle einer ernsthaften theoretischen Auseinandersetzung unwürdig erscheinen. Es muss noch einmal betont werden, dass solche Aneignungen von Afrika zu einer Legitimation von Missdeutungen, wie zum Beispiel der endogenen Kategorien der Igbo, führen kann, auch wenn Wissenschaftlerinnen wie Nussbaum auf eine wohlwollende Art und Weise versuchen, die Kulturen Afrikas, Chinas und Mikronesiens in ihre philosophischen Betrachtungen miteinzubeziehen.

Die meisten Interpretationen von *Alles zerfällt* konzentrieren sich auf den historischen Handlungsablauf des Romans, insbesondere auf die koloniale Eroberung und die Christianisierung des Igbolandes. Das Augenmerk richtet sich dagegen deutlich seltener auf Achebes komplexe psychologische Studie eines dysfunktionalen Charakters innerhalb einer leistungsorientierten Gesellschaft. Be-

4 Martha C. Nussbaum, »Gefühle und Fähigkeiten von Frauen«, in: Dies., *Gerechtigkeit oder Das gute Leben*, Frankfurt/M. 1999, S. 131-175, hier S. 131.

5 Nussbaum, »Gefühle und Fähigkeiten von Frauen«, S. 131. [Herv. v. N. N.]

fangen in den ihn beherrschenden obsessiven Ängsten, gibt sich Okonkwo einem selbstzerstörerischen Leben hin. Die Stärke des Handlungsstranges ist die durch und durch glaubhafte Art, in der dieser unsichere, verängstigte und beängstigende Mann einen normalen, gut angepassten Igbo-Mann darstellt. Das reichhaltige kulturelle Wissen, das Achebe geschickt in den Handlungsverlauf integriert, verstärkt die Plausibilität des von ihm gezeichneten Bildes. Vollständig eingenommen von den Errungenschaften des Protagonisten, übersehen die meisten Leserinnen und Leser das periodische Abweichen Okonkwos von den im Igboland akzeptierten sozialen Normen. Beispielhaft zeigt sich dies in Okonkwos Teilnahme an dem Ritualmord an Ikemefuna, für den er wie ein Vater war, und an dem Unvermögen seiner männlichen Mitstreiter, Okonkwos Ängste nachzuvollziehen.

Dass Okonkwos Ängste nicht als normal erachtet wurden, zeigt sich an Obierikas Missbilligung der Rolle, die Okonkwo beim Tod Ikemefunas gespielt hat: »Zur Strafe für eine solche Tat löscht die Gottheit gern ganze Familien aus.«[6] Obierikas starker Widerwillen beweist, dass von Okonkwo, einem Mann, durchaus *erwartet wurde, Emotionen zu zeigen*. Obierikas Erwartungshaltung und seine Abneigung bestärken eindeutig die Lesart, der zufolge der Ausdruck von Gefühlen bei einem Mann in der Igbo-Kultur eben nicht als ein Zeichen von Schwäche gedeutet wurde. Aus der Perspektive der Gemeinschaft, wie sie von Obierika vermittelt wird, ist die väterliche Liebesbekundung ein Zeichen für Menschlichkeit und nicht für Schwäche. Eine derartiges Zeigen von Gefühlen gilt als angemessen für Väter, da genau dies das Vatersein ausmacht, ähnlich wie auch Okonkwos Sorge über die Krankheit seiner Tochter als eine angemessene Reaktion gewertet werden würde, und nicht als Zeichen von Schwäche. Dass Okonkwo dies nicht verstanden und ein sozial anerkanntes Verhalten sowie dessen korrespondierenden psychologischen Zustand als Schwäche gedeutet hat, ist ein Hinweis auf Okonkwos Dysfunktionalität und kein Hinweise auf die kulturelle Logik der Igbo.

Das Problem besteht darin, dass Nussbaum in ihrer Eile, eine spezifische kulturelle Lesart von Emotionen zu universalisieren, den Abschnitt in Achebes Roman allzu wortwörtlich genommen

6 Achebe, *Alles zerfällt*, S. 83 f.

hat. Dadurch gelangte sie zu einer verzerrten Interpretation des Konzepts von Emotionen in der Igbo-Kultur.

Kontextuelle Differenzen

Während sich einige von Nussbaum wünschen mögen, dass sie gute Gründe dafür lieferte, warum sie eine fiktionale Betrachtung von Emotionen als eine soziologische Darstellung behandelt, befasse ich mich mit der fundamentalen Annahme, die ihrer Argumentation inhärent ist: dass die von ihr benutzte Kategorie »Frau« unproblematisch sei und tatsächlich weibliche Identitäten in allen Kulturen und in allen Kontexten umfasse. Ich beginne, in dem ich eine scheinbar offensichtliche Frage stelle: Gibt es Frauen in der Igbo-Gesellschaft?

Eine naheliegende Antwort wäre, »Ja, die gibt es.« Wenn wir allerdings unser Augenmerk auf die kulturelle Logik der Gesellschaft der Onitsha (Igbo) richten, so sind wir dazu angehalten, das Wort »nwanyi« zu verwenden, den Singular von »umunwanyi«, was so viel bedeutet wie Nachwuchs, der weiblich ist. *Umunwanyi* ist eine Kategorie, mit der weibliche Menschen von *nwoke* (männlichen Menschen) unterschieden werden. Ihre primäre und vornehmliche Funktion besteht darin, das biologische Geschlecht eines Kindes festzulegen. Gänzlich anders als die westliche Kategorie »Frau«, bezeichnet *nwanyi* eine physiologische Differenz ohne Hierarchisierung und ohne Frauen durch ihre Beziehung zu Männern zu definieren. In der Übersetzung von Konzepten der Igbo in die englische Sprache, wurde *nwanyi* überwiegend als gleichbedeutend mit »Frau« interpretiert, ungeachtet dessen, dass die beiden Bezeichnungen nicht dieselben Eigenschaften aufweisen oder denselben konzeptuellen Geltungsbereich haben. So verweist *nwanyi* eben nicht nur auf eine erwachsene weibliche Person; es bezieht sich sowohl auf Kinder als auch auf Erwachsene. Der Begriff impliziert nicht, dass Frauen psychologisch passive Wesen sind, die unterwürfig und dem Mann untergeordnet sind oder es sein sollten. Keine soziale Zuschreibung wird an dieser Stelle im Hinblick auf das Wesen oder die Fähigkeiten (*capabilities*) von Frauen gemacht. Tatsächlich gibt es keine eindeutige Methode, durch welche die gesellschaftliche Stellung und das Naturell von Individuen innerhalb dieser Kategorie bestimmt werden könnten, da die sozialen Identitäten von Igbo-Frauen noch davon unabhängig erfasst werden müssen.

Westliche feministische Analysen der Bedingungen des Frauseins im Patriarchat zeigen auf, dass Frauen, ungeachtet ihrer sozialen Klasse oder ihres sozialen Status, durch die Kategorie »Frau« als negatives Bild des Mannes definiert werden. Die Ideologie von Maskulinität, die dieser patriarchalen Vision zugrunde liegt, beschreibt Frauen als nicht nur physiologisch abweichend, sondern auch in allen anderen Bereichen als dem Mann entgegengesetzt. Männer sind stark und schweigsam, Frauen schwach und gefühlsbetont; Männer sind die Herren, Frauen die Untergebenen. Wie die feministische Wissenschaftlerin Sheila Ruth es pointiert formuliert: »Sie behaupten alle, dass Frauen als Menschen minderwertig seien: weniger intelligent; weniger moralisch; weniger kompetent; physisch, psychisch und spirituell weniger befähigt; mit kleinem Körper, Geist und Charakter.«[7] Nussbaum bezeichnet dieses maskuline Bezugssystem westlicher philosophischer Traditionslinien als »kennzeichnend für das öffentliche Leben«, da »behauptet [wird], daß Frauen aufgrund ihrer gefühlsbetonten ›Natur‹ nicht zu einem wirklich rationalen Denken und Urteilen fähig sind und daher verschiedene gesellschaftliche Tätigkeiten, die Rationalität erfordern, nicht ausüben sollten«.[8]

Als ein Konzept zur differentiellen Bestimmung des biologischen Geschlechts erfüllt *nwanyi* keine vergleichbare Funktion. Das liegt darin begründet, dass jede geschlechtliche Identität flexibel ist, sich in einem fluiden Zustand befindet und an soziale Rollen und Funktionen gebunden ist, die von Frauen rationales Denken und Urteilen erfordern. In Anbetracht ihrer multiplen sozialen Rollen haben Igbo-Frauen nicht nur eine einzige geschlechtliche Identität. Das Igbo-Wort, welches der Bedeutung der westlichen Vorstellung von »Frau« noch am nächsten kommt, ist *agbala*. Es definiert eine Kategorie selbstbewusster, durchsetzungsfähiger Frauen, die verheiratet sein können oder auch nicht und deren Identität nicht im Verhältnis zum Mann definiert wird. Zusammengefasst beziehen sich sowohl *nwanyi* als auch *agbala* auf das weibliche biologische

---

7 Sheila Ruth, »Images of Women in Patriarchy. The Masculist-Defined Woman«, in: Dies. (Hg.), *Issues in Feminism*, Mountain View/CA 1990, S. 80-91, hier S. 89.

8 Nussbaum, »Gefühle und Fähigkeiten von Frauen«, S. 134.

Geschlecht, jedoch ohne diesem spezifische soziale Eigenschaften, Rollen oder Identitäten zuzuschreiben.

Bedeutsame Zuschreibungen sozialer Identität ereignen sich auf einer anderen Ebene. Innerhalb verschiedener Gemeinschaften war früher und ist sogar heute noch die erste wesentliche Grundlage von Identität die Verwandtschaftslinie (*lineage*), in der die Machtverhältnisse diffus sind. Die grundlegende soziale Differenzierung entfaltet sich entlang folgender Kategorien: *umuada* (die Töchter innerhalb einer Verwandtschaftslinie), *okpala* (die Söhne innerhalb einer Verwandtschaftslinie) und *inyemedi* (die in die Verwandtschaftslinie einheiratenden Ehefrauen). Das Ordnungsprinzip innerhalb jeder dieser sozial wirkmächtigen Kategorien ist die Seniorität. Komplikationen für die Idee eines einheitlichen sozialen Status von Frauen treten dann auf, wenn wir die Kategorien von *umuada* und *inyemedi* untersuchen. Wenngleich sich beide auf erwachsene Frauen beziehen, so gibt es doch eindeutige Unterschiede im Hinblick auf deren Identität und auf ihr Selbstverständnis. Die soziale Beschaffenheit des Verhältnisses zwischen *umuada* und *inyemedi* ist diejenige eines Verhältnisses zwischen »Ehemann« und »Ehefrau«. Als Töchter einer Verwandtschaftslinie nehmen *umuada* die soziale Rolle eines Ehemannes gegenüber den *inyemedi*, also den eingeheirateten Frauen, ein. Dementsprechend begreifen sich *inyemedi* als Ehefrauen gegenüber den *umuada*. Dieses Verhältnis von Ehemann / Ehefrau zwischen *umuada* und *inyemedi* trifft in exakt der gleichen Weise auf das Verhältnis zwischen *okpala* (den Söhnen aus einer Verwandtschaftslinie) und den *inyemedi* (den in die Familie eingeheirateten Frauen) zu. Innerhalb dieses Systems nehmen die *umuada* (Frauen, Töchter) und die *okpala* (Männer, Söhne) dieselbe dominante Rolle eines »Ehemannes« gegenüber denjenigen Frauen ein, die nicht aus derselben Verwandtschaftslinie kommen. Als Außenstehende sind *inyemedi*, beziehungsweise Ehefrauen, sowohl Töchtern als auch Söhnen sozial untergeordnet und müssen sie beide als »Ehemänner« behandeln. Aufgrund der Tatsache, dass im Bewusstsein von Frauen Beziehungen vor allem auf der Basis von Kategorien wie dominant / untergeordnet oder »Ehemann« / »Ehefrau« verankert sind, kann Solidarität nicht auf biologischen Faktoren basieren. Man muss sich diese Tatsache vergegenwärtigen, bevor man irgendeine sinnvolle Diskussion über die Befähigung von Frauen (*women's capabilites*) beginnen kann.

Die Frage der Befähigung kann nicht einmal thematisiert werden, ohne noch eine weitere Komplikation zu berücksichtigen. Die meisten *umuada* (die Töchter einer Verwandtschaftslinie), die eine dominante Position in ihrer Geburtsfamilie innehaben, gehören gleichzeitig der untergeordneten Kategorie der *inyemedi* (Ehefrauen) an. Anders als in westlichen Eheverhältnissen, in der verheiratete Töchter alle Mitspracherechte in ihrer Geburtsfamilie verlieren, haben *umuada* in ihren Geburtsfamilien weiterhin eine wichtige Stimme. Sie übernehmen soziale Funktionen innerhalb der Rechtsprechung und der Friedenssicherung und führen regelmäßig Reinigungsrituale sowie Begräbnisrituale für verstorbene Mitglieder ihrer Familie aus. Angesichts der Bedeutung ihrer gesellschaftlichen Aufgaben, stellt sich für die *umuada* erst gar nicht die Frage danach, ob sie zu deliberativer Rationalität unfähig seien oder »gesellschaftliche Tätigkeiten, die Rationalität erfordern, nicht ausüben sollten«. Dies ist darauf zurückzuführen, dass *umuada* niemals eine untergeordnete Position in ihrer Familie einnehmen. Sie werden niemals als »weniger intelligent; weniger moralisch; weniger kompetent; physisch, psychisch und spirituell weniger befähigt; mit kleinem Körper, Geist und Charakter« betrachtet. Da sie auch nach ihrem Umzug in die Familie ihres Mannes weiterhin einen dominanten Einfluss in ihrer eigenen Verwandtschaftslinie behalten, entwickeln *umunwanyi* (Frauen) mindestens zwei verschiedene soziale Identitäten, zwischen denen sie permanent hin- und herwechseln.

Aufgrund dieses konstanten Wechsels von Identitäten befinden sich Frauen im westlichen Igboland niemals ausschließlich in einer untergeordneten oder in einer dominanten Position. Wenngleich die *inyemedi* (die in die Verwandtschaftslinie eingeheirateten Frauen) eine untergeordnete Kategorie innerhalb einer Verwandtschaftslinie einnehmen, werden mit ihnen keine der psychologischen oder sozialen Eigenschaften bezüglich ihres Gefühlslebens in Verbindung gebracht, wie sie von Ruth identifiziert wurden. Eine weitere Relativierung der formalen Unterordnung erfolgt, wenn man die beiden miteinander verwandten Kategorien von Mutterschaft und Seniorität hinzuzieht, welche die Position der *nwuye* (Ehefrau) erheblich an Bedeutung gewinnen lassen. Des Weiteren entzieht sich in einem historischen Kontext, in dem Frauen andere Frauen als Ehefrauen heiraten konnten und dies auch taten, die Frage nach dem »Ehemann-Sein« oder dem »Ehefrau-Sein« simplen physiologischen Interpretationen der westlichen Kultur. (*Di*, der Begriff, welcher als »Ehemann« übersetzt wird, bezieht sich lediglich auf die Mitglieder einer Familie, in die eine Frau einheiratet.)

Frauen können Ehefrauen und Ehemänner gleichzeitig sein. Einige können in der Tat selbst eine Ehefrau oder Ehefrauen heiraten (ohne dass sexuelle Beziehungen involviert sind), selbst wenn sie bereits mit einem Mann verheiratet sind. Diese Betrachtung legt die tiefen konzeptuellen Unterschiede zwischen der Kultur der Igbo und derjenigen der USA genauso offen wie die wichtigen soziologischen Differenzen im jeweiligen Verständnis der Ehe in beiden Kulturen. Diese Unterschiede können nicht ignoriert werden, wenn wir die interkulturelle Relevanz des westlichen Konzepts der »Frau« ermessen möchten. Alle Igbo-Frauen sind automatisch als Ehemänner zu erachten, wenn man sich die Tatsache vergegenwärtigt, dass es zwangsläufig einige Frauen gibt, die in eine Verwandtschaftslinie eingeheiratet haben. Frauen-als-Töchter sind gegenüber den Ehefrauen innerhalb ihrer Verwandtschaftslinie stets Ehemänner. Aufgrund dieses Beziehungsprinzips und der ihm inhärenten Flexibilität von Identitäten gibt es keine absolute weibliche Identität außerhalb relationaler Bindungen. Keine Igbo-Frau ist einfach nur Ehefrau; die Identität als Tochter bleibt nach wie vor intakt und wird nie durch die Identität als Ehefrau abgelöst. Der Begriff »Ehemann« ist nicht mit einer männlichen Bezeichnung gleichzusetzen, und was eine Frau ist, kann nicht ermittelt werden, ohne die vorherrschenden Beziehungen zwischen dem Individuum und anderen Familienmitgliedern zu bestimmen.

Die Gesellschaft des westlichen Igbolandes ist leistungsorientiert. In einer derartigen Gesellschaft wird von Individuen (sowohl weiblichen als auch männlichen Geschlechts) erwartet, dass sie arbeitswillig sind und sich durch ihre Leistung hervortun. Konsequenterweise kann eine soziale Klassifizierung, die Frauen Männern unterordnet – oder auch umgekehrt –, nicht funktionieren. Die Frage, ob negative psychologische Attribute nur Frauen und umgekehrt positive nur Männern vorzubehalten sind, stellt sich hier nicht. Auch von Frauen wird erwartet, dass sie erfolgreich sind, weshalb sich Ehrentitel wie *agwu* (Tiger/in), *odogu* (Krieger/in) oder *o gbatulu enyi* (eine Person, die einen Elefanten erschlug) geschlechtsübergreifend auf wagemutige, scharfsinnige und erfolgreiche Individuen beiderlei Geschlechts beziehen. Ungeachtet gegenwärtiger Veränderungen der Igbo-Kultur, die durch Christianisierung und moderne Lebensformen hervorgerufen wurden, unterminieren diese Zuschreibungen Nussbaums Behauptung, dass alle nichtwestlichen Traditionen (inklusive der Igbo) Frauen ebenfalls als passiv erachten. Das Problem von Nussbaums Ansatz liegt, wie auch bei vielen anderen feministischen Ansätzen, in der Inanspruchnahme europäisch-amerikanischer Sozialgeschichte, kultureller Werte und Normen, um auf dieser Basis ein Konzept der Frau zu entwerfen, das dann für die Interpretation der sozialen Praktiken der Igbo Verwendung findet. Diese illegitime Interpretationsweise generiert stereotypisierende Konzeptionen von patriarchaler Dominanz innerhalb der Igbo-Kultur und verhindert überzeugendere Ansätze.

Eine beharrliche Metaphysik

Die zweite wichtige, aber subtilere Art und Weise, in der die Metaphysik der Geschlechterverhältnisse Verzerrungen hervorruft, findet sich in den Schriften afrikanischer Wissenschaftlerinnen. Gerade weil Geschlecht als Konzept ein derart wichtiges analytisches Instrument geworden ist, setzen es viele afrikanische Wissenschaftlerinnen instinktiv ein, ohne sich mit seiner kulturellen Spezifizität auseinanderzusetzen. Für viele stellt die wirkmächtige These der Unterdrückung ein machtvolles analytisches Instrumentarium dar, welches eine elegante, allumfassende Erklärung für die offensichtlichen gesellschaftlichen Benachteiligungen von Frauen in der Gesellschaft liefert. Gut beobachten lässt sich dies im neuesten Buch von Ifi Amadiume, *Reinventing Africa. Matriarchy, Religion, and Culture* (1997), in dem sie den Begriff Geschlecht dafür einsetzt, um (a) zu argumentieren, dass das Matriarchat historisch gesehen das herrschende Ethos der gesellschaftspolitischen Organisation und des moralischen Lebens in Afrika war, und (b) um eine historische Fundierung für das Empowerment moderner afrikanischer Frauen zu bieten.

In Bezug auf die Gesellschaft der *Nnobi* (Igbo) behauptet Amadiume, dass »die Ideologie des Geschlechts auf der binären Opposition von *mkpuke*, der weiblichen auf die Mutter fokussierten Einheit, auf der einen und *obi*, der auf den Vater und dessen Ahnen fokussierten Einheit, auf der anderen Seite basiert«.[9] Diese Gegenüberstellung von männlich und weiblich sowie von Vater und Mutter bezieht sich von Anfang an auf die konzeptuellen Grundlagen des Patriarchats, auf dem »die Ideologie des Geschlechts« basiert. Amadiumes Verwendungsweise von Geschlecht (*gender*) verweist auf eine Logik, der zufolge die Differenzierung zwischen den Geschlechtern mit der Diskriminierung auf der Basis von Geschlecht gleichgesetzt wird. Sie stattet das Geschlecht mit einem ontologischen Status aus, indem sie es als »ein fundamentales Prinzip sozialer Organisation [gebraucht], [...] das der Kategorie der Klasse zeitlich vorangeht und sich dadurch auf Prozesse der Klassenformation ausgewirkt hat«.[10] Angesichts der Fluidität von männlichen und weiblichen Rollen in der Igbo-Gesellschaft, die jener inhärenten Logik der Geschlechterdiskriminierung widerspricht, fabriziert Amadiume ein »geschlechtsloses Konstrukt von Geschlecht« (ein »drittes Klassifikationssystem«), um diejenigen Ereignisse verorten zu können, in denen »Männer und Frauen denselben Status innehaben und dieselben Rollen spielen, ohne sozial stigmatisiert zu werden«.[11] Mit anderen Worten, sie versucht die immanente Inkonsistenz ihres Konzeptes zu umgehen, indem sie behauptet, dass Männer und Frauen, die ihrer Theorie zufolge ihrem Wesen nach vergeschlechtlicht (*gendered*) seien, gleichzeitig auch geschlechtslos bzw. ihrem Geschlecht nach weder männlich noch weiblich (*neuter gendered*) sein können.

Aber was bedeutet es, vergeschlechtlicht und gleichzeitig geschlechtslos zu sein? Wenn dem Geschlecht eine grundlegende Bedeutung zukommt, wie Amadiume behauptet, dann ist das Konstrukt der Geschlechtslosigkeit redundant. Schließlich können dann nur vergeschlechtlichte Körper diese Rolle einnehmen und ihren Geschlechterstatus dementsprechend anpassen. Wenn dagegen das bestehende Korpus an sozialen Rollen und Status die Logik und die Politik von Geschlechterzuschreibungen transzendiert, sodass die »monolithische Maskulinisierung der Macht eliminiert« würde,[12] dann müsste daraus folgen, dass das Geschlecht als Kate-

9 Ifi Amadiume, *Reinventing Africa. Matriarchy, Religion, and Culture*, London 1997, S. 18.
10 Ebd., S. 113.
11 Ebd., S. 129.
12 Ebd.

gorie nicht fundamental sein kann. Gerade weil in der historischen Igbo-Gesellschaft Status und Rollen von beiden biologischen Geschlechtern miteinander geteilt wurden, ohne »sozial stigmatisierend« zu wirken,[13] konnte das Geschlecht auch nicht als wirkmächtigste soziale Kategorie fungieren.

Das deutet darauf hin, dass es die großen sozialen Umwälzungen während der Kolonialherrschaft waren, die erst einige jener Traditionen schufen, die Männer privilegieren und die heutzutage als »traditionell« oder »indigen« gelten. Wir werden in dem Glauben gelassen, dass diese Privilegierung des Männlichen historisch ein Teil der Igbo-Kultur gewesen sei, obwohl »Töchter in Relation zu Ehefrauen *als Männer klassifiziert wurden* und die gleiche Autorität *wie ihre Brüder* besaßen«.[14] Der springende Punkt liegt nicht in Amadiumes fehlender Anerkennung dieser historischen Ereignisse, welche die Igbo-Gesellschaft nachhaltig verändert haben; diese Tatsachen erkennt sie durchaus an. Vielmehr ist entscheidend, dass sie sich nicht darüber im Klaren ist, wie die patriarchale Triebkraft, die implizit in ihren interpretativen Kategorien wirksam ist, zu einer verzerrten Wahrnehmung der Sozialgeschichte und konzeptuellen Schemata der Igbo führt. Aus diesem Grund geht ihre Berücksichtigung der historischen Umwälzungen, die durch den Kolonialismus erfolgten, nicht weit genug.

Ein klares Zeichen dafür, dass Amadiumes Berücksichtigung zu kurz greift, kann an der Tatsache festgemacht werden, dass jene das Männliche privilegierenden Eigenschaften, die dem Konzept von Geschlecht inhärent sind, einige Aspekte ihrer Beschreibung der Igbo-Kultur überlagern. Da sie sich darauf festgelegt hat, Geschlechtlichkeit als zentralen Angelpunkt ihrer Analyse zu verwenden, versäumt sie es zu erkennen, dass ihr Geschlechter-Ansatz kategorial gar nicht dafür geeignet ist, die Igbo-Gesellschaft angemessen zu beschreiben. Trotz ihrer brillanten Erkenntnis, dass die Flexibilität der Igbo-Kategorien einen wesentlichen Unterschied zwischen der Igbo-Gesellschaft und europäischen patriarchalen Gesellschaften markiert, untergräbt sie ebenjene Erkenntnis, indem sie auf der vergeschlechtlichten Beschreibung von Kultur beharrt.

Die Sachlage wird durch Amadiumes Gebrauch der Geschlechterterminologie erheblich verkompliziert, da diese zu einer verzerr-

13 Ebd.
14 Ebd., S. 148. [Herv. v. N. N.]

ten Wahrnehmung der Igbo-Kultur führt, und zwar auf die folgenden Weisen: Erstens führt sie die Metaphysik des Patriarchats in die Kultur des westlichen Igbolandes ein, wodurch das patriarchale Schema zur konzeptuellen Hintergrundfolie wird. Zweitens führt sie einen auf der Kategorie des Geschlechts basierenden Diskurs, durch den sich dieses Schema fest verankert, und zwar indem sie es zur Grundvoraussetzung des von ihr eingeführten matriarchalen Schemas macht. Drittens stellt sie auf gekünstelte Art und Weise *mkpuke* und *obi* einander gegenüber und behandelt diese Entgegensetzung als eine adäquate Repräsentation des Verhältnisses der beiden Einheiten zueinander. Und, viertens, lässt sie Geschlechterdifferenzierung in Geschlechterdiskriminierung aufgehen, sodass jegliche Differenzierung zwischen den Geschlechtern als Diskriminierung gewertet wird. Durch diese Schritte gelangt sie selbstredend zu einer durch das Geschlecht vermittelten Interpretationsweise.

Die grundlegende konzeptuelle Komplexität der Igbo-Kultur erklärt, warum Amadiume das Bedürfnis zu haben scheint, eine dritte Kategorie einzuführen: nur durch diese Kategorie kann sie die Verzerrungen umgehen, die durch ihre Projektion patriarchaler Schemata auf die Igbo-Kultur entstehen. Auf diese Weise eingeführt, unterstellt die Kategorie der Geschlechtslosigkeit eine falsch verstandene Flexibilität und lässt die Bedeutung ihrer drei Beispiele des Empowerments der Geschlechter fragwürdig erscheinen: dass (1) Töchter »männlich« werden können; dass (2) Frauen heiraten und Ehemänner werden können; und dass sich (3) wohlhabende Frauen den Zugang zu männlichen Verbindungen erkaufen können.[15]

Wenn man bedenkt, dass sich die soziale Mobilität in jedem dieser Fälle nach den Rollen und dem Status der Männer und nur selten nach dem der Frauen richtet, sind diese Beispiele für soziale Flexibilität und Ermächtigung von Frauen kaum überzeugend. Sie lassen sowohl den normativen Status der Männer, ihre sozialen Rollen als auch ihr Verhältnis zu Frauen intakt. Was auch immer als »männlich« gilt, wird privilegiert und konstituiert den sozialen Raum der Wertschätzung. Entgegen ihrer Zielvorstellung, haben die ihrer Analyse zugrunde liegenden Wertmaßstäbe den Effekt, dass Amadiumes matriarchaler Ansatz paradoxerweise die Igbo-

15 Ebd., S. 149.

Gesellschaft als patriarchal darstellt, und zwar als eine Gesellschaft, in der Frauen aufgrund ihres biologischen Geschlechts strukturell benachteiligt würden. Interessanterweise bekräftigt ihre These eines flexiblen Geschlechtersystems ebenjene strukturelle Ungleichheit, indem sie die Anstrengungen erfolgreicher Frauen zur Ausnahme erklärt. Sie nimmt an, dass ausschließlich einige wohlhabende und mutige Frauen die »geschlechtslosen Rollen« für sich besetzen könnten, um sich damit einen Weg aus ihrer untergeordneten Position zu bahnen. Kurz gesagt, ihre Beobachtung, dass das soziale System der Igbo »nicht monolithisch und nicht rigide war, da Geschlechterrollen gewechselt und angepasst werden konnten«,[16] wird auf eine Art formuliert, die letztendlich die Existenz eines patriarchalen Klassifikationsschemas bekräftigt, in dem Männer die privilegierten Positionen besetzen.

Schatten jagen: Die Analyse verbessern

Die theoretischen Schwierigkeiten in Amadiumes Analysen zeigen, dass eine Differenz zwischen ihrer Interpretation von Kultur und Gesellschaft der Igbo auf der einen und der Wirklichkeit vor Ort auf der anderen Seite besteht. Wenn, wie ich behaupte, das dritte Klassifizierungsschema unglaubwürdig ist, was bedeutet dies im Hinblick auf die Rollen und den Status derjenigen, die sie als »geschlechtslos« identifiziert hat? Existieren sie überhaupt? Gibt es derlei Rollen und Status in Gesellschaften des westlichen Igbolandes?

Trotz ihres angeblichen Vermögens, die Flexibilität der sozialen Strukturen der Igbo zu erklären, verschleiert Amadiumes Kategorie der Geschlechtslosigkeit gerade jene soziale Logik der Rollenverhältnisse, die sie erklären soll. Im Grunde liegt das daran, dass ihr Ansatz eine Erwiderung auf ein künstlich geschaffenes Dilemma ist, das durch ein interpretatives Schema erzeugt wird. Betrachten wir das Phänomen der »männlichen Tochter«, das sie als eine geschlechtslose Rolle darstellt, etwas eingehender: Es gibt keinen sprachlichen oder kulturellen Ausdruck namens *nwokeada*, was die korrekte Übersetzung für »männliche Tochter« *wäre*. Das bedeutet

16 Ebd.

nicht, dass die soziale Institution, auf die sie anspielt, bloß eingebildet wäre, sondern lediglich, dass Amadiume sie fehlrepräsentiert. Es gab früher (und in manchen Gemeinschaften gibt es wohl auch heute noch) eine weit verbreitete und bedeutsame soziale Praxis, die als *idigbe*, *idegbe* oder *mgba* bekannt ist. Diese Institution ermöglicht es einer Tochter – ihre Ehe aufrechterhaltend oder diese auflösend –, in ihr Geburtshaus zurückzukehren, wo sie mit einem Liebhaber Kinder haben kann, die in ihre eigene Verwandtschaftslinie integriert werden.

Es gibt zwei unterschiedliche Lesarten, wie *idigbe* oder *mgba* verstanden werden können. Die erste Bedeutungsebene beschreibt eine Situation, in der eine Frau ein Verhältnis mit einem Liebhaber eingeht, welches auf beiderseitigem Einverständnis beruht. Sie behält ihre ursprüngliche Identität als Tochter und wird niemals zu dessen Ehefrau. Da kein Brautpreis gezahlt wurde, behält die *ada no na iba* (wörtlich übersetzt als die Tochter in der patrilinearen Kultstätte [*sanctuary*]) oder *ada di na obi* (wörtlich übersetzt als die Tochter der patrizentrischen Einheit) das alleinige Sorgerecht für die Kinder, die aus dieser Liaison hervorgehen. Unter diesen Umständen leiten sich der Name, die Identität und die Rechte ihrer Kinder von ihrer Verwandtschaftslinie oder *obi* ab. In diesem Sinne beschreiben die Begriffe *adiba* oder *adaobi* formell den Status der Tochter innerhalb ihrer Verwandtschaftslinie und setzen damit die Gemeinschaft über ihre Rolle in Kenntnis. Darüber hinaus verweisen diese Begriffe darauf, dass ihre Kinder innerhalb ihrer Verwandtschaftslinie denselben Status innehaben wie ihre Brüder. Die zweite Bedeutungsebene von *idigbe* oder *mgba*, und zwar diejenige, auf die Amadiume unentwegt anspielt, findet ihren Ausdruck ebenfalls in den Begriffen *adiba* oder *adaobi*. Diese Begriffe bezeichnen eine Tochter, die formell die Kultstätte für die Ahnen ihrer väterlichen Seite betreut. Dies geschieht in dem seltenen Fall, in dem es keinen männlichen Nachfolger gibt, durch den der Familienname weitergegeben werden könnte, und wenn keine Ehefrau im gebärfähigen Alter zugegen ist, um ein männliches Kind zu bekommen. In diesem Fall verzichtet eine der Töchter entweder auf eine Heirat oder sie annulliert ihre bereits bestehende Ehe, um die Kultstätte für die Ahnen der Familie aufrechtzuerhalten und um die Auslöschung des Familiennamens zu verhindern.

Soziale Rollen dienen stets spezifischen Zwecken. Daher müssen ihre diversen Bedeutungsebenen und Interpretationen im Hinblick auf die jeweils relevanten soziokulturellen Kontexte, in denen sie praktiziert werden, ermittelt werden. Amadiume befasst sich nicht ausreichend mit den kulturellen Parametern der Rollen und Status, die sie als geschlechtslos klassifiziert. Daher schreibt sie mit ihrer Interpretation den sozialen Praktiken der *mgba* und *adaobi* rein fiktionale Bedeutungsebenen zu, wobei ein geschlechtsspezifisch aufgeladenes Bild der »männlichen Tochter« heraufbeschworen wird, um ein soziales Phänomen zu erklären, dessen Bedeutungskern indes andernorts zu finden ist. Die von ihr evozierte Vorstellung ist aus einer Vielzahl an Gründen konzeptionell problematisch. Sie kollidiert mit der Logik des *adaobi* als »Tochter der patrizentrischen Einheit«; durch sie wird die Anwesenheit einer Tochter in ihrer Geburtsstätte, wo sie besonderen Aufgaben nachgeht, als etwas Problematisches dargestellt. Damit deutet sie auf wenig überzeugende Art und Weise an, dass diese Rollenübernahme durch eine Tochter nur dann möglich sei, wenn diese zu einem Mann wird – eine Logik, die das weibliche Dasein zu einer sozialen und ontologischen Abweichung werden lässt. Die Vorstellung, dass *adaobi* die Umwandlung einer Tochter in einen Mann voraussetzt, hat verheerende Auswirkungen für das Verständnis der Igbo-Kultur. Sie besagt, dass die Mitgliedschaft im *obi* das »Mann-Sein« voraussetzt und nicht das »Kind-Sein«. Dadurch würde Töchtern weniger Wert zugesprochen als Söhnen, und Erstere gewännen dieser Logik zufolge erst dann an Wert, wenn sie irgendwie zu Söhnen transformiert werden könnten. Dies ist sowohl eine falsche Auslegung des Prinzips der Verwandtschaftslinie, durch das ein Familienzusammenhang bestimmt wird, als auch dessen, was es heißt, ein Vater zu sein. Zudem erklärt es auf willkürliche Art und Weise die Mitgliedschaft einer Tochter in ihrem *obi* für nichtig.

Abschließend möchte ich an dieser Stelle erneut vergegenwärtigen, dass es weitere Beispiele gibt, in denen es von Missdeutungen der kulturellen Praktiken afrikanischer Gesellschaften nur so wimmelt, in denen die jeweiligen Annahmen über Geschlecht zu falschen Analogien führen, um soziale Rollen, Statushierarchien, Prozesse als auch die Logik verschiedenartiger Praktiken zu erklären. Meine Analysen der Arbeiten von Nussbaum und Amadiume haben offengelegt, dass eine fundierte Geschichtskenntnis die überhandnehmenden Auswirkungen einer Metaphysik der Geschlechterverhältnisse hätte begrenzen können. Diese beinhaltet nicht die bloße Rezitation von »Fakten« und Ereignissen, sondern eine Konfrontation mit historischen Geschehnissen, historisierenden Interpretationen sowie die Verwendung angemessener Maßstäbe. Eine Berücksichtigung dieser drei Analyseebenen kann sicherstellen, dass unterschiedliche Zeiträume nicht einfach miteinander vermengt, dass gesellschaftliche Formationen nicht umdefiniert und dass die konzeptuellen Ressourcen verschiedener Kulturen nicht illegitimer Weise miteinander vertauscht werden. Einige der grundlegenden Unzulänglichkeiten feministischer Theoriebildung sind das Resultat der Vernachlässigung von Geschichte. Nussbaum erweist sich als geschichtsvergessen; und auch Amadiume, die durchaus mit der kolonialen und zeitgenössischen Geschichte Nigerias vertraut ist, unterschätzt den Einfluss dortiger Umwälzungen. Sie übersieht, wie tiefgreifend die kulturellen Verzerrungen sind, die durch den Import von Kategorien (beispielsweise der Begriffe des Manns, der Frau oder der Ehefrau) oder Konzepten (wie beispielsweise Arbeit, Häuslichkeit, Ehe) aus Großbritannien verursacht worden sind. Aufgrund dieser Beschränkungen übernehmen beide Wissenschaftlerinnen kritiklos sowohl die europäischen und amerikanischen Deutungsweisen von Geschlecht als auch deren implizite These der weiblichen Unterordnung. Im Fall von Amadiume führt diese Übernahme zu Interpretationen, die mit den plausiblen und historisch einleuchtenden Aspekten ihrer These, dass in Igboland eine »monolithische Maskulinisierung der Macht eliminiert wurde«,[17] nicht zu vereinbaren sind.

Aus dem Englischen von Lucia Artner

17 Ebd., S. 129.

Oyèrónké Oyěwùmí
Kolonialisierte Körper und Köpfe
Gender und Kolonialismus

Theoretiker der Kolonialisierung wie Frantz Fanon und Albert Memmi erklären uns, dass die koloniale Situation, als manichäische Welt,[1] zwei Sorten von Menschen hervorbringt: den Kolonialherrn und den Kolonialisierten (auch der Siedler und der Einheimische [*native*] genannt). Diese zwei unterscheiden sich nicht nur durch die Hautfarbe, sondern auch durch ihren Geisteszustand.[2] Eine oft übersehene Gemeinsamkeit besteht darin, dass sowohl der Kolonialherr als auch der Kolonialisierte männlich konnotiert sind. Die Kolonialherrschaft selbst wird als »männliches Privileg oder Privileg des Ehemanns oder als aristokratisches Privileg«[3] beschrieben. Der Prozess der Kolonialisierung wird oft damit gleichgesetzt, dass der Kolonialisierte seiner Männlichkeit beraubt wird. Während die Behauptung plausibel ist, dass die Kolonialherren männlich sind, trifft die Idee, die Kolonialisierten seien einheitlich männlich, nicht zu. Dennoch sind die folgenden zwei Auszüge von Fanon typisch für die Art, wie Diskurse über Kolonialisierung Einheimische darstellen: »Man wundert sich manchmal, daß die Kolonisierten, anstatt ihrer Frau ein Kleid zu schenken, lieber ei-

---

1 Dies ist eine gespaltene Welt – eine zweigeteilte Welt. Abdul Jan Mohammed beschreibt die Idee des Manichäismus der kolonialen Welt als »ein Feld diverser, doch zugleich gegenseitig austauschbarer Gegenüberstellungen von Weiß und Schwarz, Gut und Böse, Überlegenheit und Unterlegenheit, Zivilisation und Wildheit, Intelligenz und Gefühl, Vernunft und Sinnlichkeit, Selbst und Anderem, Subjekt und Objekt.« Abdul Jan Mohammed, »The Economy of Manichean Allegory. The Function of Racial Difference in Colonialist Literature«, in: Henry Louis G. Jr. (Hg.), *Race, Writing, and Difference*, Chicago/IL 1988, S. 78-106, hier S. 82.

2 Frantz Fanon, *Die Verdammten dieser Erde*, Frankfurt/M 1966. Albert Memmi, *Der Kolonisator und der Kolonisierte*, Frankfurt/M. 1994.

3 Ashis Nandy, *Der Intimfeind. Verlust und Wiederaneignung der Persönlichkeit im Kolonialismus*, Nettersheim 2008, S. 80. Dominanz wird oft auf sexuelle Weise ausgedrückt; somit wird die Kolonialisierung als ein Prozess angesehen, durch den der Kolonialisierte seiner Männlichkeit beraubt wird, und die nationale Befreiung als ein Schritt zur Wiederherstellung dieser Männlichkeit.

nen Transistor kaufen.«[4] Und: »Der Blick, den der Kolonisierte auf die Stadt des Kolonialherrn wirft, ist ein Blick des geilen Neides. Besitzträume. Aller Arten von Besitz: sich an den Tisch des Kolonialherrn setzen, im Bett des Kolonialherrn schlafen, wenn möglich mit *seiner Frau*. Der Kolonisierte ist ein Neider.«[5] Aber was wäre, wenn es sich beim Einheimischen um eine Frau handelte, was in der Tat oft zutraf? Wie kommen das Neidgefühl und das Begehren, den Kolonialherrn abzulösen, zum Ausdruck? Haben Frauen überhaupt solche Gefühle? Die Geschichtsnarrative sowohl des Kolonialisierten als auch des Kolonialherrn sind aus der männlichen Perspektive geschrieben worden – Frauen tauchen darin, wenn überhaupt, nur peripher auf. Studien über die Kolonialisierung aus diesem Blickwinkel sind nicht unbedingt irrelevant. Doch um das den weiblichen Einheimischen Widerfahrene zu verstehen, müssen wir einsehen, dass die Kolonialisierung sich auf Männer und Frauen in vielerlei Hinsicht ähnlich, aber in manchen Punkten unterschiedlich ausgewirkt hat. Koloniale Gepflogenheiten stammten von »einer Weltsicht [ab], die von der absoluten Überlegenheit des Menschen über nicht-menschliche Lebewesen, des *Maskulinen* über das *Feminine*, [...] des Modernen und Progressiven über das Traditionelle und das Wilde überzeugt ist.«[6]

Deshalb unterschied der Kolonialherr zwischen männlichen und weiblichen Körpern und handelte dementsprechend. Männer waren das primäre Ziel der kolonialen Strategie und als solches waren sie die Einheimischen und daher sichtbar. Diese Tatsachen rechtfertigen es, dass diese Arbeit den kolonialen Einfluss aus einer Geschlechterperspektive beleuchtet, anstatt sich der Frage zu widmen, welche Gruppe, ob männliche oder weibliche Einheimische, in höherem Maße ausgebeutet wurde. Der koloniale Prozess ereignete sich auf geschlechterdifferenzierte Weise, denn die Kolonialherren waren männlich und nutzten ihre Geschlechtsidentität, um die Politik zu bestimmen. Aus den vorherigen Ausführungen wird deutlich, dass jedwede Auseinandersetzung mit Hierarchien in der kolonialen Situation neben *Race* als Unterscheidungsmerkmal auch Gender als mächtige Komponente berücksichtigen sollte. Die zwei nach *Race* differenzierenden, hierarchischen Kategorien des Kolo-

4 Fanon, *Die Verdammten dieser Erde,* S. 68.
5 Ebd., S. 33. [Herv. v. O. O.]
6 Nandy, *Intimfeind,* S. 64. [Herv. v. O. O.]

nialherrn und des Einheimischen sollten Gender als Faktor einbeziehen und daher um zwei Kategorien erweitert werden. *Race* und Gender entspringen allerdings der Beschäftigung der westlichen Kultur mit den visuellen und somit körperlichen Aspekten der menschlichen Realität. Beide Kategorien sind eine Folge der biologischen Logik der westlichen Kultur. Folglich gab es in der kolonialen Situation eine Hierarchie nicht von zwei, sondern von vier Kategorien. Von oben beginnend, waren dies (europäische) Männer, (europäische) Frauen, Einheimische (afrikanische Männer) sowie Andere (afrikanische Frauen). Einheimische Frauen gehörten der übrig gebliebenen, nicht weiter spezifizierten Kategorie des Anderen an.

In jüngerer Zeit haben feministische Wissenschaftlerinnen die männliche Ausrichtung von Diskursen über die Kolonialisierung zu beheben versucht, indem sie die Aufmerksamkeit auf Frauen richteten. Eine aus diesem Versuch hervorgegangene Hauptthese besagt, dass afrikanische Frauen eine »zweifache Kolonialisierung« erleiden mussten: eine Kolonialisierung durch die europäische Herrschaft und eine zweite durch einheimische Traditionen, welche ihnen afrikanische Männer aufzwangen. Charakteristisch für diesen Standpunkt ist Stephanie Urdangs Buch *Fighting Two Colonialisms*.[7] Während die Idee der Dopplung die Tiefe der kolonialen Erfahrung afrikanischer Frauen prägnant zum Ausdruck bringt, besteht kein Konsens darüber, was genau verdoppelt wird. Meines Erachtens handelt es sich nicht um eine zweifache Kolonialisierung, sondern um zwei Unterdrückungsformen gegen weibliche Einheimische, die dem kolonialen Prozess entsprangen. Es ist folglich irreführend, von einer zweifachen Kolonialisierung zu sprechen, weil beide Erscheinungsformen von Unterdrückung auf hierarchischen Verhältnissen von *Race* und Gender in der kolonialen Situation fußen. Europäer haben weibliche Einheimische als Teilgruppe der Afrikaner und als afrikanische Frauen kolonialisiert. Sie wurden zusammen mit afrikanischen Männern als Afrikaner dominiert, ausgenutzt und unterworfen. Zudem wurden sie separat als afrikanische Frauen unterworfen und marginalisiert.

Es ist wichtig, die Kombination der Faktoren *Race* und Gender

7 Stephanie Urdang, *Fighting Two Colonialisms. Women in Guinea-Bissau*, London 1979; Elizabeth Schmidt, *Peasants, Traders, and Wives: Shona Women in the History of Zimbabwe, 1870-1939*, Portsmouth 1992.

zu betonen, weil europäische Frauen in der kolonialen Ordnung nicht dieselbe Stellung wie afrikanische Frauen innehatten. Ein von der britischen Kolonialregierung ausgestelltes Schreiben zeigt die eklatant ungleichen Stellungen dieser zwei Gruppen von Frauen im kolonialen System Nigerias. Darin steht geschrieben, dass »die Gehälter afrikanischer Frauen sich auf 75 Prozent der Gehälter europäischer Frauen belaufen sollten«.[8] Außerdem, ganz unabhängig von einheimischen Sitten und Bräuchen, kann die Beziehung zwischen afrikanischen Männern und Frauen nicht von der kolonialen Situation isoliert werden oder selbst als eine Form von Kolonialisierung bezeichnet werden, und zwar insbesondere, weil die afrikanischen Männer selbst den Kolonialherren unterworfen waren.[9] Die von afrikanischen Frauen erfahrenen Unterdrückungsformen aufgrund von *Race* und Gender *sollten* nicht einfach zusammengezählt werden, als käme eins zum anderen hinzu. Im US-amerikanischen Kontext ist Elizabeth Spelmans Bemerkung zum Verhältnis zwischen Rassismus und Sexismus von besonderer Bedeutung. Sie schreibt: »Wie man die eine Unterdrückungsform erlebt und die Art und Weise, wie man eine andere Unterdrückungsform erlebt, beeinflussen sich gegenseitig.«[10] Obwohl es notwendig ist, die Auswirkungen der Kolonialisierung auf bestimmte Kategorien von Menschen zu untersuchen, können ihre Folgen für die Frauen nicht von den Folgen für die Männer isoliert werden, denn Geschlechterbeziehungen sind keine Nullsummenrechnung – Männer und Frauen stehen in jedweder Gesellschaft unzertrennlich in Verbindung.

Dieses Kapitel wird die besonderen kolonialen Strategien, Praktiken und Ideologien untersuchen sowie ermitteln, wie sie Männer und Frauen jeweils unterschiedlich beeinflusst haben. In dieser Hinsicht spielt auch die Geschlechtsidentität der Kolonialherren

---

8 Nina Mba, *Nigerian Women Mobilized. Women's Political Activity in Southern Nigeria, 1900-1965,* Berkeley/CA 1982, S. 65.

9 Die Annahme, dass die Beziehung zwischen afrikanischen Männern und afrikanischen Frauen vom Kolonialismus unberührt blieb, ist fehlerhaft. Schließlich schrieb Memmi: »Ich entdeckte, daß es nur wenige Aspekte meines Lebens und meiner Person gab, auf die dieser Umstand keinen Einfluß hatte. Nicht nur mein Denken, meine persönlichen Vorlieben und mein Verhalten, sondern auch das Verhalten derer, mit denen ich zu tun hatte, war davon betroffen.« Memmi, *Kolonisator,* S. 12.

10 Elizabeth Spelman, *Inessential Woman. Problems of Exclusion in Feminist Thought*, Boston/MA 1988, S. 123.

eine wichtige Rolle. Auf der strategischen Ebene werde ich mich mit Verwaltungs-, Bildungs-, Rechts- und Religionssystemen auseinandersetzen. Es wird deutlich werden, dass bestimmte Überzeugungen und Werte, welche in die kolonialen Strategien und Praktiken einflossen, das Verhalten der Kolonialisierten tiefgreifend prägten. Die Kolonialisierung war ein facettenreicher Prozess, an dem europäische Arbeitskräfte wie Missionare, Händler und Staatsfunktionäre beteiligt waren. Deshalb verstehe ich den Prozess der Christianisierung als einen festen Bestandteil des kolonialen Prozesses. Schließlich ging es im Kolonialismus in erster Linie um die Ausweitung des europäischen Wirtschaftssystems: »[...] unter der Oberfläche der Kolonialpolitik und -verwaltung entfaltete sich ein Prozess der kapitalistischen Penetration.«[11] Das kapitalistische Wirtschaftssystem hatte einen Einfluss auf die besondere Art und Weise, wie die koloniale Herrschaft ausgeübt wurde.

Der patriarchale Staat

Das europäische Staatssystem mit dem dazugehörigen Rechts- und Bürokratieapparat ist das beständigste Erbe, das die europäische Kolonialherrschaft Afrika auferlegte. Das internationale Nationalstaatensystem, wie wir es heute kennen, ist ein Denkmal zu Ehren der Expansion europäischer Traditionen in Staatsführung und wirtschaftlicher Organisation. Eine Tradition, die in diesem Zeitraum nach Afrika exportiert wurde, war der Ausschluss von Frauen aus der neugeschaffenen kolonialen Öffentlichkeit. In Großbritannien war der Zugang zur Macht geschlechtsabhängig. Darum war Politik weitestgehend eine Männeraufgabe und die Kolonialisierung, eine grundlegend politische Angelegenheit, war hierbei keine Ausnahme. Obwohl sowohl afrikanische Männer als auch afrikanische Frauen als eroberte Bevölkerung keinen Zugang zu den höheren Rängen der kolonialstaatlichen Strukturen hatten, gab es durchaus afrikanische Männer auf den unteren Ebenen der Regierung. Das von der britischen Kolonialherrschaft eingeführte System der indirekten Herrschaft erkannte die Autorität männlicher Oberhäupter an, nicht jedoch die Tatsache, dass es auch weibliche Oberhäupter

11 Bill Freund, *The Making of Contemporary Africa*, Bloomington/IN 1984, S. 111.

gab. So wurden Frauen aus allen kolonialstaatlichen Strukturen ausgeschlossen. Der Prozess, durch den der Kolonialstaat Frauen politisch überging – sie aus dem politischen Leben ausgrenzte, an dem sie in der vorkolonialen Zeit teilhatten –, ist im folgenden Abschnitt von besonderem Interesse.

Dadurch, dass weibliche Einheimische auf die Kategorie »Frauen« reduziert wurden, kamen sie für Führungspositionen nicht mehr infrage. Die Grundlage für diesen Ausschluss bildete ihre Biologie – dies war eine neue Entwicklung in der Gesellschaft der Yorùbá. Die neu entstandene Kategorie, die auf anatomischen Merkmalen beruhte und Frauen den Männern unterordnete, rührte zum Teil daher, dass ihnen ein patriarchalischer Kolonialstaat auferlegt wurde. Für Frauen war die Kolonialisierung ein zweifacher Prozess, der sie einerseits über die Kategorie *Race* herabwürdigte und sie andererseits über die Kategorie Gender unterordnete. In der vorkolonialen Gesellschaft der Yorùbá verfügten Anafrauen* ebenso wie Anamänner über vielfache Identitäten, deren Grundlage nicht die Anatomie war. Die Erschaffung der »Frauen« als Kategorie war eine der allerersten Errungenschaften des Kolonialstaates.

In ihrem Buch über europäische Frauen im kolonialen Nigeria erörtert Helen Callaway die Beziehung zwischen Gender und der Kolonialisierung mit Blick auf die Kolonialmacht. Sie schreibt, dass der Kolonialstaat in vielerlei Hinsicht patriarchalisch war. Dass das koloniale Personal aus Männern bestand, ist offensichtlich. Zwar wurden einige wenige europäische Frauen als Krankenpflegerinnen beschäftigt, allerdings war es gesetzlich verboten, Frauen in Bereichen der Verwaltung anzustellen, in der Macht und Autorität angesiedelt waren.[12] Außerdem legt Callaway dar, dass der *Colonial Service*, der zur Regierung der Unterworfenen etabliert wurde,

---

* Die Autorin zieht ihre Konzepte *anaweiblich/Anafrau, anamännlich/Anamann* sowie *Anasex* den Begriffen *männlich/Mann, weiblich/Frau* und der Strukturkategorie *sex* vor, um das anatomische Geschlecht zu markieren. Dadurch betont Oyěwùmí, dass die Unterscheidung zwischen *Sex* (dem biologischen Geschlecht) und *Gender* (dem sozialen Geschlecht) ein westliches Konstrukt sei, das den Kategorien der Yorùbá-Gesellschaft nicht gerecht werde. Oyèrónkẹ́ Oyěwùmí, *The Invention of Women*, London 1997, S. 34. [Anm. d. Übers.]

12 Helen Callaway, *Gender, Culture, Empire. European Women in Colonial Nigeria*, Oxford 1987, S. 4.

in allen Bereichen eine rein männliche Institution war: die »maskuline« Ideologie, der militärische Aufbau und Ablauf, Macht- und Hierarchie-rituale, die starke Trennung der Geschlechter. Es wäre in dem damaligen Glaubenssystem »unvorstellbar« gewesen, dass Frauen eine andere Rolle als die von Krankenschwestern spielen könnten. Letzere hatten zuvor für ihre wichtige »feminine« Arbeit Anerkennung erfahren.[13]

Deshalb ist es auch nicht überraschend, dass es aus Sicht der Kolonialregierung unvorstellbar war, weibliche Führungskräfte unter den kolonialisierten Gruppen, etwa den Yorùbá, anzuerkennen.

Gleichermaßen wurde die Kolonialisierung als eine Aufgabe dargestellt, die nur Männer meistern konnten – die ultimative Bewährungsprobe ihrer Männlichkeit –, und zwar vor allem, weil die europäische Sterberate in Westafrika zu dieser Zeit besonders hoch war. Nur die Mutigsten konnten das »Grab des weißen Mannes«, als das Westafrika damals bekannt war, überleben. Laut Callaway wurde Nigeria immer wieder als Männerdomäne beschrieben, in der Frauen[14] (europäische Frauen) in doppelter Hinsicht »fehl am Platze« waren, nämlich im körperlichen Sinne der Umsiedlung sowie im symbolischen Sinne, weil sie sich auf ausschließlich männlichem Terrain aufhielten. [...]

Doch bis unmittelbar vor der Kolonialisierung hatte es weibliche Oberhäupter und Führungskräfte im gesamten Yorùbáland gegeben. Paradoxerweise war Lànlátù, eine iyálóde, ein anaweibliches Oberhaupt, unter den Unterzeichnenden jenes Abkommens, das angeblich Ìbàdàn an die Briten abtrat.[15] Auf einer bestimmten Stufe geschah die Transformation der Staatsgewalt in eine männliche Gewalt durch den Ausschluss der Frauen aus staatlichen Strukturen. Dies stand im krassen Gegensatz zum staatlichen Aufbau der Yorùbá, der nicht zwischen Geschlechtern unterschied.

Die Entfremdung der Frauen innerhalb staatlicher Strukturen hatte besonders verheerende Folgen, weil der Staat selbst sich grundlegend veränderte. Im Gegensatz zum Staat der Yorùbá war der Kolonialstaat autokratisch. Die von den Kolonialherren zu

13 Ebd., S. 5 f.
14 Die Tatsache, dass es vergeschlechtlichte Unterscheidungen auch unter Afrikanern gab, scheint nicht zu Callaway durchgedrungen zu sein, obwohl ihr Vorhaben unter anderem darin bestand, die Kolonialisierung in Bezug auf Gender zu analysieren.
15 Samuel Johnson, *The History of the Yorubas*, New York/NY 1921, S. 656.

Chiefs ernannten afrikanischen Männer erhielten weit mehr Macht über das Volk, als ihnen traditionell zugestanden wurde. Im britischen Westafrika büßten (männliche) Oberhäupter ihre Souveränität ein, während ihre Macht über das Volk in der Kolonialzeit wuchs.[16] Wir sollten glauben, dass der umfangreiche Einfluss dieser Oberhäupter auf »Traditionen« fuße, doch die Briten erfanden ihre eigene Version »traditioneller Chiefs«. Martin Chanocks scharfsinnige Bemerkung zum Einfluss der Chiefs im kolonialen Afrika trifft besonders auf die Situation der Yorùbá zu: »Wo britische Funktionäre auf ein Oberhaupt trafen, […] verliehen sie *ihm* rückwirkend ein größeres Maß an Autorität sowie eine neue Form von Autorität als zuvor. In ihrer Vorstellung von Autorität musste ein Chief […] über rechtsprechende Gewalt verfügen.«[17] Somit wurden männliche Chiefs mit neuen Formen von Macht ausgestattet, während weiblichen Chiefs ihre Macht entzogen wurde. Durch die mangelnde Anerkennung verblasste die Bedeutung der Positionen, die sie innegehabt hatten.

Ein weiterer Faktor, der sich negativ auf die Stellung von Frauen auswirkte, bestand darin, dass die rechtsprechende Gewalt von der Gemeinschaft auf den Rat der männlichen Chiefs übertragen wurde. Dies geschah in einer Zeit, in der der Staat seinen Einfluss auf verschiedene Lebensbereiche ausweitete. In der vorkolonialen Gesellschaft der Yorùbá lag die Aufgabe der Streitschlichtung bei den Ältesten, daher hatten der Herrscher beziehungsweise die Herrscherin und der Gemeinderat nicht viel damit zu tun. Doch in der Kolonialverwaltung verhandelte das *Native Authority System*, das Gerichtshöfe für Gewohnheitsrecht umfasste, über sämtliche Zivilprozesse – unter anderem über jene, die Heirat, Scheidung und Ehebruch betrafen.

In ebendieser Zeit, in welcher der Einfluss des Staates wuchs, wurden Frauen aus den staatlichen Einrichtungen ausgeschlossen. In der Gesellschaft der Yorùbá sowie in vielen anderen afrikanischen Gesellschaften wurde die Allmacht des Staates zu einer neuen

16 Michael Crowder, Obaro Ikime, *West African Chiefs*, New York/NY, Ile-Ife 1970, S. xv.

17 Martin Chanock, »Making Customary Law. Men, Women and the Courts in Colonial Northern Rhodesia«, in: Margaret J. Hay und Marcia Wright (Hg.), *African Women and the Law. Historical Perspectives*, Boston/MA 1982, S. 53-67, hier S. 59. [Herv. v. O. O.]

Tradition. In der europäischen Politik dagegen ist sie tief verankert. Fustel de Coulanges bestätigt dies in seiner Analyse griechischer Stadtstaaten in der Antike:

> Nichts im Menschen war unabhängig. Sein Körper gehörte dem Staate und war seiner Verteidigung geweiht; [...] wenn der Staat Geld brauchte, so konnte er den Frauen befehlen, ihm ihre Juwelen auszuliefern [...]. Und auch in das Privatleben griff diese Allmacht des Staates ein. Viele griechische Städte verboten dem Manne, unverheiratet zu bleiben. Sparta bestrafte nicht nur den, der sich nicht verheiratete, sondern auch den, der sich spät verheiratete. Der Staat konnte in Athen die Arbeit vorschreiben, in Sparta den Müßiggang. *Er übte seine Tyrannei bis in die kleinsten Dinge aus*; in Locri untersagte das Gesetz den Männern, reinen Wein zu trinken; in Rom, in Milet, in Marseille den Frauen.[18]

Bemerkenswerterweise spiegelt das, was Edward Shorter über europäische Gesellschaften schreibt, de Coulanges frühere Beobachtungen wider:

> Jede Gesellschaft trifft Vorkehrungen, um sicherzustellen, daß das private Verhalten in Einklang mit der öffentlichen Moral steht. So ist es nicht überraschend, daß traditionelle europäische Gemeinschaften Dinge wie eheliche Sexualität oder das Zustandekommen der Ehe regelten. Was aber überrascht, ist, bis zu welchem Grad diese Dinge der informellen Regelung durch die öffentliche Meinung entzogen und *der öffentlichen Politik unterworfen wurden.*[19]

Um nur ein paar Beispiele zu nennen: Es gab »Strafen für Unzucht«, die sich gegen Frauen richteten, welche unverheiratet und schwanger waren – »keine weiße Ehrenkrone« für schwangere Bräute; und eine Bedingung dafür, dass ein Mann einer Zunft beitreten durfte, bestand nicht nur darin, dass dieser »Mann selbst nicht illegitim war (oder gar vor der Heirat gezeugt worden war), sondern daß auch seine Eltern ehrbar geboren worden waren«.[20] Und die Gemeinde hatte vor allem das Recht, »Ehen zu verhindern«.[21] Wir dürfen

---

18 Fustel de Coulanges, *Der antike Staat. Kult, Recht und Institutionen Griechenlands und Roms*, Graz 1961, S. 272 f. [Herv. v. O. O.]
19 Edward Shorter, *Die Geburt der modernen Familie*, Reinbek bei Hamburg 1977, S. 67. [Herv. v. O. O.]
20 Ebd., S. 68 f.
21 Ebd., S. 69.

nicht vergessen, dass Frauen in Europa zu dieser Zeit weitestgehend von der formalen politischen Autorität ausgeschlossen waren; deshalb war die öffentliche Ordnung, auf die sich Shorter bezieht, von Männern gemacht. Es besteht kein Zweifel, dass einige dieser Angelegenheiten auch in afrikanischen Gesellschaften reguliert wurden. Doch die Regulierung unterlag der Verwandtschaftslinie (*lineage*) und gegebenenfalls der außerfamiliären Meinung. So war die Wahrscheinlichkeit, dass irgendeine Kategorie von Menschen, also auch Anafrauen, aus dem Entscheidungsprozess ausgeschlossen werden konnte, wesentlich geringer als in Europa.

Afrikaner wurden in diese unglückliche Tradition männlicher Dominanz hineingezogen, wodurch insbesondere Frauen benachteiligt waren, weil Heirat, Scheidung und sogar Schwangerschaft unter den Einfluss des Staates gerieten. Das bisher Gesagte verdeutlicht, dass die Kolonialisierung tiefgreifende und negative Folgen für die Frauen hatte. Wer in den Auswirkungen der Kolonialisierung vermeintliche Vorteile für afrikanische Frauen sieht, liegt mit seiner Einschätzung falsch. Denn der Kolonialstaat definierte Afrikanerinnen als »Frauen« und somit als Kolonialisierte zweiter Klasse, unfähig, über ihr eigenes Schicksal zu bestimmen. Der niedrige Status von Frauen als Bürgerinnen zweiter Klasse nach der Unabhängigkeit hat seinen Ursprung in dem Prozess, der sie überhaupt erst als »Frauen« erfand. Frauen erwerben die Gruppenzugehörigkeit nun nicht mehr direkt; über den weiblichen Zugang zur Bürgerschaft wird nun durch Heirat verhandelt, durch die »Verehefraulichung der Bürgerschaft« (*wifization of citizenship*).

Und doch bestehen einige Wissenschaftlerinnen darauf, dass die Kolonialisierung sich zu einem gewissen Grad zugunsten afrikanischer Frauen auswirkte. Schauen wir uns an, was zwei Wissenschaftlerinnen sagen, die die These vertreten, afrikanische Frauen hätten im Verhältnis zu afrikanischen Männern von der Kolonialisierung profitiert. Laut Jane Guyer ist die Annahme, afrikanische Frauen hätten unter der europäischen Herrschaft einen Statusverlust erlitten, fehlerhaft. Tatsächlich, so Guyer, habe sich der Status der Geschlechter vielmehr angeglichen, weil eine »Verschlechterung des männlichen Status« stattfand.[22] Erstens nimmt Guyer an, die Identitäten »Männer« und »Frauen« hätten als zwei Geschlech-

---

22 Jane Guyer, *Family and Farm in Southern Cameroon*, Boston/MA 1984, S. 5.

tergruppen existiert. Dies ist offensichtlich Ausdruck der männlichen Annahme, der Unterworfene nehme die Kolonialisierung als einen Verlust seiner eigenen Männlichkeit wahr, was gleichzeitig fälschlicherweise unterstellt, Frauen hätten nichts (oder zumindest nichts ebenso Wertvolles) zu verlieren gehabt. Diese Interpretation über die Auswirkungen der Kolonialisierung beschränkt sich auf etwas Abstraktes (nämlich die Männlichkeit). Die Kolonialisierten verloren auch die Fähigkeit, ohne fremde Einmischung ihre eigene Geschichte zu gestalten; sie verloren ihre Arbeit und ihr Land; viele von ihnen verloren ihr Leben; und weil die Kolonisierten sowohl Männer als auch Frauen umfassten, erlitten selbstverständlich auch Frauen diese Verluste. Eine Analyse des oft nicht definierten Männlichkeitsbegriffs legt nahe, dass es sich hierbei um eine maskulinisierte Form des Selbstverständnisses handelt. Ashis Nandy hat über die koloniale Erfahrung der Unterworfenen als den Verlust der Persönlichkeit (*loss of self*) geschrieben.[23] Von Nandys inklusiverem Standpunkt aus sind wir in der Lage, die Erfahrungen von Frauen auf derselben Grundlage wie die Erfahrungen von Männern zu analysieren.

Eine weitere Wissenschaftlerin, die in der Kolonialisierung auch Vorteile für afrikanische Frauen erkennt, ist Nina Mba. In ihrer Arbeit über die Auswirkungen der britischen Herrschaft auf Frauen in Südwestnigeria kommt sie zu dem Schluss, dass die koloniale Eheverordnung den rechtlichen Status von Frauen verbessert habe, weil sie das weibliche Recht auf ehelichen Besitz untermauert habe.[24] Diese Ansicht ist jedoch aus mehreren Gründen unzutreffend. Erstens führt Mbas Gleichsetzung des Ehefrauenstatus mit dem »Status von Frauen« dazu, dass sie nicht versteht, dass in den Kulturen Südwestnigerias die Rechte von Anafrauen als Ehefrauen, Töchtern und Schwestern auf verschiedene Ursachen zurückzuführen sind. Zum Beispiel bedeutete die Tatsache, dass Frauen keinen Anspruch auf den Besitz ihrer Ehemänner hatten, nicht, dass »Frauen« einen niedrigeren Status besaßen. Denn als Töchter und Schwestern hatten sie Rechte in beiden Verwandtschaftslinien – sie hatten Anspruch auf sowohl den väterlichen und mütterlichen als auch auf den brüderlichen Besitz. In der Vergangenheit konnten verheiratete ọkọ auch nicht den Besitz ihrer *aya*

23 Nandy, *Intimfeind.*
24 Mba, *Nigerian Women Mobilized,* S. 54.

erben.* Daher stellte die augenscheinliche Regelung des ehelichen Besitzes durch das Kolonialgesetz nicht unbedingt einen Gewinn für die Stellung von Frauen dar, denn die neu geschaffene Kategorie für Besitz – nämlich der »eheliche Besitz« – führte dazu, dass Ehefrauen ihren von der Ehe unabhängigen Anspruch auf Eigentum verloren und dass Ehemänner nun den Besitz ihrer Ehefrauen übernehmen konnten. Des Weiteren trug die neue Position der Ehefrauen als Nutznießerinnen dazu bei, dass die Rechte anderer Frauen – wie Mütter, Schwestern und Töchter – ebenfalls beschnitten wurden. Wir dürfen auch nicht vergessen, dass in vielen nigerianischen Gesellschaften polygame Ehesysteme vorherrschten. Dies wirft die komplexe Frage auf, welche Ehefrauen welchen Teil des Besitzes ihres Mannes erben sollten – zumal einige von ihnen länger als andere verheiratet waren. Mba beschäftigt sich mit keiner dieser Fragen. Und schließlich bleibt ihr Glaube an das Potential des Rechtssystems, »die Stellung von Frauen« zu verbessern, ungerechtfertigt, denn ebendieses koloniale System hatte Afrikanerinnen darauf reduziert, »Frauen« und Kolonialisierte zweiter Klasse zu sein. Rechtssysteme funktionieren nicht in einem Vakuum, und Männer waren aus Gründen, die später erörtert werden, in einer besseren Position, das neumodische Rechtssystem zu ihrem Vorteil zu nutzen. Kurz: Der Gedanke, dass Frauen – oder eine beliebige andere Kategorie von Menschen unter den Kolonialisierten – von der Kolonialherrschaft profitierten, entspricht nicht den Tatsachen.

---

* Die Autorin erklärt, dass ọkọ und aya oft als »Ehemann« und »Ehefrau« übersetzt werden, jedoch nicht in erster Linie anatomische Kategorien bezeichnen. Ọkọ können sowohl Anamänner als auch Anafrauen sein. Das Verhältnis zwischen ọkọ und aya beruht auf Seniorität und der Zugehörigkeit zu einer Verwandtschaftslinie. Die jüngere, anaweibliche aya schließt sich durch Heirat einer fremden Verwandtschaftslinie an, während der/die ọkọ nach der Eheschließung in seiner/ihrer Verwandtschaftslinie verweilt und gegenüber der aya das Privileg der Seniorität genießt. (Oyěwùmí, *Invention of Women*, S. 29, 44-47) [Anm. d. Übers.]

Der männliche Aufstieg:
Koloniale Bildung und Diskriminierung von Mädchen

Die Einführung des Christentums und der westlichen Erziehung hat entscheidend dazu beigetragen, dass sich entlang der Grenzen von Klasse und Gender in der kolonialen Gesellschaft soziale Schichten bilden konnten. Die beeinträchtigte Stellung von Frauen im Bildungssystem, die ihnen von Anfang an zum Nachteil wurde, ist wohl der ausschlaggebende Faktor für ihre Unterlegenheit und ihren mangelnden Zugang zu Ressourcen in der Kolonialzeit sowie der Gegenwart. Wie kam es dazu? Während der ersten fünfzig Jahre der britischen Kolonialisierung in Yorùbáland waren das Christentum und die Bildung untrennbar, weil christliche Missionare über beides eine Monopolstellung innehatten. Die Schule war die Kirche und die Kirche war die Schule. Aus der Perspektive der Missionare sollte der Prozess der Christianisierung und Erziehung der afrikanischen Heiden ein Prozess der Europäisierung sein. Das Ziel der Missionare bestand darin, afrikanische Gesellschaften zu verändern – nicht, sie zu bewahren.

Die Missionare wollten das afrikanische Familiensystem zum Gegenstand von Reformen und zum Mittel machen, um diese Gesellschaften zu »zivilisieren«. In Yorùbáland gab ein Missionar diese Ausrichtung zu erkennen, als er fragte: »Ist es richtig, den heiligen Namen ›Heim‹ auf ein Grundstück anzuwenden, das zwei bis sechs oder auch ein Dutzend Männer bewohnen, die alle vielleicht eine Vielzahl von Ehefrauen haben?«[25] In den Köpfen der Missionare waren die »spirituelle Wiedergeburt« und die Neugestaltung afrikanischer Gesellschaften miteinander verflochten.

Zu diesem Zweck der Missionierung gründeten sie Schulen. Der baptistische Missionar Thomas J. Bowen fasst das vielleicht wichtigste Grundprinzip für die Schulgründung in Yorùbáland in dieser frühen Phase der Missionierung in seinem 1857 veröffentlichten Buch zusammen:

Unsere Pläne und Hoffnungen mit Blick auf Afrika bestehen nicht bloß darin, so viele Menschen wie möglich mit Christus in Berührung zu bringen. Wir möchten das Evangelium in den Herzen, den Köpfen und im zwischenmenschlichen Leben der Menschen etablieren, sodass Wahrheit

25 J. F. Ade Ajayi, *Christian Missions in Nigeria 1841-1891*, Evanston/IL. 1965, S. 15.

und Gerechtigkeit unter ihnen bestehen und gedeihen mögen – auch ohne die Hilfe fremder Missionare. Dies kann nicht ohne Zivilisierung erreicht werden. Damit wir das Evangelium unter Menschen etablieren können, brauchen sie Bibeln, und darum müssen sie das Geschick besitzen, diese herzustellen, oder das Geld, um sie zu kaufen. Sie müssen die Bibel lesen und dies setzt voraus, dass sie unterrichtet werden.[26]

Zwei wichtige Punkte stehen hier im Vordergrund. Erstens benötigten europäische Missionsstationen afrikanische Missionare, die ihresgleichen christianisieren sollten. Dies ist keine Überraschung, denn Westafrika war während dieser Phase noch als das »Grab des weißen Mannes« bekannt, da nur wenige Europäer unter dortigen Verhältnissen überleben konnten. So war es für die Christianisierung zwingend notwendig, afrikanisches Personal einzusetzen. Zweitens wurde die Fähigkeit, in der Bibel zu lesen, als eine für die Pflege und den Erhalt des eigenen Glaubens ausschlaggebende Fähigkeit angesehen. In Anbetracht dessen ist es keine Überraschung, dass die koloniale Erziehung auf Männer ausgerichtet war. Sie wurden als potentielle Kirchendiener, Katecheten, Pastoren und der Kirche zu Dienst stehende Missionare angesehen. Innerhalb dieser Berufe gab es keinen Platz für Frauen, außer in der Rolle der Ehefrau, die ihrem Mann hilft – und dies war in der Tat die Rolle der wenigen Missionarinnen.

1842 gründete die wesleyanische Missionsstation die erste Schule in Badagri. Bis zum Jahr 1845 hatte die Church Missionary Society (CMS) ein Internat für Jungen errichtet. Abéòkúta, das weiter landeinwärts liegt, sollte die Bildungshauptstadt von Yorùbáland werden. Bis 1851 hatten sich dreitausend Yorùbá-Immigranten, die Sàró genannt wurden, dort niedergelassen. Viele von ihnen waren Christen. Einer der Prominentesten von ihnen, Samuel Ajayi Crowther, sollte der erste afrikanisch-anglikanische Bischof werden. Unmittelbar nach ihrer Ankunft in Abéòkúta gründeten Crowther und seine Frau zwei Schulen – eine für Jungen und eine für Mädchen. Es heißt, dass Mrs. Crowthers Nähschule sehr beliebt gewesen sei und dass »sogar die *babalawos* [die spirituellen Priester] ihre kleinen Mädchen zum Unterricht bei Mrs. Crowther brachten«.[27] Geschlechterspezifische Tätigkeiten wurden bereits

---

26 Thomas J. Bowen, *Central Africa*, Charleston/SC 1857, S. 321 f.
27 A. Fajana, *Education in Nigeria 1942-1939. An Historical Analysis*, Lagos 1978, S. 25.

sehr früh eingeführt, wie der Lehrplan selbst an gemischten Schulen zeigt. Ajayi fasst den Stundenplan der CMS-Schulen im Jahr 1848 wie folgt zusammen:

09:00 Uhr: Gesang, Textstellen der Heiligen Schrift einstudieren, ein Kapitel der Heiligen Schrift lesen, Gebet.
09:15-12:00 Uhr: Grammatik, Lesen, Buchstabieren, Schreiben, Geographie, Tabellen [außer mittwochs, wo anstelle von Grammatik der Katechismus gelehrt wurde].
14:00-16:00 Uhr: Rechnen, Lesen, Buchstabieren, Bedeutung von Wörtern.
16:00 Uhr: Abschlussgebet.[28]

Er fügt hinzu:

Dies wurde mehr oder minder täglich wiederholt, außer am Freitag, der Prüfungsvorbereitungen und Prüfungen vorbehalten war und an dem Textstellen aus der Heiligen Schrift einstudiert wurden. Mädchen folgten einem ähnlichen Lehrplan – allerdings mit wichtigen Unterschieden. An Nachmittagssitzungen, von Montag bis Donnerstag, lernten sie zu nähen und zu sticken.[29]

Obwohl Jungen im Fokus der Missionsschulen standen, ist es deutlich, dass auch die Erziehung von Mädchen für das Vorhaben der Missionare von Relevanz war. Sie hatten Interesse daran, Mütter hervorzubringen, die das Fundament der christlichen Familie bilden sollten. [...]

Aus Sicht der christlichen Missionare war es nötig, sowohl Jungen als auch Mädchen zu unterrichten – jedoch mit dem Ziel, dass sie verschiedene Positionen in der neu entstehenden kolonialen Gesellschaft einnehmen würden. Somit hatte die Bildung der Jungen Priorität und mancherorts wurde ihnen eine höhere Bildung ermöglicht.

[...]

Es ist deutlich, dass Yorùbá-Eltern ursprünglich wenig von der Schulbildung hielten. Sie wollten ungern die Hilfe ihrer Kinder – ob männlich oder weiblich – bei der Arbeit auf dem Land und auf dem Markt entbehren. Deswegen mussten die Missionare den Eltern Anreize bieten, die sie dazu brachten, ihre Kinder zur Schule

28 Ajayi, *Christian Missions*, S. 139.
29 Ebd.

zu schicken. In Ìjàyè bezahlten sowohl die Baptisten als auch der CMS die Schüler für den Schulbesuch. Selbst in Küstenregionen wie Lagos und Badagri mussten Anreize geboten werden, wozu auch Geschenke aus Europa gehörten.[30] Im Laufe der Zeit wurden Beschwerden der Eltern laut, dass Schulkinder faul und respektlos gegenüber den Ältesten wurden. Die Bevorzugung der Internate hing damit zusammen, dass Eltern die Lebenshaltungskosten ihrer durch den Schulbesuch »unproduktiv« gewordenen Kinder den Missionaren überlassen wollten. Dies änderte sich schnell, als Eltern der Wert der Bildung bewusst wurde, denn die Gebildeten erhielten ein festes Gehalt und wichtige Posten. An all dem nahmen Frauen nicht teil. Es ist kaum verwunderlich, dass Eltern es daraufhin nicht für dringend nötig hielten, ihre Töchter gleichermaßen wie ihre Söhne ausbilden zu lassen. Westliche Schulen waren äußerst geeignet dafür, Jungen auf ihre zukünftigen Aufgaben vorzubereiten, doch die Vorbereitung der Mädchen auf das durch Missionare für sie entworfene Erwachsenenleben bedurfte dieser Schulbildung nicht.

Bis zu den 1870er Jahren hatten die Mütter innerhalb der Elite von Lagos – vor allem unter den Sàró – dann einen guten Grund gefunden, ihre Töchter zur Schule zu schicken: Gebildete Frauen waren eine gute Partie für gebildete, heiratswillige Männer. Infolgedessen und auf das Bestreben von Frauenverbänden hin gründeten methodistische, anglikanische sowie katholische Missionsstationen höhere Schulen für Mädchen. Frauen, die als Ehefrauen und Töchter prominenter Männer der Elite angehörten, nutzten ihre privilegierte Position, um Mädchenschulen errichten zu lassen.[31] Im viktorianischen Lagos fingen einige der aufstrebenden Yorùbá-Männer an zu begreifen, welchen beträchtlichen Beitrag gebildete Frauen zu ihrem Status und zu ihrer Karriere in der kolonialen Gesellschaft leisten konnten. In ihrer bahnbrechenden Studie zur Ehe im kolonialen Lagos veranschaulicht Kristin Mann, dass es dort eine Nachfrage gab, gebildete Frauen zu heiraten.[32] Es ist kaum verwunderlich, dass solche Frauen idealerweise Hausfrauen werden sollten. Deshalb mussten sie Männer finden, die finanzi-

30 Ebd., S. 135.
31 Mba, *Nigerian Women Mobilized*, S. 62.
32 Kristin Mann, *Marrying Well. Marriage, Status, and Social Change among the Educated Elite in Colonial Lagos*, Cambridge 1985.

ell in der Lage waren, sogenannte »Ordnungsehen«[33] einzugehen. Die führenden Familien in Lagos brachten zweifellos beträchtliche Geldsummen auf, um ihre Söhne in England für die bevorzugten Berufe, Medizin und Jura, ausbilden zu lassen. Doch in gewisser Hinsicht war die Bildung der Töchter von höchster Priorität, denn die einzige Bestimmung für sie war es, eine »gute Ehe« einzugehen. Die größte Sorge der Sàró-Familien bestand darin, dass ihre Töchter eine »schlechte Ehe« eingehen könnten, was gleichbedeutend mit der traditionellen Form der Yorùbá-Ehe war, die es dem Ehemann erlaubt, mehrere Frauen zu heiraten.[34]

Als die Kolonialregierung 1882 anfing, sich in den Bildungssektor einzumischen – bis zu diesem Zeitpunkt hatten christliche Missionare eine Monopolstellung im Bereich der Bildung inne –, gab es zumindest in Lagos bereits eine Gruppe von Afrikanern, die Bildungsmöglichkeiten für alle Kinder forderte. 1909 gründete die Kolonialregierung *King's College*, eine höhere Schule für Jungen. Erst 1927 wurde *Queen's College*, das Gegenstück für Mädchen, gegründet. Der Hartnäckigkeit, die die Frauen der Elite in Lagos besaßen, wurde auf diese Weise Anerkennung gezollt. Sie sammelten in ihrem Eifer, die Regierung vom Bedarf an Frauenbildung zu überzeugen, 1000 Pfund für die Schulgründung.[35] Die Haltung der Kolonialregierung gegenüber der Frauenbildung verbesserte sich. 1929 trat E. R. J. Hussey, einer der bedeutendsten britischen Leiter für Bildung im kolonialen Nigeria, dafür ein, dass mehr Schulen nach dem Modell des *Queen's College* errichtet werden sollten, weil er »fand, dass die Gesamtbevölkerung eine gute Bildung ihrer Mädchen in gleicher Weise wie die Bildung der Jungen nur dann wertschätzen wird, wenn afrikanische Frauen wichtige Positionen im Land innehaben«.[36] Hussey bewies Verständnis für die Lage, indem er Arbeitschancen mit Bildung in Verbindung setzte, doch offenbar war diese Auffassung nicht repräsentativ für die koloniale Ideologie oder Bildungspolitik. Als die »Lagos Women's League« 1923 die Kolonialregierung dazu aufrief, Frauen in den öffentlichen Dienst aufzunehmen, antwortete deren Chefsekretär: »Es ist fraglich, ob die Zeit gekommen ist, in der Frauen Männer im Bürodienst er-

33 Ebd., S. 77-91.
34 Ebd.
35 Mba, *Nigerian Women Mobilized*, S. 62-64.
36 Ebd., S. 63.

setzen könnten.«[37] Noch 1951 stand in einem Dokument über die Anstellung von Frauen im öffentlichen Dienst: »Eine Frau darf nur unter außergewöhnlichen Umständen für eine Stelle im gehobenen Dienst infrage kommen.« Diese Ausnahmefälle waren gut qualifizierte Frauen, bei denen nicht zu erwarten war, dass sie »männliches Personal führen«.[38] Dies ist eine der explizitesten Aussagen zur Geschlechterhierarchie der kolonialen Politik. Anders ausgedrückt: Unabhängig von Qualifikationen, Leistungen oder Länge der Dienstzeit *mussten Frauen den Männern in allen Situationen untergeordnet sein.* Männlichkeit galt daher als Voraussetzung für eine Stelle im höheren öffentlichen Dienst des Kolonialstaats. Die Umdeutung von der ursprünglich anatomischen Kategorie Anasex zu einer sozialen Identität sowie zu einem ausschlaggebenden Faktor für Führungsqualität und Verantwortung, steht im krassen Gegensatz zum Senioritätssystem der vorkolonialen gesellschaftlichen Organisation der Yorùbá. Männer sollten die »Erben« des Kolonialstaats werden. Frauen wurden in vielerlei Hinsicht enteignet; ihr Ausschluss von Bildung und Beschäftigung war tiefgreifend und erwies sich im Laufe der Zeit als verheerend. Männer hatten nicht nur zahlenmäßig einen beträchtlichen Startvorteil, sondern auch bezüglich der hohen Bedeutung, die westlicher Bildung und westlichen Werten in afrikanischen Gesellschaften beigemessen wurde. Der Zugang zu westlicher Bildung war im wachsenden Maße ausschlaggebend für die Fähigkeit, sich in der »modernen« Welt zurechtzufinden und so an Reichtum, Status und Führungspositionen zu kommen.

Die vielleicht schädlichste Langzeitfolge aus der gedanklichen Verbindung zwischen Männern und Bildung, Erwerbstätigkeit und Führungsqualität war deren psychische Auswirkung sowohl auf Frauen wie auf Männer. Das Schulsystem reflektiert dies sowohl strukturell als auch ideologisch. Unter einigen der westlich gebildeten Nigerianer der Gegenwart besteht die Vorstellung fort, dass Frauen nicht die gleichen geistigen Fähigkeiten haben wie Männer. Dies ist Bestandteil des kolonialen Erbes. Einer der berühmtesten Pädagogen Nigerias, Dr. Tai Solarin, hat zum Beispiel das Problem der Geschlechterungleichheit im Rahmen von Bildung angesprochen. Mayflower, die durch ihn gegründete weiterführende Schu-

37 Ebd., S. 64.
38 Ebd., S. 63.

le, wurde 1958 zu einer gemischten Schule. Ursprünglich gab es seitens männlicher Schüler großen Widerstand dagegen, denn sie dachten, Mädchen würden durch ihre mentale Minderwertigkeit schlechter lernen.[39] Dr. Solarin sollte dieselbe Denkart an den Tag legen: Als er die unterschiedlichen Leistungen von Männern und Frauen kommentierte, wies er darauf hin, dass Europa Frauen wie Jeanne d'Arc und Madame Curie hervorgebracht hatte, doch »von allen Kontinenten war es Afrika, das lange und schmerzhaft seine Frauen unterjochte«.[40] Trotz seiner Sympathie für Afrikanerinnen muss hervorgehoben werden, dass Afrika – gemessen am westlichen Leistungsstandard, auf den sich Dr. Solarin beruft – auch keine mit Persönlichkeiten wie Madame Curie vergleichbaren Männer hervorgebracht hat. Doch dies bemerkt Dr. Solarin nicht, während er unsere Geschichte entwertet. Er glaubt an die vom Westen verbreitete Vorstellung, dass afrikanische Frauen die am stärksten unterdrückten der Welt seien. Dieses Beispiel veranschaulicht, in welchem Ausmaß die Vorstellung weißer europäischer Überlegenheit und das Patriarchat in den Köpfen der Kolonialisierten miteinander verwoben sind – trotz aller gegenteiligen Beweise nahm Solarin an, dass Frauen in Europa den Männern gleichgestellt waren. Gerne wüsste man, wie er auf die Tatsache reagiert hätte, dass Madame Curie – trotz ihrer zwei Nobelpreise – wegen ihres Geschlechts nicht in die französische Akademie der Wissenschaften aufgenommen wurde.[41]

Das Göttergeschlecht: Wie die Òrìṣà männlich wurden

Die Einführung des von Männern dominierten Christentums stellt einen weiteren Faktor dar, der dazu beitrug, die männliche Vorherrschaft in der Yorùbá-Gesellschaft zu festigen. Christliche Missionare wurden zu Recht als die Komplizen der Kolonialisierung bezeichnet. Wie Johannes der Täufer bereiteten sie den Weg, und zwar in Yorùbáland sowie in anderen Teilen Afrikas. Das Christen-

39 Tai Solarin, *To Mother with Love. An Experiment in Auto-biography*, Ibadan 1987, S. 223.
40 Ebd., S. 226.
41 Vgl. Londa Schiebinger, *Schöne Geister. Frauen in den Anfängen der modernen Wissenschaft*, Stuttgart 1993, S. 14.

tum erreichte Yorùbáland in den 1840er Jahren – Jahrzehnte bevor der größte Teil des Gebietes unter britische Herrschaft geriet. Die größten Missionsgruppen gehörten der britischen »Church Missionary Society« (CMS), den »Wesleyan Methodists«, den US-amerikanischen »Southern Baptists« und den Katholiken an. In der frühen Phase war der CMS darunter die größte und bedeutendste Gruppe. Die ersten Missionsstationen wurden in Badagri und Abẹ́òkúta gegründet, doch sie sollten sich bald auch auf andere Städte wie Ìjàyè, Ògbómòṣọ́, Ọ̀yọ́ und Ìbàdàn ausweiten.

Die verschiedenen Yorùbá-Staaten empfingen die christlichen Missionare im Allgemeinen freundlich, sie konkurrierten sogar um deren Präsenz. Die Religion der Yorùbá bot auch Raum für neue Götter, aber der Grund, weshalb Yorùbá-Herrscher sich Missionare in ihren Gebieten wünschten, war politisch, nicht religiös begründet. Yorùbá-Herrscher benötigten die Präsenz und Fertigkeiten der Missionare, um sich Zugang zum Küstenhandel mit den Europäern zu sichern und um ihre eigene Stellung im damaligen Machtkampf der Yorùbá-Staaten untereinander zu verbessern. Abẹ́òkúta, das zum Zentrum der missionarischen Tätigkeit in Yorùbáland wurde, genoss unter anderem die militärische Unterstützung der Europäer. Die erste christliche Gemeinde Yorùbálands wurde in Abẹ́òkúta gegründet. Ursprünglich bestand die Gemeinde überwiegend aus Sàró, doch mit der Zeit konnten sie Konvertiten aus der Lokalbevölkerung rekrutieren. Aus den Aufzeichnungen wird nicht klar ersichtlich, welche Art von Menschen das Christentum anzog oder wie viele Männer und Frauen konvertierten. Unter den Igbo Südostnigerias konvertierten zuerst sozial Ausgestoßene und Sklaven – also marginalisierte Personen. In Yorùbáland scheint die Entwicklung anders verlaufen zu sein. Dies lag wahrscheinlich daran, dass ein Teil der Yorùbá-Bevölkerung, nämlich die Sàró, hier bereits christianisiert worden war.

Die Debatte um die Polygamie deutet darauf hin, dass Männer die primären Zielpersonen der Missionierung waren. Der Brauch der Vielehe barg den ernstesten und langwierigsten Konflikt zwischen der Kirche und ihren Yorùbá-Konvertiten. Er war der brisanteste Bestandteil in der Beziehung zwischen den angehenden Christen und den Missionaren. Aus Sicht der Missionare war es nicht nur primitiv, mehrere Ehefrauen zu haben, sondern ein Bruch mit Gottes Gesetz: Polygamie war schlichtweg gleichbedeutend mit Ehebruch.[42] Deshalb musste sich ein Yorùbá-Konvertit vor der Taufe zumindest von all seinen Frauen (bis auf eine) trennen. J. F. Ade Ajayi fand es bemerkenswert, dass die Missionare so dogmatisch gegen die Polygamie kämpften, die Sklaverei jedoch tolerierten. Dies zeigt auch das folgende, dem Leiter des CMS zugeordnete Zitat: »Das Christentum wird das Verhältnis zwischen Herrn und Sklaven verbessern; die Polygamie ist ein Vergehen gegen das Gesetz Gottes und deshalb kann sie nicht verbessert werden.«[43]

Aus der Perspektive dieser Studie ist ebenfalls von Interesse, wie Frauen in dieser Debatte auftreten. Man könnte glauben, dass die Frauen das logischere Ziel der Christianisierung hätten sein müssen, da es die Männer waren, die mehrere Frauen hatten und dadurch der christlichen Gesinnung zuwiderhandelten. Doch so war es nicht. Wir treffen vielmehr auf die folgende immer wiederkehrende Frage: Sollte die Kirche die Ehefrau eines polygam lebenden Mannes taufen?[44] Die Tatsache, dass diese Frage überhaupt aufkam, verdeutlicht, dass Frauen nicht als Individuen angesehen wurden, deren Seelen für die Erlösung infrage kamen. Ihr persönlicher Glaube war der Frage untergeordnet, wessen Ehefrau sie waren. Die Erlösung bedeutete, dass ein Individuum zu Christus findet – doch dies spielte keine Rolle. Denn Frauen wurden nicht als Individuen, sondern nur als Ehefrauen anerkannt. Der Yorùbá-Missionar Ajayi Crowther zögerte nicht, die Kirche darauf hinzuweisen, dass »die Ehefrau eines Polygamisten unfreiwillig Opfer einer gesellschaftlichen Institution wurde und dass ihr deshalb die Taufe nicht verweigert werden darf«.[45] Aber waren Frauen damals Opfer der Polygamie oder Opfer der Kirche? Erst wenn ein Polygamist zum Christentum konvertierte, stellte sich überhaupt die Frage, welche Ehefrauen ausgemustert und welche Kinder zu Bastarden wurden. Frauen und Kinder wurden für einen kulturellen Konflikt bestraft, an dessen Entstehung sie nicht mitgewirkt hatten, ja, sie wurden dafür bestraft, gute Bürger ihrer Kultur zu sein. Die Yorùbá verstanden diese Begleiterscheinung der Konversion, doch die Kirche vermied es, diese heikle Angelegenheit anzusprechen. Die Mahnung einiger Yorùbá-Missionare, die Polygamie müsse zwar auf

42 Ajayi, *Christian Missions*, S. 106.
43 Ebd., S. 107.
44 Ebd.
45 Ebd., S. 106.

progressive Weise reformiert, jedoch toleriert werden, stieß auf taube Ohren.

1891 kam es im Zuge verschiedener Konflikte zwischen den Yorùbá in christlichen Gemeinden und den Missionaren zur Abspaltung. Mangelnde Toleranz der Kirche gegenüber der Polygamie wurde im öffentlichen Diskurs als einer der Hauptgründe für den Bruch genannt. 1891 wurde die erste von Missionsstationen unabhängige afrikanische Kirche in Lagos gegründet. In seiner bahnbrechenden Studie zu unabhängigen Kirchen in Yorùbáland erklärt James B. Webster jedoch, dass das Aufkommen einheimischer Kirchen ein Beweis dafür gewesen sei, wie sehr die Yorùbá sich dem Christentum verschrieben hätten.[46] Meiner Meinung nach war diese Hingabe zum Christentum zwangsläufig gleichbedeutend mit dem Bekenntnis zum jüdisch-christlichen Patriarchat – und dies war kein gutes Vorzeichen für Frauen.

Dennoch brach eine neue Ära in der Geschichte der Kirche in Yorùbáland an. In den missionarischen Kirchen hatten Frauen keine Wertschätzung erfahren; Sie waren vom Klerus ausgeschlossen und hatten keinerlei offizielle Funktion. Doch im Zuge der Gründung unabhängiger Kirchen begannen Frauen bedeutendere Rollen anzunehmen, die besser im Einklang mit der Weise standen, wie Anafrauen traditionell in der Yorùbá-Religion repräsentiert wurden. Ziemlich viele dieser Kirchen wurden sogar von Frauen gegründet. Die bedeutendste wurde von Abíọ́dún Akínṣọ̀wọ́n 1925 mitbegründet – aber es gab noch viele weitere.[47] Auch im tagtäglichen Betrieb der Kirchen und als Prophetinnen übernahmen Frauen wichtige Funktionen.

Zwar hatten Frauen in den unabhängigen Kirchen eine wichtigere Funktion inne als in den europäischen Kirchen, doch selbst diese höhere Stellung war nicht vergleichbar mit der Repräsentation von Anafrauen in der einheimischen Yorùbá-Religion. […] Christliche Missionare übten großen Einfluss auf Yorùbáland aus, was man unmöglich kleinreden oder gar leugnen kann. Es ist möglich, die Arbeit dieser Missionare von unterschiedlichen Blickwinkeln aus

---

46 James B. Webster, *The African Churches among the Yoruba, 1882-1922*, London 1961.

47 Vgl. John D. Peel, *Aladura. A Religious Movement among the Yoruba*, London 1968, S. 71.

zu beleuchten: als die Aufgabe, eine »neue Elite zu schaffen«,[48] die Kolonialisierung zu ermöglichen oder gar einem kulturellen Nationalismus den Boden bereitet zu haben. Es ist besonders interessant, auf welche Weise das Christentum auf Betreiben von Theologen und Kirchenmännern zu einer männlichen Neuauslegung des Religionssystems der Yorùbá führte.

Eine Folge der Christianisierung der Yorùbá-Gesellschaft bestand darin, dass die Vorstellung von Gender die religiöse Domäne und das einheimische Religionssystem durchdringen konnte. Anasex spielte in der traditionellen Religion der Yorùbá keine Rolle – weder in der menschlichen Welt noch in der Welt der Götter. Die Yorùbá-Religion hatte – wie andere afrikanische Religionen – drei Säulen. Erstens gab es Olódùmarè (Gott – das höchste Wesen). Olódùmarè hatte keine Geschlechtsidentität, und es ist fraglich, ob es vor dem Aufkommen des Christentums und des Islams in Yorùbáland als menschliches Wesen wahrgenommen wurde. Zweitens gab es òrìṣà (Götter). Sie waren Erscheinungsformen der dem höchsten Wesen zugeordneten Eigenschaften und wurden als dessen Boten an die Menschen angesehen. Sie standen deutlich im Mittelpunkt der Yorùbá-Verehrung. Obwohl es anamännliche und anaweibliche òrìṣà gab, wurde der anatomischen Unterscheidung – wie in anderen Zusammenhängen auch – keine Bedeutung beigemessen; deshalb sollte sie als bedeutungsloser Unterschied verstanden werden. Es waren zum Beispiel sowohl Ṣàngó (der Gott des Donners) als auch Oya (die Göttin der Flüsse) für ihren Zorn bekannt. Darüber hinaus ist es nicht möglich, die Anzahl männlicher und weiblicher òrìṣà zu erheben, da diese stetig wächst und nicht genau bekannt ist. Darüber hinaus wurde auch nicht allen òrìṣà ein Geschlecht zugeordnet; einige wurden mancherorts als männlich betrachtet und andernorts als weiblich. Drittens gab es sowohl weibliche als auch männliche Vorfahren, die von Mitgliedern jeder Verwandtschaftslinie verehrt wurden und denen jährlich im Rahmen der Egúngún-Maskerade gedacht wurde: einer religiösen Verehrung der Vorfahren. In der Menschenwelt stand das Priesteramt zur Verehrung diverser Götter Männern wie Frauen offen. Üblicherweise hing die Vorhersage, welche òrìṣà eine Person anbeten würde, davon ab, zu welcher Verwandtschaftslinie diese

48 Emmanuel A. Ayandele, *The Missionary Impact on Modern Nigeria 1842-1914. A Political and Social Analysis*, London 1966.

Person gehörte und aus welcher Stadt sie stammte. Daraus wird deutlich, dass Gender als Kategorie in der Religion und im Gemeindeleben der Yorùbá nicht zum Ausdruck kam; deshalb hing die Rollenverteilung der òrìṣà, der Priester und der Vorfahren nicht vom Geschlecht ab.

Nachdem die Yorùbá zum Christentum übergetreten waren und sich die Schrift zu eigen gemacht hatten, scheint es seitens ihrer Wissenschaftler und Kirchenmänner Versuche gegeben zu haben, die Religion mit der männlichen Voreingenommenheit des Christentums neu zu interpretieren. Die Gründung einheimischer Yorùbá-Kirchen führte zu einer Yorùbánisierung des Christentums.[49] Doch gleichzeitig fand ein zweiter Prozess statt, dessen Ursprung in der christlichen Gemeinde der Yorùbá lag: Die Yorùbá-Religion wurde christianisiert. Eine bedeutende Maßnahme der Missionare bestand darin, einheimische Sprachen durch Verschriftlichung in ihrem Bedeutungsumfang zu verringern. Samuel Ajayi Crowther, ein Yorùbá-Missionar, trug zu diesem Prozess maßgeblich bei. Bis zum Jahr 1861 war die Bibel in Yorùbá übersetzt worden und die neue christliche Elite Yorùbálands begann damit, die bestehenden Bräuche, Traditionen und die Religion der Menschen zu kodifizieren. Doch ihre Sicht war oft sehr stark durch das Christentum gefärbt. Dies wurde besonders deutlich, wenn es um Gender ging. Sowohl die Sprache als auch die Interpretationen der Yorùbá-Traditionen zeugten von männlicher Voreingenommenheit. Es bestand die Tendenz, dass die Säulen der Yorùbá-Religion in den Händen von Yorùbá-Christen, Laien, Theologen und Kirchenführern maskulinisiert wurden. Olódùmarè wurde zu »unserem Vater im Himmel«; die weiblichen òrìṣà, sofern überhaupt als solche anerkannt, wurden schwächer als die männlichen òrìṣà dargestellt; und »unsere Vorfahren« wurden zu unseren Vorvätern.

[...]

Welche Auswirkungen diese Neuauslegung afrikanischer Religionen hatte, in deren Zuge weibliche Symbole durch männliche ersetzt und geschlechtsneutrale Götter in männliche verwandelt wurden, muss noch untersucht werden. Die Forschung feministischer Theologinnen zu den Folgen des jüdisch-christlichen Patriarchats für Frauen im Westen deutet allerdings darauf hin, was Afrikane-

---

49 Webster, *African Churches*.

rinnen bevorsteht, deren Religionen fortlaufend patriarchalisiert werden. Carol Christ erklärt bezüglich der jüdisch-christlichen Religionen:

> Religionen, in deren Zentrum die Verehrung eines männlichen Gottes steht, schaffen »Stimmungen« und »Motivationen«, welche Frauen in einen Zustand psychologischer Abhängigkeit von Männern und männlicher Autorität versetzen, während sie gleichzeitig die *politische* und *soziale* Autorität von Vätern und Söhnen in gesellschaftlichen Institutionen legitimieren.[50]

Die religiöse Organisation jeder beliebigen Gesellschaft – die religiöse Symbole und Werte mit einschließt – spiegelt die gesellschaftliche Organisation wider. Da Afrikanerinnen in wachsendem Maße gesellschaftlich ausgegrenzt werden, ist es also keine Überraschung, dass sich auch das Religionssystem zu ihren Ungunsten auswirkt. Vielleicht sind die Auswirkungen patriarchalisierter Religionen auf die Gesellschaft in Afrika stärker als im Westen, denn in Afrika durchdringt die Religion alle Lebensbereiche; die Vorstellung eines religionsfreien Raums ist noch heute fragwürdig.

Niemandsland – Frauen ohne Land

Die Kommerzialisierung von Land stellte einen weiteren Meilenstein des europäischen Vordringens in einheimische Gesellschaften dar – ob in Afrika oder auf dem amerikanischen Doppelkontinent. Land wurde zur Ware, die ge- und verkauft werden konnte. Dieser Abschnitt handelt von den Folgen der Kommodifizierung des Landes und davon, wie sich dieser Übergang von kollektiven Nutzungsrechten zu Privatbesitz zuungunsten der Frauen auswirkte.

Wie in den meisten Teilen Afrikas war Land im Yorùbáland des neunzehnten Jahrhunderts keine Ware, die einzelne Menschen besitzen, erwerben oder kaufen konnten. Der folgende Auszug aus den Memoiren der damals in Ìbàdàn lebenden europäischen Missionarin Anna Hinderer veranschaulicht das Yorùbá-Konzept

---

50 Carol P. Christ, »Why Women Need the Goddess. Phenomenological, Psychological, and Political Reflections«, in: Carol P. Christ, Judith Plaskow (Hg.), *Womanspirit Rising. A Feminist Reader in Religion*, New York/NY 1979, S. 273-287, hier S. 275. Vgl. auch dies., »Warum Frauen die Göttin brauchen«, in: *Schlangenbrut. Zeitschrift für feministisch und religiös interessierte Frauen* 8 (1985), S. 6-19.

von Besitz und Eigentum: »Als Herr Hinderer sich bei seiner Ankunft in Ìbàdàn nach dem Landpreis erkundigte […], sagte der Chief lachend: ›Bezahlen! Wer bezahlt für den Grund? Der gesamte Grund gehört Gott; Sie können nicht dafür bezahlen.‹«[51] Wenn überhaupt eine Form von Anspruch auf Land bestand, so bildeten die Verwandtschaftslinie und die Gemeinschaft die Grundlage dafür.[52] Land wurde niemals verkauft – stattdessen übergaben es die *oba** oder Vertreter und Vertreterinnen der Verwandtschaftslinie an Neuankömmlinge. Die über das Land verfügende Einheit war die Verwandtschaftslinie, und all ihre Mitglieder – ganz gleich ob männlich oder weiblich – hatten das Recht, es zu nutzen. Samuel Johnson bemerkte dementsprechend: »Die Familie kann keinen Anteil dieser Farmen veräußern, ohne dass jedes ihrer Mitglieder damit einverstanden ist.«[53]

Landnutzungsrechte waren allgemein gültig. Doch in neuerer Literatur zum Thema Frauen und Entwicklung wurde eine Neuauslegung der Landnutzungsrechte vorgenommen, in der die Nutzungsrechte der Frauen als minderwertig gegenüber jenen der Männer ausgelegt wurden. Margot Lovett schreibt zum Beispiel über viele vorkoloniale Gesellschaften Afrikas, dass »Frauen keine unabhängigen, autonomen Rechte auf Land besaßen; ihr Zugang dazu verlief vielmehr über die Männer«.[54] Lovett legt das vorkoloniale Landnutzungsrecht so aus, als entstünde der bei der Geburt erworbene Anspruch auf Land über den Vater und als entstünde der auf Heirat basierende Anspruch über den Ehemann. Diese Auslegung verlagert den Schwerpunkt der Debatte vom auf Gruppenzugehörigkeit basierenden Anspruch auf Landnutzung zum individuellen Anspruch. Dadurch wird das Konzept des Individualismus auf Gesellschaften übertragen, in denen die Rechte des Individuums jenen der Gemeinschaft untergeordnet waren.

51 Anna Hinderer, *Seventeen Years in the Yoruba Country: Memorials of Anna Hinderer*, London 1877, S. 60.
52 Nathaniel A. Fadipe, *The Sociology of the Yoruba*, Ibadan 1970, S. 169.
* *Oba* ist die geschlechtsneutrale Bezeichnung für einen Herrscher bzw. eine Herrscherin, wird jedoch oft fälschlicherweise mit »König« übersetzt. Oyěwùmí, *Invention of Women*, S. 29 f. [Anm. d. Übers.].
53 Johnson, *History of the Yorubas*, S. 96.
54 Margot Lovett, »Gender Relations, Class Formation, and the Colonial State in Africa«, in: Jane L. Parpart, Kathleen A. Staudt (Hg.), *Women and the State in Africa*, Boulder/CO, London 1989, S. 23-46, hier S. 25.

Außerdem verfehlt diese Einschätzung das Thema: Sie setzt die relative Landknappheit voraus, welche jedoch erst in der Kolonialzeit einsetzte, als Land kommodifiziert wurde, es an Wert gewann und der Zugriff darauf eingeschränkt wurde; in der vorkolonialen Zeit, von der Lovett spricht, war jedoch reichlich Land vorhanden. Lovetts Einschätzung ist außerdem abwegig, weil die Autorin nicht versteht, dass Frauen in traditionellen afrikanischen Gesellschaften durch Heirat Zugang zu Land gewannen, ihre Landnutzungsrechte aber trotzdem gemeinschaftlich gewährleistet waren. Darüber hinaus wurde das Recht auf die Mitgliedschaft in einer Verwandtschaftslinie nicht davon abgeleitet, dass man jemandes Tochter oder Sohn war, sondern davon, dass man in die Verwandtschaftslinie hinein geboren wurde. Man sollte sich im Klaren darüber sein, dass *die Verwandtschaftslinie in der Vorstellung der Menschen die Lebendigen, die Toten und die Ungeborenen umfasste.* Im Rahmen der Ehe, die eine Angelegenheit zwischen Verwandtschaftslinien war, gewährleistete die Verwandtschaftslinie (und nicht der Ehemann allein) das Landnutzungsrecht.

Bei den Yorùbá hatten die *obìnrin*- und *ọkùnrin*-Familienmitglieder* dieselben Zugriffswege; die Mitgliedschaft in der Verwandtschaftslinie basierte nicht auf Heirat, sondern auf Geburt; somit hatten in eine Verwandtschaftslinie einheiratende Anafrauen keinen Anspruch auf jenes Land, das sich im Besitz der Verwandtschaftslinie ihrer Ehemänner befand. Ihr Anspruch auf Land wurde über die Verwandtschaftslinie, in die sie hinein geboren worden waren, gewährleistet. G. B. A. Coker schreibt in seiner Arbeit über die Rechte der Mitglieder einer Yorùbá-Verwandtschaftslinie auf unbewegliches Vermögen wie Land: »Die Rechte der Familienmitglieder sind grundsätzlich gleich und es ist unmöglich, dass sich persönliche Anteile in Größe und Güte unterscheiden.«[55] Der koloniale Anthropologe Peter C. Lloyd äußert sich ähnlich über die Gesell-

---

* *Obìnrin* und *ọkùnrin* sind zwei Begriffe der Yorùbá-Sprache, die laut der Autorin oft irrtümlich mit *Mann/männlich* und *Frau/weiblich* übersetzt werden. *Obìnrin* und *ọkùnrin* weisen ausschließlich auf jene anatomischen Merkmale eines Menschen hin, die zur Fortpflanzung beitragen. Somit unterscheiden sie sich von den westlichen Konzepten *Mann/männlich* und *Frau/weiblich*, die dichotom sind und nicht bloß anatomische, sondern auch soziale Merkmale umfassen. [Anm. d. Übers.]

55 G. B. A. Coker, *Family Property among the Yoruba*, London 1958, S. 48.

schaft der Yorùbá: »Die Verwaltung [des Landes in Familienbesitz, Anm. O. O.] kann ausschließlich die Familie als körperschaftliche Gemeinschaft handhaben und nicht einzelne Familienmitglieder – es sei denn, diese sind dazu befugt.«[56] Lovetts Annahme, dass Männer (als Gruppe) im Gegensatz zu Frauen (als Gruppe) eine Form von Aufsichtsrecht hatten, entspricht nicht den Tatsachen. Im vorkolonialen Yorùbáland rührten die Rechte des Individuums von der Gruppenmitgliedschaft her. Dies ist Ausdruck der typisch afrikanischen Wahrnehmung des Individuums im Verhältnis zur Gemeinschaft – ganz nach der Maxime »wir sind, also bin ich«, die im Gegensatz zur europäisch-cartesianischen Verkündung »ich denke, also bin ich« steht.

Wenn bei den Yorùbá das gemeinschaftliche Land geteilt wurde, so geschah dies zudem nicht entlang der Anasex-Merkmale. Wie bereits erwähnt, unterschieden die Yorùbá auf sozialer Ebene nicht zwischen den anaweiblichen und den anamännlichen Familienmitgliedern. Wer also die Rechte von Männern denen der Frauen gegenüberstellt, geht von Individualrechten aus – der Grundlage westlicher Eigentumsverhältnisse. Noch wichtiger ist, dass damit vorausgesetzt wird, dass Frauen eine Geschlechtsidentität besitzen, die einen Einfluss darauf hatte, ob ihnen der Zugriff auf Land gewährleistet oder verweigert wurde. Wie ich bereits dargelegt habe,[*] unterschieden sich die Rechte der Yorùbá-Frauen je nachdem, ob sie Nachwuchs (von Geburt an Mitglieder der Verwandtschaftslinie) waren oder ob sie in die Verwandtschaftslinie eingeheiratet hatten. Die komplexe und duale Identität afrikanischer Frauen als Mitglieder ihrer eigenen Verwandtschaftslinie (als Nachwuchs) sowie die durch Heirat erworbene Mitgliedschaft in einer anderen Verwandtschaftslinie fiel der europäischen Idee der »Stellung von Frauen« (der Vorstellung, dass sich alle Frauen einen gesellschaftlichen Rang teilen) zum Opfer.

Dieses »Niemandsland-System« der Yorùbá wurde in der Kolonialzeit einem Wandel zuungunsten der Frauen unterzogen. Ihre Bodenrechte wurden durch eine Reihe von Entwicklungen beeinflusst, die sich am besten am Beispiel des 1861 von den Briten be-

56 Peter C. Lloyd, *Yoruba Land Law*, London 1962, S. 80.
* Vgl. das Kapitel »Making History. Creating Gender: The Invention of Men and Kings in the Writing of Ọ̀yọ́ Oral Tradition«, in: Oyěwùmí, *Invention of Women*, S. 80-120. [Anm. d. Übers.]

setzten Lagos erklären lassen. Die dortigen Veränderungen deuteten an, was sich im Zuge der europäischen Herrschaft in anderen Yorùbá-Städten ereignen sollte.

Durch europäische Händler und die Sàró, einer verwestlichten Bevölkerungsgruppe der Yorùbá, wurde in Lagos recht früh damit begonnen, mit Land zu handeln. Landzuweisungen seitens der ọba in Lagos an europäische Händler wurden als Verkäufe angesehen. Die Sàró waren durch ihre westliche Bildung und Werte dem Handel mit Land gegenüber offen eingestellt. Die britische Krone vergab Lehnsgut, das heißt, »Landeigentümer bekamen ihr Land als eine Leihgabe der britischen Krone«.[57] 1869 wurde zum Beispiel eine Verordnung dahingehend erlassen, dass jede Person, die »Land selbst nutzte oder *seinen* Grund verpachtete«,[58] Eigentumsrechte auf diese Fläche erhalten solle. Das Lehnswesen förderte die Vorstellung, dass Land käuflich zu erwerben sei. Dass eine Person das Besitzrecht auf durch sie genutztes Land erhielt, muss dazu beigetragen haben, dass eine große Menge an Familienbesitz in (meist männlichen) Privatbesitz überging. Erstens wirkte sich der Wandel des Familienbesitzes in Privateigentum zum Nachteil der Frauen aus, weil die koloniale Definition von Individuen nur Männer umfasste (wie der Wortlaut der Verordnung preisgibt). Zweitens ist es unwahrscheinlich, dass eine verheiratete Frau »*seinen*« Grund nutzte, da der eheliche Wohnsitz patrilokal war. Ich möchte betonen, dass der für Frauen entstandene Nachteil nicht auf die Yorùbá-Traditionen zurückzuführen ist. Er resultiert vielmehr aus dem kolonialen Gesetz, das festlegte, dass die Nutzung von Land zu dessen Besitz führte und dadurch die vorkolonialen, von Geburt an geltenden Zugangsrechte außer Kraft setzte. Die Vorstellung, dass ein Mann Land für sich selbst und nicht im Interesse der Verwandtschaftslinie nutzte, war ja schließlich das Ergebnis der neuen Landvergabe und wurde durch das europäische Familienbild untermauert, in dem das männliche Familienoberhaupt uneingeschränkte Autorität besitzt. Wichtiger noch: Im Vergleich zu Männern fehlte Frauen vor allem das kulturelle und finanzielle Kapital, das nötig war, um es im viktorianischen Lagos zu etwas zu bringen.

57 Coker, *Family Property*.
58 Ebd., S. 189 f. [Herv. v. O. O.]

[...]

Die vielleicht gravierendste Folge des Landverkaufs bestand darin, dass die neuen Gegebenheiten – der Verkauf von Land und die Aufhebung der bisherigen Ansprüche von Frauen – als »unsere Sitten« betitelt wurden und nicht etwa als erst in der Kolonialzeit entstandene »Traditionen«. Gavin Kitching erörtert in seinem Werk die Auswirkungen der europäischen Bodenbesitzstruktur auf die Kikuyu in Kenia. Er weist darauf hin, dass Afrikaner erst in der Kolonialzeit ihre Bodennutzung in die europäischen Begriffe des Landkaufs, des Verkaufs und der Pacht fassten.[59] Diese Entwicklung fand auch in Yorùbáland statt. Bis zu den 1930er Jahren war es laut Nathaniel Fadipe so weit gekommen, dass in einigen Yorùbá-Orten der Irrglaube herrschte, der Landverkauf fuße bei ihnen auf »einer langen Tradition«.[60] Auf die gleiche Weise wurde auch die Ausgrenzung von Frauen vom Familiengrund als eine »lange Tradition« dargestellt. Simi Afonja berichtet von einem siebzigjährigen Mann aus der Stadt Ife, der angibt, dass »es in der Vergangenheit gänzlich unüblich war, dass gewöhnliche Frauen Grundstücke oder Häuser besaßen«.[61] Allerdings stellte Afonja nicht die naheliegende Frage, auf welche »Vergangenheit« sich der Mann bezog; schließlich war Privatbesitz an Land und Häusern in Lagos und Abéòkúta bis ins neunzehnte Jahrhundert – und noch viel länger im Yorùbá-Hinterland – grundsätzlich für jeden unüblich.

Wie das Gewohnheitsrecht zur Gewohnheit wurde

Der Prozess, in dem die Vergangenheit neu erfunden wurde, um die Gegenwart widerzuspiegeln, ist entscheidend für meine Analyse der Gestaltung von Geschlechterrollen im kolonialen Yorùbáland. Im vorherigen Kapitel habe ich dargelegt, wie dieser Prozess mit Blick auf die Geschichtsschreibung verlief. Die Art, wie Landver-

59 Gavin Kitching, *Class and Economic Change in Kenya. The Making of an African Petit Bourgeoisie*, New Haven/CT 1980, S. 285.

60 Fadipe, *Sociology of the Yoruba*, S. 171.

61 Simi Afonja, »Changing Modes of Production and the Sexual Division of Labor among the Yoruba«, in: Helen Safa, Eleanor Leacock (Hg.), *Women's Work. Development and Division of Labor by Gender*, South Hadley/MA 1986, S. 122-140, hier S. 131.

kauf und Eigentümerschaft gehandhabt wurden, ist ein weiteres Beispiel dafür; und es gibt noch weitere institutionelle Zusammenhänge, in denen dieser Prozess deutlich wurde. Die Ausarbeitung des Gewohnheitsrechts veranschaulicht, wie Traditionen in diesem Zeitraum neu erfunden wurden. Frauen wurden beim Verfassen des Gewohnheitsrechts ausgeschlossen; ihre Rechte wurden stetig ausgehöhlt, während das neue Gewohnheitsrecht im Interesse der Männer gestaltet wurde. Das Gewohnheitsrecht stellt einen begrifflichen Widerspruch dar, denn nichts daran ist »gewohnt«. Ich unterscheide zwischen der Aufzeichnung von Normen und Sitten als Gesetze auf der einen Seite und der Erschaffung neuer Traditionen in Form des Gewohnheitsrechts auf der anderen Seite. Die oberste Quelle des »neuen Gewohnheitsrechts« waren nicht Überlieferungen, sondern die britische Kolonialregierung. Sie richtete ein einheimisches Gerichtssystem ein, das ein Bestandteil des kolonialen Bürokratieapparats werden sollte. Darin sollten Zivilprozesse unter der Bedingung verhandelt werden, dass das angewandte Recht »nicht unvereinbar mit der Gerechtigkeit und dem guten Gewissen ist«.[62] Durch die Kolonialregierung gewählte männliche Lokalherrscher wurden zu besoldeten Funktionären ernannt, und eine ihrer Aufgaben bestand darin, über Fälle des Gewohnheitsrechts zu »urteilen«. Der duale Charakter des durch die Kolonialmacht eingeführten Gewohnheitsrechts, das sowohl Neues als auch Altes (der Bezug auf die Vergangenheit der Yorùbá stellt einen Versuch dar, diesem neuen Recht eine Legitimation zu verschaffen) in sich birgt, findet Ausdruck in Timothy M. Alukos Beschreibung eines einheimischen Gerichts in Idasa, einer fiktiven Stadt im kolonialen Yorùbáland:

Endlich sahen sie das Gericht von Weitem. Der Vater näherte sich ihm mit zaghafter Ehrfurcht, der Sohn mit Neugier und Spannung. Es hatte traditionelle Mauern aus Lehm, war jedoch verputzt und von innen wie von außen weißgewaschen. Das strohgedeckte Dach war vor kurzem durch Wellblechplatten ersetzt worden – als Zeichen dafür, dass die Gerechtigkeit in dieser wichtigen Stadt die Vorhut für den Fortschritt der Zivilisation stellte.[63]

62 Omoniyi Adewoye, »Law and Social Change in Nigeria«, in *Journal of Historical Society of Nigeria* 1 (1973), S. 149-159, hier S. 150.
63 Timothy M. Aluko, *One Man, One Wife*, London 1959, S. 40.

Dass die Gerechtigkeit ein Haus ganz für sich allein bewohnte, war eine neue Tradition in Yorùbáland – deshalb näherten sich der Vater mit »zaghafter Ehrfurcht« und der Sohn mit »Neugier und Spannung«.

Die Gründung einheimischer Gerichtshöfe in Yorùbáland bedeutete nicht, bereits vorhandene Gerichtshöfe zu modernisieren, wie es Juristen gerne erklären – es entwickelten sich vielmehr ein neuer Gerechtigkeitsgedanke und ein neuer Ort, an dem diese Gerechtigkeit verwaltet wurde. Im vorkolonialen Yorùbáland lag die Justizgewalt bei verschiedenen Gerichtshöfen (Urteile wurden mehrheitlich gefällt), nicht nur bei dem Rat der Oberhäupter. Doch die Kolonialregierung führte ein europäisches Gerechtigkeitsverständnis ein, das in den Händen der männlichen Chiefs lag und zum Ausschluss aller anderen Gruppen führte. Der Ausschluss von weiblichen Funktionären war ein klares Anzeichen dafür, dass Gewohnheit und »Gewohnheitsgerichte« nichts miteinander zu tun hatten. Der *aláké* (Herrscher) von Abẹ̀òkúta (ein Yorùbá-Gemeinwesen) erkannte den frappierenden Ausschluss von Frauen, als er 1937 während einer Diskussion über Heirat und Scheidung klagte, dass die Frauen von Egbaland (Abẹ̀òkúta) zu dieser sie offensichtlich betreffenden Angelegenheit nicht einmal angehört wurden.[64] Martin Chanock erklärt: »In den Augen der Briten […] spielte sich das Gewohnheitsrecht in den Gerichthöfen der Chiefs ab, während das, was außerhalb geschah, ›außergerichtlich‹ war. Doch im wahren Kleinstadtleben gab es keine solch deutliche Unterscheidung zwischen den Sphären des Öffentlichen und Privaten«.[65] Nina Mba schließt sich dieser westlichen Sichtweise an; sie erklärt, dass im vorkolonialen Yorùbáland »die Scheidung einer Ehe außergerichtlich verlief: Sie wurde einfach durch die beidseitige Zustimmung der zwei Parteien vollzogen«.[66] Sie meint, dass dies ein einfaches, außerjuristisches Verfahren war, um Konflikte beizulegen – eine sonderbare Vorstellung, wenn man berücksichtigt, dass die »zwei Parteien« einer Yorùbá-Ehe eine große Zahl von Menschen umfassen konnten, weil die Ehe eine Angelegenheit zwischen Verwandtschaftslinien war. Es ist unklar, warum die Urteilsfällung der Verwandtschaftslinien nicht juristisch sein solle, es sei denn, man

64 Mba, *Nigerian Women*, S. 40.
65 Chanock, »Making Customary Law«, S. 60.
66 Mba, *Nigerian Women*, S. 56. [Herv. v. O. O.]

geht unkritisch von der kolonialen Definition der öffentlichen und privaten Sphären aus.

Eine weitere Art, wie die Kolonialregierung das Gewohnheitsrecht gestalten konnte, bestand darin, dass sie den höheren Gerichtshöfen die Verwaltung des einheimischen Rechts zuteilte. Dies bedeutete, dass die Verwaltung in den Verantwortungsbereich in England geborener und aufgewachsener kolonialer Funktionäre fiel, die von einheimischen Beisitzern in Gestalt der »traditionellen Chiefs« unterstützt werden sollten. Aus dieser Arbeitsteilung folgte, dass der englische juristische Ansatz umgesetzt wurde. Die Einführung des »Unvereinbarkeitsgesetzes« führte zur Aufhebung einiger Bestandteile des Gewohnheitsrechts.[67] Coker nennt ein anschauliches Beispiel für die koloniale Auslegung des Gewohnheitsrechts. In seiner Analyse eines Falls bezüglich der Besitzrechte von Yorùbá-Frauen schreibt er: »Zunächst wurden beide Parteien angehört. Danach wurden Chiefs als Expertenzeugen vorgeladen. Der belesene Oberrichter [ein Engländer], der die Sache verhandelte, zog die durch Chiefs aus Lagos gelieferten Beweise den Beweisen der Chiefs aus dem Hinterland vor.«[68] Wie das Beispiel zeigt, behielten sich die britischen Funktionäre das Recht vor, auf von ihren Beisitzern vorgebrachte Indizien zu verzichten. Es blieb unklar, nach welchen Kriterien beurteilt wurde, ob Beweisstücke mit der »Gewohnheit« im Einklang standen. Deshalb war der Prozess voller Fehlinterpretationen und falscher Darstellungen, wenn nicht sogar regelrechtem Unsinn. Dies verdeutlicht der folgende Urteilsspruch, den der ehrenwerte Richter Paul Graham im Rahmen eines Streits um die Besitzrechte von Yorùbá-Frauen im kolonialen Lagos verkündete:

Der Angeklagte lud einen alten Mann als Zeugen vor. [...] Die durch ihn gelieferten Beweise stellten einen klaren Fall einer *reductio ad absurdum* dar. Aus der Zeugenbank habe ich eine Menge Unfug über Yorùbá-Sitten gehört, doch selten war er lächerlicher als dies. Selbst der Verteidiger war genötigt, diese Zeugenaussage zu verwerfen.[69]

Es ist nicht immer so deutlich wie hier, wie sich aus der Sicht der britischen Richter die Bräuche und Gewohnheiten vom Prozess des

67 Adewoye, »Law and Social Change«, S. 156.
68 Coker, *Family Property*, S. 113.
69 Ebd., S. 162.

»Sich-Angewöhnens« neumodischer sozialer Praktiken unterschieden; doch eines war offensichtlich: Es wurden spezielle persönliche Interessen verfolgt – und diese verhießen nichts Gutes für die Tradition und für die Frauen. Hinsichtlich der Rechte von Yorùbá-Frauen auf Familienbesitz folgert Coker:

Während behauptet wurde, dass das einheimische Gesetz in alten Zeiten die Rechte der Frauen eingeschränkt habe, muss man bedenken, dass es für diese Einschätzung keine Belege gibt; denn in keinem einzigen Fall wurde diese Behauptung über einheimisches Recht und Sitten von unabhängigen Gutachtern unterstützt. Solcherlei Aussagen können ausschließlich von den streitenden Parteien selbst stammen – *und zwar vor allem von jener Partei, die davon profitiert, dass solche Behauptungen als Gesetz angenommen werden.*[70]

Das Problem der Interessengruppe war der Kern der Sache. Durch den Prozess, der die flexiblen althergebrachten Regeln als gesetzliche Prinzipien kodifizierte – nachdem »Unfug« und »Voreingenommenheit« vermeintlich beseitigt worden waren –, wurden Frauen bedauerlicherweise ausgegrenzt. In dieser Zeit erzeugten die ständigen Angriffe gegen Frauenrechte den Eindruck, dass solche Rechte gerade erst neu geschaffen worden waren. In Gerichtssälen waren Frauen ausschließlich als Prozessparteien anwesend – nicht als Gutachterinnen oder Richterinnen. Diese Ungleichheit förderte die Idee, dass Männer Hüter der Tradition seien und Frauen deren Opfer.

Der Lohn der Kolonialisierung

Eine zentrale Frage der europäischen Kolonialmächte lautete, wie sie den Kolonien Reichtümer zu ihren eigenen Gunsten entziehen konnten. Zu diesem Zweck fing die britische Kolonialverwaltung zur Jahrhundertwende damit an, eine Eisenbahnstrecke zu bauen, die verschiedene Teile ihrer Kolonien – des zukünftigen Nigerias – miteinander verbinden sollte. Für diese Studie ist die Eisenbahn von Bedeutung, denn der Eisenbahnbetrieb bereitete den Weg für die Lohnarbeit und wurde der größte Arbeitgeber im kolonialen

---

70 Ebd., S. 159. [Herv. v. O. O.]

Nigeria. Frauen wurden größtenteils von der Erwerbsarbeit ausgeschlossen (und obwohl es seit der Unabhängigkeit relativ große Verbesserungen gegeben hat, bleibt der Frauenanteil im formalen Sektor viel geringer als der Anteil an Männern).

Im Jahr 1899 waren über zehntausend Männer zum Bau der Eisenbahnstrecke angestellt; später kamen weitere Männer für den Eisenbahnbetrieb hinzu. Die meisten der ursprünglichen Arbeiter waren Yorùbá. Im Gegensatz zu anderen Teilen Nigerias und anderen Teilen Afrikas gab es in Yorùbáland laut Wale Oyemakinde keinen Mangel an Arbeitskräften; denn es gab bereits »Wanderarbeiter und Wanderarbeiterinnen«.[71] Sie waren als Vertriebene im Zuge der Yorùbá-Bürgerkriege im neunzehnten Jahrhundert versklavt worden. Die Kolonialregierung konnte diese Bevölkerungsgruppe problemlos zur Arbeit anstellen. Es wurden allerdings kaum Frauen eingestellt, obwohl einige der ursprünglichen Aufgaben beim Eisenbahnbau – zum Beispiel das Tragen von Lasten auf dem Kopf – sich nicht von jener Arbeit unterschied, die sowohl Männer als auch Frauen im neunzehnten Jahrhundert bewältigten. Es ist nicht ersichtlich, was aus jenen Wanderarbeiterinnen wurde.

Wichtiger war, dass die Einführung kapitalistischer Beziehungen in Form von Erwerbsarbeit in der Yorùbá-Gesellschaft ein Novum mit großen Auswirkungen darstellte – insbesondere auf die Definition von Arbeit. Trotz der Ausweitung des Handels mit Europa entwickelte sich im Laufe des gesamten neunzehnten Jahrhunderts kein freier Arbeitsmarkt in Yorùbáland. Da der Handel von Agrarprodukten mit Europa wuchs, verbreitete sich die inländische Sklaverei (die vom transatlantischen Sklavenhandel zu unterscheiden ist). Oyemakinde bemerkt, dass die Erwerbsarbeit eine Möglichkeit für ehemalige Sklaven darstellte, sich freizukaufen.[72] Dies hatte weitreichende Folgen, denn Frauen hatten keinen Zugang zu bezahlter Arbeit. Sollte das heißen, dass die Versklavung von Frauen länger anhielt? Dies ist eine interessante Frage, die in dieser Studie nicht beantwortet werden kann. Historische Studien zur Sklaverei und zum Sklavenhandel in Afrika bleiben in eurozentrischen Interessen und Fehlrepräsentationen gefangen.

Abgesehen davon, dass Männer durch die Erwerbsarbeit über

---

71 Wale Oyemakinde, »Railway Construction and Operation in Nigeria 1895-1911«, in: *Journal of the Historical Society of Nigeria* 2 (1974), S. 303-324, hier S. 305.

72 Ebd., S. 305.

Geld verfügten, gab es noch andere, feinere Unterschiede, die ebenso tiefgreifende Folgen mit sich brachten. Da Männer für ihre Arbeit entlohnt wurden, hatten ihre Leistungen einen Tauschwert, während die Arbeit der Frauen lediglich einen Nutzwert hatte. Auf diese Weise wurde die mit Frauen in Verbindung stehende Arbeit entwertet. Walter Rodney erläutert in seinem Werk zur kolonialen Situation:

Da Männer den Geldsektor im Vergleich zu Frauen mit größerer Leichtigkeit und in größeren Zahlen für sich erschlossen, wurde weibliche Arbeit im neuen Wertesystem des Kolonialismus gegenüber männlicher Arbeit als minderwertig eingestuft: Männerarbeit war »modern«, Frauenarbeit »traditionell« und »rückständig«. Deshalb hängt der verschlechterte Status afrikanischer Frauen direkt damit zusammen, dass das Recht, einheimische Maßstäbe für den Wert einer Arbeit zu setzen, verlorenging.[73]

Dieser vergeschlechtlichte Unterschied führte zu der Wahrnehmung, dass Männer Arbeiter seien, Frauen dagegen unbeschäftigt und bloße Anhängsel der Männer. Die Arbeit von Frauen wurde unsichtbar. Doch tatsächlich reichten die den Männern durch die Kolonialregierung gezahlten Hungerlöhne nicht aus, um die Familie zu ernähren. Für das Bestehen der Gemeinschaft blieb die Arbeit der Frauen nach wie vor notwendig. Die Tatsache, dass afrikanische Männer Einzellöhne erhielten, während Europäern Familienlöhne gezahlt wurden, ist gut dokumentiert. Bis zum Jahr 1903 war die ursprüngliche Attraktivität der Erwerbsarbeit bei der Eisenbahn daher einer Knappheit an Arbeitskräften gewichen und aufgebrachte Arbeiter gründeten Gewerkschaften.[74]

Erwerbsarbeit ging außerdem damit einher, dass Arbeiter in die Regierungs- und Wirtschaftszentren abwanderten, welche sich zu dem Zeitpunkt in der gesamten Kolonie entwickelten. Dies bedeutete, dass Frauen mit ihren Ehemännern von der Verwandtschaft fortzogen. [...] Die Kombination aus männlicher Erwerbsarbeit und Migration schuf eine neue soziale Identität für die Frauen – sie wurden zu abhängigen Anhängseln der Männer. Obgleich eine *aya* bereits im vorkolonialen Ọ̀yọ́ sozusagen als Juniorpartner ihres Ehemannes betrachtet wurde, war die Vorstellung, sie sei dessen

73 Walter Rodney, *How Europe Underdeveloped Africa*, Washington, D.C. 1972, S. 227. Vgl. ders., *Afrika. Die Geschichte einer Unterentwicklung*, Berlin 1975, S. 193.
74 Oyemakinde, »Railway Construction«, S. 312.

Anhängsel, neu. […] Als Begleiterscheinung dieses überspitzten Frauenbildes, das Frauen allgemein in der Rolle der Ehefrau darstellte, verblassten andere weibliche Identitäten. Da Paare von der Verwandtschaft fortzogen, verloren die weiblichen Identitäten als Nachkommen (Töchter) und Mitglieder der Verwandtschaftslinie an Bedeutung und wurden der Rolle der Ehefrau untergeordnet. […] Die Familie selbst wurde allmählich neu definiert, und zwar als Einheit, bestehend aus dem Mann sowie seinen Angehörigen (Ehefrau/en und Kindern), anstelle der auch Geschwister und Eltern umfassenden »erweiterten« Familie. Die neue Rolle der Männer als vermeintlich alleinige »Brotverdiener« sollte sich auf die durch Kolonial- und Neokolonialstaat bereitgestellten Möglichkeiten und Ressourcen auswirken. Die Tatsache, dass Männer bessere Bildungschancen hatten, wird zum Beispiel oft darauf zurückgeführt, dass sie die »Brotverdiener« waren. Die Symbolik des Brotes trifft es besonders gut, denn sowohl das Brot als auch die Rolle des männlichen Alleinernährers wurde erst durch die Kolonialmacht in die Kultur der Yorùbá eingeführt. […]

Vom Frauwerden und vom Unsichtbarsein

Wir können zwei zentrale und ineinander verwobene Prozesse ausmachen, die der europäischen Kolonialisierung Afrikas innewohnen. Der erste und gründlicher dokumentierte dieser zwei Prozesse umfasste die »Rassifizierung« und die dadurch entstehende Abwertung von Afrikanern als Kolonialisierte, als Einheimische. Der zweite Prozess, mit dem ich mich hier insbesondere beschäftigt habe, ist die Abwertung von Frauen. Diese beiden Prozesse sind voneinander untrennbare und feste Bestandteile der kolonialen Situation. Die für die Kolonialisierung essentielle Abwertung Einheimischer und die Manifestierung männlicher Hegemonie standen eng miteinander in Verbindung. Kaum hatten die Kolonialisierten ihre Souveränität verloren, orientierten sich viele an den Kolonialherren – sogar, wenn es um die Interpretation ihrer eigenen Geschichte und Kultur ging. Bald darauf gaben viele ihre eigene Geschichte und Werte auf, um stattdessen jene der Europäer anzunehmen. Einer der viktorianischen Werte, die die Kolonialherren den Unterworfenen auferlegten, machte die Anatomie zum ausschlaggebenden Unterscheidungsmerkmal für die verschiedenen sozialen Kategorien; die Geschlechtertrennung und die vermeintliche Minderwertigkeit der Frau verdeutlichten dies. Die Folge dessen war, dass Geschichte und Bräuche der Einheimischen neu definiert wurden, sodass sie die Vorurteile der Europäer bezüglich Gender und *Race* widerspiegelten. Dies veranschaulicht Timothy M. Aluko in seinem im kolonialen Yorùbáland spielenden Roman durch den folgenden Dialog zweier Männer über Frauen: »Diese Frau – Schwester Rebecca – ist eine gute Frau. Doch man kann sich nicht immer auf die Beweise einer Frau verlassen […], Tochter Evas, Verführerin Adams – Jeremiah kramte die ganze, wenig beneidenswerte Abstammung der Frau hervor.«[75]

Der Protagonist hat keinen Zweifel daran, dass Eva die rechtmäßige »Vorfahrin« der Yorùbá-Frauen war. Wie und warum? Diese Fragen kommen genau deshalb nicht auf, weil der Protagonist – wie viele andere auch – glaubt, dass der Kolonialisierte ein Teil der Geschichte des Kolonialherrn geworden sei und dass Kolonialherren und Einheimische von denselben Vorfahren abstammten (obwohl Männer und Frauen jeweils unterschiedliche Vorfahren [sprich Adam und Eva] hatten, ganz im Einklang mit der viktorianischen Geschlechtertrennung). Albert Memmi führt prägnant ein Argument dafür an, dass die Einheimischen die Kontrolle über ihre Geschichte verloren haben, indem er bemerkt: »Die schmerzlichste Verarmung, die der Kolonisierte erleiden muß, liegt darin, daß ihm ein Platz *außerhalb der Geschichte* […] zugewiesen wird.«[76] Auf ähnliche Weise ruft Frantz Fanon den Einheimischen dazu auf, »der Geschichte der Kolonisation, der Geschichte der Ausplünderung ein Ende zu setzen, um die Geschichte seines Landes, die Geschichte der Dekolonisation beginnen zu lassen«.[77] Fanons Aufruf wirft die Frage des Widerstands auf sowie die Notwendigkeit und Möglichkeit, dass die Kolonialisierten die Gegebenheiten verändern können.

Für Afrikanerinnen verschärfte sich diese Tragödie, da die koloniale Erfahrung sie in die Tiefen einer fremden Geschichte stieß. Auf diese Weise wurde ihnen die wenig beneidenswerte Stellung europäischer Frauen aufgezwungen – und selbst Europäerinnen

75 Aluko, *One Man*, S. 42.
76 Memmi, *Der Kolonisator*, S. 90.
77 Fanon, *Die Verdammten dieser Erde*, S. 43.

hatten aufgrund von *Race* einen privilegierteren Status gegenüber Afrikanern und Afrikanerinnen. Im spezifischen Fall der Yorùbá wurden weibliche Yorùbá zu dem Zeitpunkt unterworfen, als sie durch die körperliche und homogenisierte Kategorie der »Frau« erfunden wurden. So wurden sie per Definition unsichtbar gemacht. Das vorkoloniale Senioritätssystem der Yorùbá wurde durch das europäische System der Geschlechterhierarchie ersetzt, in dem das weibliche Geschlecht immer minderwertig und untergeordnet ist. Der patriarchale Kolonialstaat, der bedauerlicherweise den Niedergang des British Empire überlebte, manifestierte dieses neue System endgültig. Es war vollkommen gleich, um welche Werte, Geschichte und Weltanschauung welcher Gemeinschaft es in Afrika ging – die Kolonialregierung übte ihre politische Kontrolle aus und hatte die »symbolische Macht, um die Prinzipien der Realitätskonstruktion durchzusetzen«.[78] Die konstruierte und verwirklichte Realität war diejenige der Minderwertigkeit von Afrikanern und Frauen bis zu jenem Zeitpunkt, an dem die Kolonialisierten ihre eigene Realität bestimmten.

Das Aufkommen von »Männern« und »Frauen« als zweier erkennbarer, hierarchisch angeordneter Kategorien ist eng mit der Schaffung zweier getrennter Wirkungssphären der Geschlechter verbunden. Nur für die Männer wurde eine neue öffentliche Sphäre geschaffen. Diese neugeschaffene Öffentlichkeit, an der nur Männer teilhaben konnten, war Kennzeichen und Symbol des kolonialen Prozesses. [...] Wie ich gezeigt habe, hebelte der Ausschluss weiblicher Funktionäre aus den kolonialstaatlichen Strukturen die vorkoloniale politische Praxis aus, an der alle Erwachsenen teilhatten. Im vorkolonialen Yorùbáland wurden Anafrauen nicht von Führungspositionen ausgeschlossen – dies änderte sich drastisch in der Kolonialzeit.

[...]

Heutzutage ist die weibliche Beteiligung an diesem privilegierten System nach wie vor sehr gering, was als Beweis für die weibliche Unfähigkeit, in dieser »Männerwelt« zu bestehen, angesehen wird. Es mag paradox wirken, dass genau jenen Frauen, die sich in dieser Sphäre aufhalten, ihre Unterdrückung bewusst wird. Trotzdem werden sowohl Männern als auch Frauen dieser besonders patriar-

---

78 Helen Callaway, *Gender,* S. 55.

chalen Schicht – der Elite – bestimmte Klassenprivilegien zuteil. Mit dem Bewusstsein, dass »Frauen« als eine homogenisierte Gruppe durch die Kolonialherren konstruiert und unterdrückt wurden, ist es wichtig, dennoch anzuerkennen, dass die Klassenhierarchie die in der Kolonialzeit entstandene Geschlechterhierarchie durchdringt. Letztendlich steht das Aufkommen der Geschlechterhierarchie direkt mit der Institutionalisierung der Hierarchien von *Race* und Klasse in Verbindung.

Paradoxerweise leiden Afrikanerinnen der Elite mit Klassenprivilegien aus der Kolonialzeit scheinbar am stärksten unter der durch die westliche Vormachtstellung aufgezwungenen männlichen Dominanz und ihrer schädlichen Wirkung. Die Art und Weise, wie Frauen der unteren Schichten männliche Dominanz erfahren, tritt wahrscheinlich durch deren sozioökonomische Diskriminierung in den Hintergrund. Sozioökonomische Diskriminierung und die Unterdrückung von Frauen sind natürlich ineinander verwoben und verstärken sich gegenseitig. Aber es hat den Anschein, dass Frauen der Elite und Frauen der Unterschicht männliche Dominanz unterschiedlich erleben; die männliche Dominanz scheint ihr Bewusstsein unterschiedlich zu prägen und beeinflusst, wie sie gegen das vorherrschende System vorgehen (oder dies unterlassen). Diese Unterscheidung ist in der heutigen Zeit besonders bedeutsam.

Die Rolle der Intellektuellen in der Realitätskonstruktion ist ein wichtiges Anliegen dieser Studie. In der Kolonialzeit waren nicht nur Kolonialbeamte und ihre Strategien wirkmächtig. Auch westliche Schriftsteller spielten eine Rolle in der Realitätskonstruktion, die unseren Blick auf das vor Ort Wahrgenommene beeinflusst. Es ist zu bemerken, dass der Verstand bei der Wahrnehmung nunmehr visuelle Informationen bevorzugt. Ein ganz konkretes Beispiel für die Unsichtbarkeit afrikanischer Frauen (oder ist es ein Beispiel für die Blindheit der Forscherinnen?) bildet die Erfahrung des bedeutenden kolonialen Anthropologen Robert S. Rattray, der über die Ashanti in Ghana forschte. Nach vielen Jahren der Forschung über die Ashanti zeigte sich Rattay 1923 überrascht, als er die große Wichtigkeit der »Rolle von Frauen« in Staat und Familie »entdeckte«. Verblüfft, dass ihm trotz seines langjährigen Expertentums dieses überaus wichtige Detail entgehen konnte, fragte er die Ashanti-Älteren nach dem Grund. Er schrieb:

Ich fragte die alten Männer und Frauen, warum ich von all dem nichts wusste – ich hatte viele Jahre in Ashanti verbracht. Die Antwort war immer dieselbe: »Der weiße Mann hat uns niemals danach gefragt; er macht seine Geschäfte nur mit Männern und schenkt nur ihnen Aufmerksamkeit; wir nahmen an, *Europäer hielten Frauen für wertlos*, und wir wissen, dass ihr sie nicht im gleichen Maße würdigt, wie wir es immer schon taten.«[79]

Yorùbálands *obìnrin* wurden zunächst zu Frauen gemacht und dann zu »wertlosen Frauen« – diese Verwandlung war ein wesentlicher Bestandteil des vergeschlechtlichten Kolonialisierungsprozesses. Die Kolonialisierung war ein rassistischer Prozess und außerdem einer, durch den männliche Vorherrschaft in afrikanischen Gesellschaften eingeführt und legitimiert wurde. Er manifestierte sich endgültig in Form des patriarchalen Staates. Ich habe mich hier auf die spezifischen Faktoren konzentriert, die dazu führten, dass Yorùbá-Frauen entwertet wurden. Der Einfluss der Kolonialisierung greift tief, doch dies schließt nicht aus, dass einheimische Strukturen und ideologische Inhalte überleben konnten. Was Gender anbelangt, war die koloniale und neokoloniale Yorùbá-Gesellschaft nicht identisch mit dem viktorianischen England: Sowohl Männer als auch Frauen widersetzten sich dem kulturellen Wandel auf verschiedenen Ebenen. Einheimische Formen verschwanden nicht – obwohl sie durch die koloniale Erfahrung geschlagen, unterworfen, ausgehöhlt und sogar verändert wurden. Es ist wichtig anzumerken, dass die Geschlechterhierarchien der Yorùbá-Gesellschaft gegenwärtig anders wirken als im Westen. Es besteht kein Zweifel daran, dass es Gemeinsamkeiten gibt – sie basieren auf der Tatsache, dass weiße Männer, global gesehen, nach wie vor über die Tagesordnung der modernen Welt bestimmen und weiße Frauen aufgrund ihres *Race*-Privilegs die zweitmächtigste Gruppe in dieser internationalen Struktur sind. Man möge sich nur an die Frauenkonferenzen der Vereinten Nationen erinnern. Im Westen, um Denise Riley zu paraphrasieren, besteht die Herausforderung des Feminismus in der Frage, wie man von der geschlechtlich übersättigten Kategorie der »Frauen« zu der »Fülle einer geschlechtslosen Menschheit« fortschreiten kann.[80] Die Yorùbá-*obìnrin* stehen vor einer anderen Herausforderung, denn in bestimmten Bereichen der

79 Robert S. Rattray, *The Ashanti*, Oxford 1969, S. 84.
80 Denise Riley, *Am I That Name? Feminism and the Category of Women in History*, Minneapolis/MN 1988, S. 65.

Gesellschaft ist die Vorstellung einer »geschlechtslosen Menschheit« weder ein anzustrebender Traum noch eine zu verwirklichende Erinnerung. Zwar existiert diese Vorstellung – jedoch nur verknüpft mit der in der Kolonialzeit eingeführten Wirklichkeit zweier getrennter und hierarchisch geordneter Geschlechter.

Aus dem Englischen von Birte Spreckelsen

Molara Ogundipe-Leslie
Stiwanismus:
Feminismus im afrikanischen Kontext

Es ist heutzutage aufgrund verschiedener Kontexte und Hintergründe bestimmter Themen schwierig, in Afrika einen feministischen Diskurs zu führen: zum Beispiel angesichts des Problems des Rassismus in den Sozialwissenschaften und in der Wissensproduktion über Afrika generell sowie in weißen feministischen Bewegungen, die alle anderen gesellschaftlichen Bewegungen auf der sozialdarwinistischen Skala – die oftmals konstruiert wird, um hierarchische Überlegenheit zu begründen – als minderbemittelt und minder entwickelt betrachten.[1] Die afrikanische Feministin muss achtgeben, sich auf einen solchen rassistischen Diskurs nicht einzulassen. Einige weiße feministische Rassistinnen behaupten, dass die weiße Frau allen anderen Frauen in der Welt in allen Bereichen des Sozialwesens und der sozialen Organisation voraus sei. Dies ist selbstverständlich nicht der Fall.[2]

[...]

Einige schwarze Männer sagen uns, wir sollten keine Bücher weißer Feministinnen lesen, denn dies sei ein Zeichen des Beherrschtwerdens und der geistigen Kolonialisierung. Sie selbst hingegen lesen stolz und bereitwillig G. W. F. Hegel, Karl Marx, Michel Foucault, Michail M. Bachtin, Terry Eagleton, Frederick Jameson und andere, weniger berühmte Theoretiker. Sie mögen meinen, dass sie deren Texte nicht aus Gründen der *Race*, sondern aus einer bestimmten Perspektive lesen. Nichtsdestotrotz lesen sie liberale Humanisten und andere westliche Wissenschaftler, denen die afrikanische Kultur genau so fremd ist – wenn dies das

---

1 Ich nutze Karen Sacks' Definition von »Sozialdarwinismus« in *Sisters and Wifes. The Past and Future of Social Equality,* Urbana, Chicago/IL 1982, S. 3. Zusätzlich gebrauche ich den Begriff aber im Sinne einer sozialen Evolution, die auf das Erreichen euro-amerikanischer Ideale ausgerichtet ist.

2 Einige der strengsten und schrankenlosesten Kritiken euro-amerikanischer Feminismen finden sich in Chandra Talpade Mohanty, *Third World Women and the Politics of Feminism,* Bloomington/IN 1991, S. 51-80, und Valerie Amos, Pratibha Parmar, »Challenging Imperial Feminismen«, in: *Feminist Review* 17 (1984), S. 3-19.

Argument ist – und die Afrika genauso falsch darstellen wie jede beliebige weiße Feministin, auf die sie verweisen. Ich denke, dass afrikanische Frauen als internationale Wissenschaftlerinnen und anspruchsvolle Kosmopolitinnen weiße Feministinnen durchaus lesen müssen – allerdings mit der Einschränkung, diese kritisch zu lesen, insbesondere im Hinblick auf ihre Relevanz oder Irrelevanz und auf die Besonderheiten unserer Geschichte, Soziologie sowie auf die Erfahrung als verschiedene Völker. Letztendlich denke ich jedoch, dass afrikanische Frauen ihre eigenen feministischen Theorien entwickeln müssen.[3]

Der Rassismus in der Frauenbewegung wird häufig angeführt, um afrikanische Frauen davon abzuhalten, über den Feminismus zu sprechen. Sie sagen: »Wie könnt ihr mit Rassisten zusammenarbeiten, die danach streben, neue Kulturimperialisten zu werden?« Es stimmt, dass es Rassismus gibt, aber man muss diesem auf andere Weise begegnen. Afrikanische Frauen müssen sich trotz des Rassismus der internationalen Bewegung den Gender-Problemen ihrer eigenen Kultur stellen und diese selbständig theoretisieren. Ich denke, dass weiße Feministinnen weiterhin an ihrem eigenen endemischen und schleichenden Rassismus arbeiten müssen, der allgegenwärtig zu sein scheint. Rassismus gibt es nicht nur dann, wenn er offen und in brutalster Form in Erscheinung tritt, wie etwa bei Lynchmorden, sondern auch in anderen Verhaltensmustern des Ausschlusses, der Monopolisierung von Ressourcen, der Bevormundung sowie der physischen, mentalen und intellektuellen Ausbeutung von Frauen der Dritten Welt. Rassismus existiert in Form von eigennützigem, politischem Aktionismus und so weiter. Diese Argumente führten vor mir bereits andere Autorinnen auf, etwa bell hooks in den USA oder Sherona Hall in Kanada.

Es gibt allerdings Männer, die in der komplexen und paradoxen Konstruktion des afrikanischen Frauenbildes in all unseren Gesellschaften auch Vorteile sehen. [...] Wir können nicht oft genug wiederholen, dass es in Afrika das Prinzip der Matrilinearität gibt und kein Matriarchat. Matrilinearität bedeutet Abstammung durch Männer innerhalb der Verwandtschaftslinie der Mutter. Ali Mazrui trifft eine interessante Unterscheidung zwischen gefestigt sein, ermächtigt sein und befreit sein. Ich bin nicht der Meinung,

---

3 Vgl. die Position einiger nigerianischer linker und sozialistischer Feministinnen in: WIN-Collective (Hg.), *Women in Nigeria Today,* London 1985.

dass Mazrui über ein umfassendes, angemessenes und korrektes Verständnis der Rolle und Position der afrikanischen Frau in traditionellen Gesellschaften oder gar von traditionellen Gesellschaften an sich verfügt.[4] Trotzdem denke ich, dass die von ihm getroffene Unterscheidung wichtig und hilfreich ist. Ein anderes männliches Beispiel ist Thomas Sankara, der ermordete Präsident von Burkina Faso, der wahrscheinlich einer der artikuliertesten Redner zur Position afrikanischer Frauen und ihrer Bedeutung für die afrikanische Befreiung war. Er stand in der Tradition afrikanischer politischer Führer wie António A. Neto, Samora Machel und Amílcar Cabral; also in der Tradition politischer Denker, die wussten, dass es ohne die Befreiung der afrikanischen Frauen keine Befreiung der afrikanischen Gesellschaft insgesamt geben kann. Die zeitgleiche Befreiung ist mitnichten etwas, das auf den gewonnenen Kampf folgt, wie einige andere gerne behaupten.

Zu Hause, auf dem Kontinent, scheinen afrikanische Männer oft von der Idee der Gleichberechtigung zwischen Mann und Frau aufgebracht zu sein. Sie sind nicht gegen Chancengleichheit, gleiche Bezahlung für gleiche Arbeit oder gleiche Bildung, aber sie stört die Gleichheit von Mann und Frau. Sie fragen: »Wie können Männer und Frauen gleich sein?« und sehen dabei entgeistert aus. Viele führen die Parabel über die fünf ungleichen Finger einer Hand an, vermutlich ein Versuch, sich auf die Natur zu berufen. Sie denken, dass Männer und Frauen *wesensmäßig* ungleich sind. Das ist ein Streitpunkt auf dem Kontinent – egal, ob es sich um eine matrilineare oder eine patrilineare Gesellschaft handelt. Es *scheint* so, als sei die Frau in ihrem Wesen dem Mann unterlegen; in ihrer Qualität und besonders in der Ehe, wo sie in erster Linie untergeordnet ist, während ihr Status und ihre Rollen außerhalb der Ehe mannigfaltig und facettenreich sind.

[...]

Alle Theoretiker der afrikanischen Befreiung haben es versäumt, sowohl das Geschlechterproblem innerhalb der Familie anzugehen als auch die Familie als Ort der gesellschaftlichen Transformation zu erkennen. Sie schreiben über den Wandel der Gesellschaft und die Mobilisierung Afrikas; nicht aber über das Problem des Verhält-

---

4 Vgl. die Debatte zwischen Ali Mazrui und Ogundipe-Leslie über Afrikanerinnen und Gender-Studien, die zusammenhängend in *Research in African Literatures* 24 (1993), S. 87-112, veröffentlicht wurde.

nisses zwischen Männern und Frauen, die Geschlechterbeziehungen. Mit der Modernisierung Afrikas muss aber meiner Meinung nach eine Neuordnung der Gesellschaft, insbesondere auf der Ebene der Familie, einhergehen, weil durch die noch zu untersuchenden neueren Entwicklungen die indigenen Familienstrukturen erodiert sind und verändert wurden.

Afrikanische Frauen müssen diese Gender-Rollen selbst erforschen und dürfen ihnen gegenüber nicht opportunistisch sein. Afrikanerinnen akzeptieren manchmal männliche Rollenbilder, wenn diese ihnen das Leben einfacher machen. Sie müssen aufhören, Männer finanziell auszunutzen oder die Männer in der Familie zu belasten und gleichzeitig von Gleichberechtigung sprechen zu wollen. Afrikanische Frauen müssen sich selbst über ihre mit der liberalen Demokratie einhergehenden Rechte und Pflichten in einem modernen Nationalstaat informieren, und zwar für die Frau als unabhängiges Individuum und nicht als Abhängige. Wenn eine Frau denkt, dass sie das Recht hat, unabhängig zu sein und ihr eigenes Geld zu verdienen, muss sie darüber nachdenken, wie sie mit ihrem Lohn, sofern sie in einer Ehe lebt, zum Haushalt und zur Familie beitragen kann. Wir können keine Befreiung ohne finanzielle Verantwortung fordern. Wir können nicht von Befreiung reden, wenn der Ehemann für die Miete, das Essen sowie die Unterhaltskosten der Frau aufkommt und die Frau ihr Gehalt für sich behält. Es stellt sich daher die Herausforderung, Verantwortung zu übernehmen, insbesondere finanzielle Verantwortung, wenn Frauen die vollständige Gleichberechtigung mit Männern anstreben.

Eine der größten Gegnerinnen der feministischen Bewegung in Afrika ist jene Gruppe von Frauen, die ich die »Verheiratete-Frauen-AG« nennen werde. Diese verheirateten Frauen fürchten sich, den *status quo* anzutasten; sie wollen die Absicherung durch ihre Männer und gehen mit anderen Frauen härter um als die Männer selbst; sie halten sich an der schwindenden Respektabilität der Ehe fest. Einige konservative Männer verschärfen die Situation, indem sie behaupten, eine unverheiratete Frau sei keine Frau, und wenn sie keine Kinder habe, sei sie kein Mensch. In Afrika wird die Gebärfähigkeit als eine Frage der menschlichen Ökologie, des Überlebens in der Gruppe und der Erhaltung der Gattung privilegiert. Die kinderlose Frau ist emotional im Konzept der »Mutter der Gemeinschaft« und durch die Adoption von Pflegekindern geschützt.

Durch die Akzeptanz von Polygamie macht sich die moderne, verwestlichte Frau der Mittelklasse oft selbst zum Opfer.

Es gibt Beispiele afrikanischer Frauen, die das Brautgeld, das man im südlichen Afrika *lobola* nennt, beibehalten möchten. Das Brautgeld – vormals auch Brautpreis genannt – wurde erst zu einem Preis, als die Kolonialisten versuchten, genaue Summen festzulegen, um besser buchhalten zu können, aus Hochzeitsgeschenken eine Art von Steuer machten und das System dergestalt rationalisierten, »dass ein Mann zehn Pfund oder so und so viele hundert Francs bezahlen muss«. Die Kolonialisten führten die Kommerzialisierung ein. Vormals war der Brautpreis eine Art materielle Entschädigung der Familie des Bräutigams an die Familie der Braut. Dies unterscheidet sich maßgeblich von der Mitgift, die die Brautfamilie etwa in Indien an die Familie des Bräutigams dafür zahlte, dass dieser künftig die Verantwortung für die Frau übernahm. Das Konzept der Mitgift ist also ein ganz anderes, sogar gegenteiliges Konzept. Brautgeld war ein symbolischer Ausdruck des Respekts und der Wertschätzung der Frau. Es gibt afrikanische Ehefrauen – verwestlichte afrikanische Frauen der Mittelschicht –, die auf ihrem Brautgeld bestehen, egal, wie korrupt und kommerzialisiert es auch ist. Wenn sie es nicht fordern würden, würden ihre Ehemänner sie nicht respektieren und nicht anerkennen, dass ihre Familien sie ganz offiziell »übergeben« hätten. Wir von der feministischen Bewegung sagen jedoch, dass diese Einstellung ein Zeichen für Mangel an Selbstrespekt und Abhängigkeit ist, da die moderne Korruption die Kommerzialisierung von Frauen begünstigt.

Kommen wir nun zum Problem der Polygynie. Es gibt moderne, verwestlichte Afrikanerinnen der Mittelschicht, die insgeheim mit der Institution der Polygynie sympathisieren. Diese Frauen wollen um jeden Preis verheiratet sein, und wenn sie keinen Junggesellen finden, binden sie sich an einen verheirateten Mann. Sie wollen auch um jeden Preis Kinder haben. Zumindest wollen sie einen Mann, der die Vaterschaft ihrer Kinder anerkennt und ihnen bei deren Unterhalt hilft. Konzepte der Unehelichkeit unterscheiden sich in Afrika: In vielen Gesellschaften gilt man als Kind nicht als unehelich, solange einen die leiblichen Eltern anerkennen. In Nigeria sprechen ledige Frauen von den Vorzügen und Privilegien eines »männlichen Schirms«. Sie behaupten, es sei besser, als ledig und auf sich allein gestellt zu sein. Es gibt Alleinerziehende in Afrika, wobei jedoch der Vater der Kinder sehr oft zugegen ist; er wird auch häufig sozial anerkannt. Ich denke, Frauen liebäugeln mit der Polygamie, weil sie oftmals befürchten, keine monogame Beziehung zu finden und nicht »darin enden wollen, zu Hause Pilze auf ihren Körpern wachsen zu lassen«, wie man in meiner Muttersprache (auf Ilemosu) sagt.

Auf dem Kontinent gibt es auch ein Paradox in Bezug auf die Macht des weiblichen Körpers als »heiligen Grals«. Manche Menschen betrachten den Körper der Frau noch immer als heilig. Sie kann ihn sogar politisch nutzen. Sie kann drohen, einen Fluch auszusprechen, während sie sich an ihren Brüsten oder Genitalien berührt. Wenn sie droht, sich öffentlich auszuziehen, gibt sogar die Regierung nach. In letzter Zeit weichen Militärregierungen jedoch nicht zurück. Tatsächlich nehmen manche die Frauen einfach fest und und verhaften sie.[5] Für gewöhnlich schreckt ein Mann jedoch zurück, dem eine Frau droht, sich auszuziehen und ihm ihren nackten Körper zu zeigen, und er wird tun, was sie verlangt, bloß um den Anblick der Art von Brüsten zu vermeiden, die ihn einst nährten. Auch den Anblick des Körperteils, durch den er einst zur Welt kam, wird er zu meiden suchen. Die Vagina einer Frau ist heilig. Es ist das Tor, durch das wir alle zur Welt kamen. Tatsächlich ist das Inzestverbot mit der eigenen Mutter darauf zurückzuführen, dass ein Mann nicht denselben Durchgang passieren darf, durch den er zur Welt gekommen ist. Es gilt als die größte Abscheulichkeit, in die eigene Mutter eindringen zu wollen. Einige Frauen wollen diese körperliche Macht besitzen und wollen sie auch benutzen. Wenn sie beispielsweise Ärger mit ihren Kindern haben, drohen sie: »Nur wenn ich dich nicht mit diesen Brüsten genährt habe.« Bei solchen Redeweisen geben die Männer, insbesondere die Söhne, in der Regel nach. Dies ist ein Weg, Söhne zu kontrollieren. Das Vergnügen der Pornographie ist eine größtenteils neuere Erscheinung in Afrika. Die Verschandelung von Frauen, wie man sie im amerikanischen TV sehen kann, ist noch kein kulturelles Vergnügen.

Die Heiligkeit des weiblichen Körpers verbietet es, eine Frau zu misshandeln, obwohl Gewalt gegen Frauen üblich ist und in einigen Gesellschaften Körperverletzung gegen Frauen für selbst-

5 Nigerianische Frauen haben diese Drohung effektiv gegen die Militärregierungen eingesetzt. Berichten zufolge scheiterten die Drohungen bei den Mai-Aufständen 1989.

verständlich gehalten wird. Aus Kenia wurde berichtet, dass das Problem häuslicher Gewalt gegen Frauen zum ersten Mal im Parlament aufgegriffen wurde. Ein Parlamentarier äußerte die Einstellung vieler afrikanischer Männer: »Aber wie kann man Frauen kontrollieren, wenn man sie nicht schlägt?« Dagegen geht sogar in hoch patrilinearen Gesellschaften die Heiligkeit des weiblichen Körpers oft so weit, dass eine Frau nicht geschlagen werden darf, weil ihr Körper Kinder geboren hat. Ein Besucher in Nigeria wird oft bemerken, dass die nigerianische Frau in der Öffentlichkeit sehr streitlustig ist; Männer werden an der Kehle oder an ihren Gewändern (*agbada*) gepackt, weil die Frauen kämpfen wollen. Sie weiß, dass die Männer sich vor Ächtung fürchten, wenn sie zurückschlügen. Die Leute würden rufen: »Hast du denn keine Mutter? Wie kannst du bloß eine Frau schlagen, die Mutter ist?« Frauen werden, wenn überhaupt, als Ehefrauen geschlagen.

[...] Vergewaltigungen sind heute in Städten als eine Art der Beleidigung üblich geworden. Die schlimmste Art, wie man einen Mann beleidigen kann, ist, in sein Haus einzudringen und seine Frau und möglicherweise noch seine Töchter vor seinen Augen zu vergewaltigen. Das sind Veränderungen. Selbstverständlich wird in erster Linie die Frau selbst auf schlimmste Weise angegriffen. In einer patriarchalischen Gesellschaft wird der Angriff auf die Frau allerdings weniger betont, sondern als Angriff auf den Ehemann verstanden.

Die Heiligkeit des weiblichen Körpers und seiner Sekrete, wie Muttermilch oder Menstruationsblut, muss ebenso begriffen werden, denn es gibt eine Tendenz, Geschichten und Erfahrungen aller Frauen gleichzusetzen.[6] Es ist nicht Frauenfeindlichkeit, die afrikanische Männer die weibliche Menstruation fürchten lässt, sondern die Vorstellung des weiblichen reproduktiven Systems und gewisser Körperteile und deren Sekrete als macht- und wirkungsvolle Entitäten. Menstruationsblut wird die magische Kraft nachgesagt, Dinge geschehen zu lassen oder aber sie durcheinander zu bringen bzw. zu stören. Daher gilt Menstruationsblut auch als höchst effektive Zutat von Zaubertränken.

6 Es gab Versuche, die afrikanischen Einstellungen gegenüber den reproduktiven Körperteilen der Frau und ihren Sekreten und Ausscheidungen mit jüdischen und islamischen Einstellungen gleichzusetzen. Die afrikanische Haltung resultiert allerdings aus der mystischen *Macht*, die den Absonderungen der Frau nachgesagt werden, und nicht etwa aus Verachtung oder Hass.

Schließlich und bedauerlicherweise haben lesbische und schwule Diskurse im afrikanischen Denken noch keine große Aufmerksamkeit erhalten. Diskurse über Homosexualität stecken in Afrika noch in den Kinderschuhen. Einige afrikanische Feministinnen behaupten, dass Afrika noch nicht genug über die eigene Sexualität wisse, während es noch immer ein zu großes Schweigen und Zum-Schweigen-Bringen anderer gibt.

Feminismus im afrikanischen Kontext

Dieser sehr passende Titel wurde von Fatima Haidara und afrikanischen Studierenden des »Virginia Technical Institute in Blacksburg«, USA, gewählt. Er greift das Thema Feminismus an einem durchaus problematischen und kontroversen Punkt im afrikanischen Gender-Diskurs auf. Die Leute wollen immer wissen, ob der Feminismus für Afrika relevant ist. Wenn man an Afrika denkt, fragt man sich: »Was ist ein afrikanischer Kontext?« und »Was kann Feminismus in Afrika sein?«

Zum Feminismus in Afrika gibt es heute eine Bandbreite von verschiedenen Einstellungen, die von unterschiedlichen Personen und Gruppen auf verschiedenen Ebenen vorgetragen werden. In Nigeria zum Beispiel wird die Befreiung der Frau oder der Feminismus an sich von konservativen Frauen, den meisten Männern sowie unpolitischen Frauen verspottet, weil es eine Unterdrückung der Frau noch nie gegeben habe. Progressive, politische und linksgerichtete Frauen hingegen sagen, dass afrikanische Frauen doppelt unterworfen seien: Als Frauen und als Angehörige einer verarmten und unterdrückten Klasse, in der Frauen die Mehrheit bilden. Dies ist die offizielle Position von »Women in Nigeria« (WIN), die Organisation, die ich mitbegründet habe.[7] Die öffentliche Position der Vereinigung muslimischer Frauen in Nigeria (FOMWAN, »Federation of Muslim Women of Nigeria«) lautet, dass die Frau schon seit Jahrtausenden unter der Herrschaft des Scharia-Gesetzes befreit wird, ungeachtet dessen, dass der Islam – eine uns als solche Respekt abverlangende Religion – noch gar nicht so lange existiert. FOMWAN sagt, dass der Feminismus von westlichen, weißen

---

7 WIN-Collective (Hg.), *Women in Nigeria Today,* vgl. die Einleitung.

Feministinnen beeinflusst werde. Sie behaupten Dinge wie »der [westliche Feminismus] erzeugt tiefgehende Charaktereigenschaften wie die lesbische Liebe« (Ich weiß nicht, was mit »tiefgehenden Charaktereigenschaften« gemeint ist), »[...] trennt Individuen von allen konkreten und kollektiven Verbindungen; spielt Individuen gegen Institutionen aus und relativiert und trivialisiert die Familie [...]«.[8]

Zu beachten ist, dass religiöser Fundamentalismus in Afrika und Fundamentalismus als weltweite Bewegung Probleme darstellen, die zu analysieren sind, weil sie die Einstellungen gegenüber Frauen und den Kampf für fortschrittliche Bedingungen für Frauen auf der ganzen Welt beeinflussen.

[...]

Wenn Afrikanerinnen über Afrika nachdenken, denken sie meistens nur an Subsahara-Afrika oder, wenn sie ehrlich wären, eigentlich nur an ihre eigene, kleine, ethnische Gruppe. Wenn wir »Afrika« sagen, meinen wir »die Yoruba«, »die Ibo«, »die Kikuyu«, »die Luo«, »die Toucoulour«, »die Serer« oder die »Fulani« und so weiter. Wir verallgemeinern die Eigenschaften unserer eigenen, ethnischen Gruppen, um den gesamten Kontinent zu beschreiben.

Einige Sozialwissenschaftler sprechen bevorzugt von »Schwarzafrika« oder »Afrika südlich der Sahara«. Aber was heißt »schwarz« in Bezug auf, sagen wir, Libyer oder Ägypter oder Marokkaner, die in Afrika weiß sind, aber so schwarz sind wie die Menschen, die in den Vereinigten Staaten noch als »schwarz« gelten. Andere Nordafrikaner dagegen, die in Amerika als weiß bezeichnet werden, sind dunkler als einige sehr helle Afroamerikaner, die als weiß durchgehen könnten, die aber beispielsweise bei Anträgen für Förderungsmaßnahmen als schwarz gelten. Offensichtlich ist »Schwarzsein« eine politische Metapher, und die Hautfarbe ist weder nützlich noch notwendig oder hinreichend, um Afrikaner zu kategorisieren.

Im Hinblick auf die Geschichte Afrikas und die interkulturellen Verbindungen quer durch die Sahara, die Realität von Kulturen und kultureller Anpassung sowie in Anbetracht von Ländern wie

---

8 Bilkisu Yusuf bietet einen Überblick über die Geschichte von FOMWAN in Nigeria in: Dies., »Hausa-Fulani Women: The State of the Struggle«, in: Catherine Coles, Beverly Mack (Hg.), *Hausa Women in the Twentieth Century*, Madison/WI 1991, S. 90-108. Einen Einblick in einige muslimische Positionen gibt Khurram Murad, »On the Family«, in: *Muslim World Book Review* 5 (1984), S. 44-49.

Tschad und Nord-Mali, deren Landesgrenzen in die Sahara hinein-
reichen, lässt sich fragen: Was bedeutet »Subsahara«? Der Begriff
»Subsahara« selbst ist politisch. Noch einmal: Afrika kann nicht
aufgrund von Hautfarben kategorisiert werden, die über die Sahara
hinweg reichen. Euro-amerikanische Farbkategorien können nicht
einfach auf einen globalen Kontext übertragen werden. Nordafrikaner sind Afrikaner. Afrikaner denken, Nordafrikaner seien schwarz,
aber diese werden in den Vereinigten Staaten oft als »weiß« bezeichnet. Rassismus ist eine schmutzige und krankhafte Angelegenheit.

Wir müssen alle simplifizierenden Aussagen über Afrikas Realität, insbesondere über die Realität ihrer politischen und sozialen Komplexität, vermeiden. Wenn wir also vom »afrikanischen
Kontext« sprechen, meinen wir dann alle Länder des geografischen
Kontinents? Das möchte ich sagen, wenn ich von »Afrika« spreche.
Es ist zugegebenermaßen ein riesiges Forschungsfeld. Also wird unsere Frage sein: Was ist Feminismus im afrikanischen Kontext, wie
ich ihn definiert habe? Wir müssen Besonderheiten definieren. Wir
können Afrika nicht verallgemeinern. Meinen wir ein christliches
oder muslimisches Afrika; ein Afrika mit indigenen Religionen;
die portugiesischsprachigen afrikanischen Länder, die Freiheits-
kämpfe hinter sich haben; Südafrika, das immer noch unter Besat-
zung steht; unabhängige afrikanische Länder; arabische Afrikaner;
schwarze oder weiße Südafrikaner; die rechtsgerichtete Inkatha-
Partei oder die weißen Liberalen; zählen die weißen Linken der
südafrikanischen Kommunistischen Partei dazu; Afrikaner die an
vorkolonialen Werten festhalten; oder verwestlichte Afrikaner, womit wir solche mit synkretischen Werten meinen?

In Afrika gibt es in Bezug auf Hautfarbe – und die folgende
Tatsache ist besonders wichtig für Afrikanerinnen in der Diaspora
– keine reinen Hautfarben; wenn es überhaupt je welche gab. Beides, Biologie und Kultur, sind durch die historischen Völkerwande-
rungen Afrikas durchmischt, oder sollten wir sagen »dynamisiert«
worden. Diese Bewegungen sind nicht nur das Resultat westlicher
Einflüsse, wie hegemoniale Euro-Amerikanerinnen gerne annehmen. Nein, diese Veränderungen gab es schon seit jeher. Afrika war
schon seit Anbeginn der Geschichte weltoffen.

Tatsächlich beginnt in Afrika die Geschichte der Menschheit,
wie Archäologen behaupten. Einige westliche Historiker und Sozialwissenschaftler gehen davon aus, dass indigene Afrikanerinnen

und Afrikaner untereinander isoliert waren. Doch Afrika war nicht isoliert, sondern war in jenen früheren Zeiten der Mittelpunkt menschlicher Begegnungen und Wechselwirkungen, als sich so viel ereignete, wovon Europa ausgeschlossen war. Die Wechselwirkungen fanden zwischen den damals zivilisierten Völkern der Welt statt: China, Indien, Südamerika (den Inkas, Mayas und Azteken), Südostasien, dem Mittleren Osten, den mediterranen Ländern und Afrika. Viel später erwachte Europa aus seinem Mittelalter, um Wissenschaften (zum Beispiel Mathematik), Technologien und viele Künste vom Rest der Welt zu erlernen. Europa bereicherte sich an der Welt der farbigen Menschen (*people of colour*), um seine Renaissance zu erleben. Nicht überlegener Intellekt oder Mut brachten Europas Triumph am Ende der 1400er Jahre, sondern die Fähigkeit zu Taten unglaublicher Grausamkeit und des politischen Verrats, wie sie die Welt zuvor vermutlich noch nie gekannt hatte. Es war Europa, nicht Afrika, das vor den 1400er Jahren vom Rest der Welt isoliert war.

Wir neigen dazu, Ägypten außerhalb Afrikas einzuordnen. Einige von uns wurden so sozialisiert, dass sie Ägypten in den Mittleren Osten einordnen. Das ist das Ergebnis politisierter Wissenschaften. Ägypten liegt mitten in Afrika und war ebenso beeinflusst vom Sudan, wie es diesen prägte. Ägypten steht auch in Verbindung mit und wird beeinflusst von anderen, weiter südlich und westlich liegenden Ländern. Nur die Sahara trennt Westafrika von Nordafrika. Indes verband und verbindet sich die Welt mit Ostafrika und Südafrika weiterhin auf dem Seeweg über den Indischen Ozean. Dies sind einige der Bewegungs- und Kulturströme, in denen Afrika das Zentrum des Austauschs gewesen ist.

Wie komplex es doch ist, über einen afrikanischen Kontext zu sprechen! Man kann Afrika oder Afrikanerinnen nicht generalisieren. Wir müssen uns stets über Besonderheiten im Klaren sein, während wir unsere Kriterien für Klassifizierungen entwickeln. Wir müssen unsere Grenzen anerkennen und uns darüber bewusst sein, dass es verschiedene Arten von Afrikanern gibt. Wir können Schwarzsein (*blackness*) nicht zum Wesentlichen machen, selbst auf dem afrikanischen Kontinent nicht. *Race*, Klasse und Gender müssen, neben anderen Variablen, unsere Diskurse vermitteln, so wie sie unser Verständnis füreinander und unser Selbstverständnis vermitteln. *Race* und Klasse interagieren auch mit Gender, weil die drei Kategorien gemeinsame Schnittmengen haben. Vereinfachen wir unsere Aufgabe, indem wir eher über Afrika als Kontinent nachdenken als über unsere eigenen, uns vertrauten Heimatkulturen, und versuchen wir, Muster auf diesem Kontinent zu finden. Selbstverständlich wird solch eine Diskussion nicht abschließend sein. Wir können zwar nur Muster und Themen ermitteln, aber wir werden aus Beispielen aus dem gesamten Kontinent extrapolieren.

Wo auf dieser epistemischen Karte bin ich selbst zu finden? Ich spreche als afrikanische Frau mittleren Alters mit yorubianischer Abstammung; heute der Mittelschicht zugehörig, traditionell aber leider mit aristokratischen Wurzeln; geboren als Christin und farbig, »schwarz«, was abwertend klingt. Über mich selbst denke ich allerdings weder, dass ich »schwarz« bin, noch bezeichne ich mich selbst als »eine schwarze Frau«. Das mache ich nicht etwa, weil ich meine Hautfarbe oder die Idee, schwarz zu sein, nicht liebe, sondern, weil ich nicht dazu erzogen wurde, mich selbst physisch und anhand von Hautfarben zu beschreiben. Afrikanerinnen leiden nicht unter dem »Kolorismus«, um mit Alice Walker zu sprechen; sie leiden nicht unter dem Kolorismus der westlichen Welt, den Gayatri Spivak »Chromatismus« nennt.[9] Wir haben keine Mentalität des Klassifizierens oder Bewertens von Leuten anhand ihres Aussehens: anhand der Farbe ihrer Augen oder ihrer Haare, als würden wir Viehzucht betreiben.

Afrikaner in den nicht »rassisch« organisierten Ländern – das heißt außerhalb der Territorien von Siedlern – neigen dazu, sich selbst in Bezug auf ihre kulturellen Eigenheiten zu identifizieren: wie Menschen denken und sich verhalten. Man ist, ungeachtet seiner Hautfarbe, die Kultur, die man in sich trägt. Folglich könnte eine schwarze Person ihrer Mentalität nach weiß sein. [...]

Da die Kultur und nicht die Hautfarbe die Identität bestimmt, nutzen die meisten Afrikanerinnen verschiedene Begriffe, um eine Person zu beschreiben, die physiologisch schwarz, aber ihrem Verhalten und Denken nach »weiß« ist, zum Beispiel »er/sie ist weiß«, »Oyinbo«, »Mzungu« sowie »toubab« oder »brofo«.

Im Westen bin ich eine »farbige Frau«. Ich persönlich weiß nicht, was dieser Ausdruck bedeutet. Es klingt wie ein seltener Vo-

---

9 Gayatri Spivak, *The Post-Colonial Critic. Interviews, Strategies and Dialogues*, New York/NY, London 1990, S. 62.

gel oder eine andere Kreatur. Ich bin Molara Ogundipe-Leslie, eine yorubianische und nigerianische Frau mittleren Alters. Ich habe das Alter mit aufgeführt, denn in meinem Volk und in vielen anderen Völkern Afrikas wird der Status einer Frau durch steigendes Alter, wirtschaftliches Wohlergehen, durch ihre Verwandtschaftsrollen und durch die Schicht, aus der sie kommt, sowie durch die Zahl ihrer Kinder und ihre biographischen Erfolge ermittelt und aufgewertet. Deshalb liegt es in meinem Interesse, mein »mittleres« und in der Tat fortgeschrittenes Alter zu betonen und nicht zu versuchen, mit Jugendlichen zu konkurrieren. Im Westen hingegen merke ich, dass die erste und konstante Variable für mich *Race* ist: »eine farbige Frau«, eine »schwarze Frau« eine »braune Frau«, eine »Schokoladenfrau«.

Der Gegenstand des Feminismus ist nicht minder kompliziert zu definieren als der Ausdruck »ein afrikanischer Kontext«. [...] Wie lauten die Definitionen des Feminismus? Für uns? Für mich? Vielleicht kann ich diese definitorische Aufgabe umkehren, indem ich aufzähle, was Feminismus nicht ist. Dadurch kann ich dem in den Gegendiskursen zum Feminismus in Afrika eingebetteten Begriff entgegentreten.

Als Antwort auf die üblichen Reaktionen der meisten afrikanischen Männer sowie der rechtsstehenden und unpolitischen Frauen:

1. Feminismus ist kein Aufruf zu irgendeiner Art von sexueller Orientierung und ich bin weder homophob noch heterosexistisch. Sexuelle Praktiken in Afrika tendieren dazu, privat zu *sein* und auch als privat *angesehen* zu werden. Gleichgeschlechtliche Sexualität muss noch mehr beachtet und besser erforscht werden.

Homosexuelle werden in Westafrika nicht vom Staat verfolgt.

2. Feminismus ist nicht die Umkehrung von Gender-Rollen, wenn »Gender« schlichtweg als gesellschaftlich konstruierte Identitäten und Rollen definiert wird. Es geht nicht nur um das Abwaschen oder das Windelwaschen, wie mein malawischer Dichterfreund denkt. Ich möchte gerne einen Auszug aus einem Gedicht teilen, das er mir gewidmet hat. Ich sollte dem voranstellen, dass wir viele Diskussionen und ein intertextuelles, intellektuelles Leben in Nigeria geführt haben.

Das Gedicht trägt den Titel:

Brief an eine feministische Freundin
(Auszug)

Meine Welt wurde vergewaltigt
geplündert
und erdrückt
von Europa und Amerika …
UND JETZT
Erheben sich die Frauen Europas und Amerikas
nachdem sie getrunken haben und gezecht
von meinem Schweiße
um ihre Männer
zu züchtigen
und zu kastrieren
von den Kissen einer Welt aus
die ich erbaut habe!

Warum sollte es ihnen erlaubt sein
zwischen uns zu treten?
Du und ich waren Sklaven zusammen
entwurzelt und gedemütigt zusammen
Vergewaltigungen und Lynchmorde…

Deine Freundinnen in der »Bewegung«
verstehen sie diese Dinge? …

Nein, nein, meine Schwester,
meine Liebe,
eins nach dem anderen!
Zu viele Verbrecher
belauern noch immer diesen Kontinent …

Wenn Afrika
zu Hause und in Übersee
wirklich frei ist
wird es Zeit geben für mich
und Zeit für Dich
um das Kochen
und das Windelwaschen zu teilen –

bis dahin,
eins nach dem anderen![10]

Ich verwende dieses Gedicht am Anfang meines Essays über Frauen
in Nigeria, der in *Sisterhood is Global* (herausgegeben von Robin
Morgan) veröffentlicht wurde, einer Essaysammlung von Frauen
aus verschiedenen Ländern. Erneut möchte ich die Aufmerksamkeit auf die Wahl der Perspektive der ersten Person in diesem Gedicht lenken. Es ist seine Welt, die vergewaltigt wurde, die den
Sklavenhandel aushielt, den Kolonialismus, Imperialismus und
Neo-Kolonialismus. Er ist die Prometheusfigur. Er hat noch keine Zeit für Frauenrechte. Die Welt wurde durch ihn gebaut und
er muss diese drängenden Probleme angehen. Seine Haltung entspricht der klassischen »Teile und Herrsche«-Strategie. Teile und
beherrsche die Frauen der Welt, die möglicherweise durch Gender-
Unterdrückungen miteinander vereint sind. Frauen mögen sich
zwar in ihren Strategien und Methoden unterscheiden, aber nicht
in ihren Grundannahmen: dass sie als Frauen unterdrückt werden,
und zwar als die Mehrheit einer untergeordneten Klasse, die zugleich selbst in der Mehrheit ist. Doch seine Position ist fast typisch
für die meisten Männer auf diesem Kontinent.

3. Feminismus ist kein Penisneid oder Gender-Neid – der Neid,
ein Mann sein zu wollen, wie sie gerne von uns behaupten. »Möch-
test du etwa ein Mann sein? Du kannst gerne zu uns gehören, wenn
du willst.« Oder: »Was immer du auch tust, du wirst niemals einen
Penis haben.« Ein Automechaniker sagte einmal zu mir, ich könne
mein Auto nicht selbst reparieren, weil ich keinen Penis habe.

4. Feminismus ist nicht zwangsläufig gegen Männer eingestellt.
Es wird vielmehr dafür argumentiert, dass der Körper einer Frau
ihr inhärentes Eigentum sei[11] und »weder jemandem gehören, noch
benutzt, noch von Männern verstoßen werden soll«, wie es radikale
theologische Feministinnen formulieren.

5. Feminismus mündet in keiner »Spaltung entlang den Geschlechtern«, wie in Afrika gerne behauptet wird. Er bedeutet auch

---

10 Felix Mnthali, »Letter to a Feminist Friend«, in: Ders., *Beyond the Echoes,* unver-
öffentlichtes Manuskript.

11 Vgl. die Broschüre des *World Council of Churches* über die Ökumenische Dekade
der Solidarität mit Frauen.

nicht die Spaltung der *Race* oder »des Kampfes« – was auch immer diese zu oft verwendeten Worte bedeuten sollen.

6. Es geht nicht darum, die Rhetorik westlicher Frauen zu imitieren.

7. Feminismus ist nicht gegen das afrikanische Erbe und die Kultur, behauptet aber, dass Kultur sich dynamisch entwickelt und gewiss nicht statisch ist. Kultur sollte nicht dauerhaft zugunsten von Männern fixiert werden, wie die meisten Männer in Afrika es gerne hätten.

8. Feminismus stellt einen nicht vor die Wahl zwischen extremem Patriarchat auf der einen und hasserfülltem Separatismus von den Männern auf der anderen Seite.

Was ist dieser Feminismus dann? Ich habe diese Erwiderungen aufgeführt, weil sie die Punkte ansprechen, mit denen einige afrikanische Männer unserem feministischen Diskurs in Afrika entgegenwirken. Uns werden die in ihrer Kritik implizierten Attribute vorgeworfen. Ihr eigenes Argument lautet, dass Feminismus in Afrika nicht notwendig ist, weil Gender in der idyllischen, afrikanischen Vergangenheit (ihrer Wunschvorstellung) bereits ausgeglichen war. Afrikanischen Feministinnen wird vorgeworfen, die Argumente westlicher Frauen nachzuplappern. *Race* und Nationalismus werden in böser Absicht genutzt, um Gender als Kategorie anzugreifen. Manchmal werden *Race*, Nationalismus und Klasse zusammengeworfen, um gegen die Gender-Politik vorzugehen. Feministische Anliegen seien Vorlieben der verwestlichten Frauen, wie etwa ich selbst, Ifi Amadiume oder Filomina Steady.[12] Feministische Interessen betreffen demnach also auch nicht die großartigen Landfrauen, die gläubigen, afrikanischen Frauen, die »echte afrikanische Frauen« und glücklich seien, so wie sie sind und es schon immer gewesen wären. Doch was sagen Forschung und Analysen zu diesen neu entdeckten und glorifizierten Wesen, »den Landfrauen Afrikas«? Sicherlich nicht, dass »ländliche«, arme Frauen mit dem *status quo* zufrieden sind und keine Änderungen wollen.

---

12 Ifi Amadiume, *Männliche Töchter und weibliche Ehemänner. Soziale Rollen und Geschlecht in einer afrikanischen Gesellschaft*, Zürich 1996; Filomina Steady, *The Black Woman Cross-Culturally*, Cambridge/MA 1981, vgl. die Bibliographie; dies., »African Feminism. A worldwide Perspective«, in: Andrea B. Rushing, Sharon Harley, Rosalyn Terbog-Penn (Hg.), *Women in Africa and the African Diaspora*, Washington/D.C. 1987, S. 3-24.

Feminismus kann auch mithilfe seiner etymologischen Wurzeln definiert werden. Im Lateinischen bedeutet *femina* »Frau«. Feminismus ist also eine Ideologie der Frau, jegliche Sozialphilosophie, die sich mit Frauen beschäftigt. Diese Definition gibt uns ausreichend Spielraum, um verschiedene Arten des Feminismus aufzunehmen: den rechtsgerichteten, linksgerichteten, zentristischen, linkszentristischen, rechtszentristischen, reformistischen, separatistischen, liberalen, sozialistischen, marxistischen, blockfreien, islamischen, indigenen Feminismus usw. All diese Feminismen existieren tatsächlich; ich denke mir das nicht aus. Nawal el Saadawi etwa ist eine islamisch-sozialistische Feministin. Demnach könnte man fragen: »Was ist Feminismus für euch?« oder »Was ist euer Feminismus?« Habt ihr eigentlich eine Ideologie der Frauen in der Gesellschaft und im Leben? Geht es bei eurem Feminismus um Frauenrechte in der Gesellschaft? Welche Idee von Frauen als Akteurinnen in der Gesellschaft – ihrer Bedingungen, Rollen und Status, ihrer Beachtung und Wertschätzung – habt ihr? Im Allgemeinen jedoch muss der Feminismus immer eine politische und aktivistische Dimension haben. Wenn wir annehmen, dass der Feminismus all dies umfasst, lebt dann die afrikanische Frau auf dem afrikanischen Kontinent in einem afrikanischen Kontext in all diesen Bereichen sorgenfrei?

Können all diejenigen, die behaupten, der Feminismus sei für Afrika irrelevant, wirklich sagen, der afrikanischen Frau gehe es in all diesen Bereichen ihres Seins gut und sie brauche daher keine Ideologie, die ihre Realität thematisiert – und vorzugsweise und hoffentlich verbessert? Wenn diese Kritiker argumentieren, der Feminismus sei etwas Fremdes, unterstützen sie dann auch die Idee, dass Afrikanerinnen oder afrikanische Kulturen keine Ideologien bereitgestellt hätten, die das Wesen der Frau darlegten oder theoretisierten und Zugänge und Wege für Opposition und Widerstand innerhalb ihrer Gesellschaften aufzeigten? Gewiss existierten diese Wege. Sind die Gegner des Feminismus bereit, zu behaupten, dass indigene, afrikanische Gesellschaften keine eigenen Wege und Strategien hatten, um Geschlechterungleichheiten und -ungerechtigkeiten zu korrigieren? Können diese Sozialtechniken etwa nur von weißen Euro-Amerikanerinnen kommen? Heißt das auch, dass afrikanische Frauen ohne die Führung durch weiße Frauen ihre eigenen Lebensbedingungen nicht erkennen und keine Veränderungen fordern können? Nationalismus und *Race pride* werden unsere Männer bei diesen Fragen nachgeben lassen, und das ist auch besser so. Es geht darum, dass es indigene Feminismen gab. Es gab indigene Strukturen innerhalb traditioneller, afrikanischer Gesellschaften, um die Unterdrückung von und die Ungerechtigkeiten gegenüber Frauen anzugehen.

Welche Art von Feminismus existiert also in einem afrikanischen Kontext? In Anbetracht dessen, was ich oben angeführt habe, sowie der Gegebenheiten in Afrika, sollte man nun korrekterweise fragen: Welche *Feminismen* existieren in Afrika? Denn es gibt viele Feminismen, abhängig vom Zentrum, von dem aus man spricht oder theoretisiert. Diese Feminismen müssen um die Nahtstellen von *Race*, Schicht, Kaste und Gender; Nation, Kultur und Ethnizität; Alter, Status und Rolle sowie sexueller Orientierung herum theoretisieren. Natürlich sind mehr Forschungen notwendig, um herauszufinden, wie Afrikanerinnen, und zwar insbesondere Frauen aus der Arbeiterklasse sowie solche aus ländlichen Regionen, über sich selbst als Frauen denken, welche Ideologie und welche Agenda sie für sich selbst haben – im Alltag und historisch gesehen.

Sobald wir darin übereinstimmen, dass eine Ideologie von Frauen und über Frauen notwendig ist und schon immer existiert hat, können wir mit Fragen fortfahren, ob diese vorhandenen Ideologien noch brauchbar sind oder verändert werden müssen. Unsere opportunistischen, irredentistischen Landsleute, die nur mit Erbe und Kultur argumentieren, wenn es in ihrem Interesse ist, sollten sich überlegen, ob unsere ererbten Kulturen eins zu eins übernommen werden oder wenn nötig verändert werden sollten. [...] Sollte Kultur in einem imaginären Museum ihren Platz finden oder sollten wir auf sie als ein Produkt des menschlichen Verstandes und Bewusstseins Einfluss nehmen, um unsere existentiellen Bedingungen zu verbessern? Sollten wir nur kulturelle Treue predigen, wenn wir keine negativen Auswirkungen befürchten müssen, was üblicherweise die Haltung afrikanischer Männer ist, die gerne nur an jenen kulturellen Aspekten festhalten, die ihre Dominanz garantieren?

Im weiteren Verlauf des vorliegenden Essays werde ich darauf hinweisen, was einige freimütige Afrikanerinnen über den Feminismus in Afrika bekennen. Einige ziemlich bedeutende Frauen wie Buchi Emecheta behaupten, sie seien keine Feministinnen, ohne zu sagen, warum. Andere, wie die nigerianische Schriftstellerin Flora Nwapa, sagen, sie seien keine Feministinnen, sondern *Womanistinnen*. Darüber hinaus gibt es weitere Ansichten: Die großartige, verstorbene südafrikanische Autorin Bessie Head sagt in ihren posthum unter dem Titel *A Woman Alone* gesammelten Essays, dass in der Welt der Intellektuellen, in der sie als Autorin und Intellektuelle wirke, kein Feminismus nötig sei, denn jene Welt sei weder männlich noch weiblich.[13] Ich denke, sie täuscht sich in diesem Punkt oder ist zumindest irregeführt von der postromantischen, viktorianisch-patriarchalen Idee und dem Mythos, die Welt der Intellektuellen sei geschlechtsfrei. Frauen wissen, dass dies ein Irrglaube ist, obwohl man es ihnen auf der ganzen Welt so erzählen wollte. Wir wissen, wie der männliche Sexismus in intellektuellen Kreisen oder in der Welt »des Geistes«, wie sie es zu nennen pflegen, funktioniert. Bessie Head legt meiner Ansicht nach ein falsches Bewusstsein an den Tag, das oft von erfolgreichen Frauen der Mittelschicht aus allen Kulturen zum Ausdruck gebracht wird (einschließlich derjenigen Afrikanerinnen, die stolz und nachdrücklich darauf bestehen, dass ihr Erfolg nicht von ihrer Identität als Frau abhängt). »Ich bin bloß Schriftstellerin (*writer*), keine weibliche Schriftstellerin«, »Ich bin Physikprofessorin (*professor of physics*)«, »Astronautin (*astronaut*)«, »Premierministerin (*prime minister*), keine Frau« und ich frage mich, was das soll? Was soll dieses geschlechtsfreie Zeug? Man beachte, dass sich nur Frauen dieser Rhetorik bedienen. Dass nur Frauen solche Aussagen treffen, spricht Bände. Oder hat jemals ein Mann gesagt: »Ich bin nur ein Professor«, »ein Mathematiker«, »ein Tycoon«, »ein Präsident der Vereinigten Staaten, aber kein Mann, keinesfalls ein Mann«? Vielleicht müssen wir diese Formulierung an anderer Stelle dekonstruieren.

Jetzt sollen jedoch die Theorien einiger der bekanntesten afrikanischen Frauen angeführt werden, die denken, dass der Feminismus für den afrikanischen Kontext wichtig ist. Eine Zusammenfassung ihrer Positionen zeigt einige gemeinsame Nenner auf:

1. Dass Feminismus nicht zwangsläufig gegen Männer gerichtet sein muss. Es geht nicht um eine konfliktäre *Gender*-Politik.

2. Dass Frauen ihre biologischen Rollen nicht ablehnen müssen.

3. Dass Mutterschaft von afrikanischen Frauen idealisiert und

---

13 Bessie Head, *A Woman Alone. Autobiographical Writings*, London 1990, S. 95.

als Stärke gesehen wird und eine besondere Ausprägung in Afrika haben soll. Carol Boyce-Davies beschäftigt sich mit der Frage, ob afrikanische Frauen die Mutterschaft besonders für sich beanspruchen.[14]

4. Dass die strukturellen Bedingungen von Frauen ganzheitlich angegangen werden, statt sich zwanghaft nur mit sexuellen Problemen zu befassen.

5. Dass bestimmte Aspekte der reproduktiven Rechte einer Frau Vorrang vor anderen Rechten haben.

6. Dass die Lebensbedingungen von Frauen in Afrika im Rahmen der gesamten Produktion und Reproduktion ihrer Gesellschaft problematisiert werden müssen und dieses Szenario ebenfalls Männer und Kinder mit einschließt. So hatten wirtschaftliche Verwirklichung und Unabhängigkeit schon immer einen hohen Stellenwert im afrikanischen feministischen Denken.

7. Dass die Ideologie von Frauen im Rahmen von *Race* und Klassenkämpfen, die Afrika heute plagen, gesehen werden muss, das heißt im Kontext der Befreiung des gesamten Kontinents.

Es ist diese generelle holistische Einstellung afrikanischer Frauen gegenüber dem Feminismus, die sie oft von ihren westlichen Schwestern unterscheidet.

Auf organisatorischer Ebene haben Frauen in AAWORD,[15] unserer pan-afrikanischen Frauenorganisation, Frauen in Nigeria (WIN), Sambia (ZARD),[16] der in Ägypten für die arabische Welt organisierten Arabischen Solidaritäts-Front,[17] afrikanische Mitglieder von DAWN[18] sowie Afrikanerinnen im Ökumenischen Rat der

14 Carole Boyce-Davies, *Ngambika. Studies of Women in African Literature,* Trenton 1986, S. 241-256.

15 AAWORD/AFARD – *Association of African Women for Research and Development/ Association des Femmes Africaines pour les Recherches et Development*, die von uns schließlich 1977 mit Sitz in Dakar, Senegal, gegründet wurde. Wir hatten vor dem Gründungstreffen in Dakar Planungstreffen am Wellesley College, USA, und in Lusaka, Sambia.

16 ZARD – *Zambian Association for Research and Development.* Nationale Sektionen von AAWORD waren per Satzung zum Tragen von eigenständig gewählten Namen ermächtigt.

17 Die *Arab Solidarity Front* (Arabische Solidaritätsfront) wurde von Nawal el Sadaawi gegründet, die ein Gründungsmitglied und eine Vizepräsidentin von AAWORD war.

18 DAWN – *Development Alternatives for Women in a New Era* (Entwicklungsalter-

Kirchen – die an der Ökumenischen Friedensdekade mitgearbeitet haben – solche ganzheitlichen Perspektiven ausgedrückt. Auch auf individueller Ebene haben Autorinnen in ihren Werken ganzheitlich theoretisiert, sodass ihre Eingliederung in ihre eigenen Kulturen und ihre Identitäten als afrikanische Frauen nicht zerstört wurden. Fatima Mernissi aus Marokko beispielsweise hat schon in den Sechzigern die patriarchalische Untermauerung des Islams hervorgehoben.[19] Mercy Oduyoye aus Ghana und Nigeria ist eine radikale christliche Theologin und eine der führenden Theologinnen Afrikas.[20] Nawal el Saadawi aus Ägypten entwickelt in ihrem Buch *The Hidden Face of Eve*[21] innerhalb der Parameter des Islams, des Sozialismus und sozialer Gerechtigkeit einen Feminismus für die Armen und Benachteiligten. In ihrer Einleitung zu *Black Woman Cross-Culturally*[22] bezeichnet Filomina Steady aus Sierra Leone die Bäuerin in ihren selbstbewussten und ermächtigenden Rollen der Produktion und Reproduktion als urtypische Feministin. Sie schließt mit einem Appell für einen humanistischen Feminismus, der Männer, Frauen und Kinder umfasst. Ama Ata Aidoo, eine Schriftstellerin aus Ghana, Micere Mugo, Professorin für Literatur aus Kenia, Schriftstellerin, Theaterautorin, und Dichterin sowie Molara Ogundipe-Leslie verorten ihren Feminismus zwischen *Race*, Klasse und der internationalen Wirtschaftsordnung. Yusuf Bilkisu und Ayesha Imam schreiben über die Hausa-Gesellschaft in Nigeria, während Achola Pala Okeyo über Kenia schreibt. Es gibt auch andere Stimmen, etwa Ifi Amadiume, die unsere Feminismen theoretisieren.

[...]

nativen für Frauen in einer neuen Ära), ein Dritte-Welt-Netzwerk von Frauen für Frauen, wurde von Frauen gegründet, unter anderem von Devaki Jain, meiner Mitstreiterin bei *Sisterhood is Global* und beim ersten *Women for a Meaningful Summit.* Es gibt eine Sektion von DAWN in Nigeria, bei der ich ebenfalls Gründungsmitglied bin.

19 Fatima Mernissi, *Beyond the Veil: Male-Female Dynamics in Modern Muslim Society*, Bloomington/IN, Indianapolis/IN 1987.

20 M. A. Oduyoye, *Hearing and Knowing. Theological Reflections on Christianity in Africa*, New York/NY 1986.

21 Nawal el Saadawi, *The Hidden Face of Eve. Women in the Arab World*, London 1980.

22 Steady, *The Black Woman Cross-Culturally*, Einleitung; dies., »African Feminism«.

Mamphela Ramphele aus Südafrika[23] und Tsitsi Dangarembga aus Zimbabwe[24] verorten den Feminismus innerhalb der Verflochtenheit von *Race*, Klasse und Gender sowie der geografischen Lage und dem insgeheimen Einverständnis von Frauen mit der eigenen Unterdrückung innerhalb des Patriarchats. Dangarembga propagiert, das Schweigen der Frauen müsse gebrochen werden und dass Frauen »das Schweigen in Worte und Taten« umwandeln müssten, um es mit den Worten der eloquenten afroamerikanischen Dichterin Audre Lorde zu sagen.[25]

In ganz Afrika theoretisieren afrikanische Feministinnen unseren Feminismus und wir werden gut daran tun, auf sie zu hören. Um zu mir zurückzukommen: Was sage ich über den afrikanischen Feminismus? In einem Essay über afrikanische Frauenbilder[26] deutete ich an, dass der Feminismus für Afrika relevant sei, weil afrikanischen Frauen aufgrund ihrer *Race*, ihrer Schicht und anderer Gegebenheiten unterdrückt würden. Ich erörterte, inwiefern die afrikanische Frau mehr als die vier Berge trägt, die auf dem Rücken der chinesischen Frau lasten. Jene Berge sind nach Mao Zedong: Kolonisation, Feudalismus, Unterentwicklung und der chinesische Mann. Die afrikanische Frau hat sechs Berge zu tragen: Erstens die Unterdrückung von außen in Form von Kolonialismus und Neo-Kolonialismus; zweitens die Unterdrückung durch traditionelle Strukturen (feudale, kommunale und auf der Sklaverei basierende etc.); drittens ihre eigene Rückständigkeit; viertens den afrikanischen Mann; fünftens ihre Hautfarbe oder *Race* und sechstens sich selbst, denn sie hat all diese Formen der Unterdrückung internalisiert. Aus meiner Sicht muss afrikanischer Feminismus also die Probleme um den Körper einer Frau, ihre Person, ihre Kernfamilie, ihre Gesellschaft, ihre Nation, ihren Kontinent und dessen Verortung innerhalb der globalen, wirtschaftlichen Ordnung herum erfassen, denn die Gegebenheiten in der internationalen Wirtschaftsordnung bestimmen die afrikanische Politik und haben ei-

---

23 Mamphela Ramphele, »Do Women Help Perpetuate Sexism. A Bird's Eye View From South Africa«, in: *Africa Today* 37 (1990), S. 7-18.

24 Tsitsi Dangarembga, »Interview«, in: Carol Boyce-Davies (Hg.), *Black Women's Writing. Crossing the Boundaries*, Frankfurt/M. 1989, S. 101-108.

25 Audre Lorde, *Sister Outsider*, Berkeley 1984, S. 40-44.

26 Molara Ogundipe-Leslie, »African Women, Culture, and Another Development«, in: *Presence Africaine* 141 (1987), S. 123-139.

nen großen Einfluss auf Frauen. Es führt kein Weg daran vorbei, außerdem zu berücksichtigen, wie die Politik des Internationalen Währungsfonds und der Weltbank den Status und die Lebensbedingungen von Frauen beeinflussen.

In einem anderen Aufsatz über Frauen in Nigeria, der im Sammelband *Sisterhood is Global*[27] zu finden ist, gelangte ich am Schluss zu der Annahme, dass es (für diejenigen, die keine guten Zuhörer sind) den Anschein haben könnte, ich behauptete, Männer seien der Feind. Ich finde zwar, dass der individuelle Mann kein Feind ist, aber da die Unterordnung und Unterdrückung von Frauen systemischer Natur ist, müssen wir die strukturellen Muster untersuchen, die soziale Gerechtigkeit zwischen den beiden Geschlechtern verteilen. Ich schrieb: Nein, Männer sind nicht der Feind. Der Feind ist das gesamte System Nigerias, das ein Wirrwarr aus neokolonialistischen, feudalen und sogar sklavenhalterischen Strukturen und gesellschaftlichen Grundhaltungen ist. Weil die Befreiung von Frauen nur eine Voraussetzung ist, um die gesamte Gesellschaft von der Entmenschlichung zu befreien, ist es das gesellschaftliche System, das sich ändern muss. Unterdessen werden Männer sehr wohl zu Feinden, wenn sie versuchen, diese notwendigen historischen Veränderungen zu behindern oder gar zu stoppen; wenn sie aus eigennützigen Machtinteressen »Erbe und Kultur« als Vorwand gebrauchen – als seien menschliche Strukturen nicht durch Menschen geschaffen worden – oder wenn sie sich höhnisch auf die naturgegebene Unterlegenheit der Frauen berufen und wenn sie sagen, dass Veränderung unmöglich sei – aus einem falschen, statischen Geschichtsbild heraus.

Ich plädiere deshalb für das Wort »Stiwanismus« anstelle von »Feminismus«, um die Probleme und die streitlustigen Diskurse zu umgehen, die auftreten, wann immer jemand das Thema Feminismus in Afrika aufgreift.

Die Bildung dieses neuen Wortes geht zurück auf die Absicht, die beständig notwendige Energie gegen die Vorwürfe, man würde westliche Feministinnen imitieren, umzuleiten und für das Projekt aufzusparen, sich nicht von den wirklichen Problemen der Lebensbedingungen von Frauen in Afrika ablenken zu lassen. Das neue

---

27 Molara Ogundipe-Leslie, »Not Spinned on the Axis of Maleness«, in: Robin Morgan (Hg.), *Sisterhood is Global*, London, New York/NY 1984, S. 498-504.

Wort beschreibt, was gleichgesinnte Frauen und ich gerne in Afrika sehen würden. Das Wort »Feminismus« scheint für den afrikanischen Mann ein rotes Tuch zu sein. Manche behaupten, das Wort sei intrinsisch oder implizit hegemonial. Andere finden die Besinnung von Frauen auf sich selbst bedrohlich. Wieder andere behaupten, es begrenze ihre Perspektiven, was auch immer diese sein sollen. Einige, die sich ernsthaft mit der Verbesserung der Lebensverhältnisse von Frauen beschäftigen, sind – es sei denn, sie sind besonders charakterfest – manchmal beschämt darüber, als »Feministinnen« bezeichnet zu werden. Ihre Scham entspringt der Tatsache, dass sie mit einem Begriff beschrieben werden, der so direkt auf Frauen zurückgeführt werden kann (»*femina*«). Wie effektiv doch die Jahre der phallokratischen Sozialisation sind! Sei eine Stiwanistin. Ich bin eine Stiwanistin.

»Stiwa« ist mein Akronym für *Social Transformation Including Women in Africa* (soziale Transformation inklusive der Frauen in Afrika). Dieser neue Begriff beschreibt meine Agenda für Frauen in Afrika, ohne auf die Vorwürfe des Nachahmens reagieren zu müssen oder ständig unsere Agenda auf dem afrikanischen Kontinent in Relation zu anderen Feminismen setzen zu müssen, insbesondere weiße, euro-amerikanische Feminismen, die leider von allen Seiten unter Beschuss geraten sind. Mithilfe dieses neuen Begriffs, »STIWA«, kann ich die heutigen Bedürfnisse der afrikanischen Frau in der Tradition der Räume und Strategien unserer indigenen Kulturen für das soziale Wesen der Frau erörtern. Ich habe schon immer behauptet, dass indigene Feminismen auch in Afrika existierten, und wir sind dabei, diese zu untersuchen und ins Blickfeld zu rücken. »STIWA« bedeutet die Inklusion der afrikanischen Frau in den gegenwärtigen, gesellschaftlichen und politischen Wandel Afrikas. Sei eine »Stiwanistin«.

Ich bin mir sicher, dass einige afrikanische Männer wie auch Frauen sich gegen diese soziale Transformation stellen werden; darin liegt das eigentliche Problem. Frauen müssen am gesellschaftlichen Wandel als Partnerinnen teilhaben. Ich denke, dass Feminismus ein Anliegen sowohl für Männer als auch Frauen ist; überall *und* in Afrika. Ich denke, dass alle Männer – im Einsatz für eine sozial gerechte Gesellschaft, in der sich eine Frau voll verwirklichen kann, wenn sie sich dazu entscheidet – progressive Feministen sein sollten. Das Recht zu entscheiden, ist für mich die Definition von Befreiung, von »Freiheit«, wenn man so möchte; das Recht, die Wahl zu haben und zu entscheiden. Alle schwarzen Männer in Afrika oder in der Diaspora müssen befreiende Feministen sein, um ihren Müttern, Töchtern und Schwestern ein besseres Leben zu sichern. [...] Die feministische Agenda auf der ganzen Welt muss Männer mit einschließen und sie mobilisieren, um das Projekt der Humanisierung der Gesellschaft erfolgreicher zu gestalten.

Ich beendete meinen Aufsatz über Frauen in Nigeria mit einer Strophe aus einem meiner Gedichte:

> Wie lange sollen wir zu ihnen sprechen
> Vom goldenen Glanz der Mutter, vom Unterschied ohne
>   Verderben
> Wie lange sollen wir sagen, es gibt eine andere Welt
> Die sich nicht um die Achse der Männlichkeit dreht,
> Sondern gerundet und ganz, sich auszeichnend durch
> Ihre vielen Rinnsale, ihre distributive Gerechtigkeit.[28]

Zu guter Letzt möchte ich einige meiner Gedichte mit euch teilen. Was will meine Poesie sagen? Im Allgemeinen drückt sie einige meiner Gefühle und Gedanken über mich selbst aus, als Frau, Mutter, Intellektuelle und kreative Künstlerin in Afrika, inmitten einer globalen Wirtschaftsordnung, die mein Land und mein Volk und die Verwirklichung unseres vollen Potentials als Menschen beschränkt. Eine Weltordnung, die es allen schwerer macht, und die Afrikaner am härtesten trifft; eine Weltordnung, die uns als billige Arbeitskräfte sieht, die es nicht einmal wert sind, eine Kompensation für diese Arbeit und einen Anteil an den Ressourcen zu erhalten, ganz zu schweigen von Respekt und Würde. Ich sage in einigen Gedichten, wie wir unsere Vergangenheit auffassen müssen, um unsere Gegenwart verstehen zu können; inwiefern die afrikanische Mittelschicht Verantwortung gegenüber ihren Völkern übernehmen muss; inwiefern die Regierenden gegenüber ihren Bürgerinnen und Bürgern Verantwortung übernehmen müssen, weil sie sonst ihre historische Mission verraten und sie mit Sicherheit nicht erfüllen werden, um Fanon zu paraphrasieren. Viele Afrikanerin-

---

28 Molara Oguadipe-Leslie, »On Reading an Archeological Article«, in: Dies., *Sew the Old Days and Other Poems*, Ibadan 1985, S. 19.

nen spüren, dass die Mittelschicht ihre historische Mission bereits verraten hat.

[...]

Das erste Gedicht in meinem Gedichtband heißt *Für ein Jane-Austen-Seminar*.[29] Ich unterrichtete englischsprachige Literatur an der Ibadan-Universität in Nigeria. Ich nenne es bewusst »englischsprachige Literatur« statt »englische Literatur«. »Englischsprachige Literatur« bedeutet, es kann von jedem kommen, der in englischer Sprache schreibt und nicht bloß die Literatur von Beowulf über T. S. Eliot bis hin zu Ted Hughes. Aufgrund der Verwirrungen und der Art der kolonialen Erziehung, die auf vorenthaltenen Informationen und der Art von epistemologischer Erfahrung basiert, die man als kolonisierte Person macht, sehen die Studierenden nicht zwangsläufig, wie sich das, was sie lernen, auf ihr Leben bezieht. Sie sehen nicht, inwiefern der Wohlstand und die Freizeit der Leute bei Jane Austen mittelbar mit der Armut der Menschen in Afrika verknüpft sind. Wie zum Beispiel die Juwelen und Edelsteine in der Krone der Königin von England – welche die Menschen bewundern – das Ergebnis der kolonialen Plünderung Indiens und anderer Gebiete des sogenannten britischen Weltreichs sind, zu denen übrigens auch Nigeria gehört. Es ist schwierig für die Studierenden, zu erkennen, dass wir mit der Königsfamilie – deren Bilder an jedermanns Wänden hängen und deren Privatleben jeder zu verfolgen pflegte und es noch immer mit großem Interesse tut – in irgendeiner Weise etwas zu tun haben könnten.

Für ein »Jane-Austen«-Seminar der Ibadan-Universität

»Nähet die alten Tage für uns, Väter,
damit wir sie tragen mögen« – Kofi Awoonor

Ich grüße Euch in Eurer Unschuld
geschützt vor den Kränkungen der Zeit
Qualen der ausgepeitschten Rasse, die
Blutschuld überflutet ungestüm unsere Länder
unsere Süden und Herzen über dem Ozean
wo Hass lauert wie die Berglöwen

---

29 Ebd., S. 2 f.

Ich grüße die Hoffnung in Euren Augen
den Glauben zwischen Euren Brauen wenn Worte
unversucht herauskommen aus
Euren glänzenden Zähnen wie die Berührung
von Nägeln auf Glas

Bauernsöhne – Nachkommen der Sklavenhalter – geboren von Händlern in Öl und Freiheit – Nachkommen der Wasservölker, die auf Horrorschiffen fuhren mit Augen weiß vor Hoffnung – fragt Euch, warum das Austen-Volk den ganzen Tag zecht und nicht arbeitet – Karten spielt am Mittag, während es tanzt – während das Land hinter Absperrungen verschwindet – die Saat der Mutter in Schiffsbäuchen und auf Märkten – und biegsames Leben in Gruben – und im Süden, unserem Süden, die Trauerlieder die Himmel durchdringen – während der Autokrat Tod Gefangene wie Freie heimsucht?

Habt Ihr von der Beständigkeit gehört
der Beständigkeit der menschlichen Verweigerung?

Feiert das Leben, nicht den Tod!

Fragt Ihr Euch, warum Indien trauert?
Von woher die viel geliebten Steine
in Euren viel geliebten Kronen in London stammen?
Bindet Ihr Eure auswendig gelernten Erzählungen
über Steuermänner, Clives Possen,
verfolgte und gewonnene Spuren an die verbrachte Zeit
und die gestohlene Zeit in Mansfield Park?
Die vornehmen Empfänge, Spaziergänge
und teegetränkten Abende an Mutters
rauen Händen, ihre fleischlosen Gerichte,
Großvaters Kropf und unseren Wahnsinn
zur Mittagsstunde der Geschichte?

Nähet die alten Tage zusammen
Nähet die alten Tage, sodass wir sie tragen können
um durch kommende Stürme zu tanzen
mit gedämpften Schritten.

[…]

Schließlich habe ich noch ein langes Gedicht für die Afrikanerin der Mittelschicht, die auf einem Pulverfass sitzt. Sie ist ein Opfer der Geschichte; verwirrt wie die meisten Frauen aus der Mittelschicht in aller Welt, die normalerweise alle viele Probleme haben. Das Gedicht wurde von einem Klassentreffen inspiriert, auf dem sich Frauen der Mittelschicht nach Jahren wiedersahen. Man weiß ja, wie es auf solchen Klassentreffen zugeht: Vorgeblich geht es darum, die Schulzeit zu feiern, in Wirklichkeit sind alle aber vielmehr daran interessiert zu sehen, wie weit es die anderen seit dem Abschluss gebracht haben; sie fragen sich, wer die Frau eines politischen Präsidenten ist, wer Präsidentin einer Firma und wer nun einen Mercedes-Benz oder einen BMW fährt. In Ostafrika heißt es: »Wer ist ein ›Wabenzie‹ geworden, ein ›Benzler‹?« Und in Ghana fragt man: »Wer fährt einen *Be My Wife*?« (einen BMW), offenbar eines der beliebtesten Geschenke, die ein Mann seiner Geliebten machen kann.

Wenn Vater Erfahrung mit seinem Hammer zuschlägt
(Lied für die
afrikanische Frau aus der Mittelschicht)

Einleitender Schrei:

Dies ist nur ein Teil, ein erster Teil bloß,
der Geschichte der bürgerlichen Frau.

…
So treffen wir uns und selten
teilen wir unseren Kummer, Geschichten, Mythen,
tauschen unsere Kainsmale aus
unsere scharlachroten Briefe und aufgegebenen
Träume …

Vor so vielen Jahren …
Vor so vielen Jahren, als wir herumtanzten
als Kinder und auf Eden hofften,
in unseren vielen, prächtigen Käfigen,
Internate genannt, hoffend auf
Eden …

Dort träumten wir von
den Großen, Schwarzen und Schönen
wie Heathcliff. War er
ein Afrikaner für uns? Sah er aus
wie die Männer, die wir kannten?
wie unsere Väter und Brüder?

Oder wir waren begeistert von blonden
blauäugigen Träumen, identifizierten uns
mit weißen Gewinner-Herren,
die durch Edgar Wallace schritten,
Rider Haggard und Joseph Conrad.

Es würde keine Polygamie mehr geben
in unserer Welt, keinen Schmerz mehr,
denn wir waren anders …
Polygamie war für Ureinwohner, Analphabeten
und all diese Wesen. Unsere Männer würden
segelnd ankommen, Schneewolken hinter sich,
und sich phantomgleich zu Violinklängen bewegen
und aussehen wie Tony Curtis, Fred Astaire und
der Herzog von Edinburgh!

Sie werden uns fortbringen, ja, das werden sie;
zu monogamen Himmeln
und wahrem Liebesglück.

Nun, dreißig Jahre später, starren wir
uns mit ungläubigem Blick an,
Opfer von Kriegen, die wir nicht kennen,
Kinder von Mutter Erfahrung
(oder Vater Erfahrung)
der mit einem Hammer zuschlägt.
Und wir lächeln freudlos, trotzig,
heroisch, teilen unseren gemeinsamen Schmerz,
dreißig Jahre später, während unsere
Augen glänzen vor gemeinsam geteiltem
Kummer oder gemeinsam geteilter Stärke,
abhängig vom Schmerz,

heiter vom heroischen Leiden, denkend,
das sei unser unveräußerliches Schicksal und das unserer Mütter.

Oder wir verstecken unseren gemeinsamen Kummer
Während seltsame Lichter in unseren Augen glitzern
und Leid sich bewegt wie Eigelb,
Und wir lächeln und wir fantasieren und lügen
Und stolzieren davon, um noch mehr zu schlucken …
vielleicht … morgen, vielleicht.

Oder wir klammern uns an die Kinder
Und wir lügen über sie; winden
uns selbst und Gründe um ihre
unschuldigen Hälse,
beanspruchen Muttersein,
wo nur Furcht lauert.

Tatsächlich suchen wir den Raum,
den unsere Mütter hatten, den inneren Raum
und den äußeren Raum,
Gefühlsräume und Wirtschaftsräume,
nicht zu verwechseln mit der Farce …
wir verwechseln die gesuchten Räume
mit der Farce westlicher Ritterlichkeit
und Monogamie, ignorant wie wir sind
hinsichtlich der Fesseln und Ketten,
des Lebens der beneideten
westlichen Frau des Mittelstands,
ihren versteckten Erniedrigungen, emotional und legal,
vor dieser Zeit und bis vor kurzem noch;
Hausfrau, Köchin und Krankenschwester,
Sekretärin, Objekt und Hure
für *Mr. Husband*
austauschbar und lebenslang verpflichtet,
bis vor kurzem; das menschliche, laufende
Rent-A-Girl.

Wir wussten nichts davon, denn
die Lehrer des Empire und

die Kirchenleute
verschworen sich wie immer,
um die Wahrheit zu verzerren und

ihre Lügen zu verbreiten:
»alle westlichen Konstrukte
soziale, intellektuelle
religiöse, politische
sind von Natur aus überlegen
allem Erträumten
oder von Farbigen
Erschaffenem …«

Wir beneideten also ihren Besitz
ihre Rituale der Gefangenschaft
die sie weder ihre Zeit kosteten
noch sich selbst
Und dreißig Jahre später
treffen wir uns und wir prahlen
und wir kichern wie Babys
und trippeln zurück nach Hause
in unsere noblen Goldkäfige
um den Herren umso mehr zu gefallen,
durch Schmeichelei zu gewinnen,
die Unterdrücker zu verführen
und die erniedrigenden Systeme
mit unserem allerbesten Benehmen.

Doch wann wurde der Herr
jemals weg von der Macht verführt?
Wann wurde ein System jemals gestürzt
durch Akzeptanz?
Wann wird der BOSS
Euch die Macht in Liebe übergeben?
In Jo'burg, Cancun oder der UNO?

Nein, wir streben danach, nicht zu wissen,
und versuchen, nicht zu handeln,
wir meiden das Politische;

erstaunt oder tanzend,
entfalten wir uns oder verfetten
üblicherweise unwissend,
oder fürchten das Übernatürliche
wenn Vater Erfahrung …
mit dem Hammer zuschlägt.[30]

Aus dem Englischen von Absara Gebreab

30 Ebd., S. 30-33.

IV. Ethik und Kosmopolitismus aus dem globalen Süden

Thaddeus Metz
Auf dem Weg zu einer
Afrikanischen Moraltheorie*

In der Literatur zur Afrikanischen Ethik finden sich nur wenige
Studien, die sich explizit mit normativer Theorie befassen, das heißt
die sich der Ausformulierung und Rechtfertigung einer grundlegenden ethischen Norm widmen, die in allgemeingültiger Weise
beschreibt, was zulässige Handlungen von unzulässigen Handlungen unterscheidet.[1] Den Begriff »Afrikanische Ethik« verwende ich
hier und im Folgenden für Werte, die den vorwiegend schwarzen
und Bantu-Sprachen sprechenden Völkern in Afrika südlich der
Sahara eigen sind. Ausgenommen von dieser Bezeichnung sind
unter anderem sowohl die islamisch-arabischen Gesellschaften im

* Für Kommentare in schriftlicher Form zu früheren Versionen dieses Artikels
möchte ich mich bei Robert Goodin, Stephen Kershnar, Dirk Louw, David Mar-
tens, Thomas Pogge, Augustine Shutte, Raymond Suttner und drei anonymen
Gutachtern des *Journal of Political Philosophy* bedanken. Für mündliche Kommentare bedanke ich mich zusätzlich bei den Teilnehmern der folgenden Tagun-
gen: *Conference on African Philosophy in the 21st Century* an der Universität von
Südafrika, der Jährlichen Konferenz der Philosophischen Gesellschaft Südafrikas
an der Rhodes Universität; der Ethik- und Afrika-Konferenz an der Universität
von Kapstadt; sowie bei den Teilnehmern eines Kolloquiums, welches von der
philosophischen Fakultät der Universität von KwaZulu-Natal gefördert wurde.
Dank schulde ich darüber hinaus allen Studierenden der Ethikkurse, die ich an der
philosophischen Fakultät der Universität von Johannesburg und der Witwatersrand Universität abgehalten habe. Schließlich möchte ich darauf hinweisen, dass
ein Teil dieser Arbeit durch eine Forschungsförderungsbeihilfe des Forschungs-
ausschusses der geisteswissenschaftlichen Fakultät der Witwatersrand Universität
unterstützt wurde.
1 Des Öfteren finden sich Studien aus dem Bereich der Kulturwissenschaften oder
der Moralanthropologie, die sich mit moralischen Praktiken oder Normen je einer afrikanischen Gruppe befassen. Repräsentative Beispiele für derartige Studien
sind etwa Anthony Kirk-Greene, »Mutumin Kirki. The concept of the good man
in Hausa«, in: Emmanuel Chukwudi Eze (Hg.), *African Philosophy. An Anthology*,
Oxford 1998, S. 121-129, und John Ayotunde Isola Bewaji, »Ethics and Morality
in Yoruba Culture«, in: Kwasi Wiredu (Hg.), *A Companion to African Philosophy*,
Oxford 2004, S. 396-403. Ich beabsichtige nicht, derartige Studien herabzuwür-
digen, sondern möchte lediglich den Unterschied zwischen diesen Studien und
meinem Vorhaben deutlich machen.

nördlichen Afrika als auch die weißen Afrikaander (Buren) in Süd-afrika. Dem Forschungsfeld fehlt ein gut begründetes, grundlegendes ethisches Prinzip, das alle moralischen Pflichten, die aus eben-diesen Werten resultieren, in sich aufnimmt – ein Prinzip, das sich mit den dominanten westlichen Moraltheorien, wie beispielsweise dem Hobbesschen Egoismus oder dem Kantischen Respekt vor der Personenwürde, vergleichen ließe. Im vorliegenden Aufsatz möchte ich dazu beitragen, solch ein Prinzip zu entwickeln.[2]

Obwohl einige Forscher sich diesem Ziel gelegentlich genähert haben, scheint es bisher von keinem zielgerichtet in systematisch-analytischer Weise verfolgt worden zu sein.[3] Zudem tendieren die bisher unternommenen Versuche typischerweise in eine von zwei gleichermaßen fragwürdige Richtungen: Entweder sie beschäftigen sich mit Prinzipien, die eindeutig nicht als Kernaspekte eines afri-kanischen Wertesystems gelten können und demzufolge zu »west-lich« sind, oder aber sie verfolgen zwar dieses Ziel, schlagen dafür aber Prinzipien vor, die entweder zu vage oder zu eng für dieses Vorhaben sind. Mein Ziel ist es, ein ethisches Prinzip zu entwi-ckeln, das sich nicht nur direkt aus dem Nährboden afrikanischen Denkens speist und sich somit von den verbreiteten westlichen Moraltheorien unterscheidet, sondern das zugleich auch spezifisch und umfassend ist – oder zumindest diese angestrebten Qualitäten in stärkerem Maße aufweist als dies die Vorschläge in der bisheri-gen Literatur tun.

Im ersten Teil dieses Beitrags werde ich zunächst meinen An-

---

2 Ich konzentriere mich hier ausschließlich auf Fragen nach dem richtigen Handeln und spare mir damit die Fragen eines guten Charakters (beispielsweise dessen Motive, Tugenden) für eine andere Gelegenheit auf.

3 Andere lehnen ein solches Ziel scharf ab, weil sie entweder behaupten, es gäbe nichts Spezifisches an afrikanischen Moralvorstellungen, was sich signifikant von westlichen Moralvorstellungen unterscheiden würde, oder weil sie annehmen, dass es zwar wesentliche Unterschiede gibt, afrikanische Moralvorstellungen sich aber generell nicht kodifizieren lassen und nur auf der »Ich erkenne es, wenn ich es sehe«-Basis erfasst werden könnten. Die erste Art der Kritik findet sich etwa bei Mamphela Ramphele, die von Penny Enslin und Kai Horsthemke, »Can *ubuntu* provide a model for citizenship education in African democracies?«, in: *Compa-rative Education* 40 (2004), S. 545-558, hier S. 548, zitiert wird; zur anderen Kritik vgl. Yvonne Mokgoro, »Ubuntu and the law in South Africa«, in: *Potchefstroom Electronic Law Journal* 1 (1998), S. 1-22, hier S. 2. Der vorliegende Aufsatz wird, falls das Vorhaben Erfolg hat, beide Einsprüche abwenden können.

satz näher erläutern: Hier weise ich darauf hin, dass ich nach einer Theorie des Guten suche, die alle diejenigen Werte in kohärenter Weise rekonstruiert, die mit dem *Ubuntu*-Konzept und ähnlichen, unter den südlich der Sahara lebenden Afrikanerinnen und Afrikanern verbreiteten Ausdrücken assoziiert werden. Dabei werde ich auch Kriterien erarbeiten, anhand deren sich beurteilen lässt, ob eine bestimmte, auf *Ubuntu* basierende Theorie richtigen Handelns angemessen ist oder nicht. Ich untersuche und bewerte eine Theorie danach, ob und inwieweit sie dazu in der Lage ist, zwei verschiedene Arten von moralischen Urteilen plausibel zu begründen: zunächst jene moralischen Urteile, die sowohl bei afrikanischen als auch bei westlich geprägten Menschen einhellig als im Kern unstrittig gelten, und sodann diejenigen Urteile, die deutlich eher und stärker von Afrikanern als von Westlern als normativ richtig beurteilt werden. In dem hierauf folgenden zweiten Teil differenziere ich zwischen sechs Moraltheorien, die sich in der Literatur über die Afrikanische Ethik finden lassen oder von ihr nahegelegt werden. Ich spreche mich dafür aus, dass eine dieser sechs Theorien viel besser als die übrigen dazu geeignet ist, alle im ersten Teil dargestellten intuitiv einsichtigen Moralurteile zu begründen. Anschließend werde ich dann in einem dritten Teil diese bevorzugte Moraltheorie in einigen entscheidenden Aspekten verfeinern und sie dadurch präziser und umfassender gestalten. Am Schluss des Artikels skizziere ich noch knapp, wie diese Theorie künftig weiterentwickelt werden muss.

I. Nähere Erläuterung des Vorhabens

In meinem Versuch, eine afrikanische Theorie richtigen Handelns zu konstruieren, bemühe ich mich um ein Prinzip, dem die Afrikaner der Subsahara-Zone moralisch beipflichten würden, weil es all den Ansprüchen und Forderungen Rechnung trägt, die sie typischerweise als unkontrovers erachten. Demzufolge ist dieses vorwiegend epistemische Unterfangen weder reine Moralanthropologie noch direkte normative Ethik. Es ist kein rein deskriptives Vorhaben der Moralanthropologie, da ich nicht einfach nur darzustellen beabsichtige, was Menschen der Subsahara-Zone (oder zumindest ihre Mehrheit) für richtig halten. Ich gehe insofern über die Moralanthropologie hinaus, als ich versuche, unterschiedliche, als moralisch vernünftig geltende Überzeugungen zu integrieren sowie dafür zu argumentieren, warum eine spezifische Synthese dieser Moralvorstellungen (die nicht unbedingt von allen geteilt wird) deutlich besser als alle anderen ist. Andererseits ist mein Vorhaben aber auch kein rein präskriptives, da ich nicht werde versichern können, dass diese eine, befürwortete Theorie tatsächlich wahr ist, sodass Menschen ihr also tatsächlich folgen müssten. Ich vertrete zwar die Auffassung, dass es gute epistemische Gründe dafür gibt, diese Moraltheorie zu vertreten, gerade aufgrund ihrer Nähe zu einigen moralischen Intuitionen, die in der Subsahara-Zone weit verbreitet sind, und in Abgrenzung zu anderen Theorien afrikanischer Moralität. Zugleich behaupte ich damit aber nicht, dass diese Theorie sich grundsätzlich besser rechtfertigen lässt als irgendeine andere, nichtafrikanische Moraltheorie, geschweige denn, dass sie direkt mit moralischen Tatsachen korrespondiert. Mein Ziel ist es also, ein grundlegendes, allgemeines Prinzip richtigen Handelns darzulegen, das sich relativ zu anderen Afrikanischen Moraltheorievorschlägen besser rechtfertigen lässt und das in Zukunft auch in Konkurrenz zu westlichen Moraltheorien treten könnte.

Um der Suche nach einem attraktiven afrikanischen normativen Prinzip eine klare Richtung zu geben, beschränke ich mich auf die (englischsprachige) Literatur, die diesem Forschungsinteresse am nächsten zu kommen scheint. Ein Großteil dieser Literatur beschäftigt sich mit der Analyse derjenigen Werte, die mit dem Begriff *Ubuntu* und anderen verwandten Termini aus Afrika südlich der Sahara verbunden sind, und behandelt deren praktische Implikationen für politische Machtfragen, das Arbeitsleben und ähnliche Themen. *Ubuntu* ist ein Wort, das von den Nguni sprechenden Menschen in Südafrika benutzt wird[4] und das sich aufgrund seiner vielfältigen Konnotationen nur schwer übersetzen lässt.[5] Näherungsweise lässt es sich mit »Menschlichkeit« wiederge-

---

4 In zumindest allen weiteren Bantu-Sprachen Subsahara-Afrikas existieren verwandte Begriffe, z. B. »Hunhu« in Shona (Zimbabwe) und »Utu« in Swahili (Kenia); vgl. hierzu Johann Broodryk, *Ubuntu. Life Lessons from Africa*, Pretoria 2002, S. 14.

5 Zu einer Erläuterung der Etymologie von *Ubuntu* vgl. Mogobe B. Ramose, *African Philosophy Through Ubuntu*, Harare 1999, S. 49-53, und ders., »The ethics of Ubuntu«, in: Pieter H. Coetzee, Abraham P. Roux (Hg.), *Philosophy from Africa*, Oxford 2003, S. 324-330, hier S. 324-328.

ben und wird oft im Zusammenhang mit der Maxime »Eine Person ist eine Person durch andere Personen« verwendet. Diese Maxime hat zunächst den deskriptiven Sinn, dass die Identität eines Menschen als Mensch stets kausal und sogar metaphysisch von seiner Gemeinschaft mit anderen Menschen abhängt. Darüber hinaus hat sie aber auch einen präskriptiven Sinn, da sie die Aufforderung in sich trägt, zu einem wahren Menschen zu werden, also andere auf bestimmte Weisen moralisch zu unterstützen. Der Nobelpreisträger Desmond Tutu, der insbesondere als Vorsitzender der südafrikanischen Wahrheits- und Versöhnungskommission bekannt wurde, bietet uns einen groben Überblick über die normativen Konnotationen von *Ubuntu*:

Wenn wir jemanden besonders loben wollen, sagen wir: »*Yu, u nobuntu*« – »Dieser Mensch hat *Ubuntu*.« Das bedeutet, diese Person ist freigiebig, gastfreundlich, liebevoll und fürsorgend. Sie teilt, was sie hat. Es bedeutet: »Meine Menschlichkeit ist verfangen in und unzertrennbar verbunden mit deiner Menschlichkeit.«[6]

Ich werde in diesem Artikel diejenigen Ansätze in der Literatur kritisch diskutieren, die versuchen, *Ubuntu* für die Begründung einer normativen Theorie richtigen Handelns zu nutzen, und mich von denjenigen abgrenzen, die *Ubuntu* als eine umfassende Weltanschauung oder als Beschreibung eines gesamten Lebensstils analysieren.

Um der Leserin und dem Leser einen besseren Eindruck davon zu geben, was die *Ubuntu*-Moral beinhaltet, und um Kriterien für eine adäquate Moraltheorie zu gewinnen, werde ich zunächst einige der Intuitionen überprüfen, welche die meisten Anhänger von *Ubuntu* teilen. Genauer gesagt, wird es sich als höchst interessant erweisen, dabei zwei Gruppen von Intuitionen zu unterscheiden: erstens diejenigen Intuitionen, die afrikanische und westliche Menschen gleichermaßen haben, und zweitens diejenigen Intuitionen, die sich öfter bei Afrikanern finden lassen. Mein Anliegen ist es nun, eine von *Ubuntu* inspirierte Theorie zu konzipieren, die beide Arten von Intuitionen gleichermaßen erklären kann.

Zunächst betrachten wir moralische Urteile, die typischerweise sowohl von Anhängern von *Ubuntu* als auch von westlich gepräg-

---

6 Desmond Tutu, *Keine Zukunft ohne Versöhnung*, Düsseldorf 2001, S. 34.

ten Menschen aus modernen, industrialisierten, demokratischen Rechtsstaaten akzeptiert werden. Für beide Gruppen gilt es quasi unbestritten als *pro tanto* unmoralisch,

A) unschuldige Menschen für Geld zu töten;
B) mit einer anderen Person ohne deren Zustimmung Sex zu haben;
C) andere zu betrügen, zumindest solange dies nicht zum Zweck der Selbstverteidigung oder der Verteidigung einer anderen Person geschieht;
D) nicht lebensnotwendige Güter zu stehlen (das heißt dem rechtmäßigen Besitzer zu entwenden);
E) das Vertrauen anderer zu missbrauchen, zum Beispiel ein Versprechen zu brechen, um sich einen geringfügigen persönlichen Vorteil zu verschaffen;
F) Menschen bei Fragen der Chancenverteilung aufgrund ihrer *Race* zu diskriminieren.

All diese Moralurteile betrachte ich an dieser Stelle als selbsterklärend und sehe daher von weiteren Erläuterungen ab.

Bevor ich nun diejenigen Intuitionen vorstelle, die meines Erachtens deutlich öfter von Afrikanern als von Westlern empfunden werden, warne ich die Leserinnen und Leser ausdrücklich, dass ich hiermit nicht behaupte, alle Gesellschaften in Afrika südlich der Sahara, geschweige denn alle in ihnen lebenden Individuen, teilten diese Intuitionen. Ich behaupte lediglich, dass diese moralischen Urteile unter Afrikanern üblicher sind als unter Westlern, dass die entsprechenden Werte in Afrika südlich der Sahara deutlich weiter verbreitet sind als in Europa, Nordamerika oder Australasien. Diese Werte sind nicht nur deutlich öfter in einem gewissen Raum zwischen Ghana und Südafrika anzutreffen, sondern scheinen hier auch über eine beachtliche Zeitspanne prägend gewesen zu sein – von traditionellen Gesellschaften bis hin zum Milieu zeitgenössischer afrikanischer Intellektueller. Ebendiese Werte kommen auch deutlich öfter in der Literatur über Afrikanische Ethik vor als in der westlichen Moralphilosophie. In diesem Sinne beschreibe ich im Folgenden Tendenzen, nicht Essenzen. Wenn es mir gelingen soll, eine Moraltheorie mit afrikanischen Wurzeln zu entwickeln, die sich von den gängigen Moraltheorien angelsächsischen oder kontinentaleuropäischen Typs unterscheidet, dann wird es von besonderer Bedeutung sein, ein Prinzip aufzufinden, das eben genau diese Art von Intuitionen beinhaltet und begründet. Da diese dem westlichen Leser weniger geläufig sein mögen, werde ich sie im Folgenden jeweils kurz erläutern. Afrikanern gilt es in deutlich stärkerer Weise als Westlern typischerweise als *pro tanto* unmoralisch,

G) politische Entscheidungen im offenen Dissens zu treffen, anstatt eine konsensuale Lösung zu suchen.

Im Bereich des Politischen wird Einstimmigkeit sehr hoch geschätzt, während Mehrheitsentscheidungen zur Beilegung von Interessenkonflikten oder zur Gesetzesfindung als moralisch unzureichend gelten. In vielen kleineren afrikanischen Gemeinschaften werden Diskussionen fortgesetzt, bis ein Kompromiss gefunden wird, dem alle zustimmen können.[7] Einige der zeitgenössischen afrikanischen Philosophen sind dahingehend bestrebt, konsensorientierte Wege der Entscheidungsfindung in den modernen, urbanen Kontext zu übertragen, und haben dabei faszinierende und bisher viel zu wenig beachtete Modelle der repräsentativen Demokratie vorgeschlagen, die sich wesentlich von dem »*Winner-takes-all*«-System der Vereinigten Staaten und von den parlamentarischen Systemen in Europa unterscheiden. So vertritt beispielsweise Kwasi Wiredu, ausgehend von dem konsensorientieren Politikstil der Akan, ein parteiloses Demokratiesystem, in dem der Kandidat, der die Mehrheit der Wählerstimmen bekommt, nicht eine bestimmte Partei, sondern die Gesamtheit der Wähler repräsentiert. Ein gewählter Vertreter würde dann nicht mehr primär danach streben, die Interessen seiner Wählerschaft zu bedienen, sondern seine Macht mit den anderen Vertretern zu teilen, indem er oder sie bei jeder Regierungsentscheidung einen Konsens herzustellen bemüht wäre.[8]

---

7 Zu einem anthropologischen Überblick über die traditionelle afrikanische Art und Weise, Politik zu betreiben, und zur Bedeutung des Konsens dabei vgl. den klassischen Text von Meyer Fortes, Edward Evans-Pritchard (Hg.), *African Political Systems*, London 1994 (Erstdruck 1940).

8 Vgl. Kwasi Wiredu, *Cultural Universals and Particulars. An African Perspective*, Bloomington/IN 1996, S. 4, und in diesem Band auch Ramose, *African Philosophy Through Ubuntu*, S. 135-153.

H) Vergeltung zu einem grundsätzlichen und zentralen Ziel der Strafjustiz zu erheben, anstatt Versöhnung zu befördern.

»Vergeltung« steht dabei für jedwede Art von Grund, auf den man sich berufen könnte, um die Bestrafung eines Gesetzesbrechers für und im Verhältnis zu dessen Tat zu rechtfertigen. So könnte beispielsweise ein vergeltungstheoretischer Grund dafür, einen Täter zu bestrafen, die schlichte Tatsache sein, dass dieser aufgrund der begangenen Tat eine Verurteilung verdient, welche in ihrem Strafmaß die Tat aufwiegt. Im Gegensatz zu einer solchen perspektivisch rückwärtsgewandten Strafbegründung halten es viele afrikanische Gemeinschaften für angemessener, auf ein Verbrechen mit der Erwartung eines wie auch immer gearteten guten Resultats in der Zukunft zu reagieren, sei es, um die verärgerten Vorfahren zu besänftigen und damit die Gemeinschaft vor deren Rache zu bewahren, oder sei es, um die zerrüttete Beziehung zwischen dem Täter, seinem Opfer und der Gemeinschaft wiederherzustellen.[9] Dies sei kurz anhand von zwei Beispielen aus Südafrika erläutert: Zum einen wird es der *Ubuntu*-Ethik zugeschrieben, dass man versucht hat, politische Verbrechen während der Apartheid in der Wahrheits- und Versöhnungskommission nicht auf strafendem, sondern auf restaurativem Wege aufzuarbeiten.[10] Zum anderen hat das südafrikanische Verfassungsgericht einstimmig geurteilt, dass *Ubuntu* mit der Todesstrafe oder jeder Art vergeltungstheoretischer Erwägung, welche diese legitimieren würde, unvereinbar sei.[11]

---

9 »Das Gesetz [...] bestimmt, wie sich Individuen und Gemeinschaften zueinander verhalten sollten. Das Ziel des Rechtswesens besteht darin, ausgeglichene Verhältnisse aufrechtzuerhalten. In diesem Sinne richten sich alle Strafen im afrikanischen Gesetz nicht gegen Regelüberschreitungen, sondern auf die Wiederherstellung dieses Gleichgewichts.« Jack H. Driberg, »The African conception of law«, in: *Journal of Comparative Legislation and International Law* 16 (1934), S. 230-245, hier S. 231. Ein konkretes Beispiel aus dem Leben der Akan in Ghana gibt Kwasi Wiredu in »Moral Foundations of an African Culture«, in: Kwasi Wiredu, Kwame Gyekye (Hg.), *Person and Community. Ghanaian Philosophical Studies*, Washington/D.C. 1992, S. 204; ein weiteres Beispiel von den Tiv in Nigeria beschreibt Richard Miller, *Moral Differences*, Princeton/NJ 1992, S. 21-28.

10 Vgl. hierzu Desmond Tutu, *Keine Zukunft ohne Versöhnung*.

11 Das südafrikanische Verfassungsgericht, *Der Staat vs T Makwanyane and M Mchunu*, Fall CCT 3/94 (1995).

I) Reichtum auf der Basis von Wettbewerb anstatt auf der Basis von Zusammenarbeit anzuhäufen.

In vielen traditionellen afrikanischen Gesellschaften ist Land letztlich gemeinschaftliches Eigentum, und man geht davon aus, dass Arbeit immer zugunsten der Gemeinschaft getätigt werden sollte und nicht um einen Gewinn zu erzielen oder nur, um die eigenen Bedürfnisse oder die der direkten Familie zu stillen.[12] So ist etwa das Anhäufen von Gewinnen, wie man es von Warren Buffett kennt, diesen Gesellschaften, in denen der Sinn von Arbeit niemals die Wohlstandsanhäufung für einen selber, sondern immer das Wohl anderer ist, ein Gräuel. Hierin lässt sich einer der Gründe dafür finden, warum so viele afrikanische Gesellschaften nach ihrer Unabhängigkeit zunächst einmal (quasi-)sozialistische Wirtschaftssysteme implementierten. Freie Märkte erschienen ihnen wenn nicht intrinsisch schlecht, so doch zumindest als etwas, das moralisch erstrebenswertes Verhalten behindern würde. Und auch heute noch finden sich afrikanische Denker, die gegen das »dreiste Konkurrenzdenken«[13] des Westens, gegen das »engstirnige Handelsstreben«,[14] den »ungezügelten Individualismus«[15] und die »moralisch blinde, rein ökonomische Logik«[16] wettern und sich stattdessen für bestimmte Formen der genossenschaftlichen Organisation aussprechen.

J) Wohlstand primär auf der Basis individueller Rechte, anstatt nach Bedürftigkeit zu verteilen.

12 Vgl. hierzu etwa Leo Marquard, T. G. Standing, *The Southern Bantu,* London 1939, besonders S. 20-32; Stanlake Samkange, Tommie M. Samkange, *Hunhuism or Ubuntuism. A Zimbabwean Indigenous Political Philosophy*, Harare 1980, besonders S. 80-87, sowie Segun Gbadegesin, »Yoruba Philosophy: Individuality, Community, and Moral Order«, in: Eze (Hg.), *African Philosophy*, S. 130-141, hier S. 132 f.

13 Broodryk, *Ubuntu*, S. 54.

14 Wiredu, »Moral Foundations of an African Culture«, S. 202.

15 Noah Komla Dzobo, »Values in a Changing Society. Man, Ancestors and God«, in: Wiredu, Gyekye (Hg.), *Person and Community*, S. 226.

16 Godfrey Tangwa, »The HIV/AIDS pandemic. African traditional values and the search for a vaccine in Africa«, in: Anton van Niekerk, Loretta Kopelman (Hg.), *Ethics & AIDS in Africa*, Claremont 2005, S. 179-189, hier S. 181.

Die Anforderungen an jeden Einzelnen, anderen Menschen zu helfen, werden innerhalb afrikanischer Moralvorstellungen typischerweise deutlich höher angesetzt als im Westen. Westlich geprägte Menschen tendieren zu der Annahme, dass vorrangig individuelle Rechte entscheiden sollten, welche Ressourcen der oder die Einzelne besitzen darf. So hat man beispielsweise das Recht, den Ertrag eigener Produktivität zu behalten, das Anrecht auf bestimmte Anteile aus einem gemeinsamen erwirtschafteten Gewinn oder das Recht, das zu behalten, was man von dem früheren Eigentümer übereignet bekommen hat. Anderen etwas abzugeben, auf das sie kein Anrecht haben, gilt nicht als Pflicht, sondern als Großzügigkeit. Im Gegensatz dazu denkt ein größerer Anteil der Afrikaner, dass man moralisch dazu verpflichtet ist, anderen in dem Maße zu helfen, wie man selber dazu in der Lage ist und wie andere dieser Hilfe bedürfen, ohne dass Rechte dafür ausschlaggebend wären, wie viel an Gütern, Zeit oder Arbeit anderen zukommt.[17] Die Parabel von der Kuh kann hier (neben anderen weit verbreiteten Sprichwörtern) zur Erläuterung dienen: »Wenn du zwei Kühe hast und die Milch der ersten für deinen eigenen Verzehr ausreicht, verlangt *Ubuntu* von dir, die Milch der zweiten Kuh deinen benachteiligten Brüdern und Schwestern zu überlassen.«[18] Umgekehrt denken auch mehr Afrikaner als Westler, dass es zulässig ist, sich Güter wie etwa Nahrungsmittel ohne die Zustimmung des anderen zu nehmen, solange man es dabei nicht übertreibt.[19]

17 Zu einer Diskussion dieses Themas vgl. Wiredu, »Moral Foundations of an African Culture«, S. 198-202; Kwame Gyekye, »Person and community in African thought«, in: Wiredu, Gyeleye (Hg.), *Person and Community*, S. 113-121; Ramose, *African Philosophy Through Ubuntu*, S. 150 f.; und Dismas A. Masolo, »Western and African Communitarianism. A Comparison«, in: Wiredu (Hg.), *A Companion to African Philosophy*, S. 483-498, hier S. 488-496.

18 Walter Sisulu, zit. n. Broodryk, *Ubuntu*, S. vii; vgl. auch S. 1, 36-39.

19 Tangwa, »The HIV/AIDS pandemic«, S. 180; Heidi Verhoef, Claudine Michel, »Studying Morality Within the African Context«, in: *Journal of Moral Education* 26 (1997), S. 389-407, hier S. 399. Man beachte, dass solch ein Tun nicht als »Stehlen« zu betrachten wäre, da die Person, in deren Besitz sich dieser Gegenstand befindet, angesichts der Not des anderen vermutlich nicht ihr rechtmäßiger Eigentümer ist.

K) andere zu ignorieren und gemeinschaftliche Normen zu verletzen, anstatt andere anzuerkennen, Traditionen aufrechtzuerhalten und an Ritualen teilzunehmen.

Eine schöne Illustration dieses Aspekts finden wir in einer Studie, von der Augustine Shutte in seinem Buch über *Ubuntu* berichtet.[20] Er erwähnt eine Umfrage, die unter zwei Gruppen von Nonnen in einem Konvent durchgeführt wurde. Nach der Verrichtung der obligatorischen Haushaltsaufgaben und der Gebete fuhren die deutschen Nonnen oft mit der Arbeit fort, indem sie strickten oder nähten, während die afrikanischen Nonnen dies dagegen nicht taten und sich stattdessen miteinander unterhielten. Die Studie fand heraus, dass beide Gruppen die Angehörigen der jeweils anderen Gruppe als moralisch mangelhaft einschätzten: Die deutschen Nonnen beurteilten die afrikanischen als nicht fleißig genug, während die Afrikanerinnen an den Deutschen beanstandeten, dass diese sich mehr um praktische Angelegenheiten als um ihre Mitmenschen kümmerten. Grundsätzlich ist unter Afrikanern der Gedanke üblich und verbreiteter als unter Westlern, dass man die moralische Pflicht habe, sich mit seinem Umfeld zu beschäftigen und die gemeinschaftliche Lebensart aufrechtzuerhalten.[21] Das bedeutet nicht, dass afrikanische Werte Individualität, Kreativität und Nonkonformismus verbieten würden, aber es impliziert, dass moralische Reflexion grundsätzlich eruieren sollte, ob ein bestimmtes Verhalten gemeinschaftliche Normen verletzt.[22]

L) nicht zu heiraten und sich nicht fortzupflanzen, anstatt eine Familie zu gründen.

Viele afrikanische Menschen denken, dass es starke moralische Gründe dafür gibt, seine familiären Beziehungen auszudehnen, in-

---

20 Augustine Shutte, *Ubuntu. An Ethic for a New South Africa*, Cape Town 2001, S. 27 f.
21 John Mbiti, ein einflussreicher afrikanischer Gelehrter, trifft diese Aussage und wird zustimmend von Dzobo in »Values in a changing society«, S. 229, zitiert.
22 Dies ist der typische Einwand gegen Afrikanische Ethik: Diese sei zu restriktiv gegenüber der Freiheit des Einzelnen, was manchmal auch als die »dunkle Seite« von *Ubuntu* bezeichnet wird. Zu einer Diskussion hierzu siehe Dirk Louw, »*Ubuntu* and the Challenges of Multiculturalism in Post-Apartheid South Africa«, in: *Quest* 15 (2001), S. 15-36, hier S. 19-26.

dem man einen (heterosexuellen) Partner oder eine Partnerin findet und mit diesem oder dieser Kinder zeugt.[23] Die Polygamie ist daher oft nicht nur erlaubt, sondern wird aufgrund ihrer höheren Effektivität, was die Anzahl der dabei herauskommenden Kinder angeht, sogar begrüßt.[24] Der entscheidende Punkt liegt hierbei nicht so sehr darin, dass man als verheiratete Person moralisch verpflichtet ist, das Ehegelübde zu halten, oder dass man nach der Geburt der Kinder zu deren Versorgung verpflichtet ist – alles Normen, die natürlich in westlichen Gesellschaften ebenfalls weit verbreitet sind. Nein, der entscheidende Punkt besteht vielmehr darin, dass man schon die prinzipielle Verpflichtung hat, zu heiraten und sich fortzupflanzen – eine Sicht, die im Westen deutlich weniger üblich ist.

Wir haben nun zwölf tiefsitzende moralische Intuitionen – sechs davon werden sowohl von Westlern als auch von Afrikanern geteilt, sechs weitere sind stärker unter Afrikanern als unter Westlern verbreitet –, auf deren Basis wir im weiteren Verlauf moralische Theorien bewerten können. Ich suche dabei ein Prinzip, das alle zwölf moralischen Intuitionen gleichermaßen bedingt und erklärt. Im Forschungsfeld ist ein derartiges Prinzip noch unbekannt und ich mache es mir zur Aufgabe, im Rest dieses Aufsatzes ein solches Prinzip zu entwickeln.

Genauer gesagt, mache ich es mir zur Aufgabe, ein Prinzip zu finden, das alle vorgenannten, intuitiv einleuchtenden moralischen Urteile umfasst und dabei als grundlegend säkular betrachtet werden kann. Es gibt eine angeregte Debatte darüber, wie stark Religion und Moral im afrikanischen Denken voneinander abhängen. Einige Forscher gehen davon aus, dass die Moral auf der Religion fuße, während andere dies bestreiten.[25] Da ich diese Debatte gut

---

23 Dzobo, »Values in a changing society«, S. 227, 233; Wiredu, »Moral Foundations of an African Culture«, S. 205; Godfrey Tangwa, »Bioethics. An African perspective«, in: *Bioethics* 10 (1996), S. 183-200, hier S. 194 f.; Bénézet Bujo, *Wider den Universalanspruch der westlichen Moral. Grundlagen afrikanischer Ethik*, Freiburg 2000, S. 17 f., 57-62.

24 Ramose, »The ethics of *ubuntu*«, S. 329.

25 Einige der zentralen Texte hierzu sind u. a. J. N. Kudadjie, »Does Religion Determine Morality in African Societies?«, in: John. S. Pobee (Hg.), *Religion in a Pluralistic Society*, Leiden 1976, S. 60-77; Wiredu, »Moral Foundations of an African Culture«; Kwame Gyekye, *An Essay on African Philosophical Thought*,

kenne, meine ich zumindest behaupten zu können, dass man vielen afrikanischen Gesellschaften dann am ehesten gerecht wird, wenn man ihren Glauben an moralische Normen als logisch unabhängig von übernatürlichen Thesen betrachtet. Und wenn meine weiter unten gezogene Schlussfolgerung zutrifft, dass die Bezugnahme auf übernatürliche Elemente nicht nötig ist, um die zwölf genannten Intuitionen zu erklären, dann kann dieser Aufsatz auch die eben dargelegte Interpretation untermauern. Indes ist es hier nicht mein Ziel, irgendeine anthropologische Darstellung des Wesens afrikanischer Glaubenssysteme zu verteidigen; stattdessen möchte ich *stipulieren*, dass mein Ziel darin besteht, eine grundlegend nichtreligiöse Moraltheorie zu entwerfen. Dieses Vorgehen begründet sich zum einen damit, dass ich aus metaethischen Gründen einen ethischen Naturalismus bevorzuge und rührt zum anderen daher, dass es bereits ein hinreichend großes und kohärentes Projekt darstellt, diejenigen Darstellungen von *Ubuntu* zu analysieren, die im Wesentlichen nicht auf Ahnen oder Gott Bezug nehmen (obschon sie sehr wohl auch den angemessenen Umgang mit diesen spirituellen Wesen regeln könnten, vorausgesetzt, dass diese existieren.)

II. Ubuntu als eine Moraltheorie

In diesem Abschnitt werde ich darlegen, dass sich in der Literatur sechs miteinander konkurrierende theoretische Interpretationen von *Ubuntu* finden lassen. Ich stelle diese Interpretationen zunächst differenziert dar und erläutere dann, warum eine von ihnen im Vergleich zu den anderen fünf deutlich besser dazu geeignet erscheint, alle zwölf oben vorgestellten Intuitionen zu erklären – was nicht bedeutet, dass ich diese Interpretation schon, so wie sie dargelegt wird, als hinreichend ansehe. Hier die erste Darstellung von *Ubuntu* als Moraltheorie:

U1: *Eine Handlung ist insoweit richtig, wie sie die Würde einer Person respektiert. Sie ist in dem Maße falsch, wie sie die Menschheit herabsetzt.*

Cambridge 1987; M. Akin Makinde, »African Culture and Moral Systems«, in: *Second Order* 1 (1988), S. 1-27; Gbadegesin, »Yoruba Philosophy«; und Peter Kasenene, *Religious Ethics in Africa*, Kampala 1998.

Diese Wiedergabe von *Ubuntu* besagt, dass irgendetwas in der menschlichen Natur intrinsisch wertvoll sei und daher nach Ehrerbietung verlange. Sie leitet sich aus Bemerkungen von Mitgliedern des südafrikanischen Verfassungsgerichts ab, welches sich manchmal in der Begründung seiner Urteile auf den Wert von *Ubuntu* berief. So sagte beispielsweise Richterin Yvonne Mokgoro: »Menschenrechte leiten sich aus der inhärenten Würde der menschlichen Person ab. Dies aber ist meiner Ansicht nach nichts anderes als das, was das Wesen von *Ubuntu* ausmacht.«[26]

Man könnte nun aus dieser Bemerkung der Richterin schließen, dass ihre Konzeption der Menschenwürde kantischer Natur sei, mit anderen Worten: dass sie als das Besondere des Menschen seine Willensfreiheit oder seine Fähigkeit zur vernunftbasierten Wahl begreift. Diese Art des kantischen Respekts vor der Person ist allerdings eine klassisch westliche Theorie, die nicht so leicht mit vielen der oben beschriebenen afrikanischen Intuitionen zu vereinbaren ist. Genauer gesagt: Wenn Respekt vor der Menschheit tatsächlich gleichzusetzen ist mit Respekt vor der Autonomiefähigkeit, dann hat diese Theorie es schwer, folgende moralische Pflichten zu erklären: Versöhnung über Vergeltung im Strafrecht zu stellen (H), Traditionen und Rituale in der Gesellschaft zu bewahren (K), oder auch sich innerhalb der Familie fortzupflanzen (L).

Glücklicherweise gibt es noch eine andere Möglichkeit, die Bemerkung von Richterin Mokgoro in Bezug auf den Respekt vor der menschlichen Würde zu rekonstruieren, nämlich als Ehrerbietung vor dem menschlichen Leben.[27] Ein anderer afrikanischer Denker, Godfrey Onah, sieht durch ebendieses Prinzip die afrikanischen Werte begründet:

Im Mittelpunkt traditioneller afrikanischer Moral steht das menschliche Leben. Afrikaner hegen eine heilige Verehrung für das Leben. [...] Um ihre Leben zu schützen und zu befördern, wurden alle Menschen in eine bestimmte Gemeinschaft hinein geboren. [...] Die Förderung des Lebens ist daher das bestimmende Prinzip der traditionellen afrikanischen Moral, und sie lässt sich nur in der Gemeinschaft garantieren. Das harmonische

---

26 Die südafrikanische Verfassungsrichterin Yvonne Mokgoro im Fall *Der Staat versus T Makwanyane and M Mchunu*, §309. Vgl. auch die Bemerkungen von Verfassungsrichter Pius Langa im gleichen Fall, §225.

27 Sie sagt: »Leben und Würde sind wie zwei Seiten derselben Medaille. Das Konzept *Ubuntu* verkörpert sie beide.« Ebd., §311.

Zusammenleben innerhalb einer Gemeinschaft ist daher eine gottgegebene moralische Verpflichtung, um das Leben zu fördern.[28]

Obwohl diese Konzeption des Respekts für die menschliche Würde einen deutlich stärker afrikanischen Unterton hat als die kantische, würde ich behaupten, dass sie wiederum einige der oben genannten Intuitionen nicht erklären kann. Wenn Respekt tatsächlich bedeutet, das menschliche Leben als wichtigsten intrinsischen Wert der Welt zu behandeln, dann kann dies nicht so leicht die Verkehrtheit des Betrugs (C) oder des Bruchs eines Versprechens (E) erklären, weil diese Handlungen keineswegs zwangsläufig zur Auslöschung, Verletzung oder Erniedrigung von Leben führen. Zudem ist unklar, warum der Respekt vor dem Leben dazu führen sollte, in der politischen Entscheidungsfindung den Konsens anzustreben (G) oder bei der Wohlstandsmehrung die Zusammenarbeit dem Wettbewerb vorzuziehen (I).

Das Zitat von Onah legt eine Erwiderung nahe: Die gemeinschaftliche Harmonie hat die Funktion, das Leben zu schützen, und Lügen, Misstrauen, Dissens und Wettbewerb untergraben diese Gemeinschaft.[29] Dies mag auf kleine Gemeinschaften durchaus zutreffen. Hier wäre man tatsächlich deutlich weniger effektiv beim Jagen, bei der landwirtschaftlichen Arbeit, beim Aufziehen von Kindern und im Umgang mit feindlich gesinnten Nachbarn, falls es zu mehr Konflikten käme. Trotzdem scheint dies nur eine kontingente Beziehung zwischen dem Schutz menschlichen Lebens einerseits und den Werten der Aufrichtigkeit, dem Einhalten von Versprechen, dem Konsensstreben und der Kooperationsfähigkeit andererseits herzustellen. Das Leben in modernen Gesellschaften wird beispielsweise nicht durch die gelegentliche oder gar übliche Abwesenheit solcher Handlungen bedroht, und doch halten viele Afrikaner sie auch im modernen gesellschaftlichen Kontext für durchaus moralisch angemessen. Das Prinzip des Respekts vor dem Leben versagt also darin, eine ganze Reihe der mit *Ubuntu* assozi-

---

28 Godfrey Onah, »The meaning of peace in African traditional religion and culture«; einsehbar unter: 〈http://www.afrikaworld.net/afrel/goddionah.htm〉, letzter Zugriff 26.01.2015. Vgl. auch Bujo, *Wider den Universalanspruch*, hier besonders S.10, 68 f., 82, 86 f., 129 f.; und Francis Deng, »Human Rights in the African Context«, in: Wiredu (Hg.), *A Companion to African Philosophy*, S. 499-508.

29 Vgl. Bujo, *Wider den Universalanspruch*, S.129.

ierten Kernwerte zu erklären – was mich dazu bewegt, ein weiteres Prinzip in Betracht zu ziehen.

U2: *Eine Handlung ist insoweit richtig, wie sie das Wohlergehen anderer fördert. Sie ist in dem Maße falsch, wie sie darin scheitert, zur Vergrößerung von deren Wohl beizutragen.*

Im Gegensatz zu dem auf Respekt basierenden Verständnis von *Ubuntu* in U1, ist U2 stärker utilitaristisch ausgerichtet und stellt eine verbreitete Interpretation dar. Etwas Ähnliches wird von den renommierten ghanaischen Philosophen Kwasi Wiredu und Kwame Gyekye vertreten, die beide die afrikanische Moral darin begründet sehen, dass sie zur Steigerung der Lebensqualität dient. Wiredu spricht dabei von der »Harmonisierung der Interessen als *Mittel* und von der Sicherstellung des menschlichen Wohlergehens als *Ziel* aller moralischen Bemühungen« und hat eine Vorliebe für die Goldene Regel, während Gyekye erwähnt, dass »Normen, Ideale und moralische Werte typischerweise Freigiebigkeit, Freundlichkeit, Mitgefühl, Erbarmen, Respekt und Sorge um andere beinhalten; genauer: jede Art von Handlung oder Verhalten, das dem Wohlergehen anderer förderlich ist«.[30]

Das Problem mit dieser Konstruktionsweise von *Ubuntu* tritt bei jeder Form von Wohlfahrtsökonomik auf den Plan: Die exklusive Konzentration auf das menschliche Wohlergehen hat die bekannten und berüchtigten Schwierigkeiten, beispielsweise den Diebstahl (D) oder die Diskriminierung (F) als Mittel zur Erlangung eines höheren Gutes auszuschließen, zumindest dann, wenn dies ohne Berücksichtigung derjenigen geschieht, die im Zuge dieser Vorgänge intuitiv als Geschädigte zu betrachten sind. Um dieses Problem zu vermeiden, wenden wir uns nun einer Theorie zu, welche die eben angesprochenen Einschränkungen auf einer fundamentalen Ebene implementiert:

---

30 Wiredu, *Cultural Universals and Particulars*, S. 61-77, hier S. 65; Gyekye, »Person and Community in African Thought«, S. 109. Weitere, vorwiegend wohlfahrtsökonomisch ausgerichtete Interpretationen afrikanischer Moral finden sich bei Tangwa, »Bioethics«, hier besonders S. 189, 192; Polycarp Ikuenobe, »Moral education and moral reasoning in traditional African cultures«, in: *The Journal of Value Inquiry* 32 (1998), S. 25-42; und Bewaji, »Ethics and Morality in Yoruba Culture«.

U3: *Eine Handlung ist insoweit richtig, wie sie das Wohlergehen anderer fördert, ohne dabei deren Rechte zu verletzen. Sie ist in dem Maße falsch, wie sie entweder deren Rechte verletzt oder darin scheitert, zur Vergrößerung ihres Wohls ohne Rechtsverletzung beizutragen.*

Gyekye spricht sich für diese Sichtweise aus, die er selber als »moderaten Kommunitarismus« bezeichnet:

Obwohl sie [diese Sichtweise] in ihrer grundsätzlichen Stoßrichtung und ihrem Anliegen nach die Verpflichtungen des Einzelnen gegenüber der Gemeinschaft und ihren Mitgliedern ins Zentrum rückt, tut sie dies nicht – und kann es auch nicht – auf Kosten individueller Rechte. Sie erkennt die Existenz und den Wert dieser Rechte an, oder sollte dies zumindest tun.[31]

Die verschiedenen Spielarten dieser Ansicht werden dabei wohl unterschiedliche Verständnisse davon hervorbringen, welche diese relevanten Rechte sind und was als Übertretung dieser Rechte zu gelten hat.

Wir müssen hier allerdings gar nicht genau spezifizieren, welche Rechte dies sind und wie man sie bricht, um uns klar zu machen, dass auch diese Theorie Probleme hat, all die Intuitionen zu erklären, um die es uns geht. Insbesondere der Konsens (G), die Kooperationsbereitschaft (I) und die Tradition (K), die aus afrikanischer Sicht moralisch *pro tanto* wünschenswert sind, können ineffiziente Arten und Weisen darstellen, die menschliche Wohlfahrt zu verbessern. Viele verschiedene sozialwissenschaftliche Erkenntnisse weisen darauf hin, dass die Lebensqualität von Menschen – und zwar unabhängig davon, ob diese in Form von angenehmen Erfahrungen, erfüllten Bedürfnissen oder objektiven Funktionen (*functionings*) gemessen wird – sich am effektivsten steigern lässt, wenn in der Politik nach Mehrheitsverhältnissen regiert wird, Arbeits- und Konsummärkte die Wirtschaft regulieren und in der Zivilgesellschaft innovatives und unkonventionelles Verhalten akzeptiert wird. Wir wenden uns daher einer weiteren Konzeption des Guten zu, bei der nicht das Wohlbefinden im Mittelpunkt steht.

31 Gyekye, »Person and community in African thought«, S. 121.

U4: Eine Handlung ist insoweit richtig, wie sie in positiver Art und Weise Beziehungen zu anderen aufbaut und sich dabei selbst verwirklicht. Sie ist in dem Maße falsch, wie sie die wertvolle Natur des Einzelnen als soziales Wesen nicht vervollkommnet.

Diese Interpretation Afrikanischer Ethik ist wahrscheinlich die in der Literatur vorherrschende.[32] Viele Denker betrachten die Maxime »Eine Person ist eine Person durch andere Personen« als Aufruf an den Handelnden, seine oder ihre Persönlichkeit (*personhood*) zu entwickeln. Shutte, dessen Buch ich bereits oben erwähnte, begreift *Ubuntu* in diesem Sinne:

Das moralische Leben wird als Prozess des persönlichen Wachstums gesehen. [...] Unsere tiefste moralische Verpflichtung besteht darin, menschlich in einem volleren Sinn zu werden. Und das wiederum heißt, sich stärker und stärker auf die Gemeinschaft mit anderen Menschen einzulassen. Obwohl also das Ziel der Moral in der persönlichen Selbstverwirklichung liegt, wird Selbstbezogenheit dabei ausgeschlossen.[33]

Mogobe B. Ramose, Autor eines weiteren nützlichen Buches über *Ubuntu*, schreibt hierzu: »Ein Mensch zu sein bedeutet, die eigene Menschlichkeit dadurch zu bestätigen, dass ich die Menschlichkeit anderer anerkenne und auf dieser Basis menschliche Beziehungen zu ihnen aufbaue. [...] Es ist dem Einzelnen aufgegeben, ja verordnet, ein wahrhafter Mensch zu werden.«[34] An die Stelle des Wohlbefindens des Anderen als wesentliches moralisches Gut, das der Einzelne zu befördern hat, tritt hier also die Verwirklichung der eigenen wahrhaft menschlichen und wertvollen Natur, genauer: die eigene Fähigkeit, sich in gemeinschaftliche Beziehungen einzubringen. Dies alles erinnert uns an die Ansichten des jungen Marx[35] und natürlich letzten Endes an diejenigen von Aristoteles.

---

32 Über die im Text genannten Zitate von Tutu und Ramose hinaus vgl. Gyekye, *An Essay on African Philosophical Thought*, S. 156 f.; Mokgoro, »*Ubuntu* and the law in South Africa«, S. 3; Drucilla Cornell, Karin van Marle, »Exploring *Ubuntu*. Tentative reflections«, in: *African Human Rights Law Journal* 5 (2005), S. 195-220, hier S. 206, und evtl. Bujo, *Wider den Universalanspruch*, S. 127-133.

33 Shutte, *Ubuntu*, S. 30.

34 Ramose, *African Philosophy Through Ubuntu*, S. 52.

35 Vgl. hier insbesondere die selten gelesene Schrift von Karl Marx, »Auszüge aus James Mills Buch ›Éléments d'économie politique‹«, in: MEW, Erg.-Bd. I, Berlin 1968, S. 445-463.

Diese Theorie verändert sich in Abhängigkeit davon, wie unsere soziale Natur oder unsere Gemeinschaftsfähigkeit ausbuchstabiert werden. Aber genau wie schon bei der vorhergehenden Theorie, müssen wir auch diese nicht exakt spezifizieren, um der ernsthaften Probleme gewahr zu werden, die sie mit sich bringt. Ich möchte gegen diese Theorie einwenden, dass ihre Fokussierung auf die Selbstverwirklichung kontraintuitive Implikationen hat. Man stelle sich nur den Fall vor, man bräuchte eine neue Niere, um überleben zu können, doch niemand wäre dazu bereit, einem eine Niere zu spenden. Um in einer solchen Situation dem Ideal der Selbstverwirklichung überhaupt weiter folgen zu können, müsste man zuerst eine andere unschuldige Person töten, um deren Organe zu erhalten. Natürlich wäre der Akt des Tötens dabei kein Ausdruck der Selbstverwirklichung, denn der Theorie zufolge muss der Einzelne, um sich selbst zu verwirklichen, andere Personen in irgendeiner Form positiv unterstützen. Da man allerdings *auf lange Sicht* andere nur dann positiv unterstützen kann, wenn man selbst am Leben bleibt – was in diesem Fall das Töten eines anderen Menschen nötig machen würde –, erscheint es die Theorie entgegen unserer moralischen Intuitionen zu erlauben, andere aus eigennützigen Motiven zu töten (A).

Dieses Problem ließe sich zwar lösen, wenn man gewisse einschränkende Bedingungen in die Theorie einbauen würde, sodass eine Handlung nur dann richtig wäre, wenn sie die soziale Natur des Einzelnen entwickeln hilft, ohne dabei die Rechte anderer zu verletzen. Dieser Schachzug ließe das Gegenbeispiel ins Leere laufen. Trotzdem sieht sich aber auch eine derart modifizierte Version der Selbstverwirklichungstheorie noch mit dem Problem konfrontiert, dass sie es niemals erlauben, geschweige denn verlangen könnte, das eigene Leben für das von anderen (J) – noch nicht einmal für das Leben der eigenen Kinder – aufzugeben,[36] denn diese Tat würde zwangsläufig den Fortgang der eigenen Selbstverwirklichung beenden.[37] An dieser Stelle muss der Vertreter von *Ubuntu* als einer Theorie der Selbstverwirklichung argumentieren, dass die

---

36 Man beachte hier Tangwas Bemerkung über seine Mitbürger aus Kamerun: »Jede Nso'-Person würde lieber ihren Tod in Kauf nehmen als den ihres Kindes.« (Tangwa, »Bioethics«, S. 194).

37 Das ergibt sich, wenn man – wie ich, und im Gegensatz zu Shutte und Ramose – die Selbstverwirklichungs-Theorie naturalistisch interpretiert.

Aufgabe des eigenen Lebens für eine andere Person eine so extreme Form des Ausdrucks der eigenen gemeinschaftsorientierten Natur wäre, dass man sie nicht mehr übertrumpfen könnte, auch wenn man stattdessen am Leben bliebe.[38]

Natürlich ließe sich fragen, ob der Akt der Selbsttötung, wenn dieser anderen zugutekäme, zwangsläufig einen Weg darstellt, die eigene gemeinschaftliche Natur so gut wie möglich zu realisieren. Nichtsdestotrotz möchte ich gerne den Anspruch dieser Theorie anerkennen – falls er sich denn tatsächlich als wahr erweist –, vermutlich alle oben von mir dargelegten Intuitionen zu *beinhalten*. Ich bezweifle nun allerdings, dass diese Theorie die Intuitionen überzeugend *erklären* kann. Wenn ich mich zum Beispiel frage, warum ich anderen überhaupt helfen soll, verweist mich die Theorie darauf, dass die Hauptbegründung für dieses Handeln (wenn auch nicht mein eigentliches Motiv) darin besteht, dass es *mir* helfen wird, ein besserer, oder echterer Mensch zu werden. Eine deutlich bessere Erklärung hierfür würde sich allerdings nicht oder nicht allein auf die Tatsache stützen, dass dies gut für mich wäre, sondern auf die Tatsache, dass dies (wahrscheinlich) gut *für sie* wäre – eine Erklärung, die eine Selbstverwirklichungsethik *per definitionem* nicht verwenden kann. Man kann also der These zustimmen, dass das Handeln zugunsten anderer entweder grundlegend oder instrumentell wichtig für das eigene Wohl ist, ohne dabei zugleich davon ausgehen zu müssen – wie dies in der vorliegenden Theorie der Fall ist –, dass dem eigenen Wohl dabei eine fundamentale moralische Bedeutung zukommt.

Bevor wir uns nun den letzten beiden Darstellungen von *Ubuntu* als einer Moraltheorie zuwenden, gilt es festzuhalten, dass die bisherigen vier Theorien die Moral auf etwas gegründet haben, das dem Individuum intrinsisch ist, sei es auf dessen Leben (U1), dessen Wohlergehen (U2), dessen Rechte (U3) oder dessen Selbstverwirklichung (U4). Ein andersgeartetes Verständnis der *Ubuntu-*Moral beinhaltet die Idee, dass der moralische Wert letzten Endes nicht im Individuum zu finden ist, sondern vielmehr in einer *Beziehung* zwischen Individuen. Diese Unterscheidung ähnelt der Differenzierung von Individualismus und Holismus, wie man sie

---

38 Auf diese Art und Weise löst Aristoteles Erik Wielenberg zufolge das Problem, vgl. hierzu Erik Wielenberg, »Egoism and *eudaimonia*-Maximization in the *Nicomachean Ethics*«, in: *Oxford Studies in Ancient Philosophy* 26 (2004), S. 277-295.

aus der Umweltethik kennt: Man kann entweder etwas in Tieren einen moralischen Wert zusprechen, wenn man sie isoliert betrachtet (etwa ihrem Empfindungsvermögen oder ihrem Leben), oder man kann ihnen andererseits diesen Wert zuschreiben, weil man sie als Mitglieder bestimmter Gruppen betrachtet (Spezies, Ökosysteme). In ähnlicher Weise mag man etwas im Menschen, wie sie sind oder wozu sie zumindest fähig sind, selbst zu Verortendes wertschätzen, oder aber etwas, das ihnen innerhalb von bestimmten Beziehungen zukommt. Die Idee, dass bestimmten relationalen Eigenschaften ein grundlegender moralischer Status innewohnt, lässt sich nicht sehr häufig in angelsächsischen oder kontinentaleuropäischen normativen Theorien antreffen,[39] aber sie ist definitiv beachtenswert. Es ist ein Gemeinplatz, die dominanten westlichen Moraltheorien als »individualistisch« und die afrikanischen Moraltheorien als »kommunitaristisch« zu bezeichnen, daher erscheint es umso merkwürdiger, dass die häufigsten theoretischen Aufarbeitungen von *Ubuntu*, die ich oben besprochen habe, sich alle mehr dem erstgenannten, individualistischen Muster zuordnen lassen. Begutachten wir nun einige tatsächlich kommunitaristische Interpretationen von *Ubuntu*.

> U5: *Eine Handlung ist genau insoweit richtig, wie sie Solidarität mit Gruppen, deren Überleben gefährdet ist, ausdrückt. Sie ist in dem Maße falsch, insofern sie es unterlässt, eine verletzliche Gemeinschaft zu unterstützen.*

Eines der ersten und am häufigsten zitierten Bücher über *Ubuntu* spricht sich für dieses Verständnis von *Ubuntu* aus: »Ubuntu ist […] ein Konzept der Bruderschaft und der kollektiven Einheit im Überlebenskampf der Armen in jeder Gesellschaft.« Und an anderer Stelle heißt es: »Benachteiligte Gruppen an allen Orten der Erde überleben durch ein kollektives Bewusstsein und eine kollektive Einheit in allen überlebenswichtigen Themen, wie etwa bei Befreiungsbewegungen, Kämpfen gegen hohe Mieten, Streiks und

---

39 Die nächstmögliche Annäherungen bieten hier die *Care*-Ethik und gewisse Stränge des Kommunitarismus, die heute beide Minderheitenpositionen darstellen. Siehe dazu im Folgenden die kurze Kontrastierung zwischen der hier favorisierten Konzeption von *Ubuntu* als einer Moraltheorie und diesen westlichen Ansichten.

anderen Massenprotesten. Die Autoren dieses Buches bezeichnen dies als das *Solidaritätsprinzip* oder *Ubuntu*.«[40]

Dieses Verständnis von *Ubuntu* ist ganz offensichtlich zu eng, um eine angemessene Moraltheorie zu sein. Zum einen schreibt es Handlungen nur ganz bestimmten Akteuren, und zwar den Armen, vor, und anderen nicht. Und selbst wenn dieses Prinzip erweitert würde, sodass es alle Akteure umfasst (wie in U5), wäre es immer noch zu begrenzt auf das einzige Ziel des Überlebens, oder, weiter gefasst, des Gedeihens menschlichen Lebens gerichtet. Sicherlich kann richtiges Handeln nicht ausschließlich durch die Zielbestimmung, das Schicksal der am schlechtesten Gestellten zu verbessern, definiert werden. Denn viele Handlungen, wie etwa ein Versprechen zu halten (E), bei politischen Entscheidungen den Konsens zu suchen (G), die Teilnahme an gemeinschaftlichen Ritualen (K) oder die Gründung einer Familie (L) werden von vielen Afrikanern der Subsahara-Zone auch dann als moralisch erstrebenswert erachtet, wenn diese nicht der Armutsbekämpfung dienen. Was hier also benötigt wird, ist ein breiterer Begriff derjenigen Beziehungen, die moralisches Gewicht haben.

> U6: *Eine Handlung ist insoweit richtig, wie sie Harmonie schafft und Zerwürfnisse reduziert. Sie ist in dem Maße falsch, wie es ihr nicht gelingt, Gemeinschaft herzustellen.*

Dies, so meine ich, ist die wohl aussichtsreichste theoretische Formulierung einer Afrikanischen Ethik, die sich in der Fülle an Literatur finden lässt, obwohl auch sie, wie ich unten zeigen werde, in ihrer konsequentialistischen Struktur unattraktiv erscheint und schlussendlich überarbeitet werden muss. Tutu charakterisiert diesen Begriff von *Ubuntu* folgendermaßen:

Harmonie, Freundlichkeit und Gemeinschaft sind ein unschätzbares Gut. Soziale Harmonie ist für uns das *summum bonum* – das größte Gut. Alles, was die Suche nach diesem Gut untergräbt, muss wie die Pest gemieden werden. Wut, Ärger, Rachlust und selbst Erfolg durch aggressives Konkurrenzdenken frisst an diesem Gut.[41]

40 Lovemore Mbigi, Jenny Maree, *Ubuntu. The Spirit of African Transformation Management*, Randburg 1995, S. 1, 58.
41 Tutu, *Keine Zukunft ohne Versöhnung*, S. 34.

Im Gegensatz zu Wohlergehen oder Selbstverwirklichung postuliert diese Darstellung gewisse Beziehungen als konstitutiv für das Gute, das ein moralischer Handelnder anstreben sollte. »Richtig ist das, was Menschen verbindet. Was sie trennt, ist falsch.«[42]

Diese Darstellung von *Ubuntu* hat das Potential, alle oben genannten Intuitionen aufzugreifen. Sie kann dies jedoch noch nicht besonders gut tun, da sie immer noch zu vage formuliert ist. In vielen Hinsichten bedarf die fundamentale Anforderung, Harmonie zu fördern und Zerwürfnisse zu reduzieren, einer Klärung und Spezifizierung. Ich werde dazu einiges im letzten Abschnitt sagen. Im Rahmen dieses Beitrags ist es mir hier nur möglich, eine zentrale Unklarheit dieser Norm anzugehen, nämlich die Frage, was genau Harmonie oder Zusammengehörigkeit ausmacht. »Harmonie« bezieht sich nicht auf ein musikalisches Klangergebnis, und »Menschen zu verbinden« bedeutet nicht, dass jeder in Ketten gelegt wird. Im folgenden Abschnitt bemühe ich mich darum, diesen Metaphern etwas von ihrer Metaphorik zu nehmen. Danach wende ich mich wieder den eingangs genannten Intuitionen zu und veranschauliche, wie gut diese Theorie im Vergleich mit den bereits verworfenen rivalisierenden Ansätzen zu jeder einzelnen von ihnen passt.

III. Den bevorzugten Ansatz entwickeln

In diesem Abschnitt bemühe ich mich nun darum, die Frage zu beantworten, was genau Harmonie oder Zusammengehörigkeit ausmacht, damit die Aufforderung, diese zu fördern, besser verständlich wird. In der Literatur zur Afrikanischen Ethik finde ich

---

42 Verhoef, Michel, »Studying morality within the African context«, S. 397; die beiden beziehen sich dabei auf das Werk von John Mbiti. George Silberbauer sagt in seinem Kommentar bezüglich der sozialen Praktiken des Gwi-Volkes in Botswana: »Dort wurde ein anderer Wert angestrebt, nämlich der Aufbau und der Erhalt von harmonischen Beziehungen. Wieder und wieder kam dieser Punkt in Diskussionen und Gesprächen auf. Derartige Beziehungen erscheinen als ein erstrebenswerter und erfreulicher Selbstzweck, oftmals sogar als die wichtigste Grundlage von Handlungen im Allgemeinen.« Vgl. ders., »Ethics in Small-Scale Societies«, in: Peter Singer (Hg.), *A Companion to Ethics*, Oxford 1991, S. 14-28.

drei analytisch unterscheidbare Arten, wie »Harmonie« verstanden wurde oder vernünftigerweise verstanden werden kann. Eine dieser Arten ist *prima facie* deutlich reizvoller als die anderen beiden und befähigt die von Tutus Ausführungen inspirierte Theorie dazu, moralischen Common-Sense-Urteilen besser Rechnung tragen zu können als andere Theorien, die man in der Literatur findet.

H1: *Eine gemeinsam geteilte Identität*

Für »Harmonie« und »Zusammengehörigkeit« könnte ein gemeinschaftliches Selbstverständnis wesentlich sein, das zumindest den folgenden Bedingungen genügen müsste:[43] Erstens muss sich das Individuum als Teil einer Gruppe begreifen, das heißt, man bezieht sich auf sich selbst in der ersten Person Plural, schließt sich selbst also in ein »Wir« ein.

Zweitens muss auch die Gruppe, als deren Teil man sich empfindet, das genauso sehen. Andere innerhalb dieses »Wir«, auf das man sich bezieht, müssen einen selbst also auch in ihr »Wir« einschließen. Denn schließlich kann man wohl kaum behaupten, zu den Zulus zu gehören, nur weil man Dinge sagt wie: »Wir Zulus müssen zusammenhalten.« Zulus, die sich als solche begreifen, müssen einen selbst auch für einen Zulu halten.

Drittens teilen Menschen dann eine Identität, wenn sie gemeinsame Ziele – und vielleicht sogar die gleichen Motive und Gründe für diese Ziele – haben. Obwohl es logisch denkbar ist, Teil einer Gruppe zu sein, die rein gar nichts tut, verfolgt die für unsere Erwägungen relevante Art von Gruppe einige Projekte.

Viertens und letztens besteht eine gemeinsam geteilte Identität darin, dass Menschen in der jeweiligen Gruppe ihre Aktivitäten abstimmen, um ihre gemeinsamen Ziele zu erreichen, auch wenn sie sich vielleicht nicht der gleichen Mittel bedienen oder ähnlich hart dafür arbeiten.

Familien, Vereine, Kirchen, Schulen, Firmen und Nationen sind Beispiele für gemeinsam geteilte Identitäten im Sinne dieser vier Bedingungen. Je stärker das geteilte Selbstverständnis ist, desto mehr betrachten sich die Menschen als Teil dieser Gruppe;

---

43 Dieses Verständnis von Harmonie wurde durch Gyekyes Bemerkungen darüber inspiriert, was als Gemeinschaft zählt. Vgl. Gyekye, »Person and community in African thought«, S. 320.

desto mehr Ziele teilen sie; desto wichtiger sind ihnen diese Ziele; desto mehr teilen sie auch dieselben Gründe für ebendiese Ziele; und desto mehr opfern sie auch, um diese Ziele zu erreichen. Das Gegenteil einer gemeinsam geteilten Identität ist die Trennung – Situationen, in denen man sich über den Gegensatz zu anderen definiert (und umgekehrt) und sich dabei Ziele zu eigen macht, die mit denen der anderen konfligieren. Feinde auf einem Schlachtfeld etwa sind ganz eindeutig in dieser Weise voneinander getrennt.[44]

Obschon eine gemeinsam geteilte Identität möglicherweise Loyalitätspflichten begründen kann, ist es doch nur schwer einsehbar, warum eine geteilte Identität an sich von großer moralischer Bedeutung sein sollte. Schließlich verfügten selbst die Mitglieder der Nationalen Partei in Südafrika, welche die Apartheid durchgesetzt hatte, über eine gemeinsame Identität. Sicherlich hat man nicht die Pflicht, solch eine Gruppe zu unterstützen, wenn man ihr nicht angehört. Und selbst wenn man Mitglied dieser Gruppe ist und den anderen Gruppenmitgliedern eine gewisse Treue schulden mag, hat man aller Wahrscheinlichkeit nach doch die viel stärkere Pflicht zu versuchen, die Gruppe aufzulösen (und dies nicht nur aufgrund der Tatsache, dass solch eine Gruppe die geteilte Identität mit Menschen außerhalb der Gruppe nicht fördert). Untersuchen wir deshalb eine andere Form von Harmonie, eine, die aus moralischer Sicht deutlich unterstützenswerter erscheint.

H2: *Wohlwollen*

»Harmonie« könnte auch eine bestimmte fürsorgende oder unterstützende Beziehung bezeichnen.[45] Man führt genau dann eine

---

44 Sind dann etwa auch Mannschaften, die sich im Sportbetrieb miteinander messen, voneinander getrennt? – Diese Mannschaften sind für gewöhnlich Teil eines Dachverbandes (z. B. der FIFA), und dieser koordiniert deren Spiele, um dadurch ein gemeinsames Ziel zu verwirklichen, nämlich die Öffentlichkeit zu unterhalten oder bestimmte Fähigkeiten unter Beweis zu stellen – womit man den Mannschaften wohl das Label einer »geteilten Identität« verpassen kann. Gleichwohl akzeptiere ich die Kritik, dass der hier skizzierte Ansatz Harmonie und Uneinigkeit noch strikter definieren könnte.

45 Dieses Verständnis von Gemeinschaft wurde durch Wiredus Darstellung der »empathischen Harmonisierung menschlicher Interessen« (ders., »Custom and Morality«, S. 64) evoziert, welcher er, *pace* Tutu, keinen letztgültigen moralischen Wert zuspricht.

solche Beziehung des Wohlwollens, wenn man: einer anderen Person Gutes wünscht (Wunsch); daran glaubt, dass eine andere Person der Hilfe wert ist (Kognition); danach strebt, der anderen Person zu helfen (Intention); tatsächlich handelt, um der anderen Person zu helfen (Willenskraft); diese Handlung um der anderen Person willen tätigt (Motivation); und sich schließlich gut fühlt, wenn man erfährt, dass einer anderen Person geholfen wurde, und sich schlecht fühlt, wenn man erfährt, dass der Person Schaden zugefügt wurde (Zuneigung). Im Idealfall bestehen eine Reihe von kausalen Beziehungen zwischen diesen Pro-Einstellungen; so ist die Intention zum Beispiel mit dafür verantwortlich, die Willenskraft hervorzubringen.

Konkrete Beispiele für Wohlwollen sind Pflege, Lehre und Wohltätigkeitsarbeit. Je größer dabei das Wohlwollen ist, desto mehr wächst auch der Wunsch, dass anderen geholfen wird, desto stärker wird auch der Glaube, diese anderen seien der Hilfe wert, desto bedeutsamer wird das Ziel, ihnen zu helfen, desto größer wird auch die eigene Aufopferungsbereitschaft, und desto größer wird schließlich auch die Empathie mit dem Gedeihen oder dem Schaden anderer. Das Gegenteil von alledem, Böswilligkeit, besteht in reinem Sadismus und Schadenfreude.

Wohlwollen und eine gemeinsam geteilte Identität sind logisch voneinander unterschiedene Arten von Beziehungen. Zunächst einmal gibt es durchaus Fälle einer geteilten Identität ohne Wohlwollen. Man denke hier nur an das Verhältnis von Management und Belegschaft in einer Firma. Zwischen ihnen besteht wenig oder gar kein Wohlwollen – schließlich arbeiten die Arbeiter typischerweise nicht um des Managements willens –, und doch würden beide Seiten sich sofort als Teil einer größeren Gruppe verstehen, die ein gemeinsames Vorhaben verbindet (»Wir alle sind Opel«).

Umgekehrt kann es auch Fälle von Wohlwollen ohne eine gemeinsame Identität geben. Um einmal einen eher abstrusen Fall zu konstruieren, denken wir an zwei Menschen in getrennten Räumen, die einander nicht kennen und nicht miteinander kommunizieren können. Wenn Person A in seinem Zimmer einen bestimmten Knopf drückt, nützt er damit Person B (vielleicht indem B dadurch ein schmackhaftes Mahl erhält oder erfährt, dass Geld auf sein Konto eingezahlt wurde), und andersherum hilft es A, wenn B in seinem Zimmer den besagten Knopf drückt. Nun stelle man sich vor, dass A von den nützlichen Effekten für B erfährt, aber B nicht weiß, dass diese auf A zurückzuführen sind und andersherum. Zuletzt stelle man sich noch vor, dass beide Personen ihre jeweiligen Knöpfe wiederholt drücken. Dies wäre ein Fall von Solidarität, ohne dass eine geteilte Identität vorliegt, ein Fall von komplett anonymen Wohltaten. Wir können uns also vorstellen, dass zwei Parteien füreinander sorgen, dabei aber weder von sich im Sinne eines gemeinsamen »Wir« ausgehen noch ihr Verhalten abstimmen, um gemeinsame Ziele zu erreichen.

Auf den ersten Blick hat Wohlwollen ohne eine gemeinsame Identität mehr moralischen Wert als eine gemeinsame Identität ohne Wohlwollen. Wenn wir wählen müssten, ob wir Beziehungen der Solidarität oder der Identität unterstützen sollten, würden die Solidaritätsbeziehungen typischerweise gewinnen. Allerdings müssen wir in der Regel nicht zwischen beiden wählen, und die ansprechendste Art der harmonischen Beziehung ist sicherlich eine, in der beides zusammenkommt.

H3: *Die Kombination von geteilter Identität und Wohlwollen*

Obwohl Wohlwollen ohne eine geteilte Identität moralisch wertvoller ist als das Gegenteil, ist es noch besser, wenn beides zusammenkommt. Ein Zustand, in dem Individuen einander anonym helfen, ist weniger wünschenswert, als wenn *sich wechselseitig anerkennende Mitglieder einer Gruppe umeinander kümmern.* Eine derartige Gemeinschaftsbeziehung ist vielleicht das, was Yvonne Mokgoro im Sinn hatte, als sie von *Ubuntu* sagte, dass »Harmonie durch enge und mitfühlende Beziehungen innerhalb einer Gruppe erreicht wird«,[46] oder wie Segun Gbadegesin es ausdrückt: »Von jedem Mitglied wird erwartet, dass er oder sie sich als integraler Bestandteil des Ganzen betrachtet und eine angemessene Rolle für das Wohl aller spielt.«[47] Einander nahe oder Teil eines Ganzen zu sein, kann berechtigterweise als Ausdruck einer geteilten gemeinsamen Identität betrachtet werden, während Mitgefühl und die Verwirklichung des Wohlergehens anderer für Wohlwollen steht. Die Verbindung von beidem erachte ich als die ansprechendste Konzeptua-

46 Mokgoro, »*Ubuntu* and the law in South Africa«, S. 3.
47 Gbadegesin, »Yoruba Philosophy«, S. 131.

lisierung von Harmonie – oder von dem, was man in einem weiten Sinne als »Liebe« bezeichnen könnte. Eine liebevolle Beziehung ist *prima facie* ein ansprechender moralischer Wert und ist zugleich dasjenige Gut, das – wie ich unten zeigen werde – am ehesten die eher unkontroversen Intuitionen einzufangen verspricht.

Insbesondere von postkolonialen Unabhängigkeitsführern wie Julius Nyerere wurden oft Analogien hergestellt zwischen der Art von Gesellschaft, die viele Afrikaner sich wünschen, und einer erweiterten Familie (*extended family*). Eine wirklich attraktive Familie ist nun eine solche, in der Menschen liebevoll miteinander umgehen, das heißt ein gemeinsames Bewusstsein ihrer selbst haben und im Interesse der anderen handeln. Wenn wir uns daher Harmonie im Sinne von Liebe vorstellen, verstehen wir den Hintergrund dieser oft gebrauchten Analogie. Zusätzlich dazu impliziert die Aufforderung, Harmonie zu befördern – obwohl sie eine grundlegend teleologische Struktur hat, die wir aus der westlichen Ethik durchaus kennen –, eine ganzheitliche Konzeption des zu befördernden Guten, die von dem, was in der westlichen Ethik tonangebend ist und insbesondere entweder auf Genuss, Wunscherfüllung, Bedürfnisbefriedigung, Autonomie oder Selbstverwirklichung ausgerichtet ist, abweicht. Die Tatsache, dass afrikanisches Denken – wie bereits angemerkt – oft als »kommunitaristisch« beschrieben wird, kann von der hier diskutierten Moraltheorie deutlich besser erfasst werden als von ihren Alternativen. Liebevollen zwischenmenschlichen Beziehungen einen grundlegenden moralischen Wert zuzuschreiben ist holistischer als das Zuordnen dieser Qualität zum Leben (U1), dem Wohlergehen (U2), den Rechten (U3) oder der Selbstverwirklichung (U4) eines Einzelnen – selbst dann, wenn alle diese letztgenannten Ansichten auch davon ausgehen, dass man bereit sein sollte, um anderer Menschen willen viel aufzugeben. Es wird also deutlich, dass die moralische Aufforderung dazu, Harmonie *qua* Verbindung von Identität und Solidarität herzustellen, in einer Art und Weise relational ist, die sich von den momentan in westlichen Ethiken einflussreichsten Formen des Holismus unterscheidet. Sie ist weniger relativistisch als etwa die moralischen Ansichten derjenigen Kommunitaristen, die meinen, die Normen einer bestimmten Gemeinschaft seien für diejenigen verpflichtend, die in sie hinein geboren wurden.[48]

48 Vgl. z. B. Michael Sandels Begriff der »gebundenen Selbste« in *Liberalism and the Limits of Justice,* New York/NY 1982.

Zugleich ist diese moralische Aufforderung deutlich unparteiischer als die Ansichten derjenigen *Care*-Ethiker, die davon ausgehen, dass nur den faktisch bestehenden Beziehungen eines Menschen ein moralischer Status zukommt.[49]

Von hier ausgehend, wird es möglich, die knappe Aussage U6, die Akteure zu mehr Harmonie anleitet, inhaltlich anzureichern: *Eine Handlung ist insoweit richtig, wie sie die gemeinsame Identität von Menschen auf der Basis von Wohlwollen befördert. Sie ist in dem Maße falsch, wie ihr dies nicht gelingt und wie sie dazu neigt, das Gegenteil, also Trennung und Böswilligkeit, herbeizuführen.* Auch wenn dieses Prinzip noch weiterer Erläuterungen und Klärungen bedarf, die ich im nächsten Abschnitt angehen werde, ist es jetzt schon weniger vage und metaphorisch als seine ursprüngliche Formulierung. Außerdem unterstelle ich, dass es in dieser Form nun verständlich genug ist, um im Vergleich mit den anderen bereits diskutierten moraltheoretischen Rekonstruktionen von *Ubuntu* als dasjenige Prinzip gelten zu können, das die zu Beginn aufgeführten zwölf Intuitionen am besten einfängt.

Man erinnere sich, dass sowohl Westler als auch Anhänger der *Ubuntu*-Moral es gleichermaßen für falsch halten, zu töten, zu vergewaltigen, zu lügen, zu stehlen, Versprechen zu brechen sowie zu diskriminieren. Ganz offensichtlich sind all dies lieblose Handlungen. Genauer betrachtet sind all dies Handlungen, die nicht auf die Beförderung einer gemeinsamen Identität abzielen. Weder werden durch sie geteilte Ziele durch gemeinsames Handeln noch irgendeine Form des Wir-Seins realisiert. Darüber hinaus beinhalten diese Handlungen keinerlei Wohlwollen, da sie typischerweise die Lebensqualität anderer verringern und weit davon entfernt sind, um ihretwillen ausgeführt zu werden.

Natürlich lassen sich Fälle vorstellen, in denen einige dieser misslichen Taten auf lange Sicht mehr Harmonie herbeiführen könnten. Aufgrund der Zielorientierung, die der bereits zitierten Auslegung von *Ubuntu* inhärent ist, würde man diese Handlungen dann wohl als empfehlenswert betrachten müssen. Ich bin daher der Überzeugung, dass das oben erwähnte Zitat von Tutu deon-

---

49 Nel Noddings etwa meint, dass es keinen »Befehl zur Liebe« geben könne und daher auch keine Pflicht, Fremden zu helfen, da man in keinerlei fürsorglichen Beziehung zu ihnen stehe. Vgl. Nel Noddings, *Caring. A Feminine Approach to Ethics and Moral Education*, Berkeley/CA 1984.

tologische Zusätze benötigt.[50] Am theoretisch saubersten wäre es, bei der Beförderung von Identität und Solidarität diejenigen Mittel auszuschließen, die ein hohes Maß der gegenteiligen Phänomene, Trennung und Böswilligkeit, hervorbringen – eine elegantere Lösung als Gyekyes *Ad-hoc*-Verbindung von Rechten und Nützlichkeitserwägungen (U3). Ich habe an dieser Stelle jedoch nicht den Raum, um einen solchen Vorschlag weiter auszuführen und zu prüfen, ob ein derartiger Vorschlag alle starken Intuitionen bezüglich der Angemessenheit solcher deontologischer Einschränkungen berücksichtigen könnte.[51] Ich möchte an dieser Stelle nur hervorheben, dass diese Theorie im Vergleich zu den anderen fünf – zumindest mit gewissen Restriktionen – die sechs gemeinsam von Afrikanern und Westlern geteilten Intuitionen *am besten* einzuholen vermag. So folgen aus dieser Theorie nicht die merkwürdigen Schlussfolgerungen, dass Betrug *pro tanto* moralisch einwandfrei ist, solange er kein Leben abwertet (U1); dass rassistische Diskriminierung ein zulässiges Mittel der Glücksmaximierung ist (U2); dass die Tötung anderer zulässig ist, wenn man dadurch das eigene Überleben sichert (U4) oder dass das Brechen von Versprechen zulässig ist, sofern sich dies nicht auf das Leben der am schlechtesten Gestellten auswirkt (U5).

Denken wir nun daran, dass Befürworter einer *Ubuntu*-Moral, aber nur vergleichsweise wenige Westler, das Folgende für moralisch mehr oder weniger unzulässig halten: politische Entscheidungen angesichts von Dissens zu treffen, vergeltende Gerechtigkeit zu üben, stark wettbewerbsorientierten Wirtschaftsformen nachzugehen, Reichtum auf der Basis von Rechten zu verteilen, sich von der Gemeinschaft zu isolieren sowie sich zu weigern, sich vermittels Heirat fortzupflanzen. Sehen wir uns jetzt an, wie meine Interpretation von Tutus Auslegung von *Ubuntu*, die Harmonie zu befördern und Zerwürfnisse zu verringern, all diese Urteile einfängt.

50 So wie dies auch Tutu oder zumindest einer seiner Biographen tut: Michael Battle, *Reconciliation. The Ubuntu Theology of Desmond Tutu*, Cleveland/OH 1997, S. 52.

51 Ich widme mich dieser Aufgabe in meinen Artikeln »Ubuntu as a moral theory and human rights in South Africa«, in: *African Human Rights Law Journal* 11 (2011), S. 532-559, und »African Values, Human Rights and Group Rights. A Philosophical Foundation for the Banjul Charter«, in: Oche Onazi (Hg.), *African Legal Theory and Contemporary Problems. Critical Essays*, Dordrecht 2014, S. 131-151.

Zunächst einmal zur politischen Sphäre: Hier wäre es der wohl stärkste Ausdruck einer geteilten Identität, wenn alle Menschen zu einer Übereinstimmung beziehungsweise einer geteilten Vorstellung in Bezug auf grundlegende Gesetze gelangen würden. Es ist nämlich nicht nur so, dass einstimmige Entscheidungen für gemeinsame Identitäten wichtig sind, sondern auch so, dass sie für eine geteilte Identität und Wohlwollen auf lange Sicht deutlich förderlicher sind als Mehrheitsentscheidungen – da sich die Minderheit weniger aus dem politischen Prozess ausgeschlossen fühlt.[52] Und auch in Bezug auf den Umgang mit Gesetzesbrechern würde die ergebnisorientierte Seite der *Ubuntu*-Moral keine vergeltende Strafrechtstheorie begründen können, die das je angemessene Strafmaß als durch vergangene Tatsachen bereits eindeutig festgelegt betrachtet. Strafe nur um der Missetat willen und proportional zu ihr kann nämlich *per definitionem* nicht dazu dienen, mit dem Ziel zu strafen, das Wohlergehen oder gar eine gemeinsame Identität zu fördern.

In der ökonomischen Sphäre versteht es sich von selbst, dass der Wettkampf mit Mitbürgern auf Arbeits- und Verbrauchermärkten, der einzig von dem Ziel der Maximierung des Eigeninteresses geleitet wird, keine Form des Handelns darstellt, das den anderen dient; folglich ist er auch kein Ausdruck des Wohlwollens. Dies gilt unabhängig von möglichen Effekten einer unsichtbaren Hand, durch die solches Handeln sich indirekt als für eine Gesellschaft positiv erweisen könnte. *Ubuntu* schließt – wenn man es in diesem Sinne versteht – auch den Geiz bei der Verteilung von Reichtümern aus. Wohlwollen schreibt Großzügigkeit vor und verbietet den kleinlichen Verweis auf individuelle Verfügungsrechte überall dort, wo Güter von dem Eigentümer nicht gebraucht, aber von anderen dringend benötigt werden.

Schließlich kann die Identitätsbedingung des Harmoniebegriffs auch die verbleibenden Intuitionen bezüglich der privaten Lebenswelt und des Familienlebens einholen: Das Aufrechterhalten von Traditionen und die Teilnahme an Ritualen ist eine wichtige Möglichkeit, sich mit anderen zu identifizieren, in anderen Worten: sich selbst als Mitglied einer Gruppe zu begreifen und sich an gemeinsamen Projekten zu beteiligen. Und das Erzeugen neuen Lebens

52 Vgl. Wiredu, *Cultural Universals and Particulars*, S. 4.

versetzt Menschen dazu in die Lage, die Reichweite des geteilten Selbstverständnisses auszudehnen und somit die Reichweite des »Wir« zu vergrößern.

Zusammenfassend lässt sich sagen, dass sich unsere zwölf eingangs aufgeführten Intuitionen ziemlich direkt einholen lassen, wenn man die Anweisung, Harmonie herzustellen, so versteht, dass Identität und Solidarität – oder Liebe, in einem weiten Sinne verstanden – zu fördern sind. Bevor ich zum Schluss komme, möchte ich noch einen knappen Vergleich zwischen meiner Interpretation von Tutus *Ubuntu*-Theorie und ihren Rivalen vornehmen und dabei zu klären versuchen, was andere fälschlicherweise dazu gebracht hat, letztere zu befürworten. Sie alle haben einen wahren Kern, den das Prinzip U6 jedoch am besten erfasst, während es zugleich die Probleme der anderen Theorien vermeidet. Wenden wir unsere Aufmerksamkeit zunächst der Ansicht zu, dass *Ubuntu* zuallererst eine Frage des Respekts vor dem menschlichen Leben ist (U1). Das menschliche Leben wertzuschätzen oder andere Menschen als prinzipiell gedeihenswert zu erachten ist natürlich auch ein Teil dessen, was es heißt, andere zu lieben und Harmonie herzustellen, kann aber keineswegs alle moralischen Pflichten begründen. Als Nächstes führen wir uns die wohlfahrtsorientierten Interpretationen von *Ubuntu* vor Augen (U2 und U3). Die Harmonie, die das Wohlwollen umfasst, führt sehr oft zu Wohlfahrt, doch diese Wohlfahrt begründet meinem Verständnis von *Ubuntu* zufolge keine moralische Richtigkeit. Vielmehr sind es fürsorgende Beziehungen, die typischerweise Wohlfahrt produzieren (aber letztlich in diesem Bestreben auch scheitern können), denen der grundlegende moralische Wert zukommt. Nun denke man an die weit verbreitete Vorstellung, dass *Ubuntu* einen Weg zur persönlichen Selbstverwirklichung durch gemeinschaftliche Beziehungen weist (U4). Ich gehe davon aus, dass in diesem Ansatz nicht so sehr die Selbstverwirklichung, sondern die gemeinschaftliche Beziehung die tragende Rolle spielt. Auf Beziehungen anstelle der Selbstverwirklichung zu fokussieren, zeigt einen interessanten Gegensatz zu demjenigen auf, was in der westlichen Ethik dominant ist, und stellt in jedem Fall eine deutlich überzeugendere argumentative Verknüpfung zu den moralischen Urteilen darüber dar, wann, wie und warum es anderen zu helfen gilt. Die Idee der Solidarität mit in ihrem Überleben bedrohten Gruppen schließlich (U5) ist moralisch bedeutsam, aber sicherlich kein umfassender Erklärungsansatz für moralisch richtiges Handeln. Das Leben oder die Lebensweise bedrohter Gruppen zu schützen ist zwar mit Sicherheit *eine* Art, eine geteilte Identität und Wohlwollen zu befördern, aber gewiss nicht die einzige.

IV. Schluss: Zukünftige Forschungsaufgaben

Zusammenfassend lässt sich festhalten, dass die am besten zu rechtfertigende Theorie richtigen Handelns mit afrikanischen Wurzeln, die sich in der gegenwärtigen Literatur finden lässt, in der Aufforderung mündet, Harmonie herzustellen und Zerwürfnisse zu minimieren, wobei Harmonie als Verknüpfung von Identität und Solidarität zu verstehen ist. Mir ist bewusst, dass diese Theorie noch in vielen Hinsichten unvollständig und unpräzise ist. Ich beschließe diese Darstellung daher, indem ich einige Fragen aufzähle, die man gerechtfertigter Weise in Bezug auf die Modifizierung dieser Theorie stellen darf – Fragen, die an anderer Stelle näher erörtert werden müssen, um eine noch angemessenere afrikanische Moraltheorie zu entwickeln.

Muss man die Harmonie tatsächlich verwirklichen, um das Richtige tun zu können? Man stelle sich eine Handlung vor, von der man vernünftigerweise annehmen darf, dass sie Harmonie befördert, bei der dieses Ergebnis jedoch ausbleibt. Hat man richtig gehandelt? Oder man stelle sich eine Handlung vor, die erwartungsgemäß zu Zerwürfnissen führen wird, es aber in diesem konkreten Fall zum Glück nicht tut. Hat man falsch gehandelt?[53]

Muss man selber immer Teil der Harmonie sein, die befördert wird? Man stelle sich einen Fall vor, bei dem man vor der Wahl steht, ein gewisses Maß an gemeinsamer Identität und Solidarität zwischen sich selbst und anderen zu befördern oder aber ein größeres Ausmaß derselben zwischen anderen in der eigenen Gesellschaft

---

53 John Mbiti behauptet in seiner klassischen Studie über afrikanische Weltanschauungen, dass »nicht die Tat selbst in diesem Falle ›falsch‹ wäre, sondern vielmehr die Beziehungen innerhalb dieser Tat: Wenn keine Beziehungen verletzt oder beschädigt werden, und wenn kein Traditions- oder Regelbruch entdeckt werden kann, dann ist eine Tat weder ›böse‹ noch ›schlimm‹ oder »schlecht‹«. John Mbiti, *African Religions and Philosophy*, Oxford 1989, S. 208.

zu befördern, ohne dass man selber daran teilhat. Was wäre hier moralisch richtig? Anders gefragt: Sollte man selbst auf lange Sicht so liebevoll wie möglich sein oder dagegen so viel Liebe wie möglich im Ganzen befördern?

Wird es je möglich sein, Harmonie im globalen Maßstab auf Kosten der lokalen Harmonie zu befördern? Ein Großteil der Autorinnen und Autoren, die über Afrikanische Ethik schreiben, meinen, dass »Nächstenliebe zu Hause anfängt«; aber – so muss man hier gleich fragen – was ist das moralisch angemessenste Verständnis von »zu Hause«: die Verwandtschaftslinie (*lineage*), die engere Familie, die bestehenden harmonischen Beziehungen, räumliche Nähe oder noch etwas ganz Anderes? Und dann stellt sich noch die Frage, was vorzuziehen ist: ein gewisses Maß an Harmonie zwischen den Mitgliedern dieses jeweiligen Kreises oder ein noch größeres Maß an Harmonie zwischen den Ausgeschlossenen? Wo genau sollte man Gemeinschaft fördern, wenn man diese nicht überall gleichermaßen unterstützen kann?

Ist es überhaupt möglich, über Harmonie auf globaler Ebene nachzudenken? Ist Liebe notwendigerweise parteiisch? Oder kann und sollte man eine gemeinsame Identität mit und Wohlwollen gegenüber Menschen im Allgemeinen empfinden?[54]

Gibt es Einschränkungen in Bezug auf die Art und Weise, wie Harmonie zu befördern ist, und wenn ja, welche? Man stelle sich vor, Harmonie wäre auf lange Sicht nur dann herstellbar, wenn man dafür auf kurze Sicht eine geringere Menge an Zwietracht in Kauf nähme. Wie sollte man hier entscheiden? Gibt es Mittel zur Beförderung der Harmonie, die zwar keinerlei Zwietracht hervorrufen, aber dennoch intuitiv fragwürdig erscheinen?

Erst nachdem man all diese Fragen beantwortet hat, könnte man eine umfassende Konzeption von *Ubuntu* als einer Theorie des richtigen Handelns vorlegen. Bis dahin aber ist es schwierig und vielleicht auch etwas unfair, diese Theorie mit den schon so lange bestehenden westlichen Moraltheorien zu vergleichen. Nichtsdestotrotz hoffe ich, die Leserinnen und Leser davon überzeugt zu haben, dass der vielversprechendste Weg, eine wirklich ernst zu nehmende afrikanische Moraltheorie zu konstruieren, darin besteht, Tutus Verständnis von *Ubuntu* weiterzuentwickeln, demzu-

---

54 Wie Tutu es für richtig hält, vgl. ders., *Keine Zukunft ohne Versöhnung*, S. 175-177.

folge es eine grundlegende Pflicht gibt, harmonische Beziehungen zu fördern und disharmonische zu verhindern. Auch ohne weitere Modifikationen ist die hier entwickelte Theorie afrikanischer, präziser und umfassender als die bislang in der Literatur bekannten Theorien.

Aus dem Englischen von Andreas Rauhut

Achille Mbembe
Afropolitanismus

Die Geschichte Afrikas besteht aus einem Kommen und Gehen, bewegten Strömungen zum Kontinent hin und von ihm weg. Diese »Zirkulation der Welten« hat eine vielschichtige und reichhaltige Kultur geschaffen, die oft verschwiegen und heute durch einen nativistischen Diskurs bedroht wird.

Ob in der Literatur, in der Philosophie oder in der Kunst – fast ein Jahrhundert lang wurde der afrikanische Diskurs von drei politisch-intellektuellen Paradigmen beherrscht, die sich im Übrigen nicht wechselseitig ausschlossen.

Zum einen gab es mehrere Spielarten eines antikolonialen Nationalismus, die die Bereiche der Kultur, Politik, Wirtschaft und sogar der Religion nachhaltig beeinflusst haben. Zum anderen gab es mehrere Ansätze, Marx neu zu lesen, was dazu führte, dass verschiedene Spielarten eines »Afrikanischen Sozialismus« entstanden. Zum Dritten gab es eine panafrikanische Strömung, die zwei Typen von Solidarität beförderte: eine auf der »Rasse« basierende transnationale sowie eine internationale antiimperialistische Solidarität.

Bis heute, zu Beginn des 21. Jahrhunderts, hat sich diese intellektuelle Landschaft kaum verändert, auch wenn untergründig große soziale und kulturelle Umwälzungen am Werk sind. Die Kluft zwischen der gesellschaftlichen Wirklichkeit einerseits und den geistigen Werkzeugen, mittels deren die Gesellschaften ihre Zukunft anpacken können, andererseits, kann kulturell und mental durchaus gefährlich sein. Längst haben sich die drei oben genannten Paradigmen institutionalisiert und sind derart erstarrt, dass die heutigen Veränderungen mit den genannten Werkzeugen kaum noch glaubhaft analysiert werden können. Die institutionellen Träger funktionieren fast ausnahmslos nach den Prinzipien der »angestammten Privilegien«. Sie blockieren sowohl jedwede Erneuerung der Kulturkritik als auch jedwede Erneuerung der künstlerischen wie philosophischen Kreativität, und sie mindern unsere Fähigkeit, einen Beitrag zur zeitgenössischen Reflexion über Kultur und Demokratie zu leisten.

Die Zirkulation der Welten

Betrachtet man den umfassenden und tiefgreifenden Wandel der jüngsten Zeit, so scheinen mir zwei Aspekte von besonderer Bedeutung für das kulturelle Leben und die ästhetische wie politische Schöpfungskraft der kommenden Jahre. Zuallererst geht es um die Frage: »Wer ist Afrikaner« – und wer nicht?

In den Augen vieler ist afrikanisch, wer »schwarz« und folglich »nicht weiß« ist. Gradmesser der Authentizität ist der rein »rassische« Unterschied. Nun haben aber verschiedenste Menschen tatsächlich verschiedenste Verbindungen zu Afrika oder haben zumindest auf verschiedene Weise etwas mit Afrika zu tun – etwas, was sie *eo ipso* ermächtigt, für sich »afrikanische Bürgerrechte« einzufordern. Natürlich gibt es jene, die wir »die Schwarzen« (*nègres*) nennen; sie sind in einem der afrikanischen Staaten geboren, leben dort und sind dort Staatsbürger. Aber auch wenn diese Schwarzen die Mehrheit der Bevölkerung des Kontinents bilden, sind sie dennoch weder die einzigen Bewohner noch die einzigen Kunst- und Kulturschaffenden Afrikas.

Andere Bevölkerungsgruppen – aus Asien, den arabischen Ländern oder aus Europa – haben sich aus verschiedenen Gründen zu verschiedenen Zeiten in verschiedenen Gegenden Afrikas niedergelassen. Manche, wie die Araber und die Europäer, sind als Eroberer, Kaufleute oder Missionare gekommen. Andere, wie die Afrikaaner/ Buren oder die Juden, sind unter mehr oder weniger tragischen historischen Umständen gekommen, sei es, um Elend und Verfolgung zu entrinnen, sei es in der schlichten Hoffnung auf ein friedliches Leben oder auch aus Gier nach Reichtümern. Wieder andere – etwa die zumeist als willfährige Arbeitskräfte ins südliche Afrika eingewanderten Malaien, Inder und Chinesen –, haben sich im Rahmen verschiedener Migrationsströme in Afrika eine neue Heimat gesucht. In jüngster Zeit sind Libanesen, Syrer, Indopakistaner und hier und dort auch ein paar hundert oder tausend Chinesen aufgetaucht. All diese Menschen haben ihre Sprache, ihre Sitten, ihre Essgewohnheiten, ihre Kleidermoden und ihre Art, zu beten, mitgebracht – kurz: ihre Lebens- und Seinsweisen. Die Beziehungen dieser verschiedenen Diasporagruppen zu ihrer jeweiligen Ursprungsgesellschaft sind komplex. Viele betrachten sich ganz und gar als Afrikaner, auch wenn sie noch ein Anderswo in Reserve haben.

Aber Afrika war nicht nur lange Zeit das Ziel vieler Bevölkerungsbewegungen und Kulturströme, der Kontinent ist seit Jahrhunderten auch Aufbruchsort; von hier aus zog man in verschiedenste Gegenden der Welt. Dieser Prozess der mehrere Jahrhunderte währenden »Streuung« (dispersion) hat im Laufe der Neuzeit drei Routen benutzt: die Sahara, den Atlantik und den Indischen Ozean. Ein Ergebnis dieser Streuung etwa war die Entstehung der schwarzafrikanischen Diaspora in der Neuen Welt, und die Sklaverei, an der nicht nur die westliche, sondern auch die arabisch-asiatische Welt beteiligt war, spielte dabei eine große Rolle. Aufgrund dieser »Zirkulation der Welten« sind heutzutage an fast jedem Fleck der kapitalistischen und islamischen Welt Spuren Afrikas aufzufinden. Auf die Zwangsverschleppungen früherer Zeiten folgten wesentlich durch die Kolonisierung bedingte Migrationsbewegungen. Heute leben Millionen Menschen afrikanischer Herkunft als Bürger in den verschiedensten Ländern der Welt.

Wenn es um die künstlerische Kreativität im heutigen Afrika geht oder gar um die Frage, wer »Afrikaner« und was »afrikanisch« ist, wird dieses historische Phänomen der »Zirkulation der Welten« meistens stillschweigend übergangen.

Aus der Sicht Afrikas hat das Phänomen der Zirkulation der Welten mindestens zwei Gesichter: Das eine ist die bereits erwähnte Streuung, das andere ist das Eintauchen (immersion). Bei der Streuung der Völker und Kulturen ging es historisch gesehen nicht nur darum, dass es Menschen gab, die sich, von außerhalb kommend, bei uns angesiedelt haben. Vielmehr waren bereits die präkolonialen afrikanischen Gesellschaften von Anfang an dadurch gekennzeichnet, dass die Menschen auf dem gesamten Kontinent permanent in Bewegung waren. Die Geschichte Afrikas ist eine Geschichte aufeinander prallender Kulturen, geprägt vom Mahlstrom der Kriege, von Invasionen, Migrationen, »Mischehen«, von Glaubenslehren, die man sich zu eigen macht, von Techniken, die ausgetauscht, und Waren, die gehandelt werden. Die Kulturgeschichte des Kontinents ist ohne das Paradigma des Umherziehens, der Mobilität und der Ortsveränderung kaum zu verstehen.

Gerade diese Kultur der Mobilität wurde während der Kolonialzeit durch die moderne Institution der Grenzziehung zum Erstarren gebracht. Wenn man von dieser Geschichte des Umherziehens und der Mobilität spricht, ist immer wieder von »Mischungen«, »Amalgamen« und »Überlagerungen« die Rede. Man kann den Fundamentalisten des »Brauchtums« und der »Autochthonie« entgegenhalten, dass es die sogenannte Tradition in Wirklichkeit gar nicht gibt. Egal, worum es geht: um den Islam, das Christentum, die Art, sich zu kleiden, Geschäfte zu machen, zu reden oder sich zu ernähren – nichts von alledem hat letztlich die Dampfwalze der Hybridisierung und der Trivialisierung unbeschadet überstanden. Und dies war schon lange vor der Kolonisierung der Fall. Tatsächlich gibt es eine präkoloniale afrikanische Moderne, die in der zeitgenössischen Kreativität Afrikas bislang nicht wahrgenommen und gewürdigt worden ist.

Das andere Gesicht der »Zirkulation der Welten« ist, wie erwähnt, das Eintauchen. Hier geht es um Minderheiten, die, von weit her kommend, in unterschiedlichem Ausmaß auf dem Kontinent Fuß fassten. Mit der Zeit hatten sich ihre Beziehungen zu den jeweiligen (europäischen oder asiatischen) Ursprungsländern unerhört verkompliziert, und unter dem Einfluss geografischer, klimatischer und menschlicher Bedingungen wurden sie zu kulturellen »Hybriden«, egal, wie lautstark gerade die Euroafrikaner unablässig auf ihre »rassisch« begründete Überlegenheit pochten und ihre Andersartigkeit, ja sogar ihre Verachtung gegenüber allem »Afrikanischen« und »Indigenen« zum Ausdruck brachten. Dies betrifft gerade und insbesondere die »Afrikaaner«, wie sich die Weißen im südlichen Afrika nannten. Die gleiche Ambivalenz findet sich bei Indern, Libanesen und Syrern. Obwohl sie meistens die Lokalsprachen sprechen und die Sitten des Landes weitgehend kennen oder sogar praktizieren, leben sie in relativ geschlossenen, endogamen Gemeinschaften.

Es ist also nicht nur so, dass sich heute ein Teil der afrikanischen Geschichte anderswo, außerhalb von Afrika, befindet, sondern auch so, dass es eine Geschichte der übrigen Welt gibt, die wir zwangsläufig mitgestalten und die sich hier auf unserem Kontinent abspielt. Alles in allem hat unsere Art des In-der-Welt-Seins, des Selbst-Welt-Seins sowie unsere Art, die Welt zu bewohnen, immer unter dem Zeichen, wenn nicht der kulturellen »Hybridisierung«, so doch zumindest einer »Verfugung« der verschiedenen Welten gestanden, in einem langsamen, manchmal inkohärenten Tanz, dessen Ausformungen wir zwar nicht selbst frei wählen konnten, die wir jedoch mehr recht als schlecht in den Griff bekommen und uns dienstbar gemacht haben.

Das Wissen um diese Verfügung des Hier mit dem Anderswo, das Wissen um die Gegenwart des Anderswo im Hier – und umgekehrt –, diese Relativierung der ursprünglichen Wurzeln und Zugehörigkeiten, diese Art, absichtsvoll das Fremde, den Fremden und das Ferne anzunehmen, diese Fähigkeit, das eigene Gesicht in dem des Fremden wiederzuerkennen, die Spuren des Fernen in der nächsten Umgebung zu würdigen, sich Unvertrautes zu eigen zu machen und mit dem zu arbeiten, was gemeinhin als Gegensatz erscheint – eine derartige kulturelle, historische und ästhetische Empfindsamkeit ist gemeint, wenn man den Begriff »Afropolitanismus« gebraucht.

Der nativistische Reflex

Die zweite wichtige Umstrukturierung (*reconfiguration*) hat mit dem deutlichen Aufblühen des *nativistischen Reflexes* zu tun. Nativismus in seiner mildesten Version tritt als eine Ideologie auf, die Differenz und Vielfalt glorifiziert und für die Rettung als bedroht angesehener Bräuche und Identitäten kämpft. Aus nativistischer Sicht beruhen die politischen Kämpfe und Zugehörigkeiten auf einer Unterscheidung zwischen Autochthonen und Allochthonen (Einheimischen und Auswärtigen), also zwischen denen »von hier« und denen »von anderswo«. Dabei vergessen die Vertreter des Nativismus, dass die Bräuche und Traditionen, auf die sie sich berufen, in ihrer stereotypen Form oft nicht von den Indigenen selbst, sondern in Wirklichkeit von Missionaren oder Siedlern erfunden wurden.

In der zweiten Hälfte des 20. Jahrhunderts konnte man fast überall auf dem Kontinent eine Form des »Biorassismus« – Autochthone gegen Allochthone – beobachten, die sich politisch aus einer Selbstwahrnehmung als Opfer und dem darauf beruhenden Ressentiment speist. Bekanntlich wendet sich die Gewalt der Opfer nur selten gegen die tatsächlichen Schinder, vielmehr wird sie fast immer gegen einen imaginären Schinder gerichtet, und der ist, welch ein Zufall, fast immer ein noch Schwächerer, also seinerseits ein Opfer – meistens sind es Menschen, die mit der ursprünglichen

Verletzung nichts zu tun haben. Wie man in vielen Ländern (nicht nur in den afrikanischen) beobachten kann, tragen alle Opferideologien einen genozidären Impuls. Sie erzeugen eine Kultur des Hasses, deren unglaubliche Zerstörungskraft wir nicht nur in Ruanda erfahren mussten.

Afropolitanismus ist etwas anderes als Panafrikanismus oder die *Négritude*. Afropolitanismus ist ein Stil, eine Ästhetik und eine gewisse Poetik der Welt: ein In-der-Welt-sein, das aus Prinzip jegliche Form der Opferidentität ablehnt – auch wenn wir deshalb die Ungerechtigkeiten und die Gewalt, die unser Kontinent und seine Menschen durch den von der Weltgeschichte aufgezwungenen Lauf der Dinge erlitten haben, durchaus nicht ignorieren. Afropolitanismus ist außerdem eine politische und kulturelle Haltung zu Fragen der Nation, der »Rasse« und der Differenz überhaupt. Angesichts der Tatsache, dass unsere Staaten reine und überdies recht junge Erfindungen sind, haben sie, streng genommen, nichts Verehrungswürdiges an sich – auch wenn wir ihrem Schicksal deswegen nicht gleichgültig gegenüberstehen.

Was den »afrikanischen Nationalismus« betrifft, so war er ursprünglich eine mächtige Utopie, die über eine grenzenlose emanzipatorische Kraft verfügte – der Versuch, uns selbst zu begreifen, vor der Welt zu bestehen und uns in Würde aufzurichten, als bloße menschliche Wesen. Aber sobald der Nationalismus zur offiziellen Ideologie eines plündernden Staates wurde, verlor er seinen ethischen Kern und verschrieb sich dem Dämon, der »die Finsternis durchstreift und das Tageslicht scheut«. Gerade unser menschliches Angesicht, unser Mensch-Sein bleibt bis heute das Hindernis, gegen das Nationalismus und Nativismus ständig anrennen. Auch die vom Panafrikanismus verkündete Solidarität, basierend auf der »Rasse«, entgeht diesem Dilemma nicht. Sobald das heutige Afrika sich der eigenen, es konstituierenden Vielfalt (einschließlich der Vielfalt der »Rassen«) bewusst ist, kann man den gesamten Kontinent nicht mehr nur über die schwarzafrikanische Solidarität definieren. Wie kann man im Übrigen übersehen, dass diese so laut vorgetragene Solidarität sich längst selbst ins Unrecht gesetzt hat, weil seit dem Ende der direkten Kolonialherrschaft eine andere Gewalt herrscht: die des Bruders gegen den Bruder ebenso wie die des Bruders gegen die Mutter und die Schwester?

Andere Wege suchen

Wir müssen also andere Wege suchen, um das Geistesleben in Afrika wiederzubeleben – und damit eine Kunst, eine Philosophie und eine Ästhetik zu ermöglichen, die zu der Welt im Allgemeinen etwas Neues und Bedeutendes beizutragen haben. Heutzutage leben viele Afrikaner außerhalb von Afrika. Andere sind freiwillig auf dem Kontinent geblieben, leben aber nicht notwendig in dem Land, in dem sie das Licht der Welt erblickten. Mehr noch, viele von ihnen haben das Glück, mehrere Welten kennengelernt zu haben; sie haben nie wirklich aufgehört, hin und her zu reisen, und haben sich über den Umweg dieser Mobilität einen geschärften Blick und einen enormen Empfindungsreichtum angeeignet. Fast all diese Menschen sprechen mehr als eine Sprache. Sie sind dabei – vielleicht, ohne es zu wissen –, eine neue transnationale Kultur zu schaffen, die ich »afropolitan« nennen möchte.

Unter ihnen sind viele, die bei dem, was sie täglich tun, nicht nur mit dem benachbarten Dorf, sondern mit der ganzen Welt Schritt halten müssen. Dieser weltoffene Geist ist besonders ausgeprägt bei Künstlern, Musikern und Komponisten, Schriftstellern, Dichtern und Malern – bei jenen Geistesarbeitern, die in der postkolonialen Finsternis Wache halten. Auf einer anderen Ebene kann man heutzutage bereits einige wenige Metropolen als »afropolitan« bezeichnen. In Westafrika haben Dakar und Abidjan in der zweiten Hälfte des 20. Jahrhunderts diese Rolle gespielt, wobei die senegalesische Hauptstadt das kulturelle Pendant zu dem geschäftstüchtigen Abidjan darstellte. Doch mittlerweile ist Abidjan bedauerlicherweise vom Krebs des Nativismus zerfressen. In Ostafrika war es Nairobi, Handelszentrum und regionaler Sitz verschiedener internationaler Organisationen.

Das Zentrum des Afropolitanismus *par excellence* ist heutzutage das südafrikanische Johannesburg. In dieser auf den Schleifstein einer gewalttätigen Geschichte gedrückten Stadt entsteht derzeit eine völlig unbekannte, neuartige afrikanische Moderne, die mit dem bis dato Gesehenen kaum etwas gemein hat. Sie speist sich aus einer Vielfalt der »Rassen« und deren kultureller Hintergründe, Erbe einer energiegeladenen Wirtschaft und einer liberalen Demokratie; der hier stattfindende Konsum ist ein direkter Teil des globalen Warenflusses. Was hier entsteht, ist eine Ethik der Toleranz, die das Zeug haben könnte, die kulturelle Kreativität in Afrika auf ähnliche Weise neu zu beleben, wie es seinerzeit Harlem oder New Orleans in den USA getan haben.

Aus dem Französischen von Grete Osterwald

Mogobe Bernard Ramose
Den Kosmopolitismus transzendieren

Der Begriff »Gemeinschaft« wird in Diskussionen über den Kosmopolitismus häufig und in unterschiedlichen Bedeutungen verwendet. Er erkennt einerseits die bestehende Gemeinschaft an und drückt andererseits den Wunsch aus, eine größere und vielleicht sogar bessere Gemeinschaft zu etablieren, welche dieselben moralischen Werte teilt. In manchen Fällen wird diese Diskussion rein abstrakt geführt. In anderen Fällen bewegt sie sich von den konkreten existentiellen Bedingungen hin zu einem normativen oder abstrakten Reflexionsniveau. Wir bevorzugen letztere Vorgehensweise.

Das Prinzip der Gemeinschaft basiert in vielen Diskussionen über den Kosmopolitismus auf der ontologischen Grundannahme, dass das Sein aus einer Fülle entgegengesetzter Entitäten besteht. Diese stoßen sich entweder tendenziell ab oder ziehen sich an. Im letzteren Fall führt dies zu einer Synthese, in der die Entitäten für eine Weile verharren, bevor sie wieder zum ursprünglichen Zustand der Gegensätzlichkeit zurückkehren. In der antiken griechischen Philosophie hat Heraklit eine solche Ontologie vorgelegt; bei ihm war die Bewegung das Grundprinzip des Seins. Später wurde diese Ontologie innerhalb der modernen Philosophie von Thomas Hobbes und G. W. F. Hegel wieder aufgegriffen und fortentwickelt.[1] Die Vorstellung von gegenseitiger Abstoßung oder Anziehung setzt voraus, dass jene Entitäten in ihrer ursprünglichen Verfassung nicht notwendig miteinander verbunden sind. Sie existieren unabhängig voneinander und sind daher bestrebt, sich aufeinander zuzubewegen um eine Synthese einzugehen. Eine Bewegung aufeinander zu erklärt uns jedoch noch nicht, wie eine Entität, die von den anderen abrückt, von da an fortexistiert. Daher stellt sich die Frage, wie jenes Sein in einem Zustand des Auseinanderstrebens überhaupt fortbesteht? Wenn sich das gegensätzliche Sein seiner Beute nur nähert, um das eigene Überleben zu sichern, so etabliert und illustriert diese Bewegung sicherlich eine Bezie-

---

1 Vgl. Thomas Hobbes, *Body, Man and Citizen*, London 1962, und G. W. F. Hegel, *Enzyklopädie der philosophischen Wissenschaften im Grundrisse* (1830); Teil 1: *Die Wissenschaft der Logik; mit den mündlichen Zusätzen*, Frankfurt/M. 1975.

hung zwischen beiden. Demnach erweist sich die Annahme, das Sein sei in seinem ursprünglichen Zustand nicht notwendigerweise miteinander verbunden, als zweifelhaft und wirft einige Probleme auf. Um diese wenig haltbare Annahme zu vermeiden, bevorzugen wir als Ausgangspunkt unserer Überlegungen eine Ontologie, welche die Bewegung als Prinzip des *Da-seins* (*be-ing*) anerkennt und das Sein als ursprünglich miteinander verbunden konzipiert, wenn auch zu unterschiedlichen Graden.

Gemäß der von uns bevorzugten ontologischen Perspektive stellt die Grenze keinen Ort der Exklusion des »Anderen« dar. Vielmehr bedeutet sie zugleich den Moment der erneuten Affirmation des »Ichs« und den Vereinigungspunkt des »Anderen« mit dem »Ich«. Die Grenze unterstreicht also die ursprüngliche Beziehung der Komplementarität zwischen dem »Ich« und dem »Anderen«. Auf diese Weise bestimmt das *Da-sein* die Grenze als die Anerkennung des unauslöschlichen Netzes komplexer Beziehungen unter und zwischen Wesen, wobei das »Ich« und die »Anderen« als menschliche und nichtmenschliche Wesen verstanden werden können. Aus dieser Perspektive existiert die Gemeinschaft aller *Da-seienden* bereits in ihrer Wirkmächtigkeit und wird durch die konkrete Existenz verschiedener Menschen und anderer Wesen auf dem Planeten Erde verwirklicht, was auch das sich ständig ausbreitende Pluriversum mit einschließt.[2] Wir müssen auf der Basis der Einsichten der zeitgenössischen Physik im Allgemeinen und der Astrophysik im Speziellen zugestehen, dass unser Universum nicht das Einzige ist.[3] Diese Erkenntnisse nötigen uns dazu, die archaische Vorstellung aufzugeben, dass »das Universum« – jetzt verstanden als ein Pluriversum – ein Zentrum habe.[4] Die Anerkennung des *Da-seins* als ein Pluriversum ohne Zentrum impliziert zudem die Notwendigkeit, das »Ich« oder das »Selbst« als seine zentrale existentielle Bedingung aufzugeben. Diese Dezentrierung des

---

2 Vgl. Erich Jantsch (Hg.), *The Evolutionary Vision. Toward a Unifying Paradigm of Physical, Biological, and Sociocultural Evolution*, Boulder/CO 1981, und Arthur Findlay, *The Unfolding Universe*, London 1935.

3 Vgl. Paul Davies, *Das Prinzip Chaos. Die neue Ordnung des Kosmos*, München 1990, S. 173-195; ders., *Am Ende ein neuer Anfang. Die Biographie des Universums*, München 1979; ders., *Gott und die moderne Physik*, München 1986.

4 Enrico Cantore, *Scientific Man. The Humanistic Significance of Science*, New York/NY 1977, S. 403.

»Ichs« verlangt die Bereitschaft, in Einklang mit dem *Da-sein* zu leben, was zugleich bedeutet, in fließender Bewegung, Komplexität und Unbestimmtheit zu leben.[5] Wir gehen davon aus, dass das kosmopolitische Ideal als das Verlangen nach einem *Kosmos* oder einer Ordnung in hohem Maße der Notwendigkeit zuwiderläuft, im Fluss und mit Komplexität und Unbestimmtheit zu leben. Das ist die Grundlage für die Transzendenz des Kosmopolitismus. Sehen wir uns dieses Argument nun näher an.

Die exklusive Grenze des Kosmopolitismus

Gegen Ende des Kalten Krieges legt Michael H. Mitias ein aufschlussreiches Argument bezüglich der Möglichkeit einer Weltgemeinschaft vor und beschreibt die notwendigen oder vielleicht hinreichenden Bedingungen, um eine Ordnung zu etablieren, die die Weltgemeinschaft lenken könnte. Er führt zwei Gründe dafür an, warum eine philosophische Untersuchung dieser Thematik wichtig sei. Zum einen hätten die herrschenden militärischen Supermächte noch nicht erklärt, auf den Einsatz von Atomwaffen verzichten zu wollen. Andere, bereits bestehende und sich herausbildende Staaten bemühten sich mit einem ähnlich starken Interesse um die Herstellung, den Erwerb und den Einsatz von atomaren, chemischen und biologischen Waffen. Darin zeigten sich die Angst und das Misstrauen zwischen den Nationen auf der Welt, die es alle bevorzugten, sich selbst zu schützen und sich als eigenständige Gemeinschaften voranzubringen. Zum anderen verdeutlichten sowohl die bestehende Anarchie als auch die Zusammenarbeit auf der internationalen Ebene, dass die Machtpolitik weiterhin als letztes Mittel zur Schlichtung von Konflikten dient. Das Faktum internationaler Zusammenarbeit erfordere *interkulturelle Offenheit*, welche die Nationen dazu bringen könnte, mehr übereinander zu lernen.[6]

Infolge seiner Beschreibung der internationalen Politik zu jener Zeit und der daraus erwachsenden Forderung nach einer Ordnung, welche die Weltbevölkerung regieren soll, bestimmt Mitias Gemein-

---

5 Vgl. Jonathan Powers, *Philosophy and The New Physics*, London, New York/NY 1982, S. 140 f.; Werner Heisenberg, *Physik und Philosophie*, Stuttgart 2011.

6 Michael H. Mitias, »Possibility of World Community«, in: *Dialectics and Humanism* 2 (1990), S. 163-177, hier S. 164.

schaft als »ein soziales Medium, mit dessen Hilfe jede Person ihrem eigenem Schicksal folgt«.[7] Mitias glaubt, dass kein Mensch allein in sich vollkommen ist und dass er daher der Unterstützung und Zusammenarbeit von und mit anderen zu seiner eigenen Selbstverwirklichung bedarf. Ein zentrales Element der Gemeinschaft sei Kommunikation, weil sie gegenseitige Verständigung ermöglicht. Die Gemeinschaft als kollektive Einheit muss durch gemeinsame Werte charakterisiert werden, die sich um die Prinzipien der gleichen Teilhabe an der Menschheit und der Gerechtigkeit drehen. Mitias ist der Ansicht, dass die Demokratie – als in die Praxis überführte Theorie – das beste Mittel zur Verwirklichung geteilter Werte sei. Er begründet sein Plädoyer für die Demokratie mit der grundlegenden Prämisse, dass Diversität innerhalb der menschlichen Existenz ontologisch gegeben sei. Er überträgt diese Annahme auf die Ebene der internationalen Politik und behauptet, dass eine Weltgemeinschaft nur dann etabliert werden könne, wenn sie diesen »internationalen Pluralismus« anerkenne. Das Problem dieser Konzeption von Diversität besteht darin, dass sie von Gegensätzen ausgeht, die erst miteinander versöhnt werden müssen. Da er nachdrücklich die Gleichheit aller Menschen in ihrer Qualität als Menschen betont, muss diese Entgegensetzung nicht unbedingt ontologisch gegeben sein, sondern ist eher kulturell begründet. Auf diese Weise wird die »interkulturelle Offenheit« zum Wegweiser gegenseitiger Verständigung. Sie kann daher dazu führen, dass diejenigen Werte umfassender und tiefergehender geteilt werden, welche die Grundlage für eine »Weltgemeinschaft« darstellen. Mitias' Variante des Kosmopolitismus besteht also darin, sich für die ursprünglich ausgeschlossenen »Anderen« auf der Grundlage geteilter Werte zu öffnen, bis eine »Weltgemeinschaft« erreicht wird. Widerstrebt diese Variante des Kosmopolitismus dem Bedürfnis, im Einklang mit Fluidität, Komplexität und Unbestimmbarkeit zu leben? Bevor wir dieser Frage nachgehen, sollten wir festhalten, dass Mitias mit dieser Perspektive auf den Kosmopolitismus nicht alleine dasteht.

In seiner Argumentation für eine globale Ethik als Grundlage für eine Weltgesellschaft geht Hans Küng ebenfalls von einer irreduziblen Diversität aus. Er behauptet, dass die Differenzen zwischen Nationen, Kulturen, Religionen und wissenschaftlichen An-

7 Ebd., S. 166.

schauungen so groß seien, dass es eine völlige Übereinkunft über eine Ethik, einen »ethischen Totalkonsens« nicht geben könne.[8] Dennoch plädiert er für einen *ethischen Minimalkonsens* auf der Grundlage dessen, dass wir alle *Menschen* seien. In diesem Aspekt stimmt er mit Mitias überein. Dieser Gedanke impliziert, dass gewisse kulturelle Normen und Institutionen fest bestehen bleiben, also undurchdringbar und unveränderbar sind. Mitias verteidigt diese Idee mit dem Argument, dass die Verwirklichung des Ideals einer »Weltgemeinschaft« nicht mit der Zerstörung oder Auflösung der Nationalstaaten einhergehen dürfe. Für ihn sollte »jeder Versuch, eine Weltgemeinschaft zu etablieren, von der Anerkennung des Prinzips der Unhintergehbarkeit des Nationalstaates in seiner politischen und kulturellen Beschaffenheit ausgehen«.[9] Der Glaube an den Nationalstaat als letztgültig, undurchdringbar und unveränderbar verleiht ihm eine Aura der Ewigkeit. Ein solcher dogmatischer Glaube[10] an den Nationalstaat widerspricht ironischerweise ebenjenem Kosmopolitismus, den er zu erreichen bestrebt ist. Auf welche Weise beweist Küng apriorisch, dass es einen vollständigen ethischen Konsens nicht geben kann?

Mitias' Überzeugung von der »Unhintergehbarkeit« des Nationalstaates und Küngs unbewiesene apriorische Annahme, dass es keinen vollständigen ethischen Konsens geben könne, scheinen den Verlauf der europäischen Integration vorwegzunehmen. Es ist in der Tat ein langer Weg von den Römischen Verträgen hin zum Vertrag von Maastricht. Erstere beziehen sich auf die graduelle und dauerhafte ökonomische Integration Europas, während letzterer jenen Höhepunkt darstellt, der zugleich die Grenze markiert, welche die europäische Integration nicht überschreiten darf, eben weil dies eine Gefahr für die Bedeutung der jeweiligen Souveränität dargestellt hätte.[11] Im Bemühen, ein europäisches Zugehörigkeits-

8 Hans Küng, *Weltethos für Weltpolitik und Weltwirtschaft*, München, Zürich 1997, S. 133.

9 Mitias, *Possibility of World Community*, S. 170.

10 Stephen Pepper, *World Hypotheses*, Berkeley/CA 1966.

11 Van Kleffens argumentiert, dass das Konzept der Souveränität lange vor der Übertragung auf die Sphäre des Politischen entstanden sei. Aus dieser Perspektive heraus ist es verständlich, warum für den Erhalt des souveränen Nationalstaats optiert wurde, nämlich aus dem individuellen Bedürfnis heraus, die eigene Souveränität zu sichern und zu bewahren, statt sie einer weit entfernten Souveränität zu übertragen, auch wenn diese Übertragung an gewisse Bedingungen geknüpft

gefühl zu etablieren, das über die rein ökonomische Integration hinausgeht, sind viele Schriften zu diesem Thema entstanden,[12] und im Bildungsbereich wurde das Erasmusprogramm ins Leben gerufen. Als die Mitgliedsstaaten jedoch über die Vision eines souveränen Europas abstimmten, gab es eine überwältigende Mehrheit für den Erhalt der nationalen Souveränität. Dieses Votum vertagt folglich die Vision eines europäischen Kosmopolitismus in eine unbestimmte Zukunft. Bis dato bestätigt es sowohl Mitias' Überzeugung der Unhintergehbarkeit des Nationalstaats als auch Küngs nicht bewiesene apriorische Annahme, dass es einen vollständigen ethischen Konsens nicht geben könne.

Trotz ihres Widerstands gegen den Kosmopolitismus beeinflussen die konzeptuellen Grundannahmen von Mitias und Küng weiterhin einige Autoren. Darüber hinaus scheint die Erfahrung des Wegs der Europäischen Union von den Römischen Verträgen bis zum Vertrag von Maastricht noch nicht dazu angeregt zu haben, nach einem alternativen konzeptuellen Rahmen zu suchen. Der Kosmopolitismus baut deshalb gedanklich weiterhin auf Grenzziehungen auf, die einerseits Gemeinschaften konstituieren und andererseits die »Anderen« ausschließen und auf Distanz halten. Luis Cabrera beispielsweise nutzt das Konzept der Gemeinschaft für seine Definition einer globalen Bürgerschaft. Für ihn

enthält die globale Bürgerschaft das Versprechen, aus ihr sowohl die Rechte abzuleiten, die Individuen innerhalb der globalen menschlichen Gemeinschaften zukommen sollten, als auch die Pflichten und institutionell verankerten Verbindlichkeiten, die ihnen auferlegt werden sollten, um eine bessere Verwirklichung ebendieser Rechte sicherzustellen.[13]

Er betrachtet in seinen Überlegungen zum Kosmopolitismus Grenzen ebenfalls als Orte der Exklusion.[14]

würde. Vgl. Eelco Nicolaas van Kleffens, »Sovereignty in International Law«, in: *Recueil des cours de l'académie de droit international de La Haye* 82 (1953), S. 1-132.

12 Vgl. Mike Wilkinson, »Civil Society and the Re-Imagination of European Constitutionalism«, in: *European Law Journal* 4 (1998), S. 451-472, und Stijn Smismans, »Europäische Institutionen und Zivilgesellschaft. Diskurse und Interessen«, in: Michèle Knodt, Barbara Finke (Hg.), *Europäische Zivilgesellschaft. Konzepte, Akteure, Strategien*, Wiesbaden 2005, S. 105-128.

13 Luis Cabrera, »Global Citizenship as the Completion of Cosmopolitanism«, in: *Journal of International Political Theory* 1 (2008), S. 84-104, hier S. 89.

14 Ebd., S. 94.

Alle bisher besprochenen Autoren gehen davon aus, dass das Prinzip der Gerechtigkeit in seiner ganzen Tragweite für die Konstruktion des *Kosmos* – als einer Weltordnung, deren Gesetzen all jene gehorchen und sich ihnen gegenüber loyal verhalten sollten, die die mit ihnen verbundenen Werte teilen – unverzichtbar ist. Aber die Verwirklichung der Gerechtigkeit mag genau dadurch verhindert werden, dass an dem Glauben festgehalten wird, gewisse kulturelle Praktiken und Institutionen seien unergründlich und unveränderbar. Der *-ismus* im Kosmopolitismus zeugt von dieser Beschränkung. Wir müssen daher diese dogmatische Dimension des Kosmopolitismus transzendieren, um neue Möglichkeiten der Verwirklichung von Gerechtigkeit entstehen zu lassen. Die Idee der Grenze als ebenjene Verbindungsstelle, welche die Vorstellung komplementärer Beziehungen bekräftigt, verspricht uns diese so nötige Transzendenz zu ermöglichen. Dieser Konzeption werden wir uns nun zuwenden.

Den Kosmopolitismus transzendieren: die Grenze als Ort der Verbindung

Die Anerkennung der Bewegung als ein Prinzip des *Da-seins* beinhaltet die Zurkenntnisnahme, dass sich das *Da-Sein* in einem unaufhörlichen Zustand des Werdens befindet. Sein heißt demzufolge ex-istieren (*ex-ist*) in einem permanent dynamischen Zustand des -enz (*-ness*) über einen gewissen Zeitraum hinweg.* Der momentane Zustand von -enz ist das Dasein. Das Werden des *Da-seins* manifestiert sich in vielen und unterschiedlichen Formen des Daseins.[15] Die Bewegung des *Da-seins* ist multidirektional und holozyklisch.[16] Jedoch wird das *Da-sein* oft als prozesshaft interpretiert; eine Denkweise, die von einer einseitig ausgerichteten Bewegung ausgeht. Diese Vorstellung markiert den Beginn der Fragmentie-

---

* Das Suffix –enz verweist in der Philosophie Ramoses auf Fluidität, Bewegung und Flexibilität des Seins. Es ist jeglichem –ismus entgegengesetzt, welcher zu Statik und Dogmatismus führe [Anm. d. Übers.].

15 Vgl. Ilya Prigogine, Isabelle Stengers, *Dialog mit der Natur*, München 1981, S. 221-244; Ilya Prigogine, *Vom Sein zum Werden. Zeit und Komplexität in den Naturwissenschaften*, München, Zürich 1985.

16 David Bohm, »Aufsplitterung in Wissenschaft und Gesellschaft«, in: Watson Fuller (Hg.), *Biologie und Gesellschaft*, München 1973, S. 33-53, hier S. 41.

rung des *Da-seins*.[17] Sie ist ein Beispiel für die Vernachlässigung des *Da-seins* als Ganzheit. Sie ist der ontologische Moment, in dem exklusive Grenzen gezogen werden.[18] Diese Vergessenheit überlagert das *Da-sein* und beansprucht den Status der Wahrheit. Ebendieser Anspruch kennzeichnet jeglichen *-ismus*, wie wir ihn beispielsweise im Kosmopolitismus wiederfinden. Unsere Konzeption des *Da-seins* möchte eine philosophische Fundierung unseres Arguments anbieten, dass wir den Kosmopolitismus transzendieren müssen, eben weil er das *Da-sein* als Ganzheit negiert. Wir wenden uns im Folgenden der Idee der Grenze als eines Ortes der Verbindung zu und bekräftigen damit unsere Vorstellung des *Da-seins* als Ganzheit.

Chidi Osuagwu zufolge ist das Wort für die Welt in der Igbo-Sprache *uwa* und bedeutet »die große Entfaltung«.[19] Diese Entfaltung wird als kontinuierlicher dynamischer Prozess vorgestellt und folgt damit der Idee, dass Bewegung das Prinzip des *Da-seins* sei. Osuagwu wendet sich daraufhin jenem afrikanischen Archetypus zu, der in der Igbo-Sprache als »*izu*« bezeichnet wird. »*Izu*« kann folgendes bedeuten: i. jemanden zu treffen oder miteinander zu interagieren (*izukota*); ii. ganz zu sein (*izuoke*); iii. einen Zyklus oder einen Zeitraum zu vollenden (*izuuka*); und iv. sich auszuruhen oder zu stabilisieren (*izuike*).[20] Osuagwu interpretiert *izu* als Symbol für eine Beziehung innerhalb des »Ganzen«. Da wir die Bewegung als Grundprinzip des *Da-seins* und dessen inhärente Dynamik erkannt haben, halten wir es jedoch für zutreffender, von der »Ganzheit« anstatt von dem »Ganzen« zu sprechen. In diesem Sinne gehören *uwa* und *uzu* zum *-enz* Charakter des *Da-seins*. Ebendieser Charakter von *uwa* bietet die Grundlage für Osuagwus Bestimmung von *oke* als einer Grenze, an der sich *igba-agba*, der Verbindungspunkt unterschiedlicher Entitäten, befindet.[21] Diese Grenze wird als ein nahtloses komplexes Geflecht von Entitäten konzipiert und bildet den ontologischen Moment, in dem wir uns unserer Eingebundenheit in ein

17 David Bohm, *Die implizite Ordnung. Grundlagen eines dynamischen Holismus*, München 1985, S. 19-42.

18 Vgl. Ken Wilber, *Wege zum Selbst. Östliche und westliche Ansätze zu persönlichem Wachstum*, München 1984, S. 13, S. 44.

19 Chidi G. Osuagwu, »African World Science and Medicine«, unveröffentlichter Aufsatz, vorgetragen an der Universität von Südafrika (UNISA) am Fachbereich Philosophie, S. 4.

20 Ebd., S. 7.

21 Ebd., S. 10.

komplexes, sich entfaltendes Geflecht des *Da-seins* bewusst werden. Es ist deshalb nicht verwunderlich, dass Bénézet Bujo mit Nachdruck betont, dass aus der Perspektive der Afrikanischen Philosophie das *Da-sein* auf einer ontologischen Ebene einem komplexen Beziehungsgeflecht gleichkommt. In diesem Sinne verkündet er: »Ich stehe in Beziehungen, also sind wir.« Die Igbo sind durch die konzeptuelle Nähe ihrer Begriffe *uwa* und *izu* zu den Bantu-Wörtern *ubuntu* oder *botho* mit der Bantu sprechenden Bevölkerung gedanklich verbunden.[22] Diese linguistische Beobachtung bietet eine weitere Grundlage für die philosophische These, dass der Kosmopolitismus transzendiert werden muss. Es gibt zudem Hinweise darauf, dass das afrikanische Konzept des *Da-seins* oder des Lebens, wie es hier dargelegt wurde, ebenso in der arabischen Philosophie verankert ist.[23]

Wie Mitias und Küng zutreffend angemerkt haben, ist für die Transzendierung des Kosmopolitismus das Prinzip der Gerechtigkeit als gelebte Praxis entscheidend. Genauso wichtig für die Verwirklichung von Gerechtigkeit, so hat Mitias richtig beobachtet, ist, dass die Konstituierung einer »Weltgemeinschaft« ihren Ausgang von unten nach oben nimmt. Dieser wichtige Prozess erfordert einen Konsens, der schrittweise durch den Polylog unterschiedlicher Kulturen entsteht. In seiner aufschlussreichen Kritik an der Welt nach dem Kalten Krieg plädiert Tarek Ali Hassan für eine »interaktive Gerechtigkeit« innerhalb einer pluralistischen Welt, die durch »interaktive Gerechtigkeit, Gleichheit, Harmonie und offene Kommunikationswege für alle« abgesichert werden soll. Dies ist ein Plädoyer für einen Polylog unterschiedlicher Kulturen mit dem Ziel eines Lebens in Freiheit und Gerechtigkeit. Der Polylog muss das Prinzip der Gleichheit, das der Vorstellung menschlicher Würde bereits inhärent ist, ernst nehmen und es umfassend anerkennen, unerschrocken verteidigen und substantiell fördern. Auf diesem Weg soll unser Planet ein zunehmend vertrautes und sicheres Dorf werden, wo das Ideal der Gerechtigkeit – *maat** – in

---

22 Ich habe dieses Konzept bereits in *African Philosophy Through Ubuntu*, Harare 1999, erörtert.

23 Vgl. Tarek Ali Hassan, »Beyond Eurocentrism and ›I-centrism‹«, unveröffentlichter Aufsatz, vorgetragen bei der »Afrikanisch-Asiatischen Konferenz« in Kairo, Ägypten, 1998.

* »*Maat*« ist ein altertümliches afrikanisches Konzept der Gerechtigkeit [Anm. d. Übers.].

die Praxis überführt wird. Das stellt sicherlich eine Herausforderung dar, der sich die Menschheit jahrhundertelang entzogen hat: »[I]n ihrem blinden Fortschrittsstreben hat unsere Kultur die Frustration praktisch institutionalisiert. Denn bei unserem Versuch, das Positive hervorzuheben und das Negative zu beseitigen, haben wir völlig vergessen, daß das Positive nur durch das Negative definiert wird. [...] Die Zerstörung des Negativen bedeutet zugleich die Zerstörung jeder Möglichkeit, das Positive zu genießen.«[24] Wir werden wahrscheinlich weitere Jahrhunderte der Frustration und des ausweichenden Verhaltens erleben, wenn wir weiterhin an exkludierenden Grenzen festhalten. Die vor uns liegende Herausforderung des 21. Jahrhunderts besteht darin, den Kosmopolitismus zu transzendierten und dabei dem existentiellen Versprechen zu folgen, ein dörfliches Zusammenleben innerhalb eines sich entfaltenden, komplexen Pluriversums des *Da-seins* zu erschaffen.

*

Wir haben uns dafür ausgesprochen, dass sich das vorherrschende Denken über den Kosmopolitismus als philosophisch problematisch erweist. Aus diesem Grund haben wir für die Transzendierung des Kosmopolitismus plädiert und sehen darin ein Mittel, ein Leben in Gerechtigkeit sowohl für die Schwachen als auch für die Starken, für die Armen und für die Reichen zu erlangen. Interaktive Gerechtigkeit zu praktizieren führt zu einer erneuten Konfrontation mit dem moralischen Imperativ der völligen und allumfassenden Zerstörung aller atomaren, chemischen und biologischen Waffen. Sie fordert zudem die Anerkennung des moralischen Imperativs, jenen Reparationen zu zahlen, die in ungerechten Kriegen während des Kolonialismus erobert wurden, und sie fordert letztlich auch ein ökologisch wachsames Denken im Sinne der Gaia-Theorie,* um unseren ohnehin bereits überhitzten Planeten vor der Zerstörung zu bewahren. Die Fragmentierung des *Da-seins* droht,

---

24 Wilber, *Wege zum Selbst*, S. 37.

* »Gaia« ist in der griechischen Mythologie eine Erdgöttin. In den 1960er Jahren entsteht die Gaia-Theorie, die davon ausgeht, dass die Erde als lebendiger Organismus sich beständig in unterschiedlichen Zyklen verbessert. Auf Gaia wird gerne im Rahmen von Diskussionen über den Umweltschutz verwiesen [Anm. d. Übers].

uns in einem Ozean des Dogmatismus zu ertränken und auf diese Weise einen dringend benötigten Polylog zwischen den Kulturen zu verhindern, der darauf ausgerichtet ist, den Kosmopolitismus zu transzendieren.

Aus dem Englischen von Franziska Dübgen

Hinweise zu den Autorinnen und Autoren

Fabien Eboussi Boulaga wurde in Kamerun geboren und hat an der Vatikanuniversität Theologie und Philosophie studiert. Promoviert in Lyon, lehrte er an verschiedenen Universitäten in Afrika, Europa und den USA. Zu seinen Hauptwerken zählt *La crise du Muntu. Authenticité africaine et philosophie* (1977). Er ist seit 1992 Herausgeber der Zeitschrift *Terroirs. Revue africaine de sciences sociales et de la philosophie.*

Emmanuel C. Eze wurde nach seiner Ausbildung in Nigeria und Zaire (heute Demokratische Republik Kongo) in Philosophie an der Fordham University promoviert und war dann Professor der Philosophie an der DePaul University in Chicago. Er ist als Herausgeber der Fachzeitschrift *Philosophia Africana* sowie der Einführungen *Postcolonial African Philosophy. A Critical Reader* (1997) und *African Philosophy. An Anthology* (1998) bekannt geworden.

Paulin J. Hountondji wuchs im Benin auf und studierte Philosophie an der École Normale Supérieure in Paris u. a. bei Louis Althusser, Jacques Derrida und Paul Ricœur. Nach Gastprofessuren in Frankreich und in verschiedenen Ländern Afrikas nahm er den Lehrstuhl für Philosophie an der Universität in Cotonou an. Berühmt wurde er mit seiner fundierten Kritik an der »Ethnophilosophie« in der 1976 erschienenen Monografie *Sur la »philosophie africaine«. Critique de l'ethnophilosophie.*

Achille Mbembe kommt aus Kamerun und wurde in Frankreich als Historiker promoviert. 2000 veröffentlichte er sein einflussreiches Buch *De la postcolonie. Essai sur l'imagination politique de l'Afrique contemporaire.* Nach Forschungs- und Lehraufenthalten u. a. an der Yale University, der Columbia University und dem Forschungszentrum CODESRIA (Dakar) ist Mbembe derzeit an der University of Witwatersrand, Johannesburg am Wits Institute for Social and Economic Research tätig.

Thaddeus Metz promovierte an der Cornell University und ist Professor für Philosophie an der University of Witswatersrand, Johannesburg, und neben Mogobe B. Ramose einer der profiliertesten Forscher im Bereich der Ubuntu-Ethik. Er ist Autor des Buchs *Meaning in Life. An Analytical Study* (2013), forscht zu kantischen Gerechtigkeitstheorien und ist Begründer des Centre for Ethics an der University of Witswatersrand.

Nkiru Nzegwu studierte Kunst und Philosophie an der Obafemi Awolowo University in Nigeria. Sie trat nach einer Promotion über philosophische Ästhetik an der University of Ottowa 1990 eine Professur mit dem Schwerpunkt Philosophie und Kulturwissenschaften an der Binghampton University in New York an, wo sie bis heute tätig ist.

Molara Ogundipe-Leslie aus Nigeria forscht im Bereich der Literaturwissenschaften und Gender Studies und ist überdies als Schriftstellerin und feministische Aktivistin tätig. Sie lebt und arbeitet in Westafrika.

Oyèrónkẹ́ Oyěwùmí ist Professorin für Soziologie an der Stony Brook University in New York. Aufgewachsen in Nigeria, besuchte sie die Universität von Ibadan und die University of California, Berkeley. Ihr Buch *The Invention of Women. Making an African Sense of Western Gender Discourses* (1997) gewann mehrere Preise und regte eine breite Debatte unter afrikanischen Feministinnen an.

Mogobe B. Ramose studierte in Leuven sowie an der London School of Economics und ist heute Professor für Philosophie an der University of South Africa. Er verfasste die im Bereich der afrikanischen Ethik einflussreiche Monografie *African Philosophy through Ubuntu* (1999).

Tsenay Serequeberhan aus Eritrea ist Professor für Philosophie und Religionswissenschaften an der Morgan State University in Baltimore und zudem Herausgeber des Readers *African Philosophy. The Essential Readings* (1991).

Chisanga N. Siame studierte Politikwissenschaften an der University of Zambia und wurde an der Northwestern University im Bereich politischer Philosophie promoviert. Er lebt als freier Autor und Lehrbeauftragter in Carpentersville, Illinois.

Olúfẹ́mi Táíwò begann seine Ausbildung als Philosoph in Nigeria und promovierte an der University of Toronto. Er ist Mitbegründer der International Society for African Philosophy und forscht bzw. lehrt derzeit an der Cornell University am Africana Studies & Research Center.

Kwasi Wiredu studierte in den 1950er Jahren vor allem analytische Philosophie an der University of Oxford und unterrichtete danach an der University of Ghana und der University of Florida. Große Bekanntheit hat sein Projekt der »konzeptionellen Dekolonisation« erlangt, das er in den Büchern *Philosophy and an African Culture* (1980) und *Universals and*

Particulars (1996) entwickelt. Er ist Herausgeber des *Companion to African Philosophy* (2004).

Textnachweise

Serequeberhan, Tsenay, »Philosophy and Post-colonial Africa. Historicity and Thought«, in: Ders. (Hg.), *The Hermeneutics of African Philosophy. Horizon and Discourse*. New York/NY, London 1994, S. 13-30.

Táíwò, Olúfẹ́mi, »Post-Independence African Political Philosophy«, in: Kwasi Wiredu (Hg.): *A Companion to African Philosophy*, Oxford, Malden/MA [u. a.] 2004, S. 243-260.

Hountondji, Paulin J., »The Master's Voice – Remarks on the Problem of Human Rights in Africa«, in: UNESCO (Hg.), *The philosophical foundations of Human Rights*, Paris 1986, S. 319-332.

Boulaga, Fabien Eboussi, »Wenn wir den Begriff ›Entwicklung‹ akzeptieren, sind wir verloren. Von der Notwendigkeit einer gegenseitigen ›Dekolonisierung‹ unseres Denkens«, in: AfricAvenir International e.V. (Hg.), *50 Jahre afrikanische Unabhängigkeit. Eine (selbst)kritische Bilanz*, Wien 2001, S. 222-229.

Siame, Chisanga N., »›Two Concepts of Liberty‹ Through African Eyes«, in: *The Journal of Political Philosophy* 8 (2000), S. 53-67.

Wiredu, Kwasi 1998: »Demokratie und Konsensus in traditioneller afrikanischer Politik«, in: *polylog. Zeitschrift für interkulturelles Philosophieren* 2, S. 12–21. [leicht modifizierte Übersetzung]

Eze, Emmanuel Chukwudi, »Demokratie oder Konsensus. Eine Antwort an Wiredu«, in: *polylog. Zeitschrift für interkulturelles Philosophieren* 2 (1998), S. 32-42. [leicht modifizierte Übersetzung]

Nzegwu, Nkiru, »Feminism and Africa. Impact and Limits of the Metaphysics of Gender«, in: Kwasi Wiredu (Hg.): *A Companion to African Philosophy*, Oxford, Malden/MA, [u. a.] 2004, S. 560-569.

Oyěwùmí, Oyèrónké, »Colonizing Bodies and Minds. Gender and Colonialism«, in: Dies. (Hg.), *Invention of Women. Making an African Sense of Western Gender Discourses,* Minneapolis/MN: 1997, S. 121-156.

Ogundipe-Leslie, Molara, »Stiwanism. Feminism in an African Context«, in: Dies.: *Recreating Ourselves. African Women and Critical Transformations*, Trenton/NJ 1994, S. 207-241.

Metz, Thaddeus, »Toward an African Moral Theory«, in: *The Journal of Political Philosophy* 15 (2007), S. 321-341. [vom Autor für diesen Band leicht überarbeitete Fassung.]

Mbembe, Achille, »Afrika – die Verfugung des Hier mit dem Anderswo«, in: *Le Monde Diplomatique*, 12. 05. 2006. Französisches Original: »Afropolitanisme«, in *Africultures* 66, S. 9-15. [leicht modifizierte Übersetzung]

Ramose, Mogobe Bernard, »Transcending Cosmopolitanism«, in: *Diogenes* 59 3/4 (2014), S. 30-35.

Einige Texte wurden für die Übersetzung leicht gekürzt. Wo für zitierte Quellen nicht bereits eine deutsche Übersetzung vorlag, wurden die Zitate von den Übersetzerinnen und Übersetzern ins Deutsche übertragen.

Judith Butler

- Antigones Verlangen: Verwandtschaft zwischen Leben und Tod. Übersetzt von Reiner Ansén. es 2187. 160 Seiten
- Gefährdetes Leben. Politische Essays. Übersetzt von Karin Wördemann. es 2393. 179 Seiten
- Haß spricht. Zur politischen Performation. es 2414. 263 Seiten
- Körper von Gewicht. Die diskursiven Grenzen des Geschlechts. Übersetzt von Karin Wördemann. es 1737. 400 Seiten
- Kritik der ethischen Gewalt. Übersetzt von Reiner Ansén. Adorno-Vorlesungen 2002. stw 1792. 180 Seiten
- Psyche der Macht. Das Subjekt der Unterwerfung. Übersetzt von Reiner Ansén. es 1744. 260 Seiten
- Das Unbehagen der Geschlechter. Übersetzt von Kathrina Menke. es 1722. 240 Seiten

Christine Chwaszcza/Wolfgang Kersting (Hg.). Politische Philosophie der internationalen Beziehungen. stw 1365. 604 Seiten

Iris Därmann. Figuren des Politischen. stw 1911. 304 Seiten

Nicole Deitelhoff. Überzeugung in der Politik. Grundzüge einer Diskurstheorie internationalen Regierens. stw 1821. 347 Seiten

Jacques Derrida

- Das andere Kap. Die vertagte Demokratie. Zwei Essays zu Europa. Übersetzt von Alexander García Düttmann. es 1769. 97 Seiten
- Schurken. Übersetzt von Horst Brühmann. 224 Seiten. Gebunden. stw 1778. 219 Seiten

Michel Foucault. Geschichte der Gouvernementalität

- Band 1: Sicherheit, Territorium, Bevölkerung. stw 1808. 600 Seiten.

- Band 2: Die Geburt der Biopolitik. stw 1809. 517 Seiten

Armin Grunwald. Technik und Politikberatung. Philosophische Perspektiven. stw 1901. 403 Seiten

Hans Joas/Martin Kohli (Hg.). Der Zusammenbruch der DDR. es 1777. 325 Seiten

Matthias Kettner (Hg.). Angewandte Ethik als Politikum. stw 1458. 416 Seiten

Ekkehart Krippendorff
- Kritik der Außenpolitik. es 2139. 240 Seiten
- Staat und Krieg. Die historische Logik politischer Unvernunft. es 1305. 436 Seiten

Ernst-Joachim Lampe (Hg.). Zur Entwicklung von Rechtsbewußtsein. stw 1315. 520 Seiten

Niklas Luhmann. Die Wirtschaft der Gesellschaft. stw 1152. 356 Seiten

Ulrich Menzel/Dieter Senghaas. Europas Entwicklung und die Dritte Welt. Eine Bestandsaufnahme. es 1393. 295 Seiten

Ulrich Menzel u.a. (Hg.). Die Neue Weltwirtschaft. Entstofflichung und Entgrenzung der Ökonomie. es 1983. 336 Seiten

Julian Nida-Rümelin. Demokratie als Kooperation. stw 1430. 224 Seiten

Peter Niesen/Benjamin Herborth (Hg). Anarchie der kommunikativen Freiheit. Jürgen Habermas und die Theorie der internationalen Politik. stw 1820. 464 Seiten

Claus Offe. Selbstbetrachtung aus der Ferne. Tocqueville, Weber und Adorno in den Vereinigten Staaten. Kartoniert. 144 Seiten

Bernhard Peters. Der Sinn von Öffentlichkeit. Herausgegeben von Hartmut Weßler. Mit einem Vorwort von Jürgen Habermas. stw 1836. 410 Seiten

Karl Polanyi. The Great Transformation. Politische und ökonomische Ursprünge von Gesellschaften und Wirtschaftssystemen. Übersetzt von Heinrich Jelinek. stw 260. 394 Seiten

John Rawls
- Gerechtigkeit als Fairneß. Ein Neuentwurf. stw 1804. 316 Seiten
- Geschichte der politischen Philosophie. Herausgegeben von Samuel Freeman. Aus dem Amerikanischen von Joachim Schulte. Gebunden. 671 Seiten

Hartmut Rosa. Beschleunigung. Die Veränderung der Zeitstrukturen in der Moderne. stw 1760. 537 Seiten

Dieter Senghaas
- Friedensprojekt Europa. es 1717. 226 Seiten
- Konfliktformationen im internationalen System. Weltpolitische Betrachtungen. es 1509. 230 Seiten
- Rüstung und Militarismus. es 498. 370 Seiten
- Weltwirtschaftsordnung und Enwicklungspolitik. Plädoyer für Dissoziation. es 856. 358 Seiten
- Zivilisierung wider Willen. Der Konflikt der Kulturen mit sich selbst. es 2081. 228 Seiten
- Die Zukunft Europas. Probleme der Friedensgestaltung. es 1339. 273 Seiten

Dieter Senghaas (Hg.). Frieden machen. es 2000. 592 Seiten

Quentin Skinner. Freiheit und Pflicht. Thomas Hobbes' politische Theorie. Frankfurter Adorno-Vorlesungen 2005. Institut für Sozialforschung an der Johann Wolfgang Goethe-Universität, Frankfurt am Main. Aus dem Englischen von Karin Wördemann. Broschur. 141 Seiten

Gary Smith/Avishai Margalit (Hg.). Amnestie oder Die Politik der Erinnerung in der Demokratie. es 2016. 243 Seiten

Horst Steinmann/Andreas Georg Scherer (Hg.). Zwischen Universalismus und Relativismus. Philosophische Grundlagenprobleme des interkulturellen Managements. stw 1380. 424 Seiten

Cass. R. Sunstein. Gesetze der Angst. Jenseits des Vorsorgeprinzips. Aus dem Amerikanischen von Robin Celikates und Eva Engels. Gebunden. 344 Seiten

Französische Philosophie
im Suhrkamp Verlag
Eine Auswahl

Cornelius Castoriadis
- Durchs Labyrinth. Seele, Vernunft, Gesellschaft. Übersetzt von Horst Brühmann. stw 435. 305 Seiten
- Gesellschaft als imaginäre Institution. Entwurf einer politischen Philosophie. Übersetzt von Horst Brühmann. stw 867. 613 Seiten

Gilles Deleuze
- Das Bewegungs-Bild. Kino 1. Übersetzt von Ulrich Christians und Ulrike Bokelmann. stw 1288. 332 Seiten
- Die einsame Insel. Texte und Gespräche 1953-1974. Übersetzt von Eva Moldenhauer. 435 Seiten. Gebunden
- Die Falte. Leibniz und der Barock. Übersetzt von Ulrich Johannes Schneider. stw 1484. 231 Seiten
- Logik des Sinns. Übersetzt von Bernhard Dieckmann. Aesthetica. es 1707. 397 Seiten
- Foucault. Übersetzt von Hermann Kocyba. stw 1023. 192 Seiten
- Kritik und Klinik. Übersetzt von Joseph Vogl. es 1919. 208 Seiten
- Schizophrenie und Gesellschaft. Texte und Gespräche 1975-1995. Übersetzt von Eva Moldenhauer. 385 Seiten. Gebunden
- Unterhandlungen 1972-1990. Übersetzt von Gustav Roßler. es 1778. 261 Seiten
- Das Zeit-Bild. Kino 2. Übersetzt von Klaus Englert. stw 1289. 454 Seiten

Gilles Deleuze/Félix Guattari
- Anti-Ödipus. Kapitalismus und Schizophrenie. Übersetzt von Bernd Schwibs. stw 224. 529 Seiten

- Kafka. Für eine kleine Literatur. Übersetzt von Burkhart Kroeber. es 807. 133 Seiten
- Was ist Philosophie? Übersetzt von Bernd Schwibs und Joseph Vogl. stw 1483. 272 Seiten

Jacques Derrida
- Das andere Kap. Die vertagte Demokratie. Zwei Essays zu Europa. Übersetzt von Alexander García Düttmann. es 1769. 97 Seiten
- Gesetzeskraft. Der »mystische Grund der Autorität«. Übersetzt von Alexander García Düttmann. es 1645. 125 Seiten
- Grammatologie. Übersetzt von Hans-Jörg Rheinberger und Hanns Zischler. stw 417. 541 Seiten
- Marx & Sons. Übersetzt von Jürgen Schröder. stw 1660. 135 Seiten
- Marx' Gespenster. Der Staat der Schuld, die Trauerarbeit und die neue Internationale. Übersetzt von Susanne Lüdemann. stw 1659. 300 Seiten
- Politik der Freundschaft. Übersetzt von Stefan Lorenzer. stw 1608. 496 Seiten
- Die Schrift und die Differenz. Übersetzt von Rodolphe Gasché. Die Übersetzung von »Cogito und Geschichte des Wahnsinns« wurde von Ulrich Köppen besorgt. stw 177. 464 Seiten
- Schurken. Übersetzt von Horst Brühmann. 224 Seiten. Gebunden und stw 1778. 219 Seiten
- Seelenstände der Psychoanalyse. Übersetzt von Hans-Dieter Gondek. 104 Seiten. Kartoniert
- Die Stimme und das Phänomen. Einführung in das Problem des Zeichens in der Phänomenologie Husserls. Übersetzt von Hans-Dieter Gondek. es 2440. 144 Seiten
- Die unbedingte Universität. Übersetzt von Stefan Lorenzer. es 2238. 78 Seiten

- Vergessen wir nicht – die Psychoanalyse! Herausgegeben, übersetzt und mit einem Nachwort von Hans-Dieter Gondek. es 1980. 234 Seiten
- Vom Geist. Heidegger und die Frage. Übersetzt von Alexander García Düttmann. stw 995. 159 Seiten

Geoffrey Bennington/Jacques Derrida. Jacques Derrida. Ein Portrait. Übersetzt von Stefan Lorenzer. Mit Abbildungen. stw 1550. 413 Seiten

Jacques Derrida/Hans-Georg Gadamer. Der ununterbrochene Dialog. Herausgegeben und mit einem Nachwort versehen von Martin Gessmann. es 2357. 112 Seiten

Jacques Derrida/Michel de Montaigne. Über die Freundschaft. Derrida: Der mich begleitet. Montaigne: Über die Freundschaft. Übersetzt von Stefan Lorenzer und Hans Stilett. BS 1331. 93 Seiten

Jacques Derrida/Gianni Vattimo. Die Religion. es 2049. 251 Seiten

Michel Foucault
- Die Anormalen. Vorlesungen am Collège de France (1974-1975). Übersetzt von Michaela Ott. 480 Seiten. Gebunden
- Archäologie des Wissens. Übersetzt von Ulrich Köppen. stw 356. 304 Seiten
- Geschichte der Gouvernementalität I. Sicherheit, Territorium, Bevölkerung. Vorlesung am Collège de France (1977-1978). Übersetzt von Claudia Brede-Konersmann und Jürgen Schröder. 600 Seiten. Gebunden
- Geschichte der Gouvernementalität II. Die Geburt der Biopolitik. Vorlesung am Collège de France (1978-1979). Übersetzt von Jürgen Schröder. 518 Seiten. Gebunden

Foucault und die Künste. Herausgegeben im Auftrag des Zentrums für Kunst- und Medientechnologie von Peter Gente. stw 1667. 338 Seiten

Vladimir Jankélévitch.
- Der Tod. Übersetzt von Brigitta Restorff. Herausgegeben und mit einer Nachbemerkung von Christoph Lange. Mit einem Nachwort von Thomas Kapielski.
  574 Seiten. Gebunden
- Das Verzeihen. Essays zur Moral und Kulturphilosophie. Übersetzt von Claudia Brede-Konersmann. Herausgegeben von Ralf Konersmann. Mit einem Vorwort von Jürg Altwegg. Gebunden und stw 1731. 292 Seiten

Maurice Merleau-Ponty. Das Primat der Wahrnehmung. Übersetzt von Jürgen Schröder. Mit einem Nachwort von Lambert Wiesing. stw 1676. 132 Seiten

Jacques Rancière. Das Unvernehmen. Politik und Philosophie. Übersetzt von Richad Steurer. stw 1588. 150 Seiten

Paul Ricœur. Wege der Anerkennung. Erkennen, Wiedererkennen, Anerkanntsein. Übersetzt von Ulrike Bokelmann und Barbara Heber-Schärer. 350 Seiten. Gebunden

Michel Serres
- Die fünf Sinne. Eine Philosophie der Gemenge und Gemische. Übersetzt von Michael Bischoff. stw 1389. 472 Seiten
- Der Naturvertrag. Übersetzt von Hans-Horst Henschen. es 1665. 203 Seiten
- Der Parasit. Übersetzt von Michael Bischoff. stw 677. 391 Seiten

Michel Serres (Hg.). Elemente einer Geschichte der Wissenschaften. Von Michel Authier, Paul Benoît, Bernadette Bensaude-Vincent, Geof Bowker u.a. Übersetzt von Horst Brühmann. stw 1355. 1080 Seiten

Paul Veyne. Foucault: Die Revolutionierung der Geschichte. Übersetzt von Gustav Roßler. es 1702. 84 Seiten